Casglu Darnau'r Jig-so

Y MEDDWL A'R DYCHYMYG CYMREIG

Golygydd Cyffredinol
Gerwyn Wiliams

Cyfrolau'r gyfres dan olygyddiaeth gyffredinol John Rowlands:

1. M. Wynn Thomas (gol.), *DiFfinio Dwy Lenyddiaeth Cymru* (1995)
2. Gerwyn Wiliams, *Tir Neb* (1996) (Llyfr y Flwyddyn 1997; Enillydd Gwobr Goffa Ellis Griffith)
3. Paul Birt, *Cerddi Alltudiaeth* (1997)
4. E. G. Millward, *Yr Arwrgerdd Gymraeg* (1998)
5. Jane Aaron, *Pur fel y Dur* (1998) (Enillydd Gwobr Goffa Ellis Griffith)
6. Grahame Davies, *Sefyll yn y Bwlch* (1999)
7. John Rowlands (gol.), *Y Sêr yn eu Graddau* (2000)
8. Jerry Hunter, *Soffestri'r Saeson* (2000) (Rhestr Fer Llyfr y Flwyddyn 2001)
9. M. Wynn Thomas (gol.), *Gweld Sêr* (2001)
10. Angharad Price, *Rhwng Gwyn a Du* (2002)
11. Jason Walford Davies, *Gororau'r Iaith* (2003) (Rhestr Fer Llyfr y Flwyddyn 2004)
12. Roger Owen, *Ar Wasgar* (2003)
13. T. Robin Chapman, *Meibion Afradlon a Chymeriadau Eraill* (2004)
14. Simon Brooks, *O Dan Lygaid y Gestapo* (2004) (Rhestr Hir Llyfr y Flwyddyn 2005)
15. Gerwyn Wiliams, *Tir Newydd* (2005)
16. Ioan Williams, *Y Mudiad Drama yng Nghymru 1880–1940* (2006)
17. Owen Thomas (gol.), *Llenyddiaeth mewn Theori* (2006)
18. Sioned Puw Rowlands, *Hwyaid, Cwningod a Sgwarnogod* (2006)
19. Tudur Hallam, *Canon Ein Llên* (2007) (Enillydd Gwobr Goffa Ellis Griffith)
20. Enid Jones, *FfugLen* (2008)

Y MEDDWL A'R DYCHYMYG CYMREIG

Casglu Darnau'r Jig-so

*Theori Beirniadaeth Lenyddol
R. M. (Bobi) Jones*

Eleri Hedd James

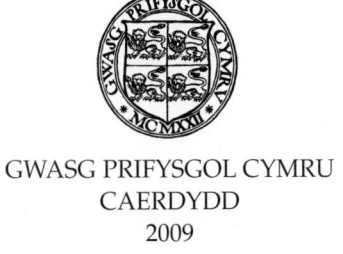

GWASG PRIFYSGOL CYMRU
CAERDYDD
2009

ⓗ Eleri Hedd James, 2009

Cedwir pob hawl. Ni cheir atgynhyrchu unrhyw ran o'r cyhoeddiad hwn na'i gadw mewn cyfundrefn adferadwy na'i drosglwyddo mewn unrhyw ddull na thrwy unrhyw gyfrwng electronig, mecanyddol, ffotogopïo, recordio, nac fel arall, heb ganiatâd ymlaen llaw gan Wasg Prifysgol Cymru, 10 Rhodfa Columbus, Maes Brigantîn, Caerdydd, CF10 4UP.

www.gwasgprifysgolcymru.org

Mae cofnod catalogi'r llyfr hwn ar gael gan y Llyfrgell Brydeinig.

ISBN   978-0-7083-2246-8
e-ISBN 978-0-7083-2247-5

Datganwyd gan Eleri Hedd James ei hawl foesol i'w chydnabod yn awdur y gwaith hwn yn unol ag adrannau 77, 78 a 79 Deddf Hawlfraint, Dyluniadau a Phatentau 1988.

Argraffwyd yng Nghymru gan Wasg Dinefwr, Llandybïe

Cynnwys

Rhagair — vii
Cyhoeddiadau allweddol — ix
Rhestr o dermau ac unigolion allweddol — xi

1. Bywyd a gwaith R. M. (Bobi) Jones — 1
2. Tafod — 21
3. Cymhelliad — 54
4. Mynegiant — 96
5. Y Prosiect — 122
6. Arddull Bobi Jones — 151
7. Ymateb i waith Bobi Jones — 170
8. Ymateb yn ennyn ymateb — 213
9. Gosod y darn olaf — 247

Mynegai — 267

*I'm gŵr, Jonathan Glanfield,
sydd yn prysur ddarganfod
ei Dafod newydd*

Rhagair

Yn y gyfrol hon archwilir yr honiad a wnaed gan Bobi Jones ei fod wedi bod yn gweithio ers dros ddeng mlynedd ar hugain ar 'brosiect' mewn beirniadaeth lenyddol. Ceisir disgrifio a dadansoddi gwahanol haenau y 'prosiect' hwn yn unigol, cyn ystyried pa mor llwyddiannus ydynt, beth yw eu cyfraniad i'r drafodaeth Gymraeg am lenyddiaeth, a sut y mae'r gweddau unigol hyn yn cydweithio er creu yr hyn a eilw Bobi Jones yn 'Feirniadaeth Gyfansawdd'.

Mae'r gyfrol bresennol yn ffrwyth gwaith ymchwil a wnaethpwyd ar gyfer traethawd doethuriaeth. Cydnabyddaf yn ddiolchgar iawn imi dderbyn ysgoloriaeth ymchwil gan yr AHRC ar gyfer y gwaith hwn. Carwn ddiolch i Angharad Price am bob cymorth, caredigrwydd a chyfarwyddyd yn ystod fy nghyfnod fel myfyrwraig ymchwil yn Ysgol y Gymraeg, Prifysgol Caerdydd. Rhaid diolch yn ogystal i'r Athro Colin H. Williams am gytuno mor fodlon i gyfarwyddo'r gwaith ymchwil tra oedd Angharad ar gyfnod mamolaeth ac am bob diddordeb a ddangosodd yn y gwaith ers ei ddechreuadau.

Hoffwn ddiolch yn ogystal i'r Athro Bobi Jones a'i wraig Beti am eu caredigrwydd dihafal tuag ataf. Mae eu diddordeb hwy ynof fi ac yn fy ngwaith wedi gwneud y prosiect hwn yn un gwir gyffrous.

Diau fod y diolch pennaf i'm rhieni ac i'm brodyr bach, fodd bynnag, am adael i mi fyw gyda nhw am dair blynedd yn hwy na'r disgwyl ac am fod yn barod i drafod gwaith Bobi Jones hyd berfeddion.

Cyhoeddiadau allweddol

Isod ceir rhestr o gyhoeddiadau beirniadol R. M. (Bobi) Jones sy'n ganolog i drafodaeth y gyfrol hon ac a ystyrir yn allweddol yn natblygiad 'prosiect' beirniadol Beirniadaeth Gyfansawdd. Rhestrir y rhain mewn trefn gronolegol er mwyn cynorthwyo'r darllenydd i olrhain datblygiad y prosiect hwn. Dylid nodi bod llunio rhestr o gyhoeddiadau fel hyn er mwyn dangos perthynas cyhoeddiadau â'i gilydd yn nodwedd ar yrfa Bobi Jones yntau a drafodir ym mhennod 5 y gyfrol hon.

System in Child Language, Cyfres 'Welsh Studies in Education', Volume 2 (Caerdydd, 1970).

Tafod y Llenor: Gwersi ar Theori Llenyddiaeth (Caerdydd, 1974).

Llenyddiaeth Gymraeg 1936-1972 (Llandybïe, 1975).

Llên Cymru a Chrefydd: Diben y Llenor (Abertawe, 1977).

Seiliau Beirniadaeth: Cyfrol 1: Rhagarweiniad (Aberystwyth, 1984).

Seiliau Beirniadaeth: Cyfrol 2: Ffurfiau Seiniol (Aberystwyth, 1986).

Llenyddiaeth Gymraeg 1902-1936 (Llandybïe, 1987).

Seiliau Beirniadaeth: Cyfrol 3: Ffurfiau Ystyrol (Aberystwyth, 1987).

Seiliau Beirniadaeth: Cyfrol 4: Cyfanweithiau Llenyddol (Aberystwyth, 1988).

Cyfriniaeth Gymraeg (Caerdydd, 1994).

Crist a Chenedlaetholdeb (Pen-y-bont ar Ogwr, 1994).

Tair Rhamant Arthuraidd, Gydag Arolwg o Derfynau Beirniadaeth Gyfansawdd, Cyfres 'Llên y Llenor' (Caernarfon, 1998).

Ysbryd y Cwlwm: Delwedd y Genedl yn ein Llenyddiaeth (Caerdydd, 1998).

O'r Bedd i'r Crud: Hunangofiant Tafod (Llandysul, 2000).

Mawl a'i Gyfeillion: Cyfrol 1: Adeiladu Mawl (Cyhoeddiadau Barddas, 2000).

Mawl a Gelynion ei Elynion: Cyfrol 2: Amddiffyn Mawl (Cyhoeddiadau Barddas, 2002).

Beirniadaeth Gyfansawdd: Fframwaith Cyflawn Beirniadaeth Lenyddol (Cyhoeddiadau Barddas, 2003).

Dysgu Cyfansawdd (Cyhoeddwyd gan CYD ar *www.aber.ac.uk/cyd*, 2003).

Meddwl y Gynghanedd (Cyhoeddiadau Barddas, 2005).

Rhestr o dermau ac unigolion allweddol

Adeileddeg
Term amgen ar gyfer **Strwythuraeth**.

Amser Gweithredol
Temps Opératif oedd term **Gustave Guillaume** yn y Ffrangeg gwreiddiol. Cyfeirio y mae'r term at yr amser y mae'r meddwl yn ei gymryd i wneud y symudiad meddyliol o **Dafod** i **Fynegiant**.

Beckett, Samuel (1906–89)
Awdur, dramodydd a bardd, a chynrychiolydd amlycaf Theatr yr Abswrd o bosibl. Enillodd y Wobr Nobel am Lenyddiaeth yn 1969.

Beirniadaeth Fynegiant
Dyma derm Bobi Jones am y math o feirniadaeth sy'n canoli sylw ar y **Mynegiant**, neu'r testun llenyddol, heb roi sylw i **Dafod** a **Chymhelliad**. Yr hyn a geir mewn Beirniadaeth Fynegiant yw ymateb personol yr unigolyn i destun llenyddol.

Beirniadaeth Gyfansawdd
Dyma deitl cyfrol glo prosiect beirniadol Bobi Jones. Defnyddia Bobi Jones y term hwn er mwyn disgrifio'r feirniadaeth lenyddol ddelfrydol y dylai'r beirniad llenyddol fod yn ymgyrraedd ati, sef beirniadaeth sy'n rhoi ystyriaeth gytbwys i **Dafod**, **Mynegiant** a **Chymhelliad**. Defnyddir y term hwn er mwyn cyferbynnu â **Beirniadaeth Fynegiant**.

Beirniadaeth Newydd, y
Ysgol ddylanwadol o feirniaid yng nghanol yr ugeinfed ganrif a bwysleisiai ddarllen clòs a chanoli sylw ar y testun llenyddol ei hun. Ymwrthodent â'r dulliau beirniadol a fu'n ffasiynol mewn astudiaethau llenyddol cyn hynny ac a roddai ystyriaeth i ffactorau y tu allan i'r testun megis manylion

bywgraffyddol yr awdur. Ymhlith y Beirniaid Newydd amlycaf roedd F. R. Leavis (1895–1978) ac I. A. Richards (1893–1979).

Calfiniaeth

Diwinyddiaeth Gristnogol wedi ei seilio yn bennaf ar ddysgeidiaeth y diwygiwr Protestannaidd John Calvin (1509–64). Defnyddir y term 'Calfiniaeth' yn aml iawn fel term ymbarél er mwyn disgrifio credoau Protestannaidd Diwygiedig yn gyffredinol.

Carson, D. A. (1946–)

Mae Donald A. (Don) Carson yn awdur ac yn ysgolhaig efengylaidd blaenllaw. Mae'n Athro Ymchwil ym maes y Testament Newydd yn y Trinity Evangelical Divinity School, Illinois, UDA.

Chomsky, Noam (1928–)

Ieithegydd, athronydd ac awdur Americanaidd o dras Iddewig. Cyfeirir ato yn aml fel 'tad ieitheg fodern' ar gyfrif ei *'transformational* [neu *transformational-generative*] *grammar'* mawr ei ddylanwad. Daeth yn adnabyddus yn ystod y blynyddoedd diweddar fel ymgyrchydd gwleidyddol ac un llafar ei feirniadaeth o bolisïau tramor a chartref yr Unol Daleithiau. Cyfeirir at ymateb Bobi Jones i waith Chomsky yn ail bennod y gyfrol hon.

Cymhelliad

Dyma'r drydedd wedd ar theori lenyddol Bobi Jones ac yn ddi-os dyma'r wedd fwyaf dadleuol ar ei waith a hynny'n bennaf oherwydd dylanwad **Calfiniaeth** arni. Ar ei lefel symlaf, Cymhelliad yw'r hyn sy'n gyrru'r llenor i greu **Mynegiant** llenyddol allan o adnoddau parod ond cuddiedig **Tafod**. Cymhelliad yw'r bont neu'r cyswllt rhwng cyflyrau statig a llonydd Tafod a Mynegiant. Ceir dadansoddiad manwl o Gymhelliad yn nhrydedd bennod y gyfrol hon.

Dadadeileddeg (neu **Ddadadeiladaeth**)

Dull o ddarllen sydd â'i wreiddiau yng ngwaith yr athronydd dadleuol a dylanwadol Jacques Derrida (1930–2004). Fe'i cysylltir yn agos iawn ag **Ôl-foderniaeth**. Gellid ei ddeall fel math o ymateb i **Strwythuraeth**, ac ymgais i ddatod a datgymalu'r strwythurau a systemau a fawrygwyd gan yr ysgol honno. Yn wir, mae Ôl-strwythuraeth yn enw arall ar y dull hwn o ddarllen. Mae Dadadeileddeg yn amau a oes modd canfod gwirionedd neu ystyr terfynol mewn testun llenyddol oherwydd natur lithrig iaith.

Bathodd Derrida y term Ffrangeg *différance* er mwyn amlygu hyn. Mae'r term hwn yn chwarae ar y ffaith bod y gair Ffrangeg *différer* yn gallu golygu 'gohirio' a 'gwahaniaethu'. Trafodir ymateb Bobi Jones i *différance* Derrida yn nhrydedd bennod y gyfrol hon.

Deunydd
Cynnwys, pwnc neu thema llenyddiaeth. Cymharer â **Ffurf** isod.

Diben
Mae'r term Diben yn ganolog i drafodaeth Bobi Jones am **Gymhelliad** llenyddiaeth. Sylwer mai 'Diben y Llenor' oedd is-deitl *Llên Cymru a Chrefydd* (1977). Cred Bobi Jones fod yn rhaid wrth Ddiben er mwyn ymgymryd â'r weithred o lenydda o gwbl, ac i Bobi Jones prif ddiben dyn yn y byd hwn, a'r byd sydd i ddod, yw gogoneddu Duw a'i fwynhau Ef am byth. Mae Diben hefyd yn rhan o'r drindod sy'n ffurfio **Cymhelliad** sef **Gwerth, Trefn** a Diben.

Dooyeweerd, Herman (1894–1977)
Athronydd, diwinydd, darlithydd a chyfreithiwr o'r Iseldiroedd. Roedd yn ddilynydd i **Kuyper**. Astudiodd y Gyfraith ym **Mhrifysgol Rydd Amsterdam** a chwblhaodd draethawd PhD yno yn 1917. Dychwelodd yno i fod yn Athro'r Gyfraith yn 1926. Diau mai ei ddylanwad mwyaf ar waith Bobi Jones oedd ei ddysgeidiaeth am **Sofraniaeth y Sfferau**.

Ffurf
Nodweddion arddull. Cymharer â **Deunydd** uchod.

Ffurfiolwyr Rwsia
Roedd Ffurfiolaeth, sef astudiaeth o **Ffurf** llenyddiaeth, yn ddylanwad pwysig ar feirniadaeth lenyddol yn Rwsia yn ystod degawdau cyntaf yr ugeinfed ganrif. Rhoddai'r Ffurfiolwyr bwyslais mawr ar Ffurf llenyddiaeth, nodweddion arddull a dyfeisiadau llenyddol. Camarweiniol yw meddwl am y Ffurfiolwyr fel un ysgol o feirniaid, fodd bynnag. Mae'r term yn cwmpasu dau fudiad gwahanol, sef yr OPOJAZ yn St Petersburg a Chylch Llenyddol Mosco. Ymhlith y Ffurfiolwyr mwyaf adnabyddus mae Viktor Sklovskij (1893–1984), Boris Eichenbaum (1886–1959) a Roman Jakobson (1896–1982).

Gorchymyn Cenhadol
Dyma'r gorchymyn i'r Cristion ledu'r efengyl a cheisio ennill disgyblion i

Grist. Hwn yw'r ail orchymyn ysgrythurol a bwysleisir gan Bobi Jones (gweler **Gorchymyn Diwylliannol**). Rhoddwyd y gorchymyn hwn gan Grist i'w ddilynwyr cyn iddo esgyn i'r nefoedd ac mae wedi ei gofnodi yn Efengyl Mathew 28:19–20. Mae'r gorchymyn hwn yn ganolog i drafodaeth Bobi Jones am **Gymhelliad** llenyddiaeth.

Gorchymyn Diwylliannol

Dyma'r gorchymyn a welir yn Genesis 1:28 lle y mae Duw yn dweud wrth ddyn i amlhau a bod yn ffrwythlon ac i ddarostwng y greadigaeth a llywodraethu arni. Hwn yw'r cyntaf o'r gorchmynion ysgrythurol a bwysleisir gan Bobi Jones (gweler y **Gorchymyn Cenhadol** uchod). Dyma'r gorchymyn cyntaf a roddodd Duw i ddyn ac fe'i rhoddwyd i'r credadun a'r anghredadun fel ei gilydd. Mae'r gorchymyn hwn yn ganolog i drafodaeth Bobi Jones am **Gymhelliad** llenyddiaeth.

Gras Arbennig

Mae'r term hwn yn gyfystyr â 'Gras Achubol'. Dyma'r ddysgeidiaeth bod Duw yn dangos mesur arbennig o ras tuag at y credinwr drwy ymyrryd yn uniongyrchol ym mywyd yr unigolyn gan ei ddwyn ef yn ôl i berthynas fywiol ag Ef ei hun. Cyferbynner â **Gras Cyffredinol**.

Gras Cyffredinol

Y ddysgeidiaeth bod Duw yn ei ras yn arllwys bendithion ymarferol a materol ymhlith credinwyr ac anghredinwyr yn ddiwahân. Dysgeidiaeth yw hon a seilir ar gyfeiriadau ysgrythurol sy'n atgoffa dyn bod Duw yn 'peri i'w haul godi ar y drwg a'r da, ac yn rhoi glaw i'r cyfiawn a'r anghyfiawn' (Mathew 5:45). Cyferbynner â **Gras Arbennig**.

Guillaume, Gustave (1883–1960)

Ieithegydd o Baris a oedd yn ddisgybl i Antoine Meillet a fu yn ei dro yn ddisgybl i'r ieithegydd mawr o'r Swistir, **Ferdinand de Saussure**. Mae theorïau Guillaume yn gymharol ddieithr i'r byd Eingl-Americanaidd ond bu'n ddylanwadol ymhlith cylch o ieithegwyr yn Québec. Daeth Bobi Jones ar draws syniadau Guillaume am natur iaith yn ystod ei flwyddyn ym Mhrifysgol Laval yn Québec. Trafodir dylanwad Guillaume ar waith Bobi Jones yn ail bennod y gyfrol hon.

Gwahuniaeth

Bathodd Bobi Jones y term yn fath o wrth-derm i *différance* Derrida a drafodir o dan **Ddadadeiledde**g. Ymatebodd Bobi Jones yn erbyn term

Derrida gan honni ei fod yn gorbwysleisio'r gwahaniaethau mewn system ieithyddol heb sylwi'n ddigonol ar y tebygrwydd sy'n uno'r system honno. Mae 'gwahuniaeth' yn dysgu bod angen sylwi ar y gwahaniaethau a'r undod yn eu tro. Daeth y term hwn yn ganolog i drafodaethau theoretig Bobi Jones erbyn diwedd ei yrfa. Dysg Bobi Jones fod yn rhaid i'r sawl sydd am ddeall unrhyw system weld y *tebygrwydd* ynghyd â'r *gwahaniaeth* rhwng y naill beth a'r llall. Ond mae'r term gwahuniaeth yn broblematig oherwydd ymateb i un hanner cysyniad y gair *différance* yn unig a wna. Mae term Derrida hefyd yn cynnwys yr elfen 'gohirio' yn ogystal â 'gwahaniaethu', oherwydd mae'r ferf Ffrangeg *différer* yn gallu cyfeirio at un o'r ddau ystyr hyn – gweler **Dadadeileddeg**.

Gwerth
Gwerth yw'r elfen gyntaf yn y drindod Gwerth, **Trefn** a **Diben** sy'n llunio **Cymhelliad**. Mae ystyr y term Gwerth yn ddeublyg yng ngwaith Bobi Jones mewn gwirionedd. Gwerth yw'r man cychwyn a'r hyn sy'n ysgogi'r llenor i gyfansoddi o gwbl; hynny yw, ni fyddai'r llenor yn ymroi i'r dasg o gwbl oni bai ei fod yn credu ei fod yn *werth* ei wneud. Ond ochr yn ochr â hyn, defnyddia Bobi Jones y term i gyfeirio at safon llenyddiaeth. Dysg Bobi Jones fod gan bopeth ei Werth a bod modd gwahaniaethu rhwng y gwachul a'r gwych mewn llenyddiaeth. Cred Bobi Jones y rhagadeiladwyd Gwerth i mewn i'r greadigaeth pan greodd Duw y byd; roedd i bopeth a greodd ei Werth penodol: 'da oedd' (Genesis 1).

Kuyper, Abraham (1837–1920)
Gwleidydd, newyddiadurwr, darlithydd, gweinidog a diwinydd o'r Iseldiroedd. Ef oedd Prif Weinidog yr Iseldiroedd rhwng 1901 ac 1905. Yn 1880 sefydlodd **Brifysgol Rydd Amsterdam**. Ef yw tad Neo-Galfiniaeth neu'r hyn a elwir yn Galfiniaeth yr Iseldiroedd (*Dutch Calvinism*). Rhoddodd bwyslais mawr ar Sofraniaeth a Phenarglwyddiaeth Duw dros yr holl greadigaeth a phob agwedd ar fodolaeth. Yn ei dyb ef nid oedd un fodfedd sgwâr o fywyd dyn, yn economaidd, yn ddiwylliannol, yn bersonol nac yn wleidyddol, nad oedd yn eiddo i Grist. Bu diwinyddiaeth Abraham Kuyper yn ddylanwadol iawn ar Gristnogaeth ddiwygiedig yn Unol Daleithiau America. Darllen gwaith Kuyper a'i ddilynwyr a ysgogodd Bobi Jones i ddechrau myfyrio ar arwyddocâd Cristnogaeth ym mhob rhan o fywyd.

Mawl
Defnyddia Bobi Jones Fawl gyda phriflythyren mewn modd penodol iawn. Nid cyfeirio at y llenddull (*genre*) o ganu mawl y mae, er bod cysyllt-

iad agos rhwng ei drafodaeth o'r traddodiad hwnnw a'r term hwn. Yng ngweithiau diweddar Bobi Jones mae'r term Mawl yn cyfeirio at rym bywydol yn y greadigaeth. Mae'n perthyn yn agos iawn i'r term **Cymhelliad** ac weithiau mae Bobi Jones yn defnyddio'r ddau derm hyn fel cyfystyron. Trafodir y broblem derminolegol hon a'r berthynas gymhleth rhwng Mawl a Chymhelliad yn nhrydedd bennod y gyfrol hon.

Mynegiant

Dyma'r ail wedd ar iaith a llenyddiaeth yn theori driphlyg Bobi Jones, sef y ffurf weledol yr ydym oll yn gyfarwydd â hi. Ceir trafodaeth fanwl am natur Mynegiant ym mhedwaredd bennod y gyfrol hon.

Myth

Dywed Bobi Jones fod modd rhannu **Deunydd** llenyddiaeth yn bedwar maes cyffredinol a rhydd yr enw 'Mythau' ar y categorïau hyn. Pedwar Myth Deunydd fel y'u deellir gan Bobi Jones yw:

(1) Yr hunan (seicolegol)
(2) Cyd-ddyn (cymdeithasol)
(3) Bydysawd (ecolegol, amser a lle)
(4) Duw (crefyddol).

Ôl-foderniaeth

Trafodir ymateb Bobi Jones i theori neu athroniaeth Ôl-foderniaeth yn nhrydedd bennod y gyfrol hon. Mae diffinio Ôl-foderniaeth yn broblematig am ei fod yn feddylfryd neu'n fudiad cymhleth, amlweddog ac amlochrog sy'n ymwrthod â diffiniadau taclus. Y modd symlaf o ddeall Ôl-foderniaeth yw mewn perthynas â Moderniaeth neu'r dull Modernaidd o feddwl gan mai ystyr llythrennol y term yw 'yr hyn sy'n dod ar ôl Moderniaeth'. Mae'n ddatblygiad ar y naill law, ac yn wrth-ymateb ar y llaw arall, i'r dull Modernaidd o synio am y byd a oedd mewn grym ar ddechrau'r ugeinfed ganrif. Amheuaeth yw prif nodwedd y feddylfryd hon; amheuaeth bod y wyddoniaeth, crefydd neu athroniaeth, a fawrygwyd gan Foderniaeth, yn gallu datgelu Gwirionedd absoliwt sy'n wir i bawb. Cysylltir y term yn agos iawn ag Ôl-strwythuraeth neu **Ddadadeileddeg**.

Pietistiaeth

Tarddiad y gair yw'r Lladin *pietas* sef *piety* yn Saesneg. Roedd hwn yn enw a roddwyd yn wreiddiol ar symudiad ymhlith Protestaniaid yr Almaen (yn bennaf) yn yr ail ganrif ar bymtheg a'r ddeunawfed ganrif. Roedd y mudiad hwn yn gosod pwys ar ddefosiwn personol a byw bywyd rhinweddol. Yn ddiweddarach datblygodd yn derm negyddol sy'n cyfeirio at unrhyw Gristnogaeth arallfydol neu esthetaidd ei phwyslais. Mae cynodiadau negyddol i'r gair hwn yng ngwaith Bobi Jones. Fe'i defnyddir ganddo i ddisgrifio math o ddysgeidiaeth Gristnogol sy'n annog y Cristion i encilio'n feudwyaidd oddi wrth y byd ac sy'n dysgu nad yw'n briodol i Gristnogion ymwneud â diwylliant a'r celfyddydau.

Prifysgol Rydd Amsterdam
Sefydlwyd y brifysgol hon gan **Abraham Kuyper** yn Amsterdam yn 1880. Hon oedd y brifysgol Galfinaidd gyntaf yn yr Iseldiroedd. *Vrije Universiteit* (mae VU yn dalfyriad poblogaidd heddiw) yw enw'r brifysgol yn iaith yr Iseldiroedd ac mae'r gair *Vrije* neu 'Rydd' yn yr enw yn cyfeirio at y ffaith bod y brifysgol hon yn annibynnol ar yr eglwys a'r wladwriaeth. Defnyddir y term 'meddylwyr Prifysgol Rydd Amsterdam' yn y gyfrol hon ac yng ngwaith Bobi Jones i gyfeirio at grŵp o ddiwinyddion megis **Dooyeweerd, Van Til, Schaeffer,** a **Rookmaaker** y dylanwadwyd yn uniongyrchol ac yn ununiongyrchol arnynt gan Kuyper a Phrifysgol Rydd Amsterdam, er mai camarweiniol fyddai synio amdanynt fel 'ysgol' o ddiwinyddion mewn gwirionedd.

Rookmaaker, H. R. (1922–77)
Ysgolhaig ac awdur ym maes celf o'r Iseldiroedd. Sefydlodd Adran Hanes Celf ym **Mhrifysgol Rydd Amsterdam** yn ystod yr 1960au. Roedd yn gyfaill mynwesol i'r diwinydd **Francis Schaeffer** a bu'r ddau yn ddylanwad mawr ar waith ei gilydd.

Rhyddfrydiaeth
Safbwynt diwinyddol a fu ar gynnydd yn y ddeunawfed ganrif ac a gwestiynai athrawiaethau traddodiadol y ffydd Gristnogol ac agweddau goruwchnaturiol y ffydd honno, megis Duwdod Crist ac ysbrydoliaeth ddwyfol y Beibl. Bu'r safbwynt hwn yn llai ffasiynol ar y Cyfandir ac yng ngweddill Prydain yn ystod yr ugeinfed ganrif, ond mae'n parhau'n boblogaidd yng Nghymru hyd heddiw a gwelir Bobi Jones yn ymateb yn ei erbyn yn ei waith.

Saussure, Ferdinand de (1857–1913)
Ieithegydd o'r Swistir a fu'n fawr ei ddylanwad ar astudiaethau iaith yn yr ugeinfed ganrif. Cyhoeddwyd ei waith mwyaf dylanwadol *Cours de linguistique générale* wedi ei farwolaeth ar sail nodiadau ei ddarlithoedd. Diau mai ei theori bwysicaf yng ngyd-destun y gyfrol hon oedd ei ddar-

ganfyddiadau ynghylch *langue* (**Tafod**) a *parole* (**Mynegiant**). Bu ei syniadau am iaith fel system o arwyddion yn ddylanwadol hefyd ym maes athroniaeth a beirniadaeth lenyddol a chred llawer fod ei syniadau ef wedi esgor ar **Strwythuraeth**.

Schaeffer, Francis (1912–84)

Diwinydd, athronydd ac awdur efengylaidd o'r Unol Daleithiau. Astudiodd ddiwinyddiaeth o dan **Cornelius Van Til** yn y Westminster Theological Seminary, Philadelphia, lle bu cefnder Bobi Jones, y Parchedig Geoff Thomas, hefyd yn fyfyriwr.

Seico-fecaneg

Model neu fframwaith ar gyfer dadansoddi iaith a ddatblygwyd gan **Gustave Guilluame** sy'n dysgu bod iaith yn system o systemau.

Sofraniaeth y Sfferau

Dysgeidiaeth Neo-Galfinaidd a arloeswyd gan **Abraham Kuyper** ond a ddatblygwyd gan **Herman Dooyeweerd**. Dysg fod modd synio am y greadigaeth fel cyfres o gylchoedd neu wahanol sfferau megis 'y teulu', 'y wladwriaeth' ac yn y blaen. Nid oes goruchafiaeth i'r un o'r sfferau hyn am eu bod yn perthyn i sffêr hollgwmpasog Teyrnas Crist. Mabwysiadodd Bobi Jones y ddysgeidiaeth hon ac fe'i trafodir yn fanwl ganddo yn *Llên Cymru a Chrefydd* (1977).

Strwythuraeth

Syniadaeth neu ddull o ddarllen a ddaeth i amlygrwydd yn Ewrop yn ystod yr ugeinfed ganrif a'i gwreiddiau ym maes ieithyddiaeth a gwaith yr ieithegydd o'r Swistir **Ferdinand de Saussure**. Cymhwyswyd y syniadaeth hon yn ei thro at ddisgyblaethau eraill megis anthropoleg a beirniadaeth lenyddol. Ar ei lefel symlaf, mae'r ysgol hon yn rhoi bri ar astudio strwythurau neu systemau a'r berthynas sydd rhwng cydrannau'r systemau a'i gilydd.

Tafod

Hon yw'r elfen gyntaf yn theori driphlyg Bobi Jones. Math o drosiad yw'r enw Tafod. Dyma'r wedd anweledig ar iaith: y mecanwaith cryno a chuddiedig yn y meddwl dynol sy'n caniatáu i bobl greu iaith. Mae'r cysyniad hwn â'i wreiddiau yn astudiaethau ieithyddol **Ferdinand de Saussure** a **Gustave Guillaume**. *Langue* oedd eu term Ffrangeg hwy. Y peth gwreiddiol a wnaeth Bobi Jones oedd cymhwyso Tafod at ei drafodaethau ym maes llenyddiaeth gan ddechrau gyda *Tafod y Llenor* (1974).

Daeth y cysyniad hwn yn ganolog i feirniadaeth lenyddol Bobi Jones ac fe'i trafodir yn fanwl yn ail bennod y gyfrol hon.

Trefn
Yn ôl theori Bobi Jones mae'r ysfa i ddarganfod Trefn neu i osod Trefn ar y bydysawd yn reddf sy'n waelodol mewn dyn am fod Duw yn Dduw trefnus a bod Trefn yn wedd ar ei gymeriad. Trefn yw canolbwynt trindod **Gwerth**, Trefn a **Diben** sydd wrth wraidd **Cymhelliad**.

Trindod
Mae'r ddysgeidiaeth Gristnogol hon yn dysgu bod Duw'r Beibl yn un Duw sydd yn drindod o bersonau: Duw'r Tad, Duw'r Mab a Duw'r Ysbryd Glân.

Tröedigaeth
Defnyddir y gair tröedigaeth mewn cyd-destunau Cristnogol uniongred i ddisgrifio digwyddiad neu gyfnod yn hanes person pan fo Duw yn ymyrryd yn uniongyrchol ym mywyd y person hwnnw ac yn dod ag ef i berthynas fywiol ag Ef ei hun. Mae argyhoeddiad o bechod, edifeirwch a phroffesu ffydd yn Nuw yn nodweddion amlwg mewn tröedigaeth. Mae'r gair tröedigaeth yn llythrennol yn disgrifio'r pechadur yn troi cefn ar ei fywyd di-gred ac yn troi tuag at Dduw. Diau mai'r dröedigaeth enwocaf yn y Beibl yw un Saul o Darsus ar y ffordd i Ddamascus. Ceir hanes tröedigaeth Bobi Jones ym mhennod gyntaf y gyfrol hon.

Van Til, Cornelius (1895–1987)
Athronydd a diwinydd, a rannai safbwyntiau tebyg i **Kuyper** a **Dooyeweerd**, a anwyd yn yr Iseldiroedd ond a fagwyd yn yr Unol Daleithiau. Bu'n rhan o'r grŵp a sefydlodd y Westminster Theological Seminary yn Philadelphia yn 1929 a bu'n darlithio yno am dros ddeugain mlynedd.

Wellek, René (1903–95)
Beirniad llenyddol a oedd yn hanu'n wreiddiol o Tsiecoslofacia. Roedd yn flaenllaw ymhlith Cylch Llenyddol Praha a gysylltir â **Strwythuraeth**.

Wittgenstein, Ludwig Josef Johann (1889–1951)
Un o athronwyr mwyaf blaenllaw yr ugeinfed ganrif. Bu'r athronydd hwn o Awstria a dreuliodd ei yrfa ym Mhrifysgol Caergrawnt yn ddylanwad ffurfiannol ar yr Athro Dewi Z. Phillips ac athronwyr eraill yn gysylltiedig â'r Brifysgol yn Abertawe.

1
Bywyd a gwaith R. M. (Bobi) Jones

Poenus o draddodiadol yw dechrau cyfrol ar waith Bobi Jones â phennod gyflwyniadol, fywgraffyddol ei naws. Mae hyn yn arbennig o wir o gofio iddo yntau, yn ôl ei ffasiwn 'anghydweithredol'[1] nodweddiadol ef ei hun, ddewis cynnwys ei 'Ragymadrodd' i'w hunangofiant pryfoclyd, *O'r Bedd i'r Crud*, ar ddiwedd y llyfr. Ond credaf ei bod yn bwysig cydymffurfio, o leiaf yn y fan hon, er mwyn taflu goleuni ar fywyd a gwaith y gŵr hwn a gyhuddwyd ganwaith o fod yn 'dywyll'. Nid amherthnasol hynny, o sylwi bod Bobi Jones yntau wedi cymylu'r ffin rhwng cyfrol academaidd a hunangofiant drwy roi 'Hunangofiant Tafod' yn is-deitl i'r gyfrol *O'r Bedd i'r Crud*.[2] Ond bu'n rhaid iddo yntau, hyd yn oed, gydymffurfio ychydig wrth ddefnyddio llenddull yr hunangofiant, oherwydd wedi i'r *enfant terrible* hwn geisio dechrau ei hunangofiant o chwith, buan y bu'n rhaid iddo ddychwelyd at ddeddfau 'yr hunangofiant Cymraeg parchus "go iawn"'[3] gan gyflwyno ei fro enedigol a dyddiad ei eni. Gwnaf innau felly'r un modd.

Ganwyd Robert Maynard Jones (R. M. Jones/Bobi Jones)[4] ar 20 Mai 1929 yn fab i Sydney V. Jones (1900–56) ac M. Edith Jones (1904–81), ar aelwyd ddi-Gymraeg 147 Stryd Cyfarthfa, Y Rhath, Caerdydd. Hanai ei dad o deulu a ymffrostiai eu bod yn ddisgynyddion i Howel Harris ar y naill ochr ac i Oliver Cromwell ar y llall. Nyrsio oedd galwedigaeth ei fam cyn iddi briodi a magu dau o blant – Bobi a'i frawd, Keith, sydd ddwy flynedd yn iau nag ef. Er nad dyma'r lle i drafod hanes ei achau yn fanwl,[5] mae'n werth crybwyll tad ei fam, Grandpa Francis, gan fod hwnnw'n ddylanwad creiddiol arno yn ystod blynyddoedd ei ieuenctid. Bu'r Sosialydd o Farcsydd hwn yn 'enaid hoff, cytûn' i'r Bobi Jones ifanc, a dywed mai ef a fu'n gyfrifol am feithrin y 'radical' a'r 'rebel' ynddo.[6]

Pan oedd bron yn saith oed symudodd y teulu i 9 Stryd Gelli-gaer yn Cathays er mwyn 'ymsefydlu mewn ardal a oedd fymryn uwch na gwaelod eithaf y dosbarth gweithiol'.[7] O fewn tafliad carreg i'r tŷ hwnnw roedd dau adeilad a fyddai'n llunio cwrs ei fuchedd a'i fywyd: Llyfrgell

Cathays ac Ysgol Uwchradd Cathays lle bu'n ddisgybl rhwng 1940 a 1946. Yn wir, aeth Bobi Jones mor bell â hawlio oni bai am Lyfrgell Cathays y buasai 'yn normal efallai'[8] – cyfrifoldeb enfawr i un sefydliad ei ddwyn! Yn y naill adeilad fe gyfarfu â mawrion llên drwy grwydro'i silffoedd, ac yn y llall fe gyfarfu â'r iaith Gymraeg. Fel y tystiodd Bobi Jones yn ddiweddarach mewn cerdd yn dwyn y teitl 'Caerdydd':

> A minnau'n llanc agored i ysbrydoedd
> Fe ddarfu iaith i mi fel digwydd byd.[9]

Hawliodd Bobi Jones nad dewis y Gymraeg a wnaeth ond, yn hytrach, cael ei ddewis gan y Gymraeg, fel y tystia'r stori ddifyr isod:

> There were ninety of us, and he [y prifathro] asked those who wished to 'do' Welsh to stand forward. Some five quivering schoolboys ventured a step. The rest of us stood our ground, certain that Spanish would be intensely useful for our commercial weekend trips to South America later on. And would we not have chosen Timbuktuish, if such a language existed, rather than degrade ourselves to do that indeed-to-goodness stuff?
> But the headmaster had his job to do, and needed a 'stream': at a push, twenty five might do, but certainly not five. It was wartime, and volunteering was in the air. 'Tell me, my boy', said he, turning on a fat blushing specimen in the middle of the front row, 'why don't you want to do Welsh?'
> 'I know enough, sir.'
> Had I not done it in the elementary?
> 'Well, tell me, my boy. What's "good morning" in Welsh?'
> This was one of those phrases that had somehow slipped the syllabus of the elementary. The blush reached my knees.
> 'Tell me, my boy. What's "good night"?'
> This too had slipped attention. The blush rattled to the floor.
> 'Don't you think you'd better reconsider your decision?'
> The vision had come.[10]

Mewn cyfweliad â John Emyr, pan ofynnwyd iddo roi amlinelliad o briffyrdd ei yrfa, dywedodd Bobi Jones y bu pedwar uchafbwynt yn ei fywyd. Yn ôl trefn amser, y cyntaf o'r rheini oedd dysgu'r Gymraeg: 'Nid y mynd ati, ond y dal ati.'[11]

'Stwffiwyd' y Gymraeg i lawr ei gorn gwddwg gan ei athro Cymraeg, W. C. Elvet Thomas (1905–94). Hwn oedd 'un o athrawon Cymraeg mwyaf dylanwadol Cymru',[12] a gyflwynodd i'w ddisgyblion ddarlun byw o Gymru a chariad ymrwymedig tuag at y wlad a'r iaith. O'r foment y daeth o dan ei adain ef collodd bob 'siawns' o ddianc rhag crafangau Cymru a'r Gymraeg.[13] Mynegodd Bobi Jones ar sawl achlysur ei ddyled i'r athro cyfareddol hwn a'i ddulliau dysgu a gyflwynodd Gymru yn ei chyfanrwydd iddo.[14] Nid cyd-ddigwyddiad mo'r ffaith bod E. G. Millward, Alwyn Prosser a Gilbert Ruddock ymysg ei gyn-ddisgyblion.

O ystyried ei yrfa ddiweddarach yn y byd academaidd, nid annisgwyl yw dysgu bod y Bobi Jones ifanc yn ddisgybl disglair. Dyfynnaf bwt o lythyr gan W. C. Elvet Thomas sy'n crisialu'n effeithiol yrfa lwyddiannus y polymath Bobi Jones yn Ysgol Uwchradd Cathays. Mae'n cofio ei gynddisgybl fel un a fu'n:

> very able and versatile. He saw the humorous side of things, a characteristic which is reflected in his contributions to the school's magazine, 'Ymlaen'. He wrote them in Welsh and English. He was in his element in the school's Eisteddfodau and he swept the board, winning everything in the literary section.[15]

Serch ei ddisgleirdeb fel disgybl yn y Gymraeg a'i allu i ddarllen ac ysgrifennu'r iaith yn rhugl, nid oedd y Gymraeg yn iaith lafar fyw iddo, hyd yn oed wrth iddo gofrestru i astudio Cymraeg yn ei flwyddyn gyntaf yng Ngholeg Prifysgol Cymru, Caerdydd, ym Medi 1946. Disgrifia'i hun, yn fachog iawn, fel un a oedd yn 'gwbl gloff yn fy swildod gor-ramadegol'.[16] Difyr yw dyfynnu'r sgwrs rhyngddo ef a'r Athro Griffith John Williams ar ei ddiwrnod cofrestru:

> 'Enw?' meddai Griffith John.
> 'Fy enw i ydyw Robert Maynard Jones.'
> 'O! dysgwrychchiiefe?'
> 'Yr wyf fi . . . wedi dysgu'r . . . Gymraeg . . . yn Ysgol Uwchradd Cathays.'
> 'Pabwncdycheisiau'iwneudargyferychgradd?'
> 'Hoffwn . . . wneud . . . gradd . . . arbennig . . . mewn . . . Ffrangeg os oes modd.'
> 'Blechinbyw?'
> 'Y?'[17]

Aeth i'r Brifysgol â'r bwriad o ennill anrhydedd yn y Ffrangeg, fel y tystia'r ddeialog uchod. Ond nid felly y bu. Bu darlithwyr ymroddgar Adran y Gymraeg, ac ambell gyfaill caredig, megis Huw Ethall a fu'n barod i fenthyg nodiadau iddo ar ôl pob darlith,[18] yn ddigon i'w ddarbwyllo fel arall. Darganfu Bobi Jones fwy na phwnc academaidd yn unig y tu mewn i furiau Adran y Gymraeg – darganfu 'Achos, Galwad, Dewiniaeth, Gweledigaeth, Ymgyrch, Bywyd'.[19]

Erbyn diwedd ei flwyddyn gyntaf yn y Coleg, roedd wedi meistroli'r Gymraeg, ar bapur o leiaf. Ond ni iachawyd cloffni swildod ei Gymraeg llafar eto. I wella'r clwyf hwnnw, penderfynodd wirfoddoli i weithio ar fferm mewn bro Gymraeg er mwyn gwella'i iaith lafar. Treuliodd ei haf hir mewn crud o Gymreictod ar Fancffosfelen, Cwm Gwendraeth, lle daeth i brofi'n llawnach etifeddiaeth ieithyddol ei wlad.[20] Daeth oddi yno yn 'Gymro glân gloyw yn medru'r Gymraeg'.[21] Cwblhaodd ei astudiaethau o dan arweiniad medrus trindod o ysgolheigion dawnus – Griffith John Williams, T. J. Morgan ac A. O. H. Jarman – a graddiodd gyda dosbarth cyntaf yn y Gymraeg yn 1949.

Un o'r dylanwadau academaidd pwysicaf arno yn y cyfnod hwn, yn ôl tystiolaeth ei hunangofiant, oedd Saunders Lewis. Ymunodd Saunders Lewis â staff Adran y Gymraeg yng Nghaerdydd yn 1952, a cheir hanes amdano'n mynychu darlithiau Saunders Lewis yn 'anonest'[22] yn ystod ei flwyddyn hyfforddi yn Adran Addysg Coleg Caerdydd, ac yn cael ei gyfareddu gan ddulliau darlithio Saunders a'r modd y cyflwynai ryfeddodau'i ddarlith 'megis consuriwr yn tynnu cwningod o het'.[23] Disgrifia Bobi Jones ddarganfod gwaith y gŵr hwn fel 'darganfyddiad trobwyntiol'[24] yn ei ddatblygiad deallusol. I Bobi Jones roedd Saunders Lewis yn:

> un oedolyn aeddfed tra deallus heb ddilyn y rhigolau disgwyliedig, ac yn berson Ewropeaidd ei orwelion. Gŵr ydoedd a fentrai ddarllen heb symud ei wefusau. Gŵr hefyd a oedd wedi treiddio ymhellach na neb o blith yr Eingl-Gymry i'r sefyllfa ryngwladol Gymreig ac i gyflwr ysbrydol yr amseroedd.[25]

Bu gwaith Saunders Lewis hefyd yn ddylanwad pwysig arno yn ei bererindod ysbrydol. Fel y dywedodd mewn cyfweliad â Gaius Davies yn *Y Cylchgrawn Efengylaidd*: 'A Saunders Lewis oedd y trobwynt pwysig o safbwynt crefyddol.'[26] Dywed iddo ddechrau ystyried y goruwchnaturiol â pharch a difrifoldeb wedi iddo ymgyfarwyddo â gwaith Saunders Lewis, ac yn bennaf ei astudiaeth *Williams Pantycelyn* (1927): 'Dechreuais, ar ôl efrydu Saunders Lewis, ystyried y posibiliadau o wirionedd y goruwchnaturiol gyda mwy o ddifrifwch deallol nag o'r blaen.'[27] Parodd hyn iddo ddechrau ailystyried ei gyflwr anghrediniol 'ar lefel ddeallol yn unig',[28] hynny yw, heb brofiad personol. Bu Saunders Lewis hefyd yn ddylanwad ar y modd y syniai am y ffydd Gatholig. Yn ystod ei flwyddyn o astudio yn Nulyn (a drafodir yn y man), cyn iddo gael tröedigaeth efengylaidd, fe fynychai Bobi Jones yr Eglwys Babyddol. Dywed i hynny roi'r cyfle iddo ddyfnhau ei ddealltwriaeth o Gatholigiaeth, y weithred o addoli, a'i werthfawrogiad o sagrafennaeth, a'r rhain yn faterion yr oedd eisoes wedi dechrau eu hystyried o ganlyniad i'w 'ymateb i syniadau Saunders Lewis'.[29] Er i Bobi Jones yn ddiweddarach ymgartrefu yn y traddodiad Protestannaidd a Chalfinaidd, mae ei gydymdeimlad â'r Eglwys Gatholig yn drawiadol, a diau fod a wnelo dylanwad Saunders Lewis â hyn.

Amhosibl yw dilyn ei yrfa academaidd ymhellach heb oedi i ystyried ei berthynas â'i 'ymgeledd cymwys', Anne Elizabeth (Beti) James o Glunderwen, Sir Benfro. Cerddodd yr ymgorfforiad prydferth hwn o Gymru â'i 'llygaid brown Cymreig a'i bochau cochion Cymreig'[30] i'w fywyd ar 24 Mehefin 1949, gan adael ôl troed tragwyddol ar ei hôl.[31] Ei briodas â hi yw'r ail uchafbwynt yn ei yrfa, fel y cyfaddefodd wrth John Emyr yn y cyfweliad y cyfeiriwyd ato eisoes.[32] Yn wir, amhosibl yw gorbwysleisio canolrwydd Beti a'i phresenoldeb di-ildio yn natblygiad meddwl a gwaith Bobi Jones. Aeth Dewi Stephen Jones mor bell â rhoi'r enw 'awen' arni.[33] Hi yw testun rhamantus y canu serch cyson,[34] canu serch na thawodd wedi cyffro llesmeiriol y cyfnod cyntaf. Yn wir, anghyffredin yw'r ystod eang o ganu serch aeddfed a geir gan Bobi Jones,[35] yn ôl ei gyfaddefiad ei hun: 'A dyma fi yn fy henoed hurt ar fy ffon yn troi tudalennau fy mherfeddion o hyd fel pe na bai'r blynyddoedd yn darfod hyd at eu sodlau.'[36]

Hi hefyd yw'r 'ymgeledd cymwys' ymarferol, y fam a'r 'homemaker', chwedl John Emyr.[37] Diolch i'w gofal dyfal, cafodd Bobi Jones hafan berffaith a'r gefnogaeth ofynnol i fwrw ati â'i waith llenyddol ac academaidd. Fel y sylwodd John Emyr: 'To be the successful partner of a prolific author probably requires prolific gifts, a particular type of dedication and love; Beti possessed those gifts to an unusual degree.'[38] Mwy eto fu ei chyfraniad yn ystod salwch y cyfnod diweddar. O ganlyniad i anaf cefn, ni fu'n bosibl i Bobi Jones eistedd wrth ei ddesg yn ystod blynyddoedd ei ymddeoliad. Ond fel y tystia'i restr gyhoeddiadau, ni lesteiriodd hynny ddim ar lif ei gyfansoddiadau. Arddywedodd neu ysgrifennodd â llaw bob un o'i gyfrolau diweddaraf, ac fe'u teipiwyd gan Beti gyda'r gofal a'r ymrwymiad mwyaf. Ond bu'n fwy nag ysgrifenyddes iddo. Bu hefyd yn seinfwrdd i syniadau oes ac yn anogaeth, os nad yn gatalydd, i nifer o'i gyfrolau. Yn ei ragair teimladwy i *Beirniadaeth Gyfansawdd* disgrifia Bobi Jones hi fel un 'sydd wedi deall a thrafod y theorïau hyn gyda mi ar hyd y bedlam yn fwy na neb',[39] a'r un, yn ei doethineb a'i dealltwriaeth, a 'bwysodd arnaf i lunio'r gyfrol fach hon cyn cloi'r drws fel petai'.[40]

Treuliodd Bobi Jones beth o'r flwyddyn wedi iddo raddio yn Aberystwyth, a'r nesaf yn Nulyn, yn ymchwilio ar gyfer traethawd MA yn dwyn y teitl 'Astudiaeth destunol a chymharol o *Owein a Lunet*'.[41] Dyna ddechrau o ddifrif ar ei yrfa academaidd. Ond nid sleifio'n dawel drwy ddrws cefn tŵr ifori academia a wnaeth, ond disgyn megis bom, gan siglo'r sylfeini i'r gwaelod. Dechreuodd y cyfan gydag adolygiad herfeiddiol o feirniadol o *Ugain o Gerddi* T. H. Parry-Williams yn *Y Fflam*,[42] a awgrymodd y gallai'r bardd fod 'o bosib yn llai hunanddynwaredol nag y bu'.[43] Hawliodd Bobi Jones yn eofn nad oedd 'llenydda'n golygu digon i

Parry-Williams i ni ei gyfrif, fel y gwnaeth W. J. Gruffydd unwaith yn "major poet"'.[44] Adolygiad 'estronwr a gamasai i mewn i Gymreictod a'i lygaid ynghau'[45] ydoedd, yn ôl tystiolaeth Bobi Jones ei hun, adolygiad gan un na ddeallai haenau parch y cyfnod ac a boenydiwyd gan '[b]lorynnod ieuenctid' o hyd.[46] Codwyd y mater ym Mhabell Lên Eisteddfod Genedlaethol Caerffili, 1950, a galwyd ar y myfyriwr Bobi Jones gan y Cadeirydd (a'i ddarlithydd coleg), T. J. Morgan, i ddod i'r tu blaen i ateb cwestiynau'r dorf. Aeth yntau'n ufudd er amddiffyn ei safbwynt, a suddo'n ddyfnach i'r gors[47] drwy ddweud bod pobl wedi gwneud môr a mynydd o'r holl beth ac 'nad Parry Williams [sic] oedd y person a ddylai gael y sylw i gyd, ac mai W. J. Gruffydd oedd y bwgan'.[48] Heriodd T. H. Parry-Williams ef yn gyhoeddus o lwyfan yr Eisteddfod gan ddefnyddio'r darlun bod 'ffyliaid . . . yn rhuthro i mewn lle yr oedd ar angylion ofn sengi'.[49] Dioddefodd Bobi Jones lid W. J. Gruffydd yntau yn sgil hyn, ac mae'n debyg i Harri Gwynn gael ei amddifadu o Goron Eisteddfod Genedlaethol 1952 am fod W. J. Gruffydd yn sicr mai Bobi Jones oedd y bardd dan sylw.[50] Nid gormodiaith fyddai hawlio bod yna ryw *vendetta* llenyddol ac academaidd yn erbyn Bobi Jones yn ystod y cyfnod cynnar hwn, fel y sylwodd John Emyr:

> The godfathers rarely committed their attacks to print, but it is their influence one senses in punishing reviews such as D. H. Culpitt's of Y GÂN GYNTAF (in Y TYST) where the disparaging claim is made *Os bu bardd cocos erioed dyma enghraifft ohono* . . .[51]

Wedi ei gyfnod yn Iwerddon (1949–51), dychwelodd Bobi Jones i Gymru er mwyn ymgeisio am swyddi academaidd. Cynigiodd am le ar dîm *Geiriadur Prifysgol Cymru*, ac er mai ef oedd yr unig un i gyrraedd y rhestr fer, a chael cyfweliad gan Adran Iaith a Llên y Bwrdd Celtaidd yn ei chrynswth (namyn T. H. Parry-Williams), bu'n 'weddus aflwyddiannus'.[52] Sylw Griffith John Williams, a oedd yn bresennol yn y cyfweliad, oedd: 'Mae'n siŵr y bydd hi'n anodd braidd ichi gael swydd yn y byd academaidd Cymraeg am rai blynyddoedd nawr.'[53] Bu'n rhaid pennu llwybr gwahanol, felly, ac aeth rhagddo i ennill diploma mewn addysg a'i benodi'n bennaeth adran Gymraeg Ysgol Uwchradd Llanidloes. Priododd â Beti ar 27 Rhagfyr 1952 ac ymsefydlodd y cwpl ifanc yn Llanidloes am gyfnod byr o ddwy flynedd. Ond bu'r ddwy flynedd hyn gyda'r mwyaf ffurfiannol yn hanes Bobi Jones, oherwydd tra oedd yno fe brofodd drydydd 'uchafbwynt' ei fywyd cynnar, sef ei dröedigaeth grefyddol. Ystyria Bobi Jones y digwyddiad hwn y profiad pwysicaf oll, am ei fod yn credu bod iddo arwyddocâd tragwyddol uwchlaw'r 'uchafbwyntiau' eraill.[54]

Un nos Sul yn 1953, yng nghapel Cymraeg y Methodistiaid Calfinaidd yn China Street, Llanidloes, clywodd ddarllen adnod a'i hysgydwodd hyd ei berfedd: 'Wele law yr hwn sydd yn fy mradychu gyda mi ar y bwrdd' (Luc 11:11). Tystiodd iddo deimlo Duw yn siarad yn uniongyrchol ag ef, a gwelodd gyhuddiad yn ymhlyg yn Ei eiriau. Dywed iddo sylweddoli am y tro cyntaf fod 'cred yn fater o gael perthynas bersonol'.[55] Plygodd ym mhresenoldeb Duw a dihunwyd ei enaid am y tro cyntaf: 'Cafwyd cyfarfyddiad.'[56] Nid dyma'r lle i olrhain hanes ei bererindod ysbrydol '[p]oenus o gonfensiynol'[57] hyd at y digwyddiad hwn; digon yw nodi bod Bobi Jones yn ystyried ei 'ysbryd yn gelain gorn' yr adeg honno,[58] serch ei grefydda mynych. Dywed mai chwarae ag allanolion crefydd a wnaeth cyn y digwyddiad hwn, ond yng nghefn Capel China Street fe ddaeth i ymwybyddiaeth o'r Duw Byw ac i berthynas ag Ef. Wedi'r oedfa hwyrol hon trawsnewidiwyd ei fywyd: 'Yr oedd fy hen fyd sych, cyfarwydd, di-liw, di-fyw, rywsut ar ben.'[59] Daeth Duw yn ganolbwynt i'w fywyd ac yn raddol (oherwydd 'araf iawn oeddwn i yn deall pethau'),[60] daeth i ddeall oblygiadau gosod Duw yn Ben-arglwydd ar bob rhan o'i fywyd:

> fe dyfodd fy nealltwriaeth i o'r ffordd yr oedd pen-arglwyddiaeth Duw i fod i reoli fy mherthynas i ag Ef. Hynny i ddechrau: ei fawrygu a'i anrhydeddu Ef. Fy mherthynas i â phobl eraill, drwyddo Fe. Fy ngwaith bob dydd, drwyddo Fe. Fy syniadau gwleidyddol i, fy niwylliant i, ac yn y blaen. Popeth.[61]

Gwelwn, felly, fod ymwybyddiaeth o'r 'uchafbwynt' hwn yn hanfodol i unrhyw drafodaeth ddeallus o'i waith, fel y tystiodd John Emyr, un sydd yn gydymdeimladol â safbwynt crefyddol Bobi Jones: 'Rightly viewed, it is a key to any balanced and empathic appreciation of the deeper levels of his work.'[62]

Mae Bobi Jones yntau'n argyhoeddedig bod credo person yn ei amlygu ei hun ym mhob agwedd ar fywyd. Cred sy'n llywio gweithredoedd dyn yn ei dyb ef: 'I mi, y mae natur cred person yn benderfyniadol ar gyfer cyfeiriad ei weithredoedd. Y Tafod ar gyfer y Mynegiant.'[63] (Trafodir rhai agweddau ar gredo Galfinaidd Bobi Jones a'r modd yr effeithiodd hyn ar ei drafodaethau theoretig yn nhrydedd bennod y gyfrol hon.)

Yn 1954 symudodd y pâr ifanc i Langefni gan chwilio am fro Gymreiciach ac er mwyn ehangu'u profiad 'o Gymru mor uniaith Gymraeg ag a oedd yn bosibl'.[64] Ddwy flynedd yn ddiweddarach, yn 1956, cafodd swydd fel darlithydd addysg yng Ngholeg y Drindod, Caerfyrddin, a Beti ac yntau yn gorfod cael y profiad o ymgartrefu yng nghymdeithas a diwylliant rhan arall o Gymru. Tra oedd yno, cyhoeddodd ei lyfr cyntaf, sef y gyfrol o gerddi, *Y Gân Gyntaf* (1957). Dyma achlysur nodedig i unrhyw awdur, ac yn fwy felly gan mai'r gyfrol hon oedd y gyntaf i dderbyn gwobr Gymraeg gan Gyngor y Celfyddydau yng Nghymru. Diddorol yw nodi'r modd y daeth llinellau cyntaf 'Y Gân Gyntaf' yn fath o anthem iddo fel llenor. Hon yn ddi-os yw ei gerdd fwyaf adnabyddus, a difyr yw dehongliad ei gyfaill, Alan Llwyd, o'r llinellau hyn fel 'her' i farwolaeth yr iaith Gymraeg a'i llenyddiaeth, ac fel 'epitaff teilwng i'w yrfa lenyddol hyd yn hyn':[65]

> Angau, 'rwyt ti'n fy ofni i
> Am fy mod yn ifanc
> Am fod fy ngwaed yn telori wrth wthio 'ngwythiennau.
> Cryni yn y fynwent, heb hyder
> I ddangos i mi dy ddihengyd.[66]

Yn ystod y cyfnod hwn yng Nghaerfyrddin meithrinwyd y cyfeillgarwch â Waldo a esgorodd ar y dymuniad i sefydlu'r Academi Gymreig.[67] Yng Nghaerfyrddin hefyd y ganed plentyn cyntaf Bobi a Beti, Lowri. Daeth hon, a'i brawd, Rhodri, a aned yn 1962, yn ganolbwynt i farddoniaeth[68] ac i astudiaethau academaidd Bobi Jones yn eu tro.

Yn 1958, ddwy flynedd arall yn ddiweddarach,[69] aeth yn ddarlithydd yng Nghyfadran Addysg Jac L. Williams yng Ngholeg Prifysgol Cymru, Aberystwyth, a bu'n rhaid i'r teulu bach symud cartref am y tro olaf. Dyma flwyddyn cyhoeddi nofel gyntaf Bobi Jones, *Nid yw Dŵr yn Plygu* (1958). Dyma hefyd gyfnod cyhoeddi ei gyfrol gyntaf o feirniadaeth lenyddol, *I'r Arch* (1959). Enynnodd y gyfrol hon ymateb negyddol ac ymfflamychol gan yr ysgolhaig a'r dramodydd, John Gwilym Jones, gan osod y llwyfan ar gyfer y math o feirniadaeth y byddai gwaith Bobi Jones yn ei derbyn ar hyd ei yrfa. Roedd hefyd yn rhagflas o sawl dadl rhyngddo a John Gwilym Jones – yn enwedig adeg cyhoeddi llyfr John Gwilym Jones ar Daniel Owen. Fe'i cyhuddwyd ef gan John Gwilym Jones mewn adolygiad yn *Yr Arloeswr* o '[g]au drws yr Arch yn glep yn nannedd pob un sy'n fyr o argyhoeddiad', ac o geisio'i sefydlu ei hun yn fath o '[B]ab Llenyddiaeth'.[70] Ond nid oedd Bobi Jones yn swil o amddiffyn ei safbwynt ac atebodd sylwadau John Gwilym Jones ar dudalennau *Yr Arloeswr*.[71] Dengys hyn nodwedd arbennig ar yrfa lenyddol Bobi Jones, sef ei barodrwydd i ymateb i'w feirniaid, ac i ymryson â hwy (elfen a drafodir ymhellach ym mhennod 8). Awgrymodd John Emyr mai'r arfer hwn o gynnig 'an active, unyielding response to his critics' a enillodd iddo'i enw fel 'the bad boy of modern Welsh literature'.[72] Diau fod rhyw arwyddocâd i'r ffaith i Bobi Jones oedi bymtheng mlynedd wedi hynny cyn cyhoeddi cyfrol sylweddol arall o feirniadaeth lenyddol. Fel y sylwodd John Emyr: 'He took his time (in the midst of a very busy lecturing and publishing schedule) to work out a critical *theory* which would serve as framework, base and guiding authority for all his criticism.'[73]

Ddwy flynedd yn ddiweddarach aeth yn ddarlithydd ymchwil yn y Gyfadran Addysg yn Aberystwyth a chanddo'r dasg benodol o chwilio am fodd i 'achub yr iaith'. Dyma'r tro cyntaf yn hanes y Gymraeg i neb gael ei neilltuo am gyfnod amhenodol i astudio'n uniongyrchol ddulliau o warchod yr iaith a'i hadfer. Canolbwyntiodd Bobi Jones ar ddau faes, sef dysgu cynnar (3–5 oed) a dysgu iaith i oedolion.[74] Yn sgil y gwaith hwn cafodd gyfle i fynd i Brifysgol Laval yn Québec yn 1964 er mwyn derbyn hyfforddiant gan arbenigwyr ym myd ieitheg. Syniodd am ei gyfnod yn Québec fel y pedwerydd a'r olaf o 'uchafbwyntiau' ei fywyd.[75] Bu'r flwyddyn honno yn:

> drobwynt i mi ym mywyd y meddwl, yn fy ngwaith, yn nhyfiant fy nealltwriaeth i o'r iaith ac o lenyddiaeth ac yn wir mewn bywyd yn gyffredinol. I mi, yn bersonol, roedd yr olwg ges i ar bethau felly y pryd hynny yn dipyn o chwyldro i'r ffordd roeddwn i'n gweld pethau.[76]

Yno, drwy gymorth ac arweiniad ei gydweithwyr, yr Athrawon Walter Hirtle a Roch Valin, fe'i cyflwynwyd i waith un ysgolhaig a fu'n *'éminence grise'*[77] i'w holl waith academaidd wedi hynny: Gustave Guillaume (1883–1960). Fe'i cyfareddwyd gan theorïau cymharol astrus yr ysgolhaig hwn ynghylch natur iaith, a bu ei syniadau'n sylfaen ar gyfer ei draethawd PhD, 'Astudiaeth o ddatblygiad ieithyddol plentyn hyd at dair blwydd oed mewn cartref Cymraeg' (Prifysgol Cymru [Aberystwyth], 1966), ac ar gyfer ei gyfrol arloesol, *System in Child Language* (Caerdydd, 1970). Roedd wedi casglu'r deunydd crai ar gyfer yr astudiaethau hyn rhwng 1958 ac 1961 pan fu'n nodi datblygiad ieithyddol ei ferch Lowri yn fath o hobi. Yr hyn a ddarganfu yn Québec oedd theori gymwys i asio'i ddarganfyddiadau ynghyd a'u hesbonio. Drwy ddarllen nodiadau darlithoedd Guillaume a draddodwyd yn yr École Pratique des Hautes Études ym Mharis, daeth i ymwybod â'r ail wedd anweledig ar iaith, sef y 'mecanwaith organaidd cryno'[78] sy'n caniatáu ffurfio iaith yn yr amlwg. Dyma yr 'offeryn esgorol, y cyflwr disgwylgar, anymwybodol neu botensial yn y pen',[79] yr hyn a enwyd ganddo'n 'Dafod' (ac a drafodir yn y bennod nesaf). Mor ganolog fu'r cysyniad hwn o Dafod i'w waith nes iddo hawlio ei le yn is-deitl i'w hunangofiant, hyd yn oed! Cofleidiodd Bobi Jones theorïau ieithyddol Gustave Guillaume gan eu gwneud yn ganolog i'w astudiaethau ym myd ieitheg. Eithr diau mai'r cam nesaf yn ei yrfa, sef troi o fyd ieitheg at fyd llenyddiaeth, gan gludo syniadau Guillaume gydag ef, oedd un o'i gyfraniadau academaidd mwyaf diddorol ac arwyddocaol.

Ymunodd Bobi Jones â staff Adran y Gymraeg, Coleg Prifysgol Cymru, Aberystwyth, yn 1966 fel olynydd i D. Gwenallt Jones, ond nid heb dipyn o betruster ac euogrwydd. Teimlai'n euog am iddo adael maes adfer iaith ar ganol y frwydr, fel petai, a gwneud hynny o ganlyniad i '[d]rachwant digon personol a chnawdol am waith a oedd yn fwy at fy nant'.[80] Eithr nid oes modd tynnu llinell dwt rhwng ei yrfa 'dysgu iaith' a'i yrfa ym myd llenyddiaeth. Mae'r ddwy yn annatod glwm am iddo ddarganfod ei 'Dafod' yn Québec. Bu Tafod yn gyswllt rhwng y gwahanol agweddau hyn ar ei yrfa: 'Tafod oedd y bont'[81] a'r '[c]anolbwynt i'm myfyrdod academaidd ar y naill ochr a'r llall iddi'.[82] Cymhwysodd yr hyn a ddysgodd am Dafod ym myd ieitheg at faes beirniadaeth lenyddol o dan yr argyhoeddiad bod modd cymhwyso methodoleg ieitheg at astudio llenyddiaeth. Ffrwyth yr ymchwil hon oedd y gyfrol *Tafod y Llenor* (1974) a'i '[h]estyniad a chywiriad',[83] *Seiliau Beirniadaeth* (1984–8). Bu ei ddarganfyddiadau ym myd iaith yn fodd iddo weld llenyddiaeth mewn golau newydd ac unigryw, gan roi i'n traddodiad llenyddol yr hyn a ystyriai John Emyr yn 'fresh approach to criticism, far removed from the usual fare offered in Welsh'.[84]

Ond un agwedd ar ei swydd fel darlithydd yn unig oedd hynny. Bu elfen 'fugeiliol' ei swydd yn ffynhonnell cryn bleser iddo ef a'i fyfyrwyr fel ei gilydd, fel y tystia teyrnged hwyliog Twm Morys iddo:

> Rhyw ffynnon yw haelioni: – ni 'rafa
>   Er yfed ohoni:
> Ac er traul dysgleidiau 'li'
> Mae te i bawb ym mhot Bobi.[85]

Bu'n ddarlithydd yn Aberystwyth mewn cyfnod o ferw gwleidyddol a gweithgarwch mawr ar ran Cymdeithas yr Iaith, a bu dysgu'r Tywysog Charles, er mwyn rhoi iddo amlinelliad o hanes llenyddiaeth Gymraeg, yn y cyfnod cyn ei Arwisgiad, yn un o blith ei amryw ddyletswyddau.[86] Ond serch ei ddyletswyddau dysgu a gweinyddu bu'n rhyfedd o gynhyrchiol fel awdur yn y cyfnod hwn, fel y tystia ei restr gyhoeddiadau.[87] Galwodd John Emyr ef 'the most prolific Welsh writer in the history of the language',[88] ac mae'n debyg bod ei ysgrifenyddes yn argyhoeddedig ei fod yn 'ysgrifennu yn ei gwsg yn ogystal ag ar ddihun'.[89] Rhyfeddodd Alan Llwyd – un o'r rhai sydd wedi ymroi i astudio barddoniaeth Bobi Jones yn fanwl – at unigrywedd gyrfa farddol Bobi Jones: ' 'Does neb tebyg iddo. Mae'n ffenomen ryfedd; mae'n ddirgelwch.'[90] Dywedodd mai 'dyma fardd mwyaf toreithiog y Gymraeg yn ddi-ddadl'.[91] Soniodd Dewi Stephen

Jones hefyd am arfer Bobi Jones o lunio 'nid un gerdd ond cyfres o gerddi pan yw wedi ei gynhyrfu'.[92]

Sylwn, fodd bynnag, mai gweithiau beirniadol ac academaidd yn unig a gyhoeddodd Bobi Jones rhwng 1976 ac 1986 a hynny wedi iddo dyngu llw mewn cyfweliad â J. E. Caerwyn Williams ei fod am gymryd '[m]ath o ympryd' rhag ysgrifennu creadigol.[93] Dyma neilltuo degawd ar gyfer ysgrifennu beirniadaeth lenyddol, felly. Ond wedi'r sychder creadigol cafwyd dilyw gyda chyhoeddi'r wrth-arwrgerdd *Hunllef Arthur* (1986), a oedd yn 21,000 o linellau o hyd – y gerdd hwyaf i'w chyfansoddi yn y Gymraeg erioed.

Cafodd yrfa lwyddiannus yn yr Adran Gymraeg, fel y tystia ei aml ddyrchafiadau, er na fu erioed yn 'ysgolhaig canol-y-ffordd'[94] yn ôl ei gyfaddefiad ei hun. Fe'i penodwyd yn ddarllenydd yn yr adran yn 1978, ac yn 1979 fe'i hanrhydeddwyd â D.Litt. gan Brifysgol Cymru, cyn ei ddyrchafu'n Athro ac yn bennaeth adran yn 1980, swydd a ddaliodd hyd ei ymddeoliad yn 1989. Yn ogystal, fe'i hetholwyd yn Gymrawd yr Academi Brydeinig yn 1993 ar sail nifer ac ansawdd ei gyhoeddiadau. Er iddo ymddeol yn ffurfiol yn 1989 ni chafwyd unrhyw awgrym hyd yn hyn fod ei ddiddordeb neu ei ymroddiad i'r byd academaidd ar lacio; i'r gwrthwyneb, tystia ei restr gyhoeddiadau ei fod mor gynhyrchiol ag erioed, a hynny yn wyneb cyfnodau o salwch go egr. Caniataodd cyfnod ei 'ymddeoliad' ragor o amser iddo ymroi – â'i ddygnwch diarhebol – i'w amryw brosiectau llenyddol ac academaidd. Diau y byddai salwch difrifol y blynyddoedd diweddar wedi pylu egni dyn a chanddo lai o benderfyniad a gweledigaeth nag ef. Ond yr hyn a wnaeth salwch Bobi Jones oedd cryfhau ei argyhoeddiad bod angen iddo gyhoeddi rhagor, cyn iddi fynd yn rhy hwyr: daeth ei salwch yn fath o gatalydd iddo gasglu ei syniadau am feirniadaeth lenyddol ynghyd. Gweithiodd o dan yr argyhoeddiad y 'dylen i fod wedi dweud wrth bobl am hyn'.[95] Miniogodd ei wendid corfforol ei awydd i orffen gwaith oes, gan sicrhau ei statws fel y 'mwyaf cynhyrchiol o lenorion Cymraeg ail hanner yr ugeinfed ganrif o ddigon'.[96]

Crynhodd J. E. Caerwyn Williams ehangder diddordeb a chatholigrwydd dysg Bobi Jones fel a ganlyn:

> Mae'r Athro'n llawer peth, yn olygydd, yn addysgydd, yn ieithydd, yn storïwr byr, yn nofelydd, yn feirniad llenyddol, ac yn fardd yn ogystal â bod yn ysgolhaig, ond pe bai rhaid i mi ei ddiffinio'n un peth yn anad dim arall, os nad yn cynnwys popeth arall, fe'i diffiniwn yn llenor . . .[97]

Fodd bynnag, Bobi Jones y 'beirniad llenyddol' yw testun y gyfrol hon oblegid dyma'r wedd fwyaf arwyddocaol ar ei yrfa lenyddol yn fy marn i. Daeth Simon Brooks i gasgliad cyffelyb yn ei draethawd doethuriaeth, sef mai Bobi Jones yw'r 'meddyliwr mwyaf diddorol yng Nghymru'.[98] Ef yn sicr yw'r mwyaf gwreiddiol a thoreithiog o'n beirniaid llenyddol, ac fe'i cyfrifir gan lawer yn theorïwr amlycaf a phwysicaf y Gymraeg. Fe'i disgrifiwyd gan Robert Rhys fel 'yr unig feirniad theori Cymraeg o faintoli Ewropeaidd',[99] ac fe sylwodd Simon Brooks mai ef yw 'un o'r ychydig ddeallusion Cymraeg erioed i fod yn rhan o symudiad deallusol ar y Cyfandir, nid ugain mlynedd ar ôl yr achlysur, ond *fel yr oedd yn digwydd*'.[100]

Ers dros ddeng mlynedd ar hugain bellach bu Bobi Jones yn gweithio ar fenter arloesol mewn beirniadaeth lenyddol a ddisgrifiwyd gan Robert Rhys fel y 'fenter fwyaf erioed yn hanes beirniadaeth lenyddol Gymraeg'.[101] Ef yw un o'r ychydig feirniaid Cymraeg sydd wedi rhoi sylw llawn a systemataidd i faes beirniadu llenyddiaeth. Cyhoeddodd gyfres o gyfrolau, pob un ohonynt yn rhan o'i ymgais i ddatblygu beirniadaeth lenyddol o safbwynt theoretig penodol a'i diffinio fel disgyblaeth. Ymgais i fapio ac i ddisgrifio llorweddau cudd llenyddiaeth oedd y prosiect hwn ar ei hyd, gan obeithio y byddai gweld y tirlun yn gliriach yn gymorth i'r beirniad llenyddol wneud ei briod waith yn well. Daeth y prosiect oes hwn i fath o gwlwm gyda chyhoeddi *Beirniadaeth Gyfansawdd* yn 2003; cyfrol a fwriadwyd i grisialu ei holl syniadau ar theori lenyddol a mapio holl baramedrau beirniadaeth lenyddol oedd hon. Erbyn hynny, yn ôl honiad is-deitl y gyfrol, yr oedd Bobi Jones wedi darganfod 'Fframwaith Cyflawn Beirniadaeth Lenyddol'. Math o epistol olaf yn ei genhadaeth feirniadol fawr oedd y gyfrol hon, yn crynhoi'r cwbl a aeth o'i blaen, ac mae'n debyg na ddylid disgwyl dim newydd ganddo yn y maes.

Mae Bobi Jones yn feirniad llenyddol sydd yn meddu ar uchelgais mawr, yn ôl tystiolaeth *Beirniadaeth Gyfansawdd*. Beirniad yw a ŵyr i sicrwydd yr hyn y mae am ei gyflawni, beirniad a chanddo awydd dwfn am *gestalt* a gweld y darlun cyflawn, fel y tystiodd yn *Cyfriniaeth Gymraeg*: 'Wrth geisio llunio llyfr o'r math hwn, y mae yna awydd cudd anochel gan awdur i symud tuag at ymdeimlad o gyfanwaith. Ynom oll mi geir dymuniad dwfn am *gestalt*.'[102] Gwelir yr un awydd am *gestalt* yn ei waith fel bardd yn ogystal. Roedd ganddo nod pendant iawn yr anelai ato. Disgrifiodd Alan Llwyd y nod hwnnw fel a ganlyn: 'Gosododd nod i'w genedl. Creodd freuddwyd ar ei chyfer, sef y Breuddwyd Mawr Cymreig, yn ôl y modd y diffinnir y breuddwyd hwnnw, y delfryd, ganddo ef ei hun.'[103] Hynny yw, nid bwrw ati i farddoni gan weld ble y byddai'r awen yn ei dywys a wnaeth Bobi Jones, ond gosod agenda benodol iddo ei chyflawni fel bardd. Yn wir, mae yna nod arbennig y tu ôl i nifer o weithgareddau llenyddol Bobi Jones. Cyfeiriodd Dewi Stephen Jones at ei 'raglen ac agenda' farddol, [104] sef yr hyn a eilw'n '[b]wyslais ar y portread a'r tirlun'.[105] Rhaid ychwanegu'r thema 'amser' at y disgrifiad hwn oherwydd prosiect triphlyg oedd prosiect barddol Bobi Jones, yn union fel ei brosiect beirniadol.[106]

Disgrifiwyd Bobi Jones gan J. E. Caerwyn Williams fel y 'damcaniaethwr llenyddol mwyaf a welodd llenyddiaeth Gymraeg'.[107] Eto, er maint a gwreiddioldeb gyrfa lenyddol ac academaidd Bobi Jones, prin fu'r sylw a roddwyd i'w waith ar lefel genedlaethol neu ryngwladol. Fe'i hesgeuluswyd a'i led-anwybyddu gan genhedlaeth o feirniaid na allent ddirnad na chyd-weld â'i safbwyntiau llenyddol. Er gwaethaf y berw Ôlfodernaidd a welwyd yn ystod yr 1990au, prin fu'r sylw a roed i theori lenyddol yng Nghymru (fel y trafodir eto ym mhennod 7). Prinnach fyth yw'r beirniaid llenyddol Cymraeg a fentrodd i fyd dieithr theori beirniadaeth lenyddol. Yng ngeiriau un o'n beirniaid llenyddol traddodiadol, Islwyn Ffowc Elis: 'Dydw i ddim eto'n deall strwythuraeth, na dadstrwythuraeth neu ddadadeiladaeth, nac ôl-strwythuraeth.'[108] Nid rhyfedd i Bobi Jones gael trafferth i ddenu cynulleidfa, fel y sylwodd Simon Brooks: 'Er mai ef yw beirniad mwyaf gwreiddiol ac idiosyncratig y Gymru Gymraeg, mae'i iaith, sef y Gymraeg . . . a'i ieithwedd, sef terminoleg theoretig . . . yn gwneud y gwaith o geisio cynulleidfa'n eithriadol o anodd.'[109] Yng nghyfrolau beirniadol Bobi Jones gwelwn drafodaeth wreiddiol ar lenyddiaeth sy'n bur wahanol i'r math o feirniadaeth a welir yn Gymraeg gan amlaf. Dyma reswm arall, efallai, paham na chafodd sylw haeddiannol mewn cylchoedd llenyddol Cymraeg. Cyhoeddodd weithiau a oedd yn cymhwyso theorïau ieithyddol at fyd llenyddiaeth cyn i theorïau o'r fath gael eu mabwysiadu gan feirniaid Eingl-Americanaidd adnabyddus megis Culler. (Ymddangosodd cyfrol Jonathan Culler, *Structuralist Poetics* (1975), y gyfrol Saesneg gyntaf i ymdrin ag adeileddeg lenyddol, flwyddyn ar ôl *Tafod y Llenor*. Ac nid ymddangosodd llyfr o'r fath yn America hyd yn oed tan ychydig wythnosau wedi cyhoeddi *Tafod y Llenor*, sef *Structuralism in Literature* Robert Scholes (1974).) Eithr ni dderbyniodd Bobi Jones sylw haeddiannol yn rhyngwladol ychwaith hyd yma; canlyniad i'w ddewis i gyhoeddi yn y Gymraeg yn unig, ac adlewyrchiad o'r anfantais sydd o gyhoeddi mewn iaith leiafrifol efallai.

Tebyg fu'r ymateb i farddoniaeth Bobi Jones yn ôl tystiolaeth Alan Llwyd. Derbyniad digon oeraidd a gafodd barddoniaeth Bobi Jones ar y cyfan. Gresyna Alan Llwyd at yr hyn a ddisgrifia fel 'agwedd lugoer a di-hid rhai Cymry at farddoniaeth Bobi'.[110] Wrth drafod yr ymateb i *Hunllef Arthur* dywed mewn modd digon dramatig: 'Tenau fu'r gynulleidfa hyd yn hyn, theatr chwarter llawn yn unig, gydag ambell hecliwr difeddwl ymhlith y gynulleidfa denau, gwaetha'r modd, nes peri i rywun golli ffydd yn ei gyd-Gymry.'[111]

Ond pa mor anodd bynnag yw ceisio cynulleidfa rhaid gwneud hynny neu mae perygl y gall gwaith un o feddylwyr Cymraeg mwyaf yr ugeinfed ganrif fynd i ddifancoll heb inni elwa ohono. Aeth Robert Rhys mor bell â hawlio mai 'Arwydd o'r aeddfedrwydd deallusol cenedlaethol y bu rhai yn ceisio'i hyrwyddo ers 1926 o leiaf fyddai gweld beirniadaeth R. M. Jones yn dod yn destun cyfrolau a seminarau a chynadleddau.'[112]

Ond cyn cyfnod y cyfrolau a'r cynadleddau rhaid wrth waith caib a rhaw. Anwybyddwyd Bobi Jones ganwaith am ei fod yn cael ei ystyried yn 'astrus' ac yn 'anodd'. Fy ngobaith i, fodd bynnag, yw y bydd yr astudiaeth hon yn fodd i hyrwyddo trafodaethau deallus ar ei waith. Dywedodd Alan Llwyd rywbeth tebyg yng nghyd-destun hybu trafodaeth ar farddoniaeth Bobi Jones; cydymdeimlodd i ryw raddau â'r gynulleidfa a'i siomodd drwy beidio ag iawn werthfawrogi barddoniaeth Bobi Jones, a chydnabu fod angen cymorth er mwyn 'ymdopi â'r cynnyrch enfawr hwn'. Awgryma daclo cynnyrch Bobi Jones fesul tipyn gan gyhoeddi ysgrifau a thrafodaethau fan hyn a fan draw, nes bod rhywun 'yn ddigon gwrol, rywbryd yn y dyfodol, i lunio cyfrol sylweddol ar ei waith'[113] – sylw eironig braidd gan fod trafodaeth Alan Llwyd ei hun yn ymestyn dros 256 o dudalennau! Mae'r fethodoleg a gymeradwyir ganddo ar gyfer y dasg hon yn debyg i'r un yr anelir ati yn y drafodaeth bresennol ar ei brosiect beirniadol, sef '[b]wrw golwg banoramig ar ei holl waith' gan 'astudio'i gynnyrch *yn ei grynswth*'.[114] Mae'n fethodoleg fywgraffyddol sy'n cysylltu cynnyrch llenyddol Bobi Jones â hanes ei fywyd: 'A 'does dim ffordd allan ohoni. Mae'n rhaid inni bellach ei ddilyn ar ei bererindod hirfaith o Gaerdydd i gyfeiriad y Ddinas Wen: taith hir ond taith sy'n llawn o ryfeddodau.'[115]

Fel y sylwodd John Emyr wrth drafod cyfres *Seiliau Beirniadaeth*:

> As is usually the case with original philosophical discussions, time must be taken to become acquainted with the author's vocabulary, definitions and diction before his arguments can be appreciated in full. These volumes deserve the prolonged and hard study which has been given to the work of original thinkers in the field of ideas and literature.[116]

Ymateb i'r her honno ac ymgais i gael y ddysgl yn wastad yw'r gyfrol hon sydd, am y tro cyntaf, yn ymdrin ag ymgais feirniadol Bobi Jones i ddiffinio natur llenyddiaeth. Daeth yn hen bryd i Bobi Jones dderbyn ei sylw haeddiannol. Fy mwriad, felly, yw amlinellu'r amrywiol weddau ar feirniadaeth lenyddol Bobi Jones, eu disgrifio a'u gwerthuso, gan geisio mesur ei gyfraniad fel beirniad llenyddol. Gwneir hyn drwy ganoli sylw ar y cyfrolau hynny y tybiais eu bod yn ganolog i'r prosiect beirniadol, sef *System in Child Language* (1970), *Tafod y Llenor* (1974), *Llenyddiaeth Gymraeg 1936-1972* (1975), *Llên Cymru a Chrefydd* (1977), *Llenyddiaeth Gymraeg 1902-1936* (1987), *Seiliau Beirniadaeth* (1984-8), *Tair Rhamant Arthuraidd* (1998), *Ysbryd y Cwlwm* (1998), *Mawl a'i Gyfeillion* (2000), *Mawl a Gelynion ei Elynion* (2002), a'r gyfrol glo, *Beirniadaeth Gyfansawdd* (2003), er y cyfeirir at gyhoeddiadau eraill ganddo, wrth reswm, gan gynnwys y gyfrol a ymddangosodd ar ôl y gyfrol glo honedig, sef *Meddwl y Gynghanedd* (2005).[117] Dylid nodi'n ogystal fod Bobi Jones wedi cyfrannu'n gyson i gyfnodolion Cymru ers dechrau ei yrfa ac wedi cynnal sawl cyfres mewn amryw ohonynt. Ymddangosodd y cyfresi mwyaf arwyddocaol o safbwynt y gyfrol hon yn *Barddas*, a'r bwysicaf o bosibl yw 'Beirniadaeth ar Feirniadaeth' a ymddangosodd rhwng Haf 1996 a Gaeaf 2002. Er bod y cyfresi hyn yn gyfraniadau allweddol ganddo – ac mai hwy sydd yn bennaf cyfrifol am ddwyn ei waith beirniadol i sylw'r darllenydd Cymraeg – nid ymdrinnir â hwy yn fanwl yn yr astudiaeth hon (er y codir ambell ddyfyniad), gan y bernid bod eu cynnwys a'u harddull newyddiadurol a chwareus yn perthyn yn agos i *Beirniadaeth Gyfansawdd* ac, yn wir, bod llawer ohonynt yn cael eu hatgynhyrchu'n uniongyrchol yn y gyfrol honno.

Trindod yw'r allwedd i 'ymbalfalu hir'[118] Bobi Jones ym maes beirniadaeth lenyddol; triphlyg yw natur ei theori lenyddol. Ond fe'i hunir gan yr ymwybod â'r Drindod Sanctaidd sy'n treiddio i bob rhan o'r prosiect hwn. Yma, ceisir dangos effaith credoau Calfinaidd Bobi Jones ar ei waith beirniadol.

Byddaf yn olrhain datblygiad y 'prosiect' beirniadol hwn ym meddwl Bobi Jones, gan geisio ystyried i ba raddau yr oedd yn ymwybodol o faint y 'prosiect' yn ei ddechreuadau ac i ba raddau, mewn gwirionedd, y gellid tadogi'r label 'prosiect' ar y gyfres hon o gyhoeddiadau. Byddaf yn ogystal yn darlunio'r hinsawdd academaidd yr ysgrifennai Bobi Jones ynddi ac yn bwrw golwg ar yr ymateb i'w theorïau gan feirniaid eraill, gan archwilio'r rhesymau posibl dros yr ymateb hwnnw. Byddaf yn ceisio penderfynu a oedd menter feirniadol Bobi Jones yn 'llwyddiant' ar sawl ystyr. I ddechrau, byddaf yn ystyried a oedd yn llwyddiant academaidd neu boblogaidd, ac yn ail, byddaf yn ystyried a lwyddodd Bobi Jones i gyflawni ei amcanion ef ei hun. Yn olaf, byddaf yn ystyried pam yr ydym yn dal i aros am ddyfodiad theorïwr llenyddol arall o bwys i adeiladu ar sylfeini strwythurol Bobi Jones.

Wrth gychwyn ar y dasg hon gallaf uniaethu'n llwyr â geiriau J. E. Caerwyn Williams a brofodd 'ryw deimlad o annigonolrwydd'[119] wrth geisio llunio cyflwyniad i waith Bobi Jones. Nododd John Emyr yntau fod 'ystyried gwaith yr Athro yn union fel ystyried rhaeadr fawr yn agos ati'[120] – 'an awesome venture, not without its perils'.[121] Cydnabuwyd adeg cyhoeddi llyfr John Emyr '[nad] tasg hawdd yw ysgrifennu'n feirniadol am awdur sydd â'i long yn dal ar lawn hwyl'.[122]

Ac fel y nodwyd eisoes mae hwyliau Bobi Jones yn orlawn o hyd. Ond mae yna un gwahaniaeth sylfaenol bellach, sef bod Bobi Jones wedi cyhoeddi'r epistol olaf yn ei genhadaeth feirniadol fawr, sef *Beirniadaeth Gyfansawdd* (2003). Fel y nodwyd eisoes, er ei fod yn parhau i gyhoeddi ym maes Beirniadaeth Lenyddol, nid ydym i ddisgwyl dim byd 'newydd' ganddo yn y maes hwn: nid oes ganddo 'ddim i'w ychwanegu at y disgrifiad o'r llenddull hwn'.[123] Mae'n debyg bod hynny yn ein gosod mewn man diogelach. Gallwn edrych yn ôl ar ei yrfa feirniadol wrth sefyll ar y graig y tu ôl i'r rhaeadr drosiadol, gan gofio bod yr olygfa yr un mor aruthrol o'r fan honno.

Nodiadau

[1] Bobi Jones, *O'r Bedd i'r Crud: Hunangofiant Tafod* (Llandysul, 2000), t. 241.

[2] Sylwn yn ogystal ar natur hunangofiannol *Beirniadaeth Gyfansawdd* (Cyhoeddiadau Barddas, 2003) sydd fel petai'n cronicla aml droeon yr yrfa, yn ogystal â chrynhoi ei syniadau ynghylch fframwaith beirniadaeth lenyddol. Sylwodd Tudur Hallam yntau ar y duedd hunangofiannol hon yn 'Ymhél â Hanfod Moliant', *Barddas*, 262 (Ebrill/Mai 2001), t. 48, pan ddywed: 'At hyn, o bosib, y mae *Mawl a'i Gyfeillion*, Cyfrol 1, "mor hunangofiannol (yn feddyliol)" ag *O'r Bedd i'r Crud*.'

[3] Bobi Jones, *O'r Bedd i'r Crud*, t. 10.

[4] Er mai R. M. Jones yw'r enw a arddelwyd ganddo wrth gyhoeddi ei waith beirniadol, sef maes trafod y gyfrol hon, dewisais ddefnyddio'r enw Bobi Jones drwy gydol y drafodaeth bresennol gan imi dybio mai dyna'r enw sydd fwyaf adnabyddus i lawer o ddarllenwyr Cymraeg.

[5] Gweler John Emyr, *Bobi Jones*, Cyfres 'Writers of Wales' (Caerdydd, 1991) ac yn arbennig, Bobi Jones, *O'r Bedd i'r Crud*, tt. 9–73, am ddarlun mwy cyflawn o gyfnod plentyndod.

[6] Ceir disgrifiad teimladwy o'r berthynas hon yng ngherdd Bobi Jones, 'Tad-cu ac Ŵyr', *Casgliad o Gerddi Bobi Jones* (Cyhoeddiadau Barddas, 1989), t. 231.

[7] Bobi Jones, *O'r Bedd i'r Crud*, t. 19.

[8] Ibid., t. 20.

[9] Bobi Jones, 'Caerdydd', *Casgliad o Gerddi Bobi Jones*, tt. 55–6.

10 Bobi Jones, 'Why I Write in Welsh', *Planet*, 2 (Tachwedd 1970), t. 23.
11 Bobi Jones, 'Gweld Gwerth', sgwrs â John Emyr, *Taliesin*, 120 (Gaeaf 2003), t. 38.
12 Bobi Jones, *O'r Bedd i'r Crud*, t. 58.
13 Ibid., t. 59.
14 Gweler, er enghraifft, Bobi Jones, 'Athro Ysgol', *Casgliad o Gerddi Bobi Jones*, t. 48.
15 Dyfynnwyd yn John Emyr, *Bobi Jones*, t. 11.
16 Bobi Jones, *O'r Bedd i'r Crud*, t. 77.
17 Ibid., t. 78.
18 Karen Owen, 'Pwy, Beth yw Bobi Jones? – Dadl Bob Degawd', *Golwg* (13 Mawrth 1997), t. 18.
19 Bobi Jones, *O'r Bedd i'r Crud*, t. 79.
20 Bu'r cyfnod ar Fancffosfelen yn ysbrydoliaeth i'r gerdd 'Ffermwr Rhyddfrydol', *Casgliad o Gerddi Bobi Jones*, t. 16.
21 Karen Owen, 'Pwy, Beth yw Bobi Jones?', t. 18.
22 Bobi Jones, *O'r Bedd i'r Crud*, t. 82 a gweler *Barn*, 273 (Hydref 1995), t. 369.
23 Bobi Jones, *O'r Bedd i'r Crud*, t. 83.
24 Ibid., t. 71.
25 Ibid.
26 Bobi Jones, 'Sgwrs â Bobi Jones', *Y Cylchgrawn Efengylaidd*, 31:3 (1994), t. 5.
27 Bobi Jones, *O'r Bedd i'r Crud*, t. 107.
28 Ibid.
29 Ibid., t. 97.
30 Ibid., t. 93.
31 Gweler y gerdd gyflwyniad deimladwy iddi yn Bobi Jones, 'Nid bargen yw caru', *Ôl Troed* (Cyhoeddiadau Barddas, 2003), tt. 5–6.
32 Bobi Jones, 'Gweld Gwerth', sgwrs â John Emyr, t. 39.
33 Dewi Stephen Jones, *Bobi Jones: Y Farddoniaeth Gynnar*, Cyfres 'Llên y Llenor' (Caernarfon, 1997), t. 44 a t. 63.
34 Gweler, er enghraifft, 'Rwyt ti f'anwylyd sanctaidd yn llawn o ryw', 'I Beti'n feichiog', 'Y Byd a Beti' yn *Casgliad o Gerddi Bobi Jones*.
35 Gweler, er enghraifft, 'Sonedau Serch Hen Bensiynwr', *Canu Arnaf*, Cyfrol 1 (Cyhoeddiadau Barddas, 1994), tt. 71–94.
36 Bobi Jones, *O'r Bedd i'r Crud*, t. 93.
37 John Emyr, *Bobi Jones*, t. 13.
38 Ibid.
39 R. M. Jones, *Beirniadaeth Gyfansawdd*, tt. 14–15.
40 Ibid., t. 10.
41 Traethawd MA anghyhoeddedig, Prifysgol Cymru [Aberystwyth], 1951.
42 Bobi Jones, adolygiad o T. H. Parry-Williams, *Ugain o Gerddi*, *Y Fflam*, 9 (Awst 1950), tt. 44–6.
43 Bobi Jones, *O'r Bedd i'r Crud*, t. 95.
44 Bobi Jones, adolygiad o T. H. Parry-Williams, *Ugain o Gerddi*, t. 46.
45 Bobi Jones, *O'r Bedd i'r Crud*, t. 95.
46 J. E. Caerwyn Williams, 'Cyflwynair', *Ysgrifau Beirniadol XX*, gol. J. E. Caerwyn Williams (Dinbych, 1995), t. 16. Ceir sôn mynych gan Bobi Jones am 'blorynnod llencyndod': gweler, er enghraifft, 'Bobi Jones yn Ateb Cwestiynau'r Golygydd', *Ysgrifau Beirniadol IX*, gol. J. E. Caerwyn Williams (Dinbych, 1976), tt. 376–408.

47 Bu'r Bobi Jones aeddfed yn edifar am hyn a dadlennol yw ei ymgais i 'ddadwneud ffolinebau ieuenctid' yn ei golofn 'Adolygiadau Hwyr [3]', *Barddas*, 273 (Mehefin/Gorffennaf/Awst 2003), tt. 20–4.
48 Karen Owen, 'Pwy, Beth yw Bobi Jones?', t. 19.
49 Bobi Jones, *O'r Bedd i'r Crud*, t. 95.
50 Am gofnod llawn a lliwgar o'r hanes, gweler Bobi Jones, 'Sgandal Eisteddfod Aberystwyth', *Barddas*, 183–4 (Gorffennaf/Awst 1992), tt. 20–7.
51 John Emyr, *Bobi Jones*, tt. 49–50.
52 Bobi Jones, *O'r Bedd i'r Crud*, t. 96.
53 Ibid.
54 Bobi Jones, 'Gweld Gwerth', sgwrs â John Emyr, t. 41.
55 Karen Owen, 'Pwy, Beth yw Bobi Jones?', t. 18.
56 Bobi Jones, *O'r Bedd i'r Crud*, t. 114.
57 Ibid., t. 104.
58 Ibid., t. 107.
59 Ibid., t. 114.
60 Bobi Jones, 'Gweld Gwerth', sgwrs â John Emyr, t. 41.
61 Ibid.
62 John Emyr, *Bobi Jones*, t. 14.
63 Bobi Jones, *O'r Bedd i'r Crud*, t. 67.
64 Ibid., t. 117.
65 Yn Meic Stephens (gol.), *Cydymaith i Lenyddiaeth Cymru* (Caerdydd, 2il arg., 1997), t. 112.
66 Bobi Jones, *Casgliad o Gerddi*, t. 13.
67 Ceir hanes sefydlu'r Academi ganddo yn yr ysgrif 'Dechreuadau'r Academi' yn R. Gerallt Jones (gol.), *Dathlu: Cynnyrch Llenyddol Dathliadau Chwarter-canmlwyddiant Sefydlu'r Academi Gymreig* (Caerdydd, 1985), tt. 3–20.
68 Gweler, er enghraifft, 'Merch Uniaith Gymraeg', *Casgliad o Gerddi Bobi Jones*, t. 75.
69 Sylwodd Bobi Jones ar y modd yr aeth 'dwy' yn rhyw fath o 'wal derfyn yn ein buchedd: dwy flynedd yn Llanidloes, dwy yn Llangefni, dwy yng Nghaerfyrddin', *O'r Bedd i'r Crud*, t. 123.
70 John Gwilym Jones, 'Adolygiad ar *I'r Arch: Dau o Bob Rhyw, Ysgrifau Llên a Hanes*, gan Bobi Jones', *Yr Arloeswr*, 7 (Pasg 1960), tt. 44–8. Ailgyhoeddwyd yn *idem*, 'I'r Arch', yn *Swyddogaeth Beirniadaeth* (Dinbych, 1977), tt. 324–9.
71 Bobi Jones, 'Hollgynhwysol yw Cristnogaeth: Ateb i J. Gwilym Jones' [llythyr at y Golygydd], *Yr Arloeswr*, 8 (Hydref 1960), tt. 39–40.
72 John Emyr, *Bobi Jones*, t. 3.
73 Ibid., t. 98.
74 Diarhebol fu ei gyfraniad ym maes dysgu iaith i oedolion, a diau mai un o'i gyfraniadau mwyaf fu sefydlu CYD yn 1984. Yn 2003 cyhoeddodd *Dysgu Cyfansawdd* ar y We, rhywbeth, fe gyfaddefodd mewn sgwrs bersonol â mi, sydd wedi mynd ran o'r ffordd tuag at leddfu ei gydwybod ynghylch gadael maes dysgu iaith i oedolion.
75 Bu'r cyfnod hwn yn Québec yn gyfnod ffrwythlon iawn yn greadigol yn ogystal: gweler, er enghraifft, *Man Gwyn: Caneuon Quebec* (Llandybïe, 1965).
76 Bobi Jones, 'Gweld Gwerth', sgwrs â John Emyr, t. 38.

77 R. M. Jones, *Beirniadaeth Gyfansawdd*, t. 14.
78 Bobi Jones, *O'r Bedd i'r Crud*, t. 145.
79 Ibid.
80 Ibid., t. 152.
81 Ibid.
82 Ibid.
83 R. M. Jones, *Seiliau Beirniadaeth: Cyfrol 1: Rhagarweiniad* (Aberystwyth, 1984), Rhagair.
84 John Emyr, *Bobi Jones*, t. 21.
85 Bobi Jones, *O'r Bedd i'r Crud*, t. 165.
86 Mae ei gyfrol *Highlights in Welsh Literature: Talks with a Prince* (Llandybïe, 1969) yn ffrwyth y ddyletswydd ddysgu hon.
87 Huw Walters a John Emyr, 'Llyfryddiaeth Robert Maynard (Bobi) Jones', *Ysgrifau Beirniadol XX*, gol. J. E. Caerwyn Williams (Dinbych, 1995), tt. 24–58. Gweler hefyd E. Wyn James, 'Llyfryddiaeth Robert Maynard (Bobi) Jones. Rhai Ychwanegiadau', *Llên Cymru*, 24 (2001), tt. 176–7.
88 John Emyr, *Bobi Jones*, t. 1.
89 J. E. Caerwyn Williams, 'Cyflwynair', *Ysgrifau Beirniadol XX* (Dinbych, 1976), t. 10.
90 Alan Llwyd, 'Môr Cymreig fy Mawl', *Rhyfel a Gwrthryfel: Brwydr Moderniaeth a Beirdd Modern* (Cyhoeddiadau Barddas, 2003), t. 396.
91 Ibid.
92 Dewi Stephen Jones, *Bobi Jones: Y Farddoniaeth Gynnar*, tt. 19–20.
93 Bobi Jones, 'Bobi Jones yn Ateb Cwestiynau'r Golygydd', *Ysgrifau Beirniadol IX*, t. 377.
94 Bobi Jones, *O'r Bedd i'r Crud*, t. 163.
95 Bobi Jones mewn sgwrs bersonol â mi, 19 Hydref 2003.
96 Meic Stephens (gol.), *Cydymaith i Lenyddiaeth Cymru*, t. 412.
97 J. E. Caerwyn Williams, 'Cyflwynair', *Ysgrifau Beirniadol XX*, t. 9.
98 Simon Brooks, 'Agweddau ar Feirniadaeth Lenyddol Gymraeg Ddiweddar' (traethawd PhD anghyhoeddedig Prifysgol Cymru [Aberystwyth], 1998), t. 5.
99 Robert Rhys, 'Menter Feirniadol o Bwys', *Barddas*, 271 (Chwefror/Mawrth 2003), t. 46.
100 Simon Brooks, 'Agweddau ar Feirniadaeth Lenyddol Gymraeg Ddiweddar', t. 112.
101 Robert Rhys, 'Menter Feirniadol o Bwys', t. 46.
102 R. M. Jones, *Cyfriniaeth Gymraeg* (Caerdydd, 1994), t. v.
103 Alan Llwyd, 'Môr Cymreig fy Mawl', t. 396.
104 Dewi Stephen Jones, *Bobi Jones: Y Farddoniaeth Gynnar*, t. 25.
105 Ibid.
106 Alan Llwyd, 'Môr Cymreig fy Mawl', t. 602.
107 J. E. Caerwyn Williams, 'Cyflwynair', *Ysgrifau Beirniadol XX*, t. 22.
108 Islwyn Ffowc Elis, 'Llenyddiaeth Gymraeg Gyfoes: Argraffiadau Personol', *Taliesin*, 89 (Gaeaf 1995), t. 77.
109 Simon Brooks, 'Agweddau ar Feirniadaeth Lenyddol Gymraeg Ddiweddar', t. 98.
110 Alan Llwyd, 'Môr Cymreig fy Mawl', t. 524.

[111] Ibid., t. 600.
[112] Robert Rhys, 'Menter Feirniadol o Bwys', t. 46.
[113] Alan Llwyd, 'Môr Cymreig fy Mawl', t. 401.
[114] Ibid.
[115] Ibid.
[116] John Emyr, *Bobi Jones*, tt. 109–10.
[117] Ni thrafodir y gyfrol hon yn fanwl benodol, fodd bynnag, gan iddi ymddangos ar ôl y gyfrol glo ac oherwydd y bernid mai ymestyniad a helaethiad ydoedd ar ddadleuon a wnaethpwyd mewn cyfrolau cynharach gan Bobi Jones.
[118] R. M. Jones, *Mawl a Gelynion ei Elynion* (Cyhoeddiadau Barddas, 2002), t. 23.
[119] J. E. Caerwyn Williams, 'Cyflwynair', *Ysgrifau Beirniadol XX*, t. 9.
[120] Ibid.
[121] John Emyr, *Bobi Jones*, t. 1.
[122] Dyfynnwyd ar *www.uwp.co.uk/book_desc/1101.html*.
[123] R. M. Jones, *Mawl a'i Gyfeillion* (Cyhoeddiadau Barddas, 2000), t. 13.

2

Tafod

Tra oedd Bobi Jones yn ddarlithydd ymchwil yng Nghyfadran Addysg Jac L. Williams yn Aberystwyth gofynnwyd iddo ymchwilio'n benodol i'r gwaith o geisio moddion i 'achub yr iaith', cyn belled ag y gellid, oddi mewn i'r system addysg. Tasg nid bychan. Mae'r ffaith bod ganddo ymdeimlad o 'achos' wrth ymgymryd â'r gwaith hwn yn drawiadol. O'r cychwyn cyntaf nid aseiniad academaidd yn unig ydoedd yn ei olwg ef, ond cenhadaeth ac iddi'r potensial i roi hwb sylweddol i'r iaith. Fel y nodwyd eisoes, yn sgil y gwaith ymchwil hwn cafodd gyfle i dreulio blwyddyn ym Mhrifysgol Laval, Québec yn 1964, er mwyn derbyn hyfforddiant gan arbenigwyr ym meysydd ieitheg a dysgu ail iaith:

> Taith i geisio gwybodaeth er mwyn helaethu'r ymgyrch ail iaith yng Nghymru a cheisio'i gosod ar gledrau mwy proffesiynol ac ysgolheigaidd, dyna – yn ddiniwed iawn – fu fy nhipyn crwydro.[1]

'Profodd Quebec yn drysorlys i'r deall,'[2] oherwydd yno cafodd eistedd wrth draed ei Gamaliel ym myd didacteg iaith, William Francis Mackey, cyfarwyddwr yr International Center for Research on Bilingualism yn y Brifysgol ar y pryd. Yno hefyd y cyfarfu â'r Athrawon Walter Hirtle a Roch Valin a'i cyflwynodd i gysyniad 'Tafod' ac i waith yr 'ieithydd Ffrangeg astrus braidd',[3] sef Gustave Guillaume, am y tro cyntaf.

Roedd Gustave Guillaume (1883–1960) yn ieithegydd o Baris ac yn ddisgybl i Antoine Meillet a fu yn ei dro yn ddisgybl i'r ieithegydd mawr o'r Swistir, Ferdinand de Saussure. Yn ddyn ifanc roedd Guillaume wedi dysgu Ffrangeg i fewnfudwyr o Rwsia ac wrth wneud hynny wynebodd y broblem o amlystyredd ffurfiau, neu'r gwahanol ystyron oedd i eiriau o fewn cyd-destunau gwahanol. Yng ngeiriau Walter Hirtle a John Hewson, dau o ddilynwyr amlycaf Guillaume: 'In this attempt to get to a deeper level in language he soon saw that the relation between the "underlying" meaning and the diverse contextual senses must be one of *potential* to *actual*.'⁴ Daeth y sylweddoliad hwn yn ganolog i'w yrfa ar ei hyd ac yn gatalydd i'w gyhoeddiad cyntaf, *Le problème de l'article et sa solution dans la langue française* (1919), er iddo, flynyddoedd yn ddiweddarach, gondemnio'r gyfrol hon gan ddweud ei bod yn 'overwhelming in its banality'.⁵ Yr hyn a wnaeth Guillaume weddill ei yrfa oedd datblygu'r cysyniad hwn nes iddo beidio â bod yn 'banal' mwyach. Yn 1927 daeth Guillaume i'r casgliad a fyddai'n gonglfaen i bob damcaniaeth o'i eiddo wedi hynny, sef bod yn rhaid i rywbeth fod yn botensial (*potentiel*) *cyn* iddo fod yn ddiriaethol (*actuel*); yn ei eiriau ei hun, bod rhywbeth yn gorfod bodoli ar lefel *Langue* cyn iddo ymddangos mewn *Discours*. Amlinellwyd deuoliaeth *langue/parole* eisoes gan Saussure yn *Cours de linguistique générale* (1916). Sylweddolodd Saussure, a Guillaume yn ei dro, fod dwy wedd gyfredol ar iaith: hynny yw, nid yr un peth yw iaith yn y pen *cyn* ei dweud, a'r hyn a glywir ar lafar neu a ysgrifennir *wedyn*. Gwelsant fod cyfundrefn ieithyddol yn yr ymennydd – *Langue* – a ganiatâi greu a ffurfio'r iaith a welir yn yr amlwg – *Parole*. (*Discours* yw term Guillaume ar yr ail wedd hon am iddo synio bod *Parole* (*speech*) yn derm rhy gul ei gymhwysiad.) Esboniodd Guillaume y syniad fel a ganlyn (yng nghyfieithiad Bobi Jones):

> Mae'r weithred ieithyddol yn cael ei ffynhonnell yn y Tafod a ragadeiladwyd ynof i, ac y mae'n dod i ben mewn Mynegiant, cystrawen achlysurol y meddwl . . . Traws-symudiad yw'r weithred ieithyddol o Dafod i Fynegiant . . . o'r adeiledd dwfn a pharhaol i greadigaeth dros dro ar y pryd.⁶

Arweiniwyd ef gan hyn i fyfyrio ar swyddogaeth amser o fewn y system hon a diau mai dyma gyfraniad mwyaf Guillaume i faes seico-fecaneg iaith, sef astudio'r modd yr oedd y ddeuoliaeth hon yn gweithio'n ddeinamig: 'Guillaume, in fact, in an interestingly original way makes a process model out of what in Saussure is a purely static dichotomy: he links the two with the act of language, which has its own underlying time.'⁷ Dangosodd Guillaume sut yr oedd y cyferbyniadau hyn yn perthyn i'w gilydd, nid drwy sefyll gyferbyn â'i gilydd yn statig, ond mewn modd deinamig, gan fod symudiad o'r naill safle meddyliol i'r llall. Sylweddolodd fod y symudiad hwn yn y weithred o greu iaith yn cymryd amser, yr hyn a alwodd yn *Temps Opératif* neu'n 'Amser Gweithredol' (*Operative Time*). Fel y dywed Guillaume ei hun (yng nghyfieithiad Hirtle a Hewson):

> One factor which the Saussurean formula fails to consider, but which should be very carefully taken into account in any linguistic question, is the factor of time. *Langage*, as an integral whole, includes a successivity, the passage from

langue – permanently present in the speaker (and consequently in no way momentary) – to *parole*, present in the speaker momentarily, for periods of time that may be close together or far apart.[8]

Yn 1938, cafodd Guillaume ei benodi'n *Chargé de conférence* yn yr École Pratique des Hautes Études yn y Sorbonne ym Mharis. Cadwyd yn ofalus bob un o'r darlithoedd a draddododd yno dros y ddwy flynedd ar hugain nesaf, gan roi cofnod manwl i ni o ddatblygiad ei theorïau a thrywydd ei waith o wythnos i wythnos. Sylwodd Hirtle a Hewson ar yr unplygrwydd a'r penderfyniad a'i nodweddai fel ieithydd:

> In the earliest of his writings (1911) he was already concerned with 'the mind directing the act of language', and his lecture of January 28, 1960, written barely a week before his death, depicts the act of language as 'a commutation within thinking man of his momentary thought into speech' and language itself as 'a mechanism commuting what has been thought into something said.'[9]

Er i Guillaume ysgrifennu tua deugain o gyfrolau, ni chyhoeddwyd ond ychydig dros ddwsin ohonynt a'r rheini i gyd yn yr iaith Ffrangeg. Prin yw'r gydnabyddiaeth a dderbyniodd yn rhyngwladol; prinnach eto yw'r ymdriniaethau â'i waith yn Saesneg. Disgrifiodd Caerwyn Williams y diffyg hwn mewn modd cofiadwy: 'Mae gennyf o'm blaen yn awr lyfr *Schools of Linguistics* gan Geoffrey Sampson (1980, 1985, 1987). Ac ni all beidio â bod yn arwyddocaol nad yw'r llyfr hwn hyd yn oed yn crybwyll Guillaume yn ei fynegai.'[10] Nid yw'r sefyllfa wedi newid i'r darllenydd cyfoes, gan nad yw enw Gustave Guillaume yn digwydd ym mynegai gweithiau newydd a helaeth megis *The Handbook of Linguistics* (2001).[11] Hyd yn oed heddiw wrth grwydro'r We, prin yw'r sôn am Gustave Guillaume y tu hwnt i dudalen y Fonds Gustave Guillaume ym Mhrifysgol Laval,[12] canolfan a sefydlwyd gan Roch Valin er mwyn hybu gwybodaeth ac ymchwil am Guillaume. Y cyflwyniad mwyaf cynhwysfawr yn Saesneg i waith Guillaume yw cyfrol Walter Hirtle a John Hewson, *Gustave Guillaume: Foundations for a Science of Language* (1984), y dyfynnir ohoni drwy gydol y gyfrol hon. Cyfrol ydyw sydd yn ffrwyth llafur disgyblion Guillaume yn Québec, yn arwydd o'u hymroddiad i boblogeiddio'i waith yn rhyngwladol. Pan fu farw Guillaume, gadawodd ar ei ôl etifeddiaeth o '30,000 o dudalennau o nodiadau darlith'.[13] Dechreuwyd cyhoeddi'r gwaith hwn, ynghyd ag ysgrifau a llythyrau Guillaume, yn 1971 gan Roch Valin, ond wedi iddo sylweddoli aruthredd y dasg, gwnaeth rywbeth 'na wnaeth Guillaume erioed mohono',[14] sef crynhoi a chyhoeddi rhai o'i brif gasgliadau. Crynhodd rai o syniadau mwyaf cyffredinol Guillaume mewn cyfrol Ffrangeg a gyhoeddwyd yn 1973[15] ac a gyfieithwyd i'r Rwsieg, Almaeneg, Eidaleg, Saesneg a'r Tsieceg yn eu tro. Cyfieithiad Saesneg o'r gyfrol hon, sydd yn cynnig 'a representative view of Gustave Guillaume's thought',[16] yw'r gyfrol gan Hirtle a Hewson y dyfynnir ohoni yn y gyfrol hon. Yng nghyfrol Hirtle a Hewson diolchir yn benodol i 'Professor Bob [sic] Jones at the University College of Wales in Aberystwyth' (ynghyd â Roch Valin) am wneud 'many pertinent suggestions concerning style and interpretation'.[17] Yn wir, yng nghopi personol Bobi Jones o'r gyfrol ceir nodyn iddo yn llaw Walter Hirtle sy'n cydnabod ei 'valuable help'. A diddorol nodi mai Hewson, Hirtle a Valin biau'r rhan fwyaf o'r erthyglau a restrir ar gyfer darllen pellach yng nghefn y gyfrol (tt. 169–70), ochr yn ochr â dau o weithiau Bobi Jones ei hun.[18] Felly, er na ddenodd Guillaume lu o ddilynwyr, yr oedd ganddo ambell ddisgybl triw a fyddai'n ffyddlon daenu ei syniadau am flynyddoedd ar ei ôl. Yn wir, cymaint oedd ymroddiad yr ieithegwyr hyn i Gustave Guillaume, nes iddynt ennill y teitl 'Guillaumeans' iddynt eu hunain.[19] Un o'r amlycaf o'r Guillaumiaid hyn oedd Bobi Jones, fel y gwelir yn y man.

Teg fyddai oedi yn gyntaf a gofyn pam y derbyniodd Guillaume a'i syniadau gyn lleied o sylw y tu hwnt i'r cylch dethol hwn. Cynigiodd John Hewson ddau reswm dros y diffyg gwerthfawrogiad hwn: 'Firstly, and perhaps more significantly, his principal mode of influence was the classroom, and not the printing press. Secondly, he was a mentalist and strongly critical of the anti-mentalist point of view.'[20] O fwrw golwg dros y casgliadau o'i nodiadau darlithoedd, hawdd gweld mai paratoi darlithoedd a hyfforddi ei fyfyrwyr a aeth â bryd Guillaume. Rhoddid pwyslais mawr yn Ffrainc yn y cyfnod hwn ar draethu gwybodaeth yn fedrus ac yn gaboledig yn y ddarlithfa. Nid amherthnasol yw nodi na chyhoeddwyd gweithiau Saussure yn ystod ei fywyd ychwaith; fe seiliwyd y *Cours* mawr ei ddylanwad yn gyfan gwbl ar nodiadau darlithoedd. Mae'r ail reswm a nodir yn anos ei ddeall, fodd bynnag, nid lleiaf am fod mynegiant Hewson yn y Saesneg yn drwsgl ac yn aneglur mewn mannau. Yn nes ymlaen yn yr erthygl mae'n disgrifio'r 'mentalism' hwn fel cred 'that the mind can be dealt with as a scientific substructure'.[21] Nid ymddengys hyn yn chwyldroadol iawn i'r darllenydd cyfoes efallai, ond roedd yn theori a holltai'r gymuned ieithegol ar y pryd.

Rhestra awdur 'Guillaume and the Guillaumeans' hefyd rai cyfyngiadau ymarferol a rwystrodd Gustave Guillaume rhag lledu ei syniadau yn ystod ei oes ei hun, a'r awgrym yw nad oedd yn bersonoliaeth ddigon ymwthiol i sicrhau poblogrwydd i'w waith:

lacking academic eminence and financial support, and always in poor health, he was not the man to fly around the world to congresses and visiting professorships, even if the earlier period of his teaching career had not coincided with the war and occupation [. . .].²²

Cynigiodd Bobi Jones yntau ei resymau ei hun dros ddiffyg poblogrwydd Guillaume. Yn *Tafod y Llenor*, wrth drafod y modd y tybiodd i Chomsky 'ymbalfalu tuag at theori a amlinellwyd mor loyw gan Guillaume', hynny yw, wrth gyfeirio at 'deep structure' a 'surface structure' mewn iaith, dywed yn blwmp ac yn blaen mai'r rheswm pam y derbyniodd Chomsky gymaint mwy o glod rhyngwladol na'i gymar Guillaume, oedd ei 'ymgyrch hysbysebu a marchnata'.²³ Mewn man arall, awgrymodd mai rhagfarnau a chulni'r byd Eingl-Americanaidd sydd i gyfrif am y diffyg derbyniad a gafodd Guillaume: 'Tuedda Lloegr i fod yn geidwadol iawn yn ei syniadaeth, a thuedda America i fod yn – wel – yn Americanaidd, yn fewnblyg braidd.'²⁴ Mae hyn yn ddweud ysgubol, a rhaid gochel rhag derbyn y fath gyffredinoliad o dueddiadau cenedl.²⁵ Ar y llaw arall, rhaid derbyn y *gall* fod elfen o wirionedd – os gwironedd wedi ei chwyddo – ym mhob cyffredinoliad ac ystrydeb, ac y gallai ynysigrwydd y byd Eingl-Americanaidd fod wedi llesteirio'r derbyniad a gafodd gwaith Gustave Guillaume.

Awgryma Bobi Jones yn ogystal y gall diffyg poblogrwydd Guillaume fod yn ganlyniad i'r ffaith bod rhai o'i syniadau yn astrus a chymhleth: 'Nid yw'n ieithydd hawdd. Mae angen cryn brofiad i'w ddarllen.'²⁶ Awgrymodd Meillet, athro Guillaume, rywbeth tebyg. Roedd ef o'r farn bod Guillaume yn 'too clever for the scholarly world'.²⁷

Ond efallai fod y prif reswm dros ddiffyg poblogrwydd Guillaume yn ymhlyg yn y gwaith ei hun. Etifeddodd Guillaume ei olwg ar iaith gan Ferdinand de Saussure, ac felly *Langue* Saussure yw *Langue* Guillaume yn y bôn, ond 'coethwyd' a 'dyfnhawyd' y cysyniad gan Guillaume, chwedl Bobi Jones.²⁸ Baban Saussure yw'r cysyniad a enwid *Langue*, ond aeth Guillaume ymlaen i astudio'r modd y mae'r *Langue* hon yn gweithio'n ddeinamig, fel y nodwyd ynghynt. Roedd Saussure eisoes wedi dangos natur ddeuol iaith ond dangosodd Guillaume y modd y mae'r cyflyrau hyn yn rhyngweithio. Nid yw hyn yn gwrth-ddweud theorïau Saussure fel y cyfryw; yn hytrach mae'n ddatblygiad naturiol ac yn ychwanegiad deallus atynt. Yn wir, roedd Guillaume ei hun yn honni ei fod yn perthyn i ysgol Saussure.²⁹ Gallwn dybio y byddai Saussure yntau wedi dod i'r un canlyniad gydag amser. O ystyried hyn, efallai nad oedd diffiniad Guillaume o *Langue* yn ddigon gwahanol i un Saussure i hawlio sylw byd-eang. Prin fod ei ddamcaniaethau yn ddigon chwyldroadol a gwahanol i rai Saussure i'r sawl nad yw wedi ei hyfforddi ym maes ieitheg i ennill iddo ddilyniant poblogaidd. Magu'r baban a wnaeth yn hytrach na rhoi genedigaeth, fel petai, ac mae'n bwysig cadw mewn golwg fod Saussure eisoes yn enw mawr oddi ar gyhoeddi ei *Cours de linguistique générale* (1916). Ar ben hyn i gyd mae'r ffaith i Guillaume farw cyn cyflawni ei fwriadau gwreiddiol yn arwyddocaol:

> Unfortunately, he died before he could do much more than lay the foundations of this grandiose scientific edifice. What he actually achieved is more like the plans of a general theory of language – a landmark perceived on the horizon ahead – than a fully developed theory.[30]

Yn hyn o beth fe adawodd etifeddiaeth fawr i'r disgyblion hynny a welodd synnwyr yn y seiliau ac a fyddai'n gallu bwrw ati i roi cnawd ar ysgerbwd ei ddamcaniaethau cyffredinol.

Un o'r disgleiriaf o'r disgyblion hyn, fel y nodwyd eisoes, oedd Bobi Jones. Fe'i cyfareddwyd gan syniadau Guillaume ac fe'u mabwysiadodd drosto'i hun, fel y sylwodd Caerwyn Williams:

> Boed a fo am hyn oll, mae'n werth nodi fod B.J. wedi ennill lle parchus iawn iddo'i hun fel un o ddisgyblion Guillaume . . . Yn wir, dylid cymharu erthygl B.J. ar 'The Article in Welsh', *Studia Celtica*, 1976–7, X/XI, 326–344, â llyfr Guillaume, *Le problème de l'article et sa solution dans la langue française* (Paris 1917), Paris-Québec, 1975), a'i erthygl ar 'Tympau'r Modd Mynegol' ym *Mwletin Bwrdd y Gwybodau Celtaidd*, cyfrol 22.1–9, â llyfr Guillaume, *Temps et Verbe. Théorie des aspects, des modes et des temps* (Paris 1929, 1965).[31]

Ac yn sicr, mae ambell gyfatebiaeth drawiadol rhwng yr erthyglau hyn. Yn wir, cyfaddefodd Bobi Jones ei hun ei fod 'wedi ei ddilyn ef [Guillaume] mewn erthyglau ar y ferf ac ar y fannod yn *Studia Celtica*'.[32] Mewn llythyr personol ataf dywed eto nad yw ei erthygl yn *Studia Celtica* yn 'ddim ond cymhwysiad' o gyfrol Guillaume (1919), ynghyd â dwy erthygl eraill a gyhoeddwyd yn 1944 ac 1945. Eithr nid efelychiad syml mohonynt, oherwydd pwysleisia Bobi Jones: 'Mae pob iaith wrth gwrs yn datblygu'r fannod a'i defnydd yn wahanol. Ond gan GG y dysgais y ffordd i feddwl amdani.'[33]

Cyn ystyried yn fanwl y modd y defnyddiodd Bobi Jones ddamcaniaethau ieithyddol Guillaume, buddiol fyddai trafod pam y dewisodd ddod o dan iau Guillaume; beth a'i cymhellodd i fabwysiadu ei syniadau?

Yn sicr, mae a wnelo amgylchiadau lawer â'r peth. Petai wedi dewis treulio'i flwyddyn sabothol mewn unrhyw adran ieitheg arall yn y byd, mae'n debyg na fyddai wedi dod i gysylltiad â damcaniaethau'r ieithegydd o Ffrainc. Dewisodd Bobi Jones fynd i Québec, nid am resymau mympwyol, ond am fod yno ysgolheigion hyddysg ym maes dwyieithrwydd, ac am ei fod yn argyhoeddedig mai dyna'r lle gorau iddo ddysgu ei grefft. Mae bron yn anorfod, felly, y byddai gan ysgolheigion Québec ddylanwad trwm ar ei ddealltwriaeth o'r maes hwnnw, ac y byddai maes o law yn dod i barchu'r ysgolheigion a berchid ganddynt hwy.

Gallwn dybio i Bobi Jones fedru uniaethu ag ysgolheigion Québec am eu bod yn gweithio mewn cyd-destun iaith leiafrifol nid annhebyg i'r sefyllfa yng Nghymru. Hawdd dychmygu y byddai gan eu hymrwymiad at eu grŵp ieithyddol lleiafrifol apêl at Bobi Jones, y cenedlaetholwr. A diau fod hyn yn ffactor yn ei ddewis i arddel theorïau Guillaume, fel y sylwodd Simon Brooks: 'Siawns nad damwain mo hynny a bod a wnelo'r arddeliad hwn â'i ymrwymedigaeth wrth genedligrwydd cenhedloedd bychain.'[34] Ond anghywir yw awgrym Simon Brooks bod Gustave Guillaume wedi apelio'n benodol at Bobi Jones am ei fod yn ieithegydd o genedl leiafrifol:

> Ac eto nid yn Ffrainc, cartref metropolitan adeileddeg, ond yn Québec, ar yr ymylon, yn sgil ei ymweliad â'r dalaith ar ddechrau'r chwedegau, y tyfai gwreiddyn ei ysbrydoliaeth theoretig ar sail edmygedd o feddyliwr o'r genedl honno, Gustave Guillaume.[35]

Gwir mai yn Québec y daeth Bobi Jones yn gyfarwydd â damcaniaethau ieithyddol Gustave Guillaume ond nid oedd yn hanu o Québec; yn wir, nid oes tystiolaeth iddo ymweld â'r dalaith erioed, a byddai'n gamarweiniol synio amdano fel un a adawyd 'ar yr ymylon' wrth ystyried ei yrfa ddwy flynedd ar hugain yng nghanolfan 'metropolitan' y Sorbonne.

Eto, byddai meddyliwr 'gwahanol' a safai y tu allan i brif ffrwd ysgolheictod Eingl-Americanaidd yn sicr o apelio at Bobi Jones sy'n ei ystyried ei hun yn rebel ac yn 'anghydffurfiwr greddfol'.[36] Hoff gan Bobi Jones ymfalchïo yn y ffaith nad yw'n dilyn dogmâu deallusion ac athronwyr 'confensiynol' a phoblogaidd ei ddydd, yn enwedig rhai y cenhedloedd mawr. Mae hon yn thema gyson yn ei waith. Mewn cyfweliad dadlennol â J. E. Caerwyn Williams, brolia iddo lynu wrth theorïwyr ymylol:

> Ewythrod yr ugeinfed ganrif, nid ei thadau sy'n mynd â'm bryd i. Guillaume yn lle Wittgenstein a Chomsky . . .[37]

Ac ychwanega:

> Rwy'n arswydo wrth sylweddoli fod yna elfen o anghydffurfio penstiff yn ysgogi hyn oll, er fy mod yn gobeithio yn ddwys fel arall.[38]

Tafod 27

Prin y dylid cymryd yr 'arswydo' hwn o ddifrif, yn enwedig o ystyried ei fod yn dilyn coflaid o ymffrost am ei arferion 'anghydffurfiol'. Y mae mwy na thinc o'r tafod yn y foch yn y datganiad, a'r traethydd yn gwneud sbort am ben ei ystyfnigrwydd ei hun. Dyma enghraifft berffaith o ddawn rethregol Bobi Jones ar waith: ffugia wyleidd-dra er mwyn ennill cydymdeimlad ei ddarllenwyr a pheri iddynt glosio ato. Ymatebodd J. E. Caerwyn Williams yn fachog i hyn gan gwestiynu a oedd Bobi Jones yn gymaint o anghydffurfiwr ag yr hoffai dybio:

> A ydyw'n deg i chwi eich disgrifio eich hun yn anghydffurfiwr greddfol? Er eich bod yn anghydffurfio â Chomsky, e.e., gellid edliw i chwi eich bod yn cydymffurfio â Guillaume, a'ch bod yn cydymffurfio ag un ysgol o ddiwinyddiaeth er eich bod yn anghydymffurfio â'r lleill.[39]

Mae'r sylw hwn yn llygad ei le, fel y cyfaddefodd Bobi Jones ei hun: 'Fy hiraeth gwaelodol yw cydymffurfio â'r gwirionedd, sef yn y pen draw fod yn un ffurf â'r gwirionedd hwnnw.'[40] Dymuniad calon Bobi Jones oedd cydymffurfio a darganfod system athronyddol dderbyniol y gallai ei dilyn i'r pen. Bu hyn yn nodwedd ar ei fuchedd grefyddol a'i yrfa lenyddol fel ei gilydd.

Yn ogystal â'r ffactorau a nodwyd uchod, tybed hefyd nad oedd rhesymau mwy personol dros ddylanwad Gustave Guillaume ar Bobi Jones? Soniwyd eisoes am unplygrwydd a phenderfyniad dwyro honedig Gustave Guillaume, ac nid yw'n amhosibl i Bobi Jones weld ynddo ŵr o gyffelyb anian iddo ef ei hun a dyn y gallai ei edmygu a'i ddilyn. Yn sicr bu penderfyniad ac unplygrwydd yn nodwedd ar yrfa Bobi Jones yntau.

Yn amlwg, roedd system Guillaume yn ddewisach gan Bobi Jones rhagor systemau Saussure a Chomsky. Un o'r gwahaniaethau mawr rhwng Saussure a Guillaume, er enghraifft, oedd eu dealltwriaeth o natur a chymhelliad iaith. Offeryn cymdeithasol a modd o gyfathrebu oedd iaith yn y lle cyntaf i Saussure, ond syniodd Guillaume mai cymhelliad cyntaf iaith oedd nid cyfathrebu, eithr dadansoddi neu drefnu'r bydysawd:

> I Saussure, y peth hwnnw a lunnir rhwng dynion â'i gilydd yn eu hymennydd yw Tafod ... Ond nid o'r un cyfeiriad y dôi Guillaume o ran pwyslais, er nad wyf yn syniedy buasai Saussure wedi anghytuno pe bai wedi meddwl am bethau o'r newydd wedi ystyried Guillaume. I Guillaume, y mae dau wyneb i iaith.[41]

Pwysleisiodd Guillaume y cyn-ieithyddol – y deall, y dirnad a'r trefnu. Y 'Grand face-à-face' (wyneb-yn-wyneb mawr) yw'r enw a roddodd ar hyn, sef y ddynoliaeth wyneb-yn-wyneb â realiti. (Hawdd gweld apêl y cysyniad hwn at y Bobi Jones ysbrydol.) Y 'Petit face-à-face' (wyneb-yn-wyneb bach) yw'r term a osododd Guillaume ar ail wyneb iaith, sef yr un a welodd Saussure yn ogystal, sef cyfathrebu. I Bobi Jones dyma'r prif wahaniaeth rhwng y ddau ieithydd mawr: 'Saussure yn unwynebog: Guillaume (a finnau) yn ddauwynebog.'[42]

Rhaid cofio yn ogystal nad oedd cymaint o fri ar syniadau Saussure erbyn dechrau'r 1960au pan oedd Bobi Jones yn bwrw ei brentisiaeth ym maes ieitheg. Yn ei Ragair i *System in Child Language*, sonia am 'De Saussure's now rather neglected dichotomy *Langue* (Tongue) and *Parole*'.[43] Er i'r mudiadau Strwythurol ac Ôl-strwythurol yn eu tro ddefnyddio syniadau Saussure yn sylfaen i'w theorïau llenyddol, roedd ieithegwyr wedi mynd y tu hwnt i syniadau Saussure erbyn y cyfnod hwn.

Tafod a Mynegiant yw'r enw a roddodd Bobi Jones ar y ddwy wedd gyfredol ar iaith fel y'u deallodd gan Guillaume. Mabwysiadodd un o gysyniadau Guillaume yn arbennig gan ei wneud yn ganolog i'w holl astudiaethau academaidd wedi hynny, sef *Langue*. Ffigur ymadrodd yw'r term Tafod. Nid yw'n cyfeirio at yr organ o gig a gwaed yn y geg, ond yn hytrach at yr offeryn potensial yn y meddwl, sydd yn galluogi pobl i greu iaith. Tafod fydd dan sylw yng ngweddill y bennod hon, er y bydd yn rhaid, wrth reswm, gyfeirio at Fynegiant yn achlysurol er mwyn diffinio a gwahaniaethu rhyngddo a Thafod.

'Potensial yw Tafod',[44] meddai Bobi Jones yn *Tafod y Llenor*, ac mae ôl meddwl Guillaume â'i sôn am y *potentiel* a'r *actuel* i'w weld yn glir yn y gosodiad hwn. Yr hyn a olyga yw bod Tafod yn offeryn llonydd yn y meddwl sydd â'r potensial i greu iaith yn yr amlwg, yn ôl y galw. Deallwn wrtho nad yw iaith yn gorwedd yn ein hymennydd ar ffurf biliynau o frawddegau gwahanol, parod a gorffenedig, ond yn hytrach mai'r hyn sydd yno yw'r mecanwaith sylfaenol ar gyfer creu'r brawddegau unigol ac amrywiol hyn yn ôl yr angen.[45]

Pwyslais Guillaume, a phwyslais Bobi Jones yntau, yw bod Tafod yn system o systemau yn y meddwl dynol. Hynny yw, bod math o beiriant yn yr ymennydd sy'n cynnwys llu o gyfundrefnau sy'n perthyn i'w gilydd ac sy'n gallu trefnu'r rhain yn ôl y galw: 'Patrwm o batrymau cydberthynol yw.'[46] Nid rhestrau a phentyrrau o frawddegau addas at bob sefyllfa sy'n llenwi'n meddyliau, yn ôl Bobi Jones, ond yn hytrach: 'Yr hyn sydd yn eich meddwl chi a fi y funud yma yw mecanwaith cychwynnol ystwyth, cryno a chydlynol, a all esgor ar y cyfan, bob brawddeg yn wahanol.'[47] Fodd bynnag, elfennol yw natur pob un o'r systemau unigol hyn. Credai Guillaume, yng ngeiriau Bobi Jones, fod yna '*egwyddor isymwybodol elfennaidd anieithyddol*'⁴⁸ yn sylfaen i bob cyfundrefn ieithyddol. Hynny yw, bod iaith yn ei hanfod yn cael ei phatrymu ar sythwelediadau neu ganfyddiadau a chyferbyniadau cyn-ieithyddol syml, megis presenoldeb ac absenoldeb/ unigol a lluosog ac yn y blaen. Hawliodd fod gan ddyn gyfarpar yn y meddwl i ganfod gwahaniaethau ac i weld tebygrwydd cyn iddo ddysgu iaith hyd yn oed. Cyn-Dafod yw'r enw a rydd Bobi Jones ar y cyflwr hwn. Casglodd Guillaume fod yn rhaid i'r sythwelediadau sy'n ffurfio'r systemau fod yn 'few in number, basically little varied, and, in the last analysis, surprisingly uniform',⁴⁹ er mwyn i bob dyn allu defnyddio Tafod, waeth beth fo'i allu cynhenid. Hawliodd Bobi Jones rywbeth tebyg pan ddywedodd fod y systemau hyn mor syml ac elfennol nes eu bod yn chwarae plant: 'Ond nid pwyntiau ysgolheigaidd yw'r rhain byth. Ffurfiau yw'r cyfundrefnau iaith hyn y gall plentyn eu storio o'r golwg yn y meddwl, a'u defnyddio'n ddisymwth heb bendroni amdanynt.'⁵⁰ Daeth Guillaume a Bobi Jones i'r casgliad bod systemau Tafod wedi eu seilio ar gyfuniadau o ddau a thri ffactor. Hynny yw, bod y meddwl yn trefnu Tafod drwy gyfuniad o gyferbyniadau deuol, megis y gwahaniaeth rhwng absenoldeb a phresenoldeb, a bod hynny yn ei dro yn arwain at systemau triol fel yr un a adlewyrchir yn nhri pherson y rhagenw. Esbonia Bobi Jones y ffenomen hon fel a ganlyn:

> Contrast or binarity is the fruitful process that brings about even this final opening into a threefold pattern, and usually an internal duality contrasts itself with an external duality to form three – all fundamental possibilities then being complete.⁵¹

Pwyslais cyson disgyblion Guillaume yw bod Tafod yn bŵer neu'n botensial sydd gan iaith, a bod y pŵer hwn yn cael ei arddangos mewn Mynegiant; Tafod yw'r grym sy'n gyrru iaith. Cynhwysa Bobi Jones gyfieithiad helaeth o ddyfyniad gan Roch Valin yn *Tafod y Llenor* er mwyn egluro hyn:

> Y mae TAFOD, sef *iaith yn ei phŵer*, yn cynnwys yn gynhenid ac yn ddarparus yr *iaith yn ei heffaith* sef MYNEGIANT. Felly y mae tafod yn perthyn i fynegiant megis *amod i ganlyniad* neu *botensial i weithredol*. Yn y modd hwn y mae'r weithred ieithyddol mewn gwirionedd yn datblygu rhwng dau wastad eithaf a gwrthdrawiadol – sef tafod – sy'n wastad o anianu ac o *bweru*, a mynegiant – sy'n wastad o ymweithredu ac o *effeithio*.⁵²

Diddorol nodi mai prin (a dweud y lleiaf) yw'r dyfyniadau uniongyrchol o waith ieithegwyr Québec yng nghyfrolau diweddarach Bobi Jones.

Dyma arwydd sicr o'i hyder cynyddol a'i sylweddoliad nad oedd yn rhaid iddo bwyso ar yr ysgolheigion hyn mwyach.

Grym o'r golwg yw Tafod. Ni welodd llygad dyn Dafod erioed. Mynegiant yw'r iaith a glywir ac a welir yn yr amlwg; Tafod yw'r grym anweledig sy'n creu ac yn amodi Mynegiant: 'Mae'n fath o oruchwyliwr o'r golwg,'[53] meddai Bobi Jones.

Rhaid i Dafod fod yn rheolaidd wrth natur neu ni fyddai'n bosibl i bobl ddeall ei gilydd na chyfathrebu o gwbl. Rhaid inni rannu'r un Tafod â'n gilydd er mwyn creu deialog ddealladwy. Mae Tafod yn perthyn i gymdeithas gyfan yn hytrach nag i'r unigolyn, mae'n beth sy'n gyffredin rhwng pobl a'i gilydd: 'Tafodiadur yw ... Cronfa yw a gyd-rannwn.'[54] Nid oes gan yr unigolyn reolaeth dros Dafod; peth y mae'n ei etifeddu ydyw, a does wiw iddo geisio newid unrhyw ran ohono neu ychwanegu ato, oherwydd byddai hynny'n ei wneud yn annealladwy i aelodau eraill o'r gymdeithas. 'Dyma'r rhan gymdeithasol o'r iaith, y tu allan i'r unigolyn; ac ni all ef ar ei ben ei hun ei chreu na'i chyfaddasu; nid yw'n bodoli ond yn rhinwedd math o gytundeb a wneir rhwng aelodau'r gymdeithas.'[55] Nid oes grym gan yr unigolyn ohono'i hun i newid unrhyw agwedd ar Dafod, er i Bobi Jones gydnabod y byddai hynny'n gyfleus ar lawer ystyr: 'er enghraifft, yn Gymraeg ni ellid lansio bannod amhendant hyd yn oed er cymaint y dymunem ei chael: daw pethau felly'n gwbl anymwybodol ac yn anfwriadus'.[56]

Nid yw hyn yn golygu bod Tafod yn gwbl sefydlog, fodd bynnag. Mae pob iaith yn datblygu ac yn esblygu'n raddol, a geiriau yn newid eu hystyr wreiddiol, er enghraifft. Ymddengys i farn Bobi Jones ar hyn newid ychydig dros y blynyddoedd. Yn *System in Child Language* (1970) mae Bobi Jones yn hyderus ynghylch natur sefydlog Tafod, gan ddilyn barn absoliwt Guillaume bod popeth o fewn i Dafod yn barhaus: 'Everything in tongue is permanent. Everything in discourse is a momentary use of the permanent resources of tongue.'[57] Ymddengys ei fod ychydig yn llai sicr ei farn erbyn cyhoeddi *Tafod y Llenor* (1974), fodd bynnag, oherwydd dywed yno mewn ffordd lawer mwy amodol: 'mae Tafod yn ymddangos yn weddol sefydlog'.[58] Yn ddiweddarach, wrth gyfansoddi *Seiliau Beirniadaeth*, noda'n eglur bod Mynegiant yn rhagflaenu Tafod 'yn hanesyddol (er nad yn systematig)' ac mai dyna'r rheswm pam mae 'Tafod yn newid – bron yn ddiarwybod – yn barhaus'.[59] Yr un yw ei farn yn *Beirniadaeth Gyfansawdd* (2003), pan bwysleisia nad yw Tafod mor gadarn sefydlog ag yr ymddengys:

> Os edrychwch ar hanes Gramadeg a hanes y Gynghanedd, er eu bod ar y funud yn ymddangos yn sefydlog dros y canrifoedd, fel arfer yn isymwybodol

Tafod 31

y mae yna symudiad ar waith. Mae yna ymosodiad ar y llonydd, ie hyd yn oed mewn Tafod.⁶⁰

Diau mai cynnydd yn ei ddealltwriaeth o'r berthynas ryngweithiol a deinamig rhwng Tafod a Mynegiant sy'n gyfrifol am hyn. Deallodd fod Tafod yn cael ei ffurfio gan Fynegiant yn y lle cyntaf a bod Mynegiant o'r herwydd yn gallu creu newid o fewn Tafod. Mae Tafod yn creu Mynegiant newydd a daw'r Mynegiant hwnnw yn ei dro yn rhan newydd o Dafod gan estyn ei ffiniau: 'Mae'n newid – o hyd – y cyfnewidiol hwnnw. A Mynegiant sydd ar waith, hyd yn oed yn newid Tafod.'⁶¹

Lluniodd Bobi Jones amryw o dermau gwahanol i geisio cyfleu natur Tafod i'w ddarllenwyr. Defnyddiwyd llawer ohonynt eisoes yn y drafodaeth bresennol, ond buddiol fyddai oedi yn y fan hon i'w casglu ynghyd a gweld sut y maent yn goleuo'r drafodaeth. Mae'n hoff o gyfeirio at Dafod fel 'Peirianwaith', 'Mecanwaith' neu 'Ddyfais'. Nid rhyfedd hynny o gofio mai wrth astudio seico-fecaneg iaith y daeth ar draws y cysyniad am y tro cyntaf, ac mae'r enwau hyn yn cyfleu llawer wrthym am natur dechnegol Tafod. Maent yn effeithiol wrth gonsurio delwedd o Dafod fel ffatri gynhyrchiol o fewn yr ymennydd dynol. Diddorol nodi eu bod oll yn eiriau a gysylltir gan amlaf â Moderniaeth. Eithr nid yw Bobi Jones yn swil o bentyrru geiriau ac anaml iawn y bydd yr enwau hyn yn ymddangos heb fod ansoddair ynghlwm wrthynt yn cynnig ychwaneg o wybodaeth i ni am natur Tafod. Er enghraifft, ar un tudalen yn unig o'r gyfrol *Mawl a'i Gyfeillion*,⁶² cawn ymadroddion megis '[d]yfais esgorol', 'mecanwaith sefydlog' a hyd yn oed 'peirianwaith cywrain rhagflaenol' – oll yn ategu ac yn pwysleisio'r priodoleddau hynny a drafodwyd eisoes.

Daeth Bobi Jones yn ddisgybl i Guillaume wrth fabwysiadu'i theorïau ieithyddol, ac eto dilynodd ei drywydd unigryw ei hun yn y modd y cymhwysodd ac yr ehangodd y syniadau hynny. Nid ymdriniodd Guillaume erioed â maes iaith plant, er enghraifft, a dyna'r union faes y dewisodd Bobi Jones ymdrin ag ef. Er mwyn hogi arfau er hybu'r ymgyrch dysgu ail iaith yng Nghymru yr aeth Bobi Jones i Québec yn y lle cyntaf, ac roedd yn gwbl ddisgwyliedig, felly, mai astudiaeth ynghylch caffael iaith fyddai ffrwyth ei gyfnod yno. Bwriodd ei brentisiaeth (yn gronolegol iawn) gyda Thafod y Plentyn, ac erbyn 1965 roedd wedi cwblhau ei draethawd doethuriaeth ar ddatblygiad iaith plant (yn seiliedig ar recordiadau o ddatblygiad ieithyddol ei ferch ei hun, Lowri; dull poblogaidd yn y cyfnod hwn, ond un y cwestiynir bellach pa mor ddibynadwy a gwyddonol ydyw). Fel y nodwyd eisoes, cyhoeddwyd rhan o'r astudiaeth honno yn 1970 dan y teitl *System in Child Language*. Yn y rhagair i'r gyfrol honno, esbonia gychwyniadau'r gyfrol a'r hyn y gobeithiai ei gyflawni ynddi:

I came upon, almost by accident, the psycho-mechanics of Gustave Guillaume. Immediately, a number of factors fell into position, and I saw that there was nothing for it but to probe the various sectors of Child Language and discover to what extent this linguistic school could throw light upon the different aspects involved therein. The following essay is such a probe.[63]

Gweithiodd o dan y rhagdyb Guillaumaidd bod yn rhaid i blentyn dyfu Tafod cyn iddo fedru creu Mynegiant ieithyddol:

> It is patently obvious that before a child can learn to offer discourses, he must construct for himself the permanent linguistic system that permits such discourses. Any description of his acquisition of language must face up to the fact that he is obliged to build a mechanism before he can use it.'[64]

Astudiaeth o'r modd y mae plentyn yn bwrw ati, er yn anymwybodol iddo, i greu Tafod yw'r gyfrol ar ei hyd. Bwriad Bobi Jones oedd astudio'r modd y mae plentyn yn datblygu'n ieithyddol, gan ddamcaniaethu ynghylch *pam* mae plant yn dilyn patrymau arbennig honedig wrth fagu iaith. Hynny yw, nid y disgrifio 'arferol' o'r cyfnodau gwahanol yn natblygiad ieithyddol plentyn oedd y nod (er enghraifft, 'The babbling stage'[65] ac yn y blaen), eithr archwilio'r cysylltiadau deinamig rhwng y cyfnodau unigol hyn a'r ffactorau sy'n gwneud y cynnydd hwn yn bosibl yn y lle cyntaf.

Gwna hyn drwy gynnig enghreifftiau digon annwyl (er enghraifft, 'Mami da, Dadi da, Lowli dwg')[66] o Fynegiant ei blant, Lowri a Rhodri, gan ddadansoddi'r modd y mae plentyn yn trefnu'r rhain yn ei feddwl. Dechreua gyda'r diriaethol ac yna astudio'r prosesau sydd wedi gwneud yr enghraifft unigol o Fynegiant yn bosibl o gwbl. Soniwyd uchod am ddysgeidiaeth Guillaume ynghylch sythwelediadau a chanfyddiadau cyn-ieithyddol elfennaidd. Dengys Bobi Jones sut y mae'r plentyn yn adeiladu Tafod drwy wneud cyferbyniadau a chymariaethau cyn-ieithyddol o'r math hwn: 'He orders them in contrasts, and the principles that guide such contrasts are not complicated abstractions but intuitional distinctions.'[67] Mae'r gwahaniaethau a'r cymariaethau hyn yn gwbl syml yn eu hanfod – mor elfennaidd â'r gwahaniaeth rhwng bach a mawr, neu sŵn a thawelwch. Nid gramadegwyr nac athronwyr yn eu tŵr ifori sy'n llunio gramadeg iaith; eu rhan hwy yw disgrifio'r patrymau hynny a luniwyd drwy gyfrwng prosesau naturiol a chyntefig yn y meddwl dynol:

> We shall see that there are very elementary, indeed unconscious but meaningful contrasts shaping the whole system of language. And we shall observe

the child using these as a means, an invisible framework, for gradually building up his linguistic analysis of the reality of the universe.[68]

Cofiwn i Guillaume a Bobi Jones ddisgrifio Tafod fel 'system o systemau',[69] a neilltuodd Bobi Jones ran gyntaf y gyfrol i roi braslun o rai o'r systemau sy'n angenrheidiol i'r plentyn eu meistroli er mwyn ffurfio iaith. Rhaid i blentyn ddysgu system y Ferf, y Person, Amser, Rhif a'r Ansoddair er mwyn creu brawddegau ystyrlon. Yn fwy na hyn, myn fod trefn orfodol yn ymhlyg yn y broses ddysgu:

> There is certainly no anarchy in the order adopted by the child in learning his language. He is strictly obliged, though as it were unconsciously both physically and mentally, to follow a certain route, from which deviations of choice are few and far between.[70]

Hynny yw, mae trefn neu system resymegol yn y broses o ddysgu iaith a rhaid i blentyn ddysgu un elfen cyn y gall ddirnad yr elfen nesaf. Nid oes modd deall y lluosog cyn meistroli'r unigol; er enghraifft, rhaid deall *cath* cyn cael *cathod*. Yn yr un modd, amhosibl yw deall y gorffennol heb fod gennym afael ar y presennol, na chyfarch yr ail berson cyn ein bod yn adnabod y person cyntaf. Mae'r 'inevitable order of grammatical possibility'[71] hwn â'i wreiddiau'n amlwg yng ngwaith Guillaume. Dysgodd ef fod tair prif elfen, neu dri phrop, i fframwaith y frawddeg aeddfed, y 'Rhannau Ymadrodd Traethiadol',[72] sef Enw, Berf/Ansoddair ac Adferf. Yn ôl Guillaume yr hyn sy'n cysylltu'r elfennau hyn yw'r hyn a alwodd yn 'incidence', sef pwyso neu gynnal. 'Disgyrchiant' yw term Bobi Jones am y cysyniad hwn.[73] Rhaid i'r Ferf bwyso ar yr Enw, a'r Adferf yn ei thro bwyso ar y Ferf. Maent yn gwbl ddibynnol ar ei gilydd ac amhosibl cael y naill heb y llall. Derbyniodd Bobi Jones y model hwn a'i ddilyn, gan hawlio ei bod yn ofynnol i blentyn ddefnyddio enw neu ferf cyn ychwanegu ansoddair neu adferf ato. Mae cynllun ei draethawd ymchwil yn dilyn y rhagdyb hwn i'w ben draw rhesymegol: mae trefn ei benodau yn adleisio'r cysyniad Guillaumaidd hwn i'r dim, gan ddilyn datblygiad ieithyddol plentyn o'r 'pre-linguistic stage' hyd at y 'Three-Element Sentence'.[74]

Soniwyd eisoes am y syniad Guillaumaidd bod systemau Tafod yn gweithio ar ffurf cyferbyniadau deuol a thriol a phwysleisir y syniad trindodaidd hwn drwy gydol *System in Child Language*:

> The threefold pattern of certain grammatical systems . . . could likewise be followed through other systems such as Time-sphere (Past, Present, Future),

Degree (Positive, Comparative, Superlative), Mood (Quasi-nominal, Subjunctive, Indicative), Person (First, Second, Third), Number (Singular, Dual, Plural), The Article (Zero, Indefinite, Definite), Gender (Masculine, Feminine, Neuter), Mutations in Welsh (Soft, Nasal, Aspirate), or even in broader linguistic divisions.[75]

Ond er y pwyso amlwg ar syniadau Guillaume, hawlia Bobi Jones ei fod yn ofalus i beidio â'u gorgymhwyso pan na fo hynny'n briodol. Fel y nodwyd eisoes, nid ysgrifennodd Guillaume am iaith plant erioed, ac felly roedd ei ddamcaniaethau'n ymwneud yn bennaf â systemau ieithyddol a oedd eisoes mewn grym ym meddwl yr oedolyn, yn hytrach nag â'r Tafod a oedd yn cael ei ffurfio gan y plentyn ifanc. Credai Bobi Jones mai anaddas a chamarweiniol fyddai gwneud cysylltiadau disylwedd rhwng y damcaniaethau:

> The temptation to exemplify this Chronogenesis in the diachrony of Child Language must be resisted however; and it must be carefully borne in mind that the system of positions revealed by Psycho-mechanics (although occasionally throwing a flood of light, inevitably, on some of the obligations of child learning) intends basically to describe the pattern of necessary mechanisms available and in action during the act of language, for the duration of operative time.[76]

Fel y tystia'r dyfyniadau uchod, cyfrol academaidd arbenigol yw hon o glawr i glawr a phrin oedd ac yw'r gynulleidfa yng Nghymru a allai werthfawrogi gwaith o'r fath. Awgrymodd J. E. Caerwyn Williams mewn cyfweliad yn *Ysgrifau Beirniadol* mai hwn oedd y rheswm dros ei gyhoeddi yn Saesneg; sef bod y 'Cymry Cymraeg wedi mynd yn rhy anniferus i gynnal ysgolheictod eang'[77] ac mai difaterwch neu ddirmyg fyddai'r ymateb disgwyliedig i'r fath orchest petai wedi ei chyhoeddi yn y Gymraeg. Cytunodd Bobi Jones ag ef ar y naill law, gan ddweud petai wedi cyhoeddi llyfr mor '[g]yfyng ei apêl' yn y Gymraeg, na fyddai 'mwy na dau neu dri pherson'[78] yng Nghymru wedi cael dim byd ohono. Ond brysiodd i bwysleisio nad dyna'r rheswm dros gyhoeddi yn Saesneg. Nid yw'n ymhelaethu, fodd bynnag, a rhaid aros nes *Beirniadaeth Gyfansawdd* i ddysgu ei wir reswm dros gyhoeddi yn y fath 'anghyfiaith'.[79] Esbonia mai er mwyn ymgynghori ag ysgolheigion Québec y cyfansoddodd y gwaith hwn yn Saesneg: 'Yr oeddwn wrthi yn dysgu fy nghrefft a dymunwn rannu fy syniadau a'u gwyntyllu gydag eraill mwy hyddysg na mi yn seico-fecaneg iaith.'[80]

A da o beth oedd iddo ei gyhoeddi yn Saesneg, oherwydd fel y bu'n rhaid iddo fynd i Québec i geisio arbenigedd ieithyddol yn y lle cyntaf, felly hefyd y bu'n rhaid iddo fynd yn ôl i Québec er mwyn derbyn unrhyw fath o werthfawrogiad adeiladol i'w brentiswaith. Broliodd W. F. Mackey waith ei ddisgybl i'r cymylau:

> Although it takes into account both the author's detailed observations and almost everything of importance ever written on the subject, it is completely new and daringly original. It is also the most thoughtful and undoubtedly the most far-ranging study of child language I have yet seen.[81]

Cafodd adolygiad y tu hwnt o fanwl a ffafriol gan John Hewson yn ogystal, er nad yw'n gwbl anfeirniadol o'r gyfrol: *'System in Child Language* is typically a young man's book, overflowing with ideas, touching on too many different aspects to treat well, and sometimes lacking control in presentation.'[82] Serch hynny, ystyriai ef y gwaith hwn yn 'remarkable achievement',[83] ac yn gam ymlaen ym maes theori iaith yn gyffredinol. Mewn adolygiad arwyddocaol y dyfynnodd Bobi Jones ohono mewn cyhoeddiadau diweddarach,[84] mae'n cloriannu'n gryno yr hyn a gyflawnodd Bobi Jones:

> J[ones] is here developing a view of language that transcends the work of any individual or school, and which, in spite of its scope, is not eclectic, but is a coherent, holistic view of language as a process in which discourse is constructed from specific underlying elements that are themselves forged from universal (or intuitional) mechanisms.[85]

Un o gampau Bobi Jones yn *System in Child Language* oedd dangos y cysylltiad annatod sydd rhwng morffoleg a chystrawen, yn hytrach na'u trin fel ffenomenau ar wahân. Drwy ddilyn meddylfryd Guillaume ac olrhain datblygiad ieithyddol yn systemataidd llwyddodd i ddangos y cyswllt naturiol sydd rhwng y gwahanol gamau yn natblygiad ieithyddol plentyn. Dyma agwedd a esgeuluswyd gan ysgolheigion y maes cyn hynny, yn ôl John Hewson:

> WP [Word-and-paradigm] grammars are notoriously weak in the area of syntax, and syntactic grammars tend to ignore morphology; J[ones] forges the link between the two, and shows syntax as a simple and natural transcendence of morphology, a passing-out from the prison house of the word, with its bound structures, into the open arena of recursive syntactic predications.[86]

Eithr nid oedd y fath ganmoliaeth yn gwbl annisgwyl; roedd Bobi Jones yn ymwybodol y byddai cylch dethol o ysgolheigion yn cymeradwyo'r hyn y ceisiodd ei gyflawni yn yr astudiaeth hon:

Gwyddwn yn burion pan sgrifennais *System in Child Language* y byddai rhai pobl yma ac acw mewn amryw wledydd yn ei ddeall, yn ei werthfawrogi, ac yn ei ystyried ef yn gam ymlaen, er na ddisgwyliais bid siŵr yr ymateb a fu yn *Language*.[87]

Os 'procio' aml weddau ar iaith plant gyda theorïau ysgol Guillaume oedd ei fwriad gwreiddiol wrth lunio'r traethawd ymchwil, ymddengys iddo fod yn llwyddiannus yn hyn o beth a bod ei ddehongliad ef o syniadau Guillaume yn dderbyniol gan aelodau eraill yr ysgol, oherwydd dywed John Hewson, un o'r Guillaumiaid mwyaf blaenllaw: 'Robert Jones in his recent *System in Child Language* utilizes the whole gamut of Guillaumian ideas to develop a general theory of language acquisition.'[88]

Ar ôl gwneud y cysylltiad hwn rhwng morffoleg a chystrawen iaith yn *System in Child Language*, aeth Bobi Jones gam ymhellach yn ei gyhoeddiad nesaf, *Tafod y Llenor* (1974), drwy wneud y cysylltiad rhwng cystrawen a ffurfiau llenyddol: 'Perthyn ffurfiau mwyaf neu letaf llenyddiaeth i'r frawddeg, yn ieithyddol ffurfiol, megis y frawddeg hithau i'r gair.'[89] Mae'n amlwg bod y gyfrol hon wedi'i bwriadu'n olynydd naturiol i *System in Child Language*, a phwysleisir hynny drwyddi draw. Ar y siaced lwch honnir bod Bobi Jones yn 'estyn i mewn i fyd syniadaeth lenyddol ddull o ddadansoddi a ddefnyddiodd ef o'r blaen yn ei gyfrol ar Iaith Plant', a dyfynnwyd o adolygiad Hewson yn *Language* er mwyn profi addasrwydd Bobi Jones ar gyfer y dasg. Yn y Rhagair, esbonia mai ei daith i Québec, a'i ymwybyddiaeth o waith Guillaume, oedd y catalydd ar gyfer y gyfrol hon hefyd. Eithr mae gwahaniaethau sylfaenol rhwng y ddwy gyfrol; yn *Tafod y Llenor* dychwelodd Bobi Jones i gofleidio'i ddau gariad cyntaf, llenyddiaeth a'r Gymraeg. Arweiniodd ei '[d]ueddiadau naturiol'[90] ef i fyfyrio ar sut y gellid cymhwyso syniadau Guillaume at astudio llenyddiaeth. Roedd Tafod Guillaume wedi cydio ynddo i'r fath raddau nes iddo ddod i'r canlyniad bod yn rhaid ei fod yn ddefnyddiol wrth ystyried meysydd heblaw iaith plant a dysgu ail iaith. Fel y soniwyd yn y bennod gyflwyniadol, roedd Bobi Jones wedi symud o'r Adran Addysg i'r Adran Gymraeg erbyn hyn ac felly mae'r newid pwyslais hwn yn adlewyrchu'r hyn oedd yn digwydd yn ei yrfa. Etifeddodd gwrs D. Gwenallt Jones ar 'Ffurfiau Llenyddol', a darparodd hyn y cyfle perffaith iddo archwilio'r ffurfiau hyn â damcaniaethau Guillaume.

Ymgais i ddatrys yr 'ymholiad chwithig pa beth ydyw llenyddiaeth'[91] yw'r astudiaeth hon ar ei hyd, a defnyddiodd ddull ieithyddol seicofecanaidd *à la* Guillaume er mwyn procio ffurf llenyddiaeth, maes arall nad ymdriniodd Guillaume ag ef erioed, fel y mae'n hoff o'i bwysleisio.[92]

'Cyn-arddulleg' yw'r enw a roddodd ef ei hun ar y dull hwn o astudio.[93] Nid rhestru ffurfiau llenyddol unigol a'u disgrifio oedd ei fwriad, eithr astudio pam mae'r ffurfiau hyn yn bodoli yn y lle cyntaf. Gweithiodd o dan yr argyhoeddiad bod ffurfiau a systemau dwfn sy'n trefnu'r meddwl dynol (Tafod), ac y gellid olrhain y rhain mewn gweithiau llenyddol yn ogystal ag mewn iaith bob dydd. Rhesymodd mai 'peth mewn iaith yw llenyddiaeth',[94] ac mai'r hyn yw llenyddiaeth mewn gwirionedd yw trawsffurfiad o iaith bob dydd. Felly, yn union fel y gellid trefnu cyfundrefnau iaith mewn gramadeg, gellid hefyd lunio math o ramadeg i lenyddiaeth hithau. Daeth i'r casgliad, fel y strwythurwyr hwythau, fod egwyddorion sylfaenol a pharhaol y gellid eu trefnu y tu ôl i bob gwaith llenyddol, yn union fel y mae trefn benodol y mae'n rhaid plygu iddi y tu ôl i bob brawddeg. Mae'n cydnabod nad yw'r llenor bob tro yn ymwybodol o'r rheolau hyn wrth iddo gyfansoddi, yn yr un modd nad yw'r siaradwr rhugl yn ymwybodol o systemau gramadeg wrth lunio ymgom. Ni olyga hyn, fodd bynnag, nad ydynt yn bodoli. Dadleuodd fod y meddwl dynol yn llunio ffurfiau a phatrymau llenyddol yn anymwybodol, cyn eu storio yn yr ymennydd fel y gallant fod yn 'gynhysgaeth i lenorion eraill yn eu traddodiad'.[95] Hawliodd mai'r ffordd symlaf i ddeall hyn yw drwy archwilio mydr, odl a chynghanedd gan ei bod yn 'bur amlwg i bawb fod y rheini i'w cael yn "gyntefig" iawn yn y meddwl ar wahân i weithiau unigol'.[96] Hynny yw, nid yw pob egin fardd yn llunio cyfundrefn yr odl o'r newydd iddo'i hun; mae'n rhan o'r gynhysgaeth a adawyd iddo yn storfa lenyddol y Traddodiad.

Rhennir *Tafod y Llenor* yn bum pennod lle trafodir gwahanol agweddau ar Dafod mewn llenyddiaeth. Yn y bennod gyntaf archwilir y berthynas rhwng iaith a llenyddiaeth. Yn debyg i waith Ffurfiolwyr Rwsia, mae'n astudio effaith ffurf lenyddol ar iaith, sef y modd y ffurfiolir iaith bob dydd 'drwy fydryddiaeth, drwy sangiad, drwy gynghanedd ac odl, drwy ddyfalu, drwy droi'r iaith syml ac uniongyrchol yn drosiadau, a thrwy ei hynysu'n uned'.[97] 'Cyferbyniadau' yw'r enw annelwig a roddwyd ar y bennod hon ac ynddi mae'n ymdrin ag amryw o'r gwahaniaethau a wêl ef rhwng iaith a llenyddiaeth, ac yn gosod seiliau ei ddamcaniaeth feirniadol newydd. Ceir trafodaeth ar 'bellhau' neu 'ddieithrio', er enghraifft, a gwelir yma ei fod unwaith eto yn rhannu'r un olwg ar lenyddiaeth â rhai o Ffurfiolwyr Rwsia. Cynhwysir dyfyniad helaeth gan Sklovskij, ac mae Bobi Jones hyd yn oed yn defnyddio peth o eirfa'r ysgol feirniadol hon wrth ddod i'w gasgliadau ei hun am natur llenyddiaeth: 'Y mae'r llenor yn adfer bywiogrwydd a min y canfodiad, y dwysedd (*fakturu*), ac i wneud hyn defnyddia'r "ddyfais o ddieithrhau" (*priëm ostranenija*).'[98] Nid rhyfedd hyn o ystyried y parch amlwg a oedd gan Bobi Jones tuag at J. E. Caerwyn Williams, 'awdur yr ysgrif arloesol "Arddulleg Ffurfiolwyr Rwsia"'.[99] Ond tra mai archwilio dieithrhau mewn iaith yn unig a wna Ffurfiolwyr Rwsia, camp arloesol Bobi Jones oedd ymestyn hynny i drafod y cyn-ieithyddol a'r 'egwyddor o ddieithrhau'.[100]

Ceir hefyd drafodaeth ganddo ar y ddeuoliaeth ddiarhebol, Cynnwys a Ffurf. Cais uniaethu'r ddeuoliaeth hon â'r ddeuoliaeth ieithyddol honno a ddisgrifiodd Saussure dan yr ymbarél 'arwydd', sef yr arwyddwr/ arwyddedig. Ar y naill law, ymddengys ei fod yn ategu barn yr Ysgol Ffurfiolaidd bod Cynnwys yn rhan o Ffurf ac nad gwisg yn unig yw Ffurf i Gynnwys: 'Y mae Viktor Sklovskij yn ei ddweud fel hyn: "Y mae'r dull Ffurfiolaidd yn ystyried y cynnwys bondigrybwyll yn un o'r agweddau ar ffurf."'[101] Ond ar y llaw arall mae'n cydnabod ei bod yn bosibl gwahanu'r arwyddwr oddi wrth yr arwyddedig ym myd iaith – er mor annatod yr ymddangosant – o ganlyniad i natur fympwyol yr arwydd. Felly, gellir gwahaniaethu rhwng Ffurf a Chynnwys mewn gwaith llenyddol, er nad yw bob tro yn ffrwythlon eu trafod fel endidau ar wahân. Trafoda'r modd y mae pegynu'r ddwy wedd hyn ar lenyddiaeth wedi arwain at feirniadaeth lenyddol hanesyddol ddiffygiol sy'n mawrygu un ai'r 'Gweledydd' neu'r 'Crefftwr',[102] yn ôl chwiwiau ffasiynol y dydd. Hyn a arweiniodd at y gagendor enfawr ac anffodus rhwng y clasurwyr a'r rhamantwyr, yn ôl Bobi Jones, deuoliaeth y mae ef ei hun yn amlwg yn ymwrthod â hi.

Fel y soniwyd eisoes, mae Bobi Jones yn mynd â'r syniad o ddieithrio ymhellach na Ffurfiolwyr Rwsia. Neilltua adran gyfan i danlinellu'r gwahaniaeth pwyslais rhyngddo ef a Ffurfiolwyr Rwsia, er eu tebygrwydd ymddangosiadol. Esbonia mai pen draw y dull seico-fecanaidd yw darganfod cyfundrefn syml ac elfennaidd gyffredinol, yn hytrach na rhestru nodweddion ieithyddol ffurfiol unigol ac arbennig. Cydnebydd fod tebygrwydd arwynebol rhwng ei ddull ef a dull y Ffurfiolwyr yn eu diddordeb mewn morffoleg, ond ei fod ef yn mynd gam ymhellach na hwy trwy lunio patrwm neu ramadeg cyffredinol i'r nodweddion arddull hyn: 'Yn y fan yna fe fyddai fy null i'n cydgerdded orau y gall ef â hwy; ond fe ymetyl y Ffurfiolwyr wedyn.'[103] Hynny yw, mae pwyslais Bobi Jones ar y cyn-ieithyddol yn ei wahaniaethu oddi wrth y Ffurfiolwyr. Mabwysiadodd y dull seico-fecanaidd, Guillaumaidd am iddo dybied bod yr ysgol hon yn cynnig ymagwedd ddeinamig at iaith a bod hyn yn ddefnyddiol i archwilio'r broses lenyddol sydd yn ffrwythlon ddeinamig ac ynghlwm wrth symudiad meddyliol yn ei hanfod.

Un o'r trafodaethau mwyaf arwyddocaol yn y bennod gyntaf hon yw'r drafodaeth ar Gerdd Dafod a Cherdd Fynegiant. Dyma'i dermau ef am 'y gyfundrefn ei hun a'r enghraifft unigol',[104] sef y Tafod a'r Mynegiant llenyddol. Pwysleisia fod yn rhaid i ni weld y gwahaniaeth rhwng y cysyniadau hyn cyn y gallwn adeiladu theori gyflawn ynghylch llenyddiaeth. Nid yw'n dweud dim newydd yn y fan hon, fel y cyfryw, ond mae'n ceisio sicrhau bod ei safbwynt yn glir cyn dechrau ar brif gorff y llyfr. Iddo ef, 'Tafod o fewn Tafod yw Cerdd Dafod';[105] hynny yw, mae'r bardd yn parhau i greu cyfundrefnau ieithyddol y tu hwnt i'r rhai sydd eu hangen ar gyfer mynegiant pob dydd:

> Yn wir, yn fy marn i, y duedd 'greadigol' lenyddol yw'r duedd honno mewn dyn i fynd ymlaen i greu iaith (h.y. i ddilyn y dulliau a ddefnyddiodd yn gyntaf wrth ddarganfod neu wrth dderbyn iaith) ar ben neu i mewn i'r iaith sydd eisoes ar gael.[106]

Pwysig yw nodi yn y fan hon y gwahaniaeth rhwng defnydd Bobi Jones o'r term 'Cerdd Dafod' a'r defnydd traddodiadol a wnaed o'r term yn nhraddodiad John Morris-Jones. Diau fod peth o feirniadaeth Thomas Parry ar syniadau Bobi Jones yn deillio o wahaniaeth dealltwriaeth o'r term.[107] Esbonia Bobi Jones fod gwahaniaeth sylfaenol rhwng:

> y syniad am Gerdd Dafod fel addurn (sef agwedd Dr Parry, onid wyf yn camgymryd), a'r syniad amdani fel system o ddeddfau. Rhywbeth a ychwanegir yw addurn: amod ar gyfer mynegiant yw deddfau. Pan dry 'addurn' yn ddeddf fe geir Cerdd Dafod.[108]

Nid yw'n syndod bod y termau hyn yn cael eu cymysgu, fodd bynnag, yn enwedig o ystyried y pwyslais a rydd Bobi Jones arno ef ei hun fel un sydd yn parhau â gwaith John Morris-Jones. Ceir cyfeiriadau niferus ato yn *Tafod y Llenor*, ac mewn cyfrol ddiweddarach ar Dafod a Ffurf llenyddiaeth hawlia:

> Ni ddaeth yn bryd eto i neb ailysgrifennu *Cerdd Dafod* John Morris-Jones, y gofgolofn odidog honno i ysgolheictod dechrau'r ugeinfed ganrif. Ond gellid ystyried y gyfrol hon o bosib, yn fath o droednodyn anghryno i'r gyfrol fawr honno, neu os mynnir, yn adolygiad go hirwyntog.[109]

Wedi gosod y seiliau, â ymlaen yn y bennod nesaf i sôn am Ffonoleg. Mae'r bennod honno'n ymrannu'n dair, sef mydryddiaeth, llinell ac odl. Dyma le da i ddechrau, o ystyried ei sylw cynharach ei bod yn 'bur amlwg i bawb fod y rheini i'w cael yn "gyntefig" iawn yn y meddwl ar wahân i weithiau unigol'.[110] Yn yr adran gyntaf ar fydryddiaeth dengys sut y mae honiad Guillaume bod pob cyfundrefn ieithyddol â'i gwreiddiau mewn cyferbyniad syml a chyntefig yn pennu natur mydryddiaeth. Hawlia fod dechreuadau mydryddiaeth i'w gweld yn y cyferbyniad anymwybodol, bron, rhwng Sŵn a Thawelwch, neu Absenoldeb a Phresenoldeb.[111] Yn ôl Bobi Jones, y rhain yw cyndeidiau'r ddau fath o aceniad mydryddol sylfaenol a geir yn y Gymraeg, sef yr acennog a'r diacen. Rhaid cyfuno, cyferbynnu, ailadrodd ac amrywio'r acenion hyn er mwyn creu mydr, hynny yw, rhaid wrth debygrwydd ac amrywiaeth. Â ymlaen wedyn i brofi hyn drwy fwrw golwg dros hanes datblygiad mydryddiaeth Gymraeg, gan gymryd enghreifftiau penodol o waith y Cynfeirdd a Beirdd yr Uchelwyr. Mae'n cysylltu'r nodwedd lenyddol hon yn uniongyrchol ag iaith plant a'r modd y mae'r baban yn parablu – gan ddyblu ac ailadrodd ffurfiau megis 'a-a, ma-ma' wrth ddysgu siarad. Cydnebydd fod gwneud cysylltiad o'r fath yn anghonfensiynol ac y byddai'n anathema i rai: 'Fe all ymddangos yn anweddus ein bod yn cymharu prydyddion â babanod yn dysgu eu hiaith. Ond credaf ein bod gyda'r naill a'r llall yn ymwneud â phroses o ymffurfio anymwybodol.'[112] Dywed fod gwreiddiau'r odl a'r gynghanedd hefyd i'w gweld yn y cyferbyniad isymwybodol hwn rhwng Sŵn a Thawelwch, neu Absenoldeb a Phresenoldeb. Y rhain yw'r pegynau sy'n cynnal fframwaith yr odl a'r gynghanedd. Mae odl, er enghraifft, yn pwyso ar y ffaith bod tebygrwydd penodol, yn ogystal â gwahaniaeth, rhwng dau air, a dadl Bobi Jones yw bod system yr odl, yn ei thro, wedi esgor ar system y gynghanedd. Rhywbeth achlysurol a damweiniol mewn Cerdd Fynegiant oedd y gynghanedd yn y lle cyntaf, nes iddi gael ei rheoleiddio a'i chyfundrefnu'n rhan o Gerdd Dafod.

Morffoleg yw'r teitl a roddir ar y drydedd bennod, ac mae trefn y bennod yn adleisio trefn y Rhannau Ymadrodd Traethiadol a amlinellwyd yn *System in Child Language*. Egyr y bennod â thrafodaeth ar system ramadegol driphlyg y Person. Damcaniaeth Bobi Jones yw mai'r ffordd drindodaidd hon o synio am y byd sydd wedi rhoi 'mathau' gwahanol o ffurfiau i ni, sef y Delyneg, y Ddrama a'r Stori: 'Deuant yn y lle cyntaf o'r sylweddoliad ynghylch yr hunan mewn gofod ac amser.'[113] Iddo ef, mae'r gân delynegol yn ffurf sy'n mynegi gwirionedd y person cyntaf. Nid yw'r ddrama, ar y llaw arall, ond yn bosibl pan ddaw ail berson wyneb yn wyneb â'r person cyntaf, ac yn sgil hyn daw'r ymwybyddiaeth bod *ti* yn perthyn i'r un lefel o realiti â *fi*. Y cam olaf yn y sylweddoliad hwn o Berson yw sylweddoli bod modd siarad am berson hyd yn oed pan fo'n absennol. Siarad tu-ôl-cefn y trydydd person hwn yw ffynhonnell math (*genre* neu lenddull) y stori neu'r epig. Mae'n crynhoi fel hyn:

Gyda'r delyneg y mae'r person cyntaf yn siarad, a'r gynulleidfa (pan fo un) yn *digwydd* ei glywed ef. Yn y ddrama y mae'r awdur yn ymguddio yn ei gymeriadau, a'r gynulleidfa'n ffactor bwriadus o'i flaen; ac y mae pob cymeriad – o ran natur wreiddiol y ddrama – yn wynebu rhyw 'ti'. Pan gyrhaeddwn stori'r trydydd person (yn ei 'phurdeb'), y mae'r 'ti' hwn yn diflannu; ond y mae'r cymeriadau a fu'n destun i'r ddrama, a'u gweithredoedd neu'r digwyddiadau sy'n eu corffori hwy mewn amser symudol yn aros: y mae'r fi a'r ti yma o hyd, ond heb fod ar y llwyfan yn union o flaen y gynulleidfa – y maent *fel petaent* yn absennol a'r awdur yn siarad amdanynt yn hytrach na'u cyflwyno.[114]

Ar ryw olwg, ymddengys y theori hon yn boenus o naïf ac yn orddibynnol ar fathau (*genres*) 'yn eu purdeb', ond mae'n bwysig cadw mewn cof mai am fathau mewn Tafod y mae Bobi Jones yn sôn yn y fan hon, ac mae'n fodlon cydnabod bod modd i 'hyd yn oed y prif fathau hyn gyfuno â'i gilydd'[115] mewn Mynegiant di-ben-draw ei bosibiliadau. Nid oes dim newydd yn y modd y dosrennir y mathau hyn ganddo: maent mor hen ag Aristoteles; ond y peth gwreiddiol a wnaeth Bobi Jones oedd cysylltu'r mathau hyn â system y person ym maes gramadeg iaith.[116]

Un gyfundrefn o blith nifer sydd ar waith ym Math yw'r Person, a rhaid cymryd ffenomen y Digwyddiad i ystyriaeth yn ogystal. Mae'r ferf yn un o hanfodion Drama neu Stori, er y gall fod yn absennol mewn Telyneg neu Wireb. Gwelodd Bobi Jones gysylltiad anorfod rhwng ffurf y Stori a chyfundrefn y Rhannau Ymadrodd Traethiadol mewn brawddeg. Yr Enw, y Ferf a'r Adferf yw cynheiliaid y frawddeg yn ei olwg ef, a thybiodd y gellid synio am Gymeriadaeth, Cynllun Digwyddiadau ac Amgylchfyd fel estyniad o'r rhain ym myd y stori.

Amser yw'r nodwedd olaf a drafodir o dan bennawd 'Morffoleg'. Trafodir Amser o sawl gwahanol ongl. Un o'r rheini'n unig yw'r cysyniad o amser fel y'i cyflwynwyd gan Guillaume i ddeuoliaeth Tafod/Mynegiant Saussure; hynny yw, yr amser y mae'r meddwl yn ei gymryd i wneud y symudiad meddyliol o Dafod i Fynegiant, neu'r hyn a alwodd ef yn 'Amser Gweithredol'. Ceir hefyd drafodaethau ar y gwahaniaeth rhwng yr amser a gymerir i ddarllen gwaith llenyddol (amser naturiol), a'r cyfnod o amser a groniclir yn y gwaith neu sydd gan yr awdur mewn golwg wrth gyfansoddi (amser seicolegol), yn ogystal ag esboniad manwl o Ddiacroni, a dadansoddiad o'r amryw dechnegau amser y gellid eu defnyddio mewn gwaith llenyddol, megis Ôl-fflachiadau. Dyma adran fwyaf anniben y gyfrol, ar sawl ystyr. Teimlir ar adegau fod amryw weddau digon digyswllt yn cael eu grwpio gyda'i gilydd, a hynny'n unig am eu bod yn trafod rhyw wedd ar 'Amser'.

Symudir ymlaen i ystyried Semantoleg yn y bedwaredd bennod. Y Trosiad sy'n cael ei sylw yn y lle cyntaf, a chanolbwyntia'r drafodaeth ar ddwy system feddyliol, sef y system *dosbarthu* a'r system *cyferbynnu*. Seilir system y Trosiad ar y ffaith bod dau air ag ystyron gwahanol, ond bod modd gweld tebygrwydd rhwng y ddau arwyddedig. Rhaid bod y ddau 'syniadair' yn ddigon gwahanol, ac eto'n ddigon tebyg, er mwyn creu trosiad grymus ac effeithiol. Yr enghraifft a ddefnyddia Bobi Jones i oleuo'r pwynt hwn yn y fan hon ac mewn sawl man arall yw trosiad enwog Dafydd ap Gwilym o lili'r môr i gynrychioli gwylan, yng nghywydd 'Yr Wylan'. Yn ail hanner y bennod ceir trafodaeth fwy cyffredinol ar iaith lenyddol lle yr ymhelaethir ar rai o'r pwyntiau a grybwyllwyd yn y bennod gyntaf, megis dieithrhau.

Neilltuir pennod ar ddiwedd y gyfrol i grynhoi a dod i gasgliadau. Amlinellir yr hyn y ceisiwyd ei gyflawni ar dudalennau'r astudiaeth hon: 'Nid mater cyfriniol yw hyn, ond ffaith galed a gwrthrychol.'[117] Eithr y mae'n amlwg ar un ystyr nad dyma ddiwedd y gân, ac nad oedd Bobi Jones yn gwbl fodlon ar bob un o'r casgliadau a'r damcaniaethau a wnaethpwyd. Myn nad 'dyma'r lle, yng nghynffon y gyfrol, i gychwyn ysgyfarnog newydd, ac o'r braidd mai dyma'r lle i godi unrhyw ddamcaniaeth sydd fel petai'n dadwneud peth o'r ymdriniaeth flaenorol'.[118] Ac eto, dyma'n union a wna. Ni all ymwrthod â'r demtasiwn i godi cwestiynau pellach, ac mae'n amlwg bod rhai o'i gasgliadau cychwynnol yn peri anesmwythyd iddo. Cydnebydd nad ydyw eto ond yn 'fforio mewn tir gwyryfol',[119] a gwelir addewid glir yn y geiriau hyn am gyfrol atodol a fyddai'n ymestyn rhai o'r dadleuon hyn ac yn eu hadlunio.

Tybiaf y gallwn synio am *Seiliau Beirniadaeth* (1984-8) fel cyflawniad yr addewid hon. Daw'r diddordeb mewn defnyddio dull yr ysgol seicofecanaidd i archwilio llenyddiaeth i 'ryw fath o gwlwm'[120] ym mhedair cyfrol *Seiliau Beirniadaeth*. Fel y nodwyd eisoes, yn rhinwedd ei swydd fel darlithydd yn Adran Gymraeg Coleg Prifysgol Cymru, Aberystwyth, bu disgwyl i Bobi Jones ddysgu cwrs ar Ffurfiau Llenyddol a oedd yn rhan o'r Radd Allanol. Bu hyn yn gyfle iddo fyfyrio ymhellach ar y pwnc ac ymroi i baratoi deunydd newydd a gwreiddiol i'w fyfyrwyr. Ffrwyth y myfyrio hwn yw cyfres *Seiliau Beirniadaeth*. Paratowyd y cyfrolau hyn i gyd-fynd â'r cwrs, a hyn sydd i gyfrif am y cwestiynau arholiad a gynhwysir yng nghefn pob cyfrol. Yn y rhagair i gyfrol 1, pwysleisia Bobi Jones y berthynas glòs sydd rhwng y cyfrolau hyn a'u rhagflaenydd, er bod degawd wedi mynd heibio er cyhoeddi *Tafod y Llenor*: 'Gwêl y cyfarwydd mai ymhelaethiad yw'r cwrs hwn o rai syniadau a godwyd ac a drafod-

Tafod 43

wyd yn *Tafod y Llenor*. Estyniad a chywiriad ydyw weithiau. Cyfle i esbonio rhai dulliau dadansoddol yn fwy hamddenol.'[121]

Roedd rhan gyntaf y cwrs, ac felly'r gyfrol gyntaf, yn dwyn y teitl 'Rhagarweiniad', a dyna'n union a gynhwysir ynddi – rhagarweiniad i weddill y cwrs ac i feirniadaeth lenyddol a gweithiau beirniadol Bobi Jones fel ei gilydd. Rhennir gweddill y cwrs yn dair rhan; dyma'r 'tair gwedd ar Ffurf'[122] a bleidiodd hyd ddiwedd ei yrfa. Mae'r ail gyfrol yn ymdrin â'r 'Ffurfiau Seiniol', y drydedd â'r 'Ffurfiau Ystyrol' a'r bedwaredd â'r 'Cyfanweithiau Llenyddol'. Mae'r bedwaredd gyfrol dipyn yn fwy swmpus na'r tair arall oherwydd ceir ynddi ragymadrodd yn adolygu gweddill y cwrs (gan gyfaddef ei fod 'yn ailadrodd ychydig o'r hyn a draethwyd yn y rhan agoriadol').[123] Ceir hefyd adrannau helaeth yng nghefn y llyfr ar Hanes Llenyddiaeth a'r Traddodiad yn gyffredinol.

Mae'r disgrifiad o'r cwrs a ddyfynnwyd uchod yn allwedd i'r cyfrolau hyn. Dymunodd drafod cysyniadau *Tafod y Llenor* mewn modd mwy 'hamddenol',[124] ac yn wir rhaid wrth dipyn o amser hamdden i fforio drwy'r cwrs hwn. Mae'n ymestyn dros 600 o dudalennau mewn print mân – ymhell dros ddwywaith hyd *Tafod y Llenor*. Nid yw'n annisgwyl, felly, fod llawer o ailadrodd safbwyntiau ac o atgyfnerthu dadleuon blaenorol yn *Seiliau Beirniadaeth*.

Ond mae'n amlwg ei fod yn cynnwys deunydd newydd yn ogystal. 'Estyniad' ydyw, wedi'r cyfan, a cheir sawl adran unigol nas cynhwyswyd o gwbl yn *Tafod y Llenor*, er enghraifft y 'Nodyn ar y Soned' (tt. 189–94). Ceir mwy o drafod manwl ar weithiau llenyddol unigol hefyd, megis yr adran helaeth a neilltuir i drafod y *Tair Rhamant* yng nghyfrol 3. Ond rhaid holi ar adegau a yw'r neillebau llenyddol hyn yn cyfrannu unrhyw beth at y drafodaeth dan sylw mewn gwirionedd. Ynteu ai arddangos catholigrwydd ei ddysg y mae Bobi Jones yn y mannau hynny? Neu'n hytrach ai'r ffaith bod hwn yn llawlyfr cwrs yn hytrach nag yn drafodaeth theoretig bur sy'n cyfrif am hyn? Mae nifer o'r adrannau hyn yn gynnyrch papurau a draddodwyd neu a gyhoeddwyd mewn mannau eraill, a bu'n rhaid i'r awdur gynnwys mewn sawl troednodyn eiriau tebyg i'r rhai isod: 'Traddodwyd fersiwn arall, un mwy manwl, ar y bennod hon mewn Cyngres Ryngwladol Geltaidd ym Mhrifysgol Rhydychen.'[125] Teimlir eu bod yn cael eu gwthio i'r gwaith er cyfleustra ac er mwyn ehangu'r drafodaeth (fel pe bai angen gwneud hynny!). Mae'r adrannau hyn ar adegau yn tynnu sylw'r darllenydd ac yn rhwystro llif ei ddadleuon.

Ceir ambell 'gywiriad' hefyd lle y newidiodd Bobi Jones ei feddwl neu ei bwyslais er cyhoeddi *Tafod y Llenor*. Cywiro manion technegol a wneir gan amlaf, ac nid yw'r newidiadau hyn yn effeithio ar brif ergyd ei theorïau. Er enghraifft, erbyn *Seiliau Beirniadaeth* mae'n amlwg ei fod wedi dod i'r casgliad mai tri math o acen sydd yn arwyddocaol yn ffonemig mewn llinell yn y Gymraeg; yr acen, y rhagacen, a'r diacen. Dywed: 'Yn hyn o beth yr wyf wedi newid fy marn oddi ar yr hyn a draethwyd yn *Tafod y Llenor*'[126] (pan hawliwyd mai dim ond dwy acen oedd yn dwyn pwys).

Mewn mannau eraill nid yw'n cywiro fel y cyfryw, ond yn hytrach yn cywreinio neu'n amodi ambell bwynt. Mae'n amlwg bod y cyfnod o dros ddegawd a fu rhwng cyhoeddi'r cyfrolau dan sylw wedi rhoi'r amser angenrheidiol iddo fyfyrio dros ei gasgliadau cyntaf a datblygu ei feddwl theoretig. Wrth drafod y ddeuoliaeth Trasiedi a Chomedi, er enghraifft, dywed:

> Adeg ysgrifennu *Tafod y Llenor*, fy nhybiaeth betrus i ynglŷn â'r cyferbyniad ffurfiol hwn rhwng Trasiedi a Chomedi ydoedd . . . Ar ôl hynny bûm yn myfyrio ymhellach am lenyddiaeth fel ffenomen ym myd amser, a charwn ddychwelyd at y mater hwn yn awr . . .[127]

Ond gwir bwysigrwydd *Seiliau Beirniadaeth* yng nghyd-destun yr astudiaeth hon yw arddangos y modd y mae'r syniad o 'Brosiect Beirniadol' wedi datblygu ym meddwl Bobi Jones, fel yr awgryma'r teitl ei hun. Dyma groth y cysyniad o 'Feirniadaeth Gyfansawdd' lle y gwelir ef yn dechrau damcaniaethu ynghylch y posibilrwydd o fapio fframwaith 'Beirniadaeth Lenyddol Gyflawn'.[128] Hon yw'r bont rhwng gwaith cynnar a 'gwyryfol' Bobi Jones yn *Tafod y Llenor*, a gwaith y Bobi Jones diweddarach fel y'i trafodir yn nes ymlaen yn y gyfrol hon.

Os syniwn am yr astudiaethau hyn fel ymgeisiadau i ddatrys yr 'ymholiad chwithig pa beth ydyw llenyddiaeth',[129] rhaid casglu eu bod rywfodd yn anghyflawn, hyd nes y bônt yn cynnig trafodaeth ar Ddeunydd llenyddiaeth yn ogystal, hynny yw, testunau neu themâu llenyddiaeth. Un ochr o'r geiniog yn unig a drafodir os cyfyngir y drafodaeth i faes Ffurf. Wrth arolygu ei yrfa feirniadol yn *Beirniadaeth Gyfansawdd*, noda Bobi Jones y meysydd cyffredinol y bu'n ymdrin â hwy, ac mae'n ddiddorol sylwi ei fod yn rhoi is-benawdau 'Ffurf a Deunydd' i Dafod. Drwy gydol ei waith theoretig mae Bobi Jones yn rhannu ei waith mewn 'ffordd ddigon nodweddiadol (er ei bod yn fynych-erlidedig), sef yn ôl Ffurf a Deunydd'.[130] Byddai rhannu'r ddau hyn yn annerbyniol gan rai beirniaid rhamantaidd, meddai, ac ni fyddai ef ei hun yn caniatáu'r rhaniad wrth drafod Mynegiant llenyddiaeth. Ond mae'r ffaith ei fod yn trafod Tafod yn rhoi'r cyfle iddo dynnu'r gwahaniaeth hwn yn y fan hon.

Ffurf, sef ffurfiau arddull, oedd yn dwyn ei sylw adeg cyfansoddi *Tafod y Llenor* a *Seiliau Beirniadaeth*, ac ni ddylai hynny beri rhyfeddod o gofio mai dull ieithyddol seico-fecanaidd a ddewisodd ar gyfer y gwaith. Mae'n amlwg y bydd seico-fecaneg yn cynnig atebion cliriach ar ffurfiau llenyddol (sydd yn estyniad o ffurfiau ieithyddol) nag ar faes Deunydd. O gribo'r cyfrolau cynnar hyn gan chwilio am drafodaeth ar Ddeunydd a chynnwys llenyddiaeth fe'n siomir: prin yw'r cyfeiriadau atynt. Sylwodd Simon Brooks ar duedd Bobi Jones i organoli ei sylw ar Ffurf Tafod yn y cyfrolau hyn, gan esgeuluso mater Deunydd. A bu'n rhaid i Bobi Jones bledio'n euog i'r cyhuddiad hwn: 'Mae ef yn llygad ei le. Ni roddais yr un math o sylw uniongyrchol a chryno ganoledig i Ddeunydd ag a rois i Ffurf, yn TyLl nac yn SB.'[131] Nid yw Bobi Jones yn ceisio celu hyn, fodd bynnag. Mae'n ei gwneud yn ddigon amlwg mai Ffurf a oedd wedi mynd â'i fryd ar y pryd mewn datganiadau fel yr un isod ar ddechrau *Tafod y Llenor*:

> Beth yw llenyddiaeth?
> Dyma'r cwestiwn syml sydd wrth wraidd yr astudiaeth fach hon. Ac fe fydd y dull a gymerwn i'w ateb yn un ieithyddol.[132]

Yn wir, yn nes ymlaen yn y gyfrol, â mor bell â dweud nad yw Cynnwys llenyddiaeth yn perthyn i faes gorchwyl yr astudiaeth honno o gwbl: 'Gair byr, felly, am gynnwys llenyddiaeth, – er na pherthyn hynny'n union i'r astudiaeth hon. Ffurf yw ein ffactor diffiniol ni, ac y mae'r cynnwys semantaidd yn ddi-ffiniau: gall deunydd ystyrol y llenor gwmpasu pob math o feysydd.'[133]

Efallai fod y rheswm dros ddiffyg trafodaeth ar Ddeunydd llenyddiaeth yn ymhlyg yn y dyfyniad uchod. Mae Deunydd yn faes 'di-ffiniau' sy'n gallu 'cwmpasu pob math o feysydd', a hawdd gweld sut y byddai maes annosbarthus o'r fath yn brin ei apêl at y Bobi Jones a feddwodd ar gyfundrefnau systemataidd Tafod. Yr un yw agwedd Bobi Jones erbyn cyhoeddi *Seiliau Beirniadaeth* yn ystod yr 1980au:

> Buom yn ceisio dadlau o'r blaen mai pwnc canolog theori llenyddiaeth yw ffurfiau. Ymddengys nad yw ymdroi gyda ffurf yn caniatáu rhoi cymaint o sylw i'r *pynciau* amrywiol a drafodir o fewn y ffurfiau hynny, gan y gellir dadlau'n deg beth bynnag yw'r pwnc, na ddaw'n llenyddiaeth ond cyn belled ag y bydd yn esgor ar ffurf.[134]

Ond gellid troi'r dyfyniad hwn ar ei ben a dadlau nad oes modd i ffurfiau llenyddol fodoli o gwbl, oni bai eu bod yn meddu ar gynnwys, fel y nododd Bobi Jones ei hun rai tudalennau yn ddiweddarach: 'Er mai Ffurf yw pennaf diddordeb yr ymdriniaeth hon, ni ellir ond ein hatgoffa'n hun yn wastad nad yw Ffurf ddim yn bod heb Ddeunydd.'¹³⁵

O ganlyniad, bu rheidrwydd arno i roi amlinelliad, os amlinelliad bras, o'i ddamcaniaethau ynghylch Deunydd yn y cyfrolau hyn. Mae ei sylwadau a'i theorïau ynghylch Deunydd Tafod yn olau eglur a simplistaidd iawn o'u cymharu â'i ddamcaniaethau am Ffurfiau Tafod fel y tystia'r dyfyniad canlynol: 'Y mae a wnelo'r Deunydd (neu'r sylwedd a drafodir) bob amser â rhyw ddiriaethau yn y greadigaeth sy'n bod y tu allan i lenyddiaeth.'¹³⁶ Dadl Bobi Jones yw bod modd gweld patrwm penodol yn y modd y mae Deunydd llenyddiaeth yn cael ei drafod a'i ddosbarthu gan lenorion o bob gwlad ym mhob oes. Dywed fod modd rhannu Deunydd llenyddiaeth i bedwar maes cyffredinol a rhydd yr enw 'Mythau' ar y categorïau hyn: 'Dodwn y term anfoddhaol "Myth" ar y modd cyffredinol y mae'r meddwl a'r teimlad yn delweddu'r gwrthrych.'¹³⁷ Rhestrir y Mythau hyn ar ffurf deiagram ar ddechrau *Seiliau Beirniadaeth*, ac nid yw Bobi Jones fel petai'n newid ei feddwl ynghylch dosbarthiad y categorïau hyn hyd ddiwedd ei yrfa. Pedwar 'Myth' Deunydd fel y'u deellir gan Bobi Jones yw:

(1) Yr hunan (seicolegol)
(2) Cyd-ddyn (cymdeithasol)
(3) Bydysawd (ecolegol, amser a lle)
(4) Duw (crefyddol) neu unrhyw gyfuniad o'r rhain.¹³⁸

Mae tri o'r pedwar hyn yn 'fewnfodol', chwedl Bobi Jones, tra mae'r pedwerydd yn 'drosgynnol'.¹³⁹ Mae'r tri chyntaf yn gysylltiedig â phersonau gramadegol, tra mae'r pedwerydd yn ymwneud â'r goruwchnaturiol. Mae Bobi Jones yn aml yn defnyddio geirfa amodol wrth gyflwyno'r cysyniad hwn. Dywed yn *Ysbryd y Cwlwm*, er enghraifft, ei fod wedi dadlau 'yn gam neu'n gymwys' fod pedair agwedd gyffredinol ar Gynnwys ac mai dyna yw ei '[d]ybiaeth ar hyn o bryd'.¹⁴⁰ Nid oes yr un sicrwydd yn y fan hon ag sy'n nodweddu ei drafodaethau ar Ffurf Tafod. Mae bron fel petai'n awgrymu bod y dosbarthiadau hyn yn agored i drafodaeth bellach. Gellid holi, felly, a oes meysydd neu fythau eraill yn bodoli. Ynteu yw'r rhain yn ddiffiniol oherwydd cyfyngiadau dimensiynau amser a gofod? A fyddai modd rhoi teitlau gwahanol arnynt, efallai? Gellid hefyd holi a oes rhaid cynnwys pedwar maes, neu a fyddai tri yn ddigon, o dderbyn y ddamcaniaeth ynghylch tri dimensiwn gofod. Tybed a ellid ystyried y pedwerydd maes 'trosgynnol', sef y goruwchnaturiol neu Dduw, fel presenoldeb sydd rywsut yn gwau rhwng y meysydd eraill hyn yn hytrach nag fel maes ar wahân? Mae'r rhain i gyd yn gwestiynau y byddai

Tafod 47

wedi bod yn braf gweld Bobi Jones yn mynd i'r afael â hwy yn ei drafodaeth ar y maes.

Bu'n rhaid aros tan flynyddoedd diweddar ei yrfa, fodd bynnag, cyn cael unrhyw ymdriniaethau theoretig estynedig ag un o'r pedwar maes hyn. Plediodd Bobi Jones yn *Beirniadaeth Gyfansawdd* (mewn math o amddiffyniad yn erbyn cyhuddiadau Simon Brooks a grybwyllwyd uchod):

> Ond ceisiaf ddangos *̸* er cydnabod cywirdeb pwyslais Dr Brooks – fod cryn sylw i Ddeunydd mewn gweithiau eraill (megis LlCACh, CG, YYC, MAG a MAGEE) er nad yw'r patrwm mor orthrechol glir, ac er fy mod yn llai sicr fy nghasgliadau ynghylch y patrymau yn y maes hwnnw.[141]

Dylid nodi, fodd bynnag, fod y tair cyfrol olaf a grybwylla wedi eu cyhoeddi ar ôl i Simon Brooks gyflwyno ei draethawd ymchwil. A gellid tybio bod hyn yn ganlyniad i'r modd y gwelai Bobi Jones ei 'brosiect' beirniadol yn datblygu. Rhaid oedd iddo drafod pob un o'r paramedrau yn eu tro. Wrth arolygu'r prosiect yn *Mawl a'i Gyfeillion* (2000), dywed ei fod wedi cyhoeddi cyfrolau am Ddeunydd Tafod yn 1994 ac 1998, ond nid yw'n nodi'n benodol pa gyfrolau ydynt. Erbyn iddo ddisgrifio'r prosiect yn *Beirniadaeth Gyfansawdd* (2003), fodd bynnag, mae'n barod i enwi'r cyfrolau, a gwelwn mai at *Ysbryd y Cwlwm* (1998) ac un ai *Cyfriniaeth Gymraeg* (1994) neu *Crist a Chenedlaetholdeb* (1994) y cyfeiriodd yn *Mawl a'i Gyfeillion*. Wrth fwrw golwg dros y ddwy gyfrol a gyhoeddwyd yn 1994 mae'n amlwg bod *Cyfriniaeth Gymraeg* yn gweddu'n well o lawer i'r prosiect na *Crist a Chenedlaetholdeb*. Er bod y llyfryn *Crist a Chenedlaetholdeb* yn delio â maes Cyd-ddyn, sylwedd ei gynnwys mewn gwirionedd yw trafodaeth ar ddehongliad beiblaidd o genedlaetholdeb, ac eithrio'r drafodaeth ar Gwenallt a luniwyd yn ddiweddarach na gweddill y gyfrol. Nid yw'n trafod ei berthnasedd i lenyddiaeth na'r delweddau o genedlaetholdeb a geir yn ein llenyddiaeth, ac o'r herwydd prin y gellid cynnwys y llyfryn hwn fel rhan o'r prosiect mewn gwirionedd. Mae *Ysbryd y Cwlwm* (1998), ar y llaw arall, yn llawer mwy theoretig ei naws. Mae'n astudiaeth sy'n ymdroi o gylch y cwestiwn, 'Beth yw'r berthynas rhwng hunaniaeth genedlaethol a llenydda?',[142] gan gymryd enghreifftiau arbennig o lenyddiaeth Gymraeg yr oesoedd er mwyn mynd i'r afael ag ef. Mae *Cyfriniaeth Gymraeg* (1994) hefyd fel petai'n dilyn yr un patrwm (er ei fod yn fwy o gasgliad o erthyglau nag o drafodaeth estynedig, gydlynol fel *Ysbryd y Cwlwm*), gan archwilio'r model cyfriniol y tro hwn, sef un agwedd ar faes Duw neu'r goruwchnaturiol. Mae'n bwysig pwysleisio mai *un* wedd yn unig ar y meysydd penodol a drafodir yn y cyfrolau hyn.

Pwysleisiodd Bobi Jones yntau yn *Ysbryd y Cwlwm* nad cenedlaetholdeb yw'r unig wedd ar faes Cyd-ddyn y mae'n bosibl ei thrafod:

> Ynglŷn â'r wedd sydd gennyf yn awr dan sylw yn y gyfrol neilltuol hon, sef y wedd gymdeithasegol, dichon y dylwn bwysleisio nad dyma, wrth gwrs, yr unig agwedd ar honno y mae angen ei thrafod – sef agwedd yr uned genedlaethol.[143]

Trueni na roddodd ragor o sylw i'r maes hwn ac na chynigiodd ddisgrifiad, neu awgrymiadau bras hyd yn oed, o'r agweddau eraill y gellid eu trafod o dan benawdau'r Mythau hyn.

Wrth grynhoi ac adolygu ei brosiect beirniadol yn *Beirniadaeth Gyfansawdd* cyfaddefodd wrth sôn am ei drafodaethau ym maes Deunydd Tafod:

> Ni thrafodwyd yn weddol fanwl ond un wedd ar gyd-ddyn ym myd y naturiol, sef y drefedigaethol, genedlaethol neu imperialaidd; ac ambell wedd yn unig ar berthynas dyn a Duw; sef y ddwy ddelwedd, y naill yn *Crist a Chenedlaetholdeb* (1994); *Ysbryd y Cwlwm* (1998); ac yna *Llên Cymru a Chrefydd* (1977); *Cyfriniaeth Gymraeg* (1994); *Mawl a'i Gyfeillion* (2000); *Mawl a Gelynion ei Elynion* (2002); ac ysgrifau yn *Barddas*.[144]

Mae hyn yn gadael bwlch amlwg ym mhrosiect beirniadol Bobi Jones. Ni lwyddodd i gwmpasu pob un o'r pedwar maes honedig, heb sôn am ddisgrifio'r is-feysydd sydd yn perthyn i bob un ohonynt. Yn hytrach, dewisodd ganoli ei sylw ar y meysydd hynny a oedd o ddiddordeb penodol iddo. Fel Cenedlaetholwr o Gristion mae'n naturiol ei fod yn dymuno traethu am yr ail a'r pedwerydd o'r meysydd a amlinellodd, sef Cyd-ddyn a Duw. Ac wrth sylwi ar y dyfyniad uchod, daw'n amlwg iddo neilltuo rhan helaeth o'i amser a'i egni i gyhoeddi llyfrau a oedd yn ymwneud â'r maes a oedd o bwysigrwydd eithaf iddo, sef Duw. Arwain hyn at fath o anghydbwysedd yn y prosiect, a gellid tybio y byddai'r prosiect ar ei hyd wedi bod yn fwy boddhaol petai wedi rhoi sylw mwy cytbwys i bob un o'r meysydd yn eu tro.

Nodiadau

1. Bobi Jones, *O'r Bedd i'r Crud: Hunangofiant Tafod* (Llandysul, 2000), tt. 212–13.
2. Ibid., t. 213.
3. Bobi Jones, *O'r Bedd i'r Crud*, t. 250.
4. Walter Hirtle a John Hewson (gol. a chyf.), *Gustave Guillaume: Foundations for a Science of Language*, Cyfres 'Current Issues in Linguistic Theory' (Amsterdam/Philadelphia, 1984), t. xi.
5. Ibid.
6. R. M. Jones, *Seiliau Beirniadaeth: Cyfrol 1: Rhagarweiniad* (Aberystwyth, 1984), t. 13.
7. Walter Hirtle a John Hewson (gol. a chyf.), *Gustave Guillaume: Foundations for a Science of Language*, t. xxi.
8. Ibid., t. 35.
9. Ibid., t. xi.
10. J. E. Caerwyn Williams, 'Cyflwynair', *Ysgrifau Beirniadol XX*, gol. J. E. Caerwyn Williams (Dinbych, 1995), t. 20.
11. Mark Aronoff a Janie Rees-Miller (goln), *The Handbook of Linguistics* (Oxford, 2001).
12. Gweler *www.fl.ulaval.ca/fgg/*.
13. Llythyr personol oddi wrth Bobi Jones, dyddiedig 21 Ionawr 2005.
14. Ibid.
15. R. Valin (gol.), *Principes de linguistique théorique* (Québec-Paris, 1973).
16. Walter Hirtle a John Hewson (gol. a chyf.), *Gustave Guillaume: Foundations for a Science of Language*, Preface.
17. Ibid., Acknowledgements.
18. Sef *System in Child Language* (1970) a 'The Article in Welsh', *Studia Celtica*, 10/11 (1975–6), tt. 326–44.
19. Gweler, er enghraifft, John Hewson, 'The Essential Guillaume: A Critical Explication', *Linguistics*, 92 (1972), t. 13.
20. Ibid.
21. Ibid., t. 14.
22. 'Guillaume and the Guillaumeans', *The Times Literary Supplement* (*TLS*) (1 Medi 1972), t. 1030.
23. R. M. Jones, *Tafod y Llenor: Gwersi ar Theori Llenyddiaeth* (Caerdydd, 1974), t. 183.
24. Llythyr personol oddi wrth Bobi Jones, dyddiedig 21 Ionawr 2005.
25. Sylwodd un adolygydd ar duedd y Guillaumiaid i feirniadu manteision ymarferol Chomsky: 'Bitter comparison with Chomsky, in particular, prompts his followers to blame rather the period and the country in which he lived: the young American professional, backed by government funds, in an era desperately seeking something new, has the edge over an aging French autodidact living through a time of despair and disgrace', 'Guillaume and the Guillaumeans', *TLS*, t. 1030.
26. Llythyr personol oddi wrth Bobi Jones, dyddiedig 21 Ionawr 2005.
27. 'Guillaume and the Guillaumeans', *TLS*, t. 1030.
28. Bobi Jones, *O'r Bedd i'r Crud*, t. 251.
29. 'Guillaume and the Guillaumeans', *TLS*, t. 1030.

30 Walter Hirtle a John Hewson (gol. a chyf.), *Gustave Guillaume: Foundations for a Science of Language*, t. xvii
31 J. E. Caerwyn Williams, 'Cyflwynair', *Ysgrifau Beirniadol XX*, tt. 20–1.
32 R. M. Jones, *Seiliau Beirniadaeth, Cyfrol 2: Ffurfiau Seiniol* (Aberystwyth, 1986), t. 68.
33 Llythyr personol oddi wrth Bobi Jones, dyddiedig 21 Chwefror 2005.
34 Simon Brooks, 'Agweddau ar Feirniadaeth Lenyddol Gymraeg Ddiweddar' (traethawd PhD anghyhoeddedig Prifysgol Cymru [Aberystwyth], 1998), t. 112.
35 Ibid., t. 112.
36 Bobi Jones, 'Bobi Jones yn Ateb Cwestiynau'r Golygydd', *Ysgrifau Beirniadol IX*, gol. J. E. Caerwyn Williams (Dinbych, 1976), t. 379.
37 Ibid.
38 Ibid.
39 Ibid.
40 Ibid., t. 380.
41 R. M. Jones, *Beirniadaeth Gyfansawdd* (Cyhoeddiadau Barddas, 2003), t. 106.
42 Ibid.
43 R. M. Jones, *System in Child Language* (Caerdydd, 1970), t. x.
44 R. M. Jones, *Tafod y Llenor: Gwersi ar Theori Llenyddiaeth* (Caerdydd, 1974), t. 55.
45 Gweler, e.e., R. M. Jones, *Tafod y Llenor*, tt. 54–5.
46 Bobi Jones, *O'r Bedd i'r Crud*, t. 146.
47 Ibid.
48 R. M. Jones, *Beirniadaeth Gyfansawdd*, t. 21. Italeiddiwyd yn y gwreiddiol.
49 Walter Hirtle a John Hewson (gol. a chyf.), *Gustave Guillaume: Foundations for a Science of Language*, t. 49
50 R. M. Jones, *Beirniadaeth Gyfansawdd*, t. 66.
51 R. M. Jones, *System in Child Language*, t. 197.
52 R. M. Jones, *Tafod y Llenor*, t. 68.
53 R. M. Jones, *Beirniadaeth Gyfansawdd*, t. 87.
54 Ibid., t. 61.
55 R. M. Jones, *Seiliau Beirniadaeth: Cyfrol 1: Rhagarweiniad* (Aberystwyth, 1984), t. 14.
56 R. M. Jones, *Tafod y Llenor*, t. 65.
57 Walter Hirtle a John Hewson (gol. a chyf.), *Gustave Guillaume: Foundations for a Science of Language*, t. 120.
58 R. M. Jones, *Tafod y Llenor*, t. 55.
59 R. M. Jones, *Seiliau Beirniadaeth: Cyfrol 1*, t. 16.
60 R. M. Jones, *Beirniadaeth Gyfansawdd*, t. 89.
61 Ibid.
62 R. M. Jones, *Mawl a'i Gyfeillion* (Cyhoeddiadau Barddas, 2000), t. 37.
63 R. M. Jones, *System in Child Language*, t. xiii.
64 Ibid., t. xii.
65 Gweler ibid., tt. 1–4.
66 Ibid., t. 20.
67 Ibid., t. xiii.
68 Ibid., tt. xvi–xvii.
69 Ibid., t. 25.

⁷⁰ Ibid., t. 4.
⁷¹ Ibid., tt. 229–30.
⁷² R. M. Jones, *Beirniadaeth Gyfansawdd*, t. 20.
⁷³ Ibid.
⁷⁴ R. M. Jones, *System in Child Language*, Contents.
⁷⁵ Ibid., t. 197.
⁷⁶ Ibid., t. 134.
⁷⁷ Bobi Jones, 'Bobi Jones yn Ateb Cwestiynau'r Golygydd', *Ysgrifau Beirniadol IX*, gol. J. E. Caerwyn Williams (Dinbych, 1976), t. 406.
⁷⁸ Ibid., t. 407.
⁷⁹ R. M. Jones, *Beirniadaeth Gyfansawdd*, t. 14.
⁸⁰ Ibid.
⁸¹ W. F. Mackey, dyfynnwyd ar siaced lwch *System in Child Language*.
⁸² John Hewson, adolygiad o *System in Child Language*, *Language*, 49 (1973), t. 754.
⁸³ Ibid.
⁸⁴ Defnyddir y dyfyniad hwn yn froliant ar siaced lwch *Tafod y Llenor* ac mae Bobi Jones yn cyfeirio ato eto yn *Beirniadaeth Gyfansawdd*, tt. 24–5.
⁸⁵ John Hewson, adolygiad o *System in Child Language*, t. 750.
⁸⁶ Ibid., t. 752.
⁸⁷ Bobi Jones, 'Bobi Jones yn Ateb Cwestiynau'r Golygydd', tt. 406–7.
⁸⁸ John Hewson, 'The Essential Guillaume: A Critical Explication', *Linguistics*, 92 (1972), t. 14.
⁸⁹ R. M. Jones, *Tafod y Llenor*, t. 71.
⁹⁰ Ibid., Rhagair.
⁹¹ Ibid.
⁹² Gweler, er enghraifft, R. M. Jones, *Seiliau Beirniadaeth: Cyfrol 2: Ffurfiau Seiniol*, Rhagair neu R. M. Jones, *Seiliau Beirniadaeth: Cyfrol 3: Ffurfiau Ystyrol* (Aberystwyth, 1987), t. 342.
⁹³ R. M. Jones, *Tafod y Llenor*, Rhagymadrodd.
⁹⁴ Ibid.
⁹⁵ Ibid.
⁹⁶ Bobi Jones, *O'r Bedd i'r Crud*, t. 223.
⁹⁷ R. M. Jones, *Tafod y Llenor*, t. 23.
⁹⁸ Ibid., t. 37.
⁹⁹ R. M. Jones, *Beirniadaeth Gyfansawdd*, t. 14.
¹⁰⁰ R. M. Jones, *Tafod y Llenor*, t. 37.
¹⁰¹ Ibid., t. 40.
¹⁰² Ibid., t. 42.
¹⁰³ Ibid., t. 50.
¹⁰⁴ Ibid., t. 54.
¹⁰⁵ Ibid., t. 66.
¹⁰⁶ Ibid.
¹⁰⁷ Thomas Parry, 'Cyflwr Beirniadaeth' adolygiad o Geraint Bowen (gol.), *Ysgrifennu Creadigol* (Llandysul, 1972), *Y Faner* (24 Tachwedd 1972).
¹⁰⁸ R. M. Jones, *Tafod y Llenor*, t. 62.
¹⁰⁹ R. M. Jones, *Seiliau Beirniadaeth: Cyfrol 2*, t. 69.
¹¹⁰ Bobi Jones, *O'r Bedd i'r Crud*, t. 223.

[111] R. M. Jones, *Tafod y Llenor*, tt. 76–7.
[112] Ibid., t. 101.
[113] Ibid., t. 161.
[114] Ibid., t. 162.
[115] Ibid., tt. 163–4.
[116] Diddorol nodi i Bobi Jones ddychwelyd at y maes hwn gan gynnig ambell ystyriaeth a damcaniaeth newydd yn R. M. Jones, *Meddwl y Gynghanedd* (Cyhoeddiadau Barddas, 2005), tt. 467–77.
[117] Ibid., t. 278.
[118] Ibid., t. 279.
[119] Ibid., t. 280.
[120] Bobi Jones, *O'r Bedd i'r Crud*, t. 222.
[121] R. M. Jones, *Seiliau Beirniadaeth: Cyfrol 1*, Rhagair.
[122] R. M. Jones, *Beirniadaeth Gyfansawdd*, t. 11.
[123] R. M. Jones, *Seiliau Beirniadaeth: Cyfrol 4: Cyfanweithiau Llenyddol* (Aberystwyth, 1984), Rhagymadrodd.
[124] R. M. Jones, *Seiliau Beirniadaeth: Cyfrol 1: Rhagarweiniad*, Rhagair.
[125] R. M. Jones, *Seiliau Beirniadaeth: Cyfrol 3: Ffurfiau Ystyrol* (Aberystwyth, 1987), t. 311.
[126] R. M. Jones, *Seiliau Beirniadaeth: Cyfrol 2*, t. 83.
[127] R. M. Jones, *Seiliau Beirniadaeth: Cyfrol 4*, t. 434.
[128] R. M. Jones, *Seiliau Beirniadaeth: Cyfrol 1*, t. 9.
[129] R. M. Jones, *Tafod y Llenor*, Rhagair.
[130] R. M. Jones, *Seiliau Beirniadaeth: Cyfrol 4*, t. 521.
[131] R. M. Jones, *Beirniadaeth Gyfansawdd*, t. 71.
[132] R. M. Jones, *Tafod y Llenor*, Rhagymadrodd.
[133] Ibid., t. 30.
[134] R. M. Jones, *Seiliau Beirniadaeth: Cyfrol 1*, t. 38.
[135] Ibid., t. 47.
[136] Ibid., t. 7.
[137] Ibid., t. 8.
[138] Ibid., t. 9.
[139] R. M. Jones, *Ysbryd y Cwlwm: Delwedd y Genedl yn ein Llenyddiaeth* (Caerdydd, 1998), t. 416.
[140] Ibid.
[141] R. M. Jones, *Beirniadaeth Gyfansawdd*, t. 71.
[142] R. M. Jones, *Ysbryd y Cwlwm*, t. 1.
[143] Ibid., t. 417.
[144] R. M. Jones, *Beirniadaeth Gyfansawdd*, t. 11.

3

Cymhelliad

Wrth adolygu a chrynhoi ei feddyliau a'i ddamcaniaethau ynghylch maes Cymhelliad yn *Beirniadaeth Gyfansawdd*, cyfaddefodd Bobi Jones mai '[d]yma'r adran fwyaf anodd o'r gyfrol hon i'w sgrifennu'.[1] Gallwn gydymdeimlo ag ef yn y fan hon, oherwydd wrth dafoli a gwerthuso theori driphlyg Bobi Jones gwelwn mai dyma'r wedd fwyaf problematig, os yr un fwyaf diddorol, ar ei Feirniadaeth Gyfansawdd. Cynigiodd Bobi Jones ei ddehongliad ei hun ynghylch pam mae'r maes hwn yn un mor anodd ymdrin ag ef: 'Nid oes i'r wedd hon mo'r un traddodiad trwchus mewn gwledydd eraill ag a geir y tu ôl i'r ddwy wedd arall mewn beirniadaeth.'[2] A diau fod gwreiddioldeb a dieithrwch y cysyniad hwn yn cyfrannu at y dryswch sy'n ei amgylchynu. Ond ceir ffactorau eraill sy'n feini tramgwyddd yn y drafodaeth hon yn ogystal. Manylir ar y rhain yn y man, ond mae'n bwysig cadw mewn cof ar ddechrau'r bennod hon fod Cymhelliad yn faes cyfoethog â sawl edefyn gwahanol yn rhedeg drwyddo. Ein gorchwyl yn y fan hon, felly, fydd ceisio clymu'r edefynnau ynghyd orau y gellir. Nid yw'r drafodaeth ar Gymhelliad mor unplyg rywsut, ac o'r herwydd mae'n anos didoli'r drafodaeth yn gategorïau systemataidd fel a wneir yn y trafodaethau ar Dafod a Mynegiant. Ymdrinnir â hanfodion mwy 'anniffiniol' yn y fan hon a chanlyniad hyn, fel y sylwodd Bobi Jones ei hun, yw y gall y drafodaeth droi'n 'fwy gwlanog, yn fwy amhendant, ac yn fwy haniaethol'.[3]

Mae gwreiddiau cysyniad Cymhelliad, sef, ar ei lefel symlaf, yr hyn sy'n gyrru'r llenor i greu Mynegiant allan o adnoddau parod Tafod, i'w gweld ym myfyrdodau Bobi Jones mewn dau faes, sef Ieithyddiaeth a Diwinyddiaeth. Ni ddylai beri syndod mai yn Québec y dechreuodd maes Ieithyddiaeth afael ynddo o ddifrif am y tro cyntaf. Ysgogwyd ei ddiddordeb cyntaf yng Nghymhelliad y llenor 'yn gronolegol, drwy ieithyddiaeth'.[4] Sylwyd yn y bennod flaenorol fod Gustave Guillaume wedi gwneud cyfraniad gwreiddiol i fyd ieithyddiaeth drwy astudio'r modd y mae'r ddeuoliaeth, Tafod a Mynegiant, yn rhyngweithio'n ddeinamig.

Pwysleisiodd mewn modd arloesol y symudiad rhwng y naill gyflwr a'r llall, a'r ffaith bod y symudiad hwn yn cymryd amser, yr hyn a alwodd ef yn 'Amser Gweithredol':

> The act of language takes place between *tongue* – which is a construct in the mind, an inheritance received after birth from those with whom one lives – and *discourse* – which can be derived at will from the means permanently placed at one's disposal by tongue.⁵

Hynny yw, mae'r weithred ddeinamig o greu iaith yn digwydd rywle rhwng Tafod a Mynegiant. Sylweddoli'r drydedd wedd hon ar y weithred ieithyddol a gweld yr angen am y weithred ddeinamig a chydlynol a'i gwnaeth hi'n angenrheidiol, ac yn bosibl, i Bobi Jones gynnwys Cymhelliad yn drydedd elfen ei theori gyfansawdd.

Soniwyd ym mhennod 2 am ddamcaniaeth Guillaume mai darganfod neu osod Trefn ar y bydysawd a chythrwfl profiad yw'r Cymhelliad cyntaf a'r Cymhelliad canolog dros adeiladu Tafod iaith; y *Grand face-à-face*, chwedl yntau, sef y ddynoliaeth wyneb-yn-wyneb â realiti. Derbyniodd Bobi Jones y ddamcaniaeth hon yn barod⁶ a'i chymhwyso yn y lle cyntaf, fel yn achos Tafod, at gyd-destun iaith plant a Chymhelliad greddfol y baban i drefnu ei fydysawd: 'As a child approaches language, he faces a vast number of experiences that surround him, and which in order to understand, he must analyse, localise and organise into manageable entities.'⁷

Dysgodd ym myd ieitheg, felly, am safle canolog a chwbl angenrheidiol Cymhelliad yn y broses o greu iaith. Ond ni fanylodd Guillaume odid ddim ar natur na nodweddion y Cymhelliad hwn; nodi ei fodolaeth yn unig a wnaeth. Trodd Bobi Jones at ddiwinyddiaeth er mwyn rhoi cnawd ar esgyrn y cysyniad hwn.

Yn Québec hefyd y dechreuodd maes Diwinyddiaeth afael ynddo o ddifrif. Profodd Bobi Jones dröedigaeth ysbrydol yn 1953 – dros ddeng mlynedd cyn ei gyfnod yn Québec – ond dechrau'r daith oedd y dröedigaeth honno, a bu sawl dylanwad yn llunio cyfeiriad ei gerddediad ysbrydol wedi hynny. Un o'r 'dylanwadau pwysicaf'⁸ arno o safbwynt ei fywyd Cristnogol oedd ei gefnder ar ochr ei fam, y Parchedig Geoff Thomas. Cafodd dröedigaeth efengylaidd rai blynyddoedd ar ôl Bobi Jones, ac ef a fu'n bennaf cyfrifol am ei drwytho 'mewn diwinyddiaeth Galfinaidd gyfoes'.⁹ Mae Geoff Thomas erbyn heddiw wedi treulio gyrfa hir yn weinidog efengylaidd yn Eglwys Bedyddwyr Alfred Place yn Aberystwyth. Bu'n hyfforddi am dair blynedd yn y Westminster Theological Seminary, Philadelphia yn ystod y cyfnod y bu Bobi Jones a'i deulu yn

Québec. Bu'r cefndryd yn llythyru'n frwd yn ystod y blynyddoedd hyn, a Geoff yn danfon llyfrau at ei gefnder ac yn ei fwydo â'r hyn a ddysgai yn ei ddarlithoedd. Mae'n amlwg i'r cyfnod hwn fod yn gwbl chwyldroadol yn mywyd Geoff Thomas yntau. Mewn llythyr personol a anfonodd at Bobi Jones ychydig fisoedd wedi iddo ddechrau yn Westminster, meddai:

> These books will come as a surprise to you I'm sure; they're a small token of affection and they give a definite Christian approach to a world and life view that has neither been thought through nor written upon at any length in British evangelicalism. I've found all the books very interesting and challenging and I trust you too will find them a help in your work, though not necessarily agreeing with all the conclusions. You will see the strong Dutch influence upon Reformed theology in the States. This is something that is very new to me. It's strange that I've lived so near to Holland and yet have to come this distance away before learning something of its exciting internal history of the last century.[10]

Tystiodd Bobi Jones mai'r trafod hwn â'i gefnder, a darllen y llenyddiaeth Gristnogol a gymeradwyai ef, a'i hysgogodd i ymddiddori o ddifrif mewn Calfiniaeth, ac yn fwyaf penodol, yng ngwaith meddylwyr Prifysgol Rydd Amsterdam, sef diwinyddion megis Kuyper, Dooyeweerd, Van Til a Rookmaaker. Pwysleisiai'r diwinyddion hyn Sofraniaeth a Phenarglwyddiaeth Duw dros yr holl greadigaeth a phob agwedd ar fodolaeth. Roeddent yn argyhoeddedig na ddylai'r Cristion encilio'n feudwyaidd o'r byd unwaith y profodd ailenedigaeth ysbrydol; i'r gwrthwyneb, dylai ddysgu cofleidio bywyd yn ei holl gyflawnder. Taranasant yn erbyn arferion pietistaidd a'r athrawiaethau (gau yn eu tyb hwy) a ddysgai nad oedd yn briodol i'r Cristion ymwneud â diwylliant na'r celfyddydau. Yn hytrach, dysgasant fod ymroi i ddiwyllio'r ddaear yn rhan o gyfrifoldeb y Cristion ac y dylai ymlafnio â'i holl egni i ennill diwylliant yn ôl i Grist a gogoneddu Duw drwy wneud hynny.

Mae'n debyg y gellid synio am Abraham Kuyper,[11] Prif Weinidog yr Iseldiroedd (1901–5) a sylfaenydd Prifysgol Rydd Amsterdam, fel y cyntaf a'r amlycaf o'r diwinyddion hyn a geisiodd gymhwyso'r bydolwg Calfinaidd i drafod diwylliant dyn. Dyma dystiolaeth Henry R. Van Til amdano: 'Abraham Kuyper (1837–1920), versatile genius of Dutch Calvinism, has done more than any other man to define the concept, Calvinistic culture.'[12] Gweithiodd o dan yr argyhoeddiad eirias nad oedd 'yr un fodfedd sgwâr o fywyd dyn, yn economaidd, yn ddiwylliannol, yn bersonol nac yn wleidyddol, nad oedd o dan lywodraeth y Drindod Sanctaidd'.[13] Credai fod pob ffurf ar weithgarwch cymdeithasol, diwylliannol a chelfyddydol dyn yn gyfrwng i wasanaethu neu ogoneddu Duw. Ond nid rhywbeth a gredai â'r pen yn unig oedd hyn; amlygwyd y credo hwn yn fwyaf eglur yn yr amryfal swyddi yr ymgymerodd â hwynt a'i ymroddiad dygn fel gwleidydd, newyddiadurwr, awdur, golygydd, darlithydd a gweinidog. Darllen gwaith Kuyper a'i ddilynwyr a gynorthwyodd Bobi Jones i ddechrau sylweddoli 'arwyddocâd Cristnogaeth ymhob agwedd ar ein bywyd'.[14] Darganfu yng ngwaith y diwinyddion hyn draddodiad o ysgrifennu Cristnogol a gollwyd i raddau helaeth yng Nghymru ac ym Mhrydain yn fwy cyffredinol, o ganlyniad i ymosodiadau gan Ryddfrydiaeth Gristnogol ar y naill law, a phietistiaeth ar y llall. Dyma ddau fwgan ac arch-elyn yn nhyb Bobi Jones.

Drwy ymgydnabod â gwaith y diwinyddion hyn, dechreuodd Bobi Jones synio mewn ffordd hollol newydd am iaith, llenyddiaeth a diwylliant, yn wir, am fywyd yn gyffredinol, gan ddechrau meddwl am y pethau hyn yng nghyd-destun tragwyddoldeb a chynllun ehangach Duw. O ganlyniad i hyn fe sonia yn ei hunangofiant am y modd y '[g]weddnewidiodd y traddodiad Cymraeg imi a'i wneud yn beth byw i'n cyfnod'.[15] Daeth i gredu ei bod yn bosibl iddo ddeall llenyddiaeth a'r traddodiad llenyddol yng ngoleuni ei brofiadau ysbrydol; canfu undod yn ei fydolwg. Yr argyhoeddiadau crefyddol, neu'r rhagdybiau diwinyddol hyn, a'i harweiniodd ef i ddatgan mor ddiymwad yn *Llên Cymru a Chrefydd*, ei ymdriniaeth academaidd estynedig gyntaf â'r maes hwn:

> Y mae o hyd yn bosibl adeiladu athrawiaeth lenyddol ar y sail fod yna gynllun pendant o fewn y greadigaeth, cynllun ystyrlon a osodwyd ynddi yn wrthrychol o'r tu allan iddi. Nid baw yw dyn, nid siawns a adeiladodd ei gelfyddydau, nid hap a damwain yw hanfod meddwl, ac nid trai a llanw hanner-pan yw hyd yn oed teimladau dyn.[16]

Athrawiaeth lenyddol wedi ei seilio ar y rhagdybiau hyn yw cynnwys *Llên Cymru a Chrefydd*. Yn wir, gellid dadlau mai hon yw'r rhagdyb sy'n llywio'r cyfan o weithiau beirniadol Bobi Jones. Ceir olyniaeth benodol rhwng y gyfrol hon a *Tafod y Llenor* a gyhoeddwyd dair blynedd ynghynt: 'Partneres' ydyw.[17] Mae'n amlwg bod Bobi Jones yn credu, ar ddechrau'r gyfrol o leiaf, fod *Llên Cymru a Chrefydd* – a gyflwynir yn briodol i Geoff Thomas a'i wraig, Iola – yn mynd i gwblhau'r ddamcaniaeth arbennig ynghylch llenyddiaeth y ceisiai ei chyflwyno. Trafodwyd natur llenyddiaeth yn *Tafod y Llenor*, a'r hyn sy'n cael sylw yn y gyfrol hon yw'r pwnc sy'n ymddangos fel is-deitl iddi, sef 'Diben y Llenor': 'Lle yr oedd *Tafod y Llenor* yn ceisio'n bennaf ddisgrifio'r drefn neu'r patrwm symudiadol yn iaith llenyddiaeth, y mae'r gyfrol hon yn ceisio manylu'n bennaf ar gyfeiriad y patrwm hwnnw.'[18]

O'r cychwyn cyntaf mae Bobi Jones yn cydnabod bod ganddo ddau wahanol fath o ddarllenydd: 'y darllenydd seciwlar' a'r 'darllenydd o Gristion'.[19] Mae'n sylweddoli y bydd y ddau ddosbarth hyn o ddarllenwyr yn deall y gyfrol mewn ffyrdd tra gwahanol, ac o'r herwydd y bydd eu hymateb iddi'n gwbl gyferbyniol. Ei obaith yw y bydd y 'darllenydd seciwlar' yn gallu derbyn y gyfrol o leiaf fel 'un dehongliad posibl, o un symudiad syniadol yn ein traddodiad', ond cymer yn ganiataol na fydd y darllenydd hwnnw yn cytuno (gyda'r darllenydd o Gristion) 'mai'r diben i fywyd (ac i lenyddiaeth) a ragdybir yn y gyfrol hon yw'r un hollgynhwysfawr, a'r unig un ymarferol yn y pen draw sy'n bosibl i bawb'.[20] Mae'r gwahaniaethu hwn yn gwbl allweddol i'n dealltwriaeth o'r gyfrol a'r ymateb a fu iddi.

Yn ôl bydolwg Calfinaidd Gristnogol Bobi Jones mae dau fath sylfaenol o bobl yn y byd: y bobl hynny sydd wedi eu haileni'n ysbrydol, a'r rheini sy'n feirwon yn ysbrydol. Fel y nododd Henry Van Til (cyn-fyfyriwr ym Mhrifysgol Rydd Amsterdam ac Athro'r Beibl yng Ngholeg Calvin, Michigan, a'r diwinydd Iseldiraidd mwyaf ei ddylanwad ar Bobi Jones o bosibl): 'As a result of the presupposition of faith, there now is a division in mankind.'[21] Cred Bobi Jones, yn ddigon rhesymegol felly, fod y bobl hynny a ailaned yn effro i ddimensiwn arall ar fywyd ac o'r herwydd fod ganddynt fewnolwg ddyfnach, Dduw-roddedig i'r byd materol a'r byd ysbrydol. Ar y llaw arall, cred fod y sawl nad yw'n Gristion yn 'ddall' i ddimensiwn ysbrydol bywyd a bod y beirniad anffyddiol o'r herwydd wedi'i dynghedu i fod yn 'naïf am ei fod yn ddibrofiad'.[22] Hynny yw, a dilyn rhesymeg Bobi Jones, nid oes modd i'r di-gred ymateb yn llawn nac yn gydymdeimladol i'r math o brofiadau cyfriniol a fynegir gan emynwyr y ddeunawfed ganrif, er enghraifft. Ond ar yr un pryd, mae'r beirniad o Gristion yn gallu deall yn llawn y cyfan sydd yng nghwmpas y beirniad seciwlar oherwydd ei fod yntau hefyd ar ryw adeg neu'i gilydd 'wedi profi holl gulni ac anwybodaeth y cyflwr hwnnw ac yn dal i syrthio i demtasiynau'.[23] Hawdd gweld sut y mae'r carfanu hwn wedi arwain at dramgwydd a drwgdeimlad ar sawl lefel. Gellid cydymdeimlo â'r darllenydd seciwlar nad yw'n gwerthfawrogi sylwadau sy'n awgrymu bod ei ddirnadaeth o'r byd rywsut yn gyfyngedig ac anghyflawn. Gellid dychmygu ei brotest nad yw'r ffaith ei fod yn gwrthod Cristnogaeth yn golygu na all werthfawrogi llenyddiaeth, sy'n trafod pob sbectrwm ar fywyd – gan gynnwys crefyddau eraill – yn llawn. Gellid hefyd ddychmygu rhai Cristnogion yn gwrthwynebu'r dosbarthiad hwn, a'r dybiaeth y byddant yn cytuno â phob agwedd ar ddadl y gyfrol, dim ond am eu bod yn cyfranogi o brofiad ysbrydol arbennig.

Rhaid pwysleisio, fodd bynnag, nad dyrchafu'r Cristion uwchlaw'r anghredadun yw bwriad Bobi Jones yn y fan hon: nid 'rhoi mwy o bris ar y sawl sy'n cyfrannu o'r un cyflwr â'r Cristion ei hun, a chollfarnu'r rhai sydd y tu allan i'r safle yna'[24] sydd yma. Yn hytrach, cymhwyso y mae Bobi Jones yr hyn a brofodd yn ei bererindod ysbrydol ei hun, wrth iddo astudio llenyddiaeth, gan ei ddilyn i'w ben draw rhesymegol; mae'n ffitio'r delfryd o'r myfyriwr ufudd hwnnw a goleddwyd gan Van Til, sy'n gwirio pob damcaniaeth o'i eiddo yng ngoleuni'r Beibl: 'However, such a student in whatever field he works must orient his study to the Word, which is normative and gives man the ultimate truth about every fact.'[25] P'un a ydym yn cytuno â'r fath safbwynt ai peidio, rhaid ei gadw mewn golwg er mwyn deall meddylfryd Bobi Jones a'r hyn sy'n ei gymell.

Ni waeth beth fo'n barn bersonol am gredoau Bobi Jones, yn sicr mae'n haeddu parch am fod yn driw i'r hyn a ystyriai yn Wirionedd a chyhoeddi hynny yn wyneb amhoblogrwydd, gwrthwynebiad, a'r perygl o 'wylltu'r darllenydd'.[26] Nid yw'n gwneud unrhyw ymgais i '[g]elu ei ragosodiadau Cristnogol ei hun',[27] yn hytrach, mae fel petai'n ymhyfrydu ynddynt ac yn gwylltio wrth y sawl sy'n honni bod yn 'niwtral'. Fel y sylwodd Tudur Hallam: 'Go brin y gellir ei gyhuddo ef o'r pechod marwol hwnnw y cyfeiriodd Roland Barthes ato, sef, "nid meddu ar ideoleg, ond cadw'n dawel yn ei chylch."'[28] Mae'n bosibl mai dilyn esiampl Henry R. Van Til a wna wrth osod ei ragdybiau diwinyddol allan mor eglur ar ddechrau cyfrol. Gosododd y diwinydd Is-Almaenig y frawddeg isod yn fath o faniffesto ar ddechrau gwaith mawr ei fywyd: 'No man, scientist or otherwise, can work without presuppositions (*Es gibt kein Voraussetzunglosigkeit*) and the present author's presuppositions are expressed in the Calvinistic worldview.'[29]

Gwyntyllu'r rhagosodiadau Cristnogol hyn a cheisio ateb i'r cwestiwn, 'Beth sydd a wnelo beirniadaeth lenyddol â Christnogaeth?'[30] – dyna yw cynnwys *Llên Cymru a Chrefydd* yn y bôn. Efallai y bydd yn peri syndod i rai iddo ddadlau nad proselyteiddio na thrafod moesoldeb na 'gwasanaethu crefydd'[31] fel y cyfryw yw swyddogaethau cyntaf llenyddiaeth. Yn hytrach, gwêl fod perthynas lawer mwy creiddiol rhwng llenyddiaeth a Christnogaeth: dadleua fod llenyddiaeth, fel pob agwedd arall ar fywyd, yn rhan o Deyrnas Crist ac 'nad oes dim encilio yn unman rhag cwmpas eang y llywodraeth honno, a bod ei helaethrwydd o ran amgyffrediad yn ddigonol i gynnwys y gwyddonol a'r celfyddydol, y materol a'r ysbrydol, y greadigaeth oll, ie, yr anghrediniol a'r crediniol.'[32]

Gwna honiadau o'r math hwn gan sylweddoli'n llawn eu bod yn anathema i nifer o ddarllenwyr cyfoes. Mae'n gosod y ddysgeidiaeth hon yng nghyd-destun yr hyn a eilw'n '[g]yfwng presennol',[33] a'r hyn a ystyria'n gred gyffredin nad oes yna bwrpas na diben absoliwt i fywyd. Dadleua fod i'r rhagdyb ddiwinyddol ddi-Dduw hon oblygiadau difrifol ym maes llenyddiaeth, oherwydd, os gwedir bod diben absoliwt i fywyd yna 'prin y byddem yn honni gormod am lenyddiaeth ychwaith'.[34] Rhydd ambell enghraifft o sut y mae'r 'sinigiaeth' hon wedi gadael ei marc ar lenyddiaeth Gymraeg yn sgil tueddiadau Modernaidd dechrau'r ugeinfed ganrif. Dadleua fod 'myfyrdod maith uwchben methiant bywyd a gwacter ystyr'[35] yn ganolog i waith T. Gwynn Jones a T. H. Parry-Williams, er enghraifft. Ond diau mai'r llenor sy'n dod fwyaf o dan ei lach yw'r dramodydd Samuel Beckett, prif gynrychiolydd Theatr yr Abswrd yn ei dyb ef, er ei fod yn cydnabod bod Beckett yn dweud rhywbeth treiddgar a thra chywir am ei oes, ac iddo wneud hynny mewn modd gwreiddiol a chwyldroadol. Nid bychanu cyfraniad Beckett – nac unrhyw lenor arall, o ran hynny – yw ei fwriad, ond yn hytrach, rhybuddio yn erbyn yr ymroi cyson i negyddiaeth ac amheuaeth a cheisio argyhoeddi ei gynulleidfa mai 'diffrwyth yw ymdroi yn y fan yna am byth'.[36] Pa mor feirniadol bynnag ydyw o'r tueddiadau amheuol hyn, maent mewn ffordd yn cadarnhau damcaniaeth wreiddiol Bobi Jones fod a wnclo Cristnogaeth a phob agwedd ar fywyd, ac os collir golwg ar hynny dim ond ansicrwydd a negyddiaeth sy'n aros: 'Y mae llenorion anghristnogol, hyd yn oed rhai na welant bwrpas i fywyd, fel petai er eu gwaethaf eu hun, wedi mynegi gwirioneddau y mae'n wiw eu clywed.'[37] Gellid awgrymu, fodd bynnag, mai simplistig yw'r farn hon am waith Beckett, oherwydd bod modd dehongli gwaith Beckett hefyd fel dathliad o fywyd, a'i weld fel llenor sy'n archwilio ansicrwydd bywyd mewn modd cyffrous a heriol.

Ysgrifenna Bobi Jones o dan yr argyhoeddiad y gall y 'Cymro cyfoes' ddod o hyd i ateb arall, ac nad oes rhaid dod i gasgliadau negyddol ynghylch pwrpas llenyddiaeth. Yn wir, hawlia ei bod yn haws amgyffred yr ymwybod o bwrpas mewn gwlad fechan fel Cymru, sydd yn wlad sy'n gorfod 'wynebu'r dewis rhwng bod ac anfod'.[38] Honna ymhellach fod Cymry ar hyd yr oesoedd *wedi* sylweddoli diben cadarnhaol bywyd, ac mai hynny sydd wrth wraidd ein traddodiad llenyddol. Ond er mwyn gwneud hyn, rhaid i'r Cymro fod yn glir ynghylch pwrpas bywyd dyn yn gyffredinol. Ni ellir cael agwedd gadarnhaol heb ymdeimlad o bwrpas yng ngolwg Bobi Jones: 'Os byddwn yn niwlog ac yn annelwig ynghylch pwrpas dyn, niwlog ac annelwig fyddwn ynghylch pwrpas llenyddiaeth.'[39]

Ni ellir cyhuddo Bobi Jones fyth o fod yn niwlog ynghylch pwrpas bywyd dyn na diben llenyddiaeth. Mae'n datgan yn hollol bendant mai 'creadur rhyfeddol yw dyn ar ddelw Rhywun sy'n uwch nag ef ac ar wahân iddo',⁴⁰ a bod y dyn hwn wedi ei greu er mwyn cael perthynas bersonol â Duw a chyflawni ei ewyllys ar y ddaear. Nid yw Bobi Jones byth yn cyflwyno syniadau o'r fath fel barn bersonol neu ddamcaniaeth bosibl, ond yn hytrach fel ffeithiau diymwad, realiti sy'n wir i bawb: 'Dyma ffaith wrthrychol, gredaf i.'⁴¹ Hawdd gweld sut y byddai'r darllenydd o anffyddiwr yn gweld datganiadau o'r math hwn yn anodd eu stumogi. Eithr nid ymffrostio hunandybus sydd yn y fan hon, nac ychwaith ymhyfrydu yn ei syniadau ei hun, ond yn hytrach, ymostwng i ddysgeidiaeth y Beibl a derbyn awdurdod hwnnw.

Un o'r ffeithiau gwrthrychol hyn yng ngolwg Bobi Jones yw bod 'llenyddiaeth yn rhan o gynllun',⁴² a bod yn rhaid i'r Cristion a'r anghredadun gydymffurfio â'r cynllun hwn gan dderbyn ei amodau a'i bwrpas. Rhaid i bawb ymostwng i 'drefn amodedig y ddaear'.⁴³ A dyma'r cynllun neu'r drefn yn gryno iawn:

> bod yna gylchoedd ar y ddaear o weithgarwch cymharol annibynnol ('ffedral' yw'r gair gorau), fel y bo i bob un ei bwrpasau, a'i amodau, a'i briodoleddau'i hun – cylchoedd megis y teulu, y wladwriaeth, mathemateg, yr eglwys leol, iaith, celfyddyd ac yn y blaen.⁴⁴

Gall pob un o'r cylchoedd hyn wasanaethu un o'r cylchoedd eraill, ond ni all ei ddisodli; hynny yw, ni all 'fabwysiadu nod a nodweddion y cylch arall'.⁴⁵ Dysg fod yr holl gylchoedd hyn yn cael eu cynnwys o fewn cylch ac awdurdod ehangach sydd yn 'ddi-amod ac yn annherfynol', sef Teyrnas Crist. 'Sofraniaeth y Sfferau' yw'r enw a rydd ar y cynllun hwn, ac mae dylanwad diwinyddion Amsterdam, megis Dooyeweerd a Van Til, i'w weld yn glir yn y fan hon; yn wir, cyfeirir at eu gwaith er mwyn cadarnhau ei safbwynt. Cyflwyna ddeiagram cylchog yn cynnwys y sfferau, ond brysia i ddweud nad yw'n un terfynol. Rhestrir y teulu, sefydliad yr eglwys leol, gwladwriaeth, moeseg, hanes, gwyddorau, iaith, celfyddydau a galwedigaeth neu swydd fel sfferau posibl.⁴⁶ Pwysleisia nad oes raid i'r llenor o Gristion ei gyfyngu ei hun i sffêr yr eglwys leol; mae pob un o sfferau bywyd yn rhan o sffêr ehangach Teyrnas Crist, ac o'r herwydd gall dynnu ei ddeunydd a'i ysbrydoliaeth o unrhyw un ohonynt, gan ddal i wasanaethu Teyrnas a Chynllun Crist. Mae gan yr holl sfferau hyn eu rôl i'w chwarae yn y Cynllun mawr, ac nid oes un yn fwy pwysig na'r llall. Gwelir sylfeini beiblaidd y cysyniad hwn yn fwyaf penodol yn Llyfr y Pregethwr 3:1–8, lle y pwysleisir bod cyfnodau gwahanol ar gyfer pob gorchwyl: 'Y mae tymor i bob peth, ac amser i bob gorchwyl dan y nef.' Y ddysgeidiaeth hon sy'n gyrru Dafydd ap Gwilym i ganu yn ei draethodl 'Y Bardd a'r Brawd Llwyd' (a ddyfynnir gan Bobi Jones):

> Amser a rodded i fwyd
> Ac amser i olochwyd,
> Ac amser i bregethu,
> Ac amser i gyfanheddu

Un broblem a gyfyd wrth ystyried y sfferau hyn yw ei bod yn anodd penderfynu ble mae gosod y ffiniau, neu bwy sy'n eu pennu. Er enghraifft, ble mae sffêr llenyddiaeth yn gorffen a sffêr diwylliant yn dechrau? Gall fod yn anodd bod yn systemataidd wrth ddosbarthu fel hyn, gan fod cylch gorchwyl un sffêr yn aml yn lledu ar draws sffêr arall. Ymddengys fod hyn yn wendid yn y ddamcaniaeth. Nid yw Bobi Jones yn ymdrin â'r broblem hon fel y cyfryw, ond mae'n sylwi bod yn rhaid i berson neu weithgarwch berthyn i sawl un o'r sfferau ar yr un pryd. Mae hyn yn mynd ran o'r ffordd at ateb y broblem, ac o leiaf yn cydnabod nad oes modd dosbarthu bywyd yn dwt bob tro: 'Gallai'r un person fod yn dad mewn teulu, yn ddinesydd o fewn gwladwriaeth, yn bregethwr yn ei swydd, yn llenor o ran tueddfryd yn ei amser rhydd, ac yn y blaen.'[47] Ond nid yw'r person hwn yn rhwym o drosglwyddo elfennau o un sffêr i sffêr arall. Nid oes rhaid iddo fod yn bregethwr wrth gyfansoddi gwaith llenyddol, er enghraifft, er bod hyn yn gwbl bosibl, wrth gwrs. Gwelir cymhwyso'i gred hon yng ngwaith creadigol Bobi Jones ei hun. Er bod themâu Cristnogol, megis ailenedigaeth ac adnewyddiad, yn britho ei waith, nid oes llawer o gerddi ganddo y gellid eu galw'n uniongyrchol 'Gristnogol', ac anodd fyddai rhoi'r label 'bardd crefyddol' arno, fel y gellid yn achos bardd fel Gwenallt, er enghraifft.

Fel yr awgrymwyd eisoes, dadleua Bobi Jones y gall y Cristion fwynhau a chyfansoddi llenyddiaeth 'seciwlar' dda. Nid oes rhaid iddo ei gyfyngu ei hun i themâu 'crefyddol', fel y cyfryw. Cred y gall Cristion o lenor dreulio'i oes yn cyflawni bwriadau Teyrnas Crist, heb iddo ymdrin o gwbl â themâu uniongyrchol grefyddol neu Gristnogol: 'Nid oes a wnelo'r "testun" fel y cyfryw ddim oll o anghenraid â swydd y Cristion o lenor.'[48] Camddealltwriaeth, yn ei farn ef, yw'r hyn a ddisgrifia fel tyb gyffredin ymysg Cristnogion ac anghredinwyr fel ei gilydd, mai dim ond llenyddiaeth sy'n cyfeirio'n uniongyrchol at fendithion Duw neu at farw aberthol yr Arglwydd Iesu Grist y gellid ei chyfrif yn Gristnogol. Hawlia fod disgwyliad cyffredinol y bydd y llenor Cristnogol hefyd yn cyflawni swydd pregethwr yn y bôn. Dyma gamddeall natur a diben llenyddiaeth, yn ei farn ef, neu 'gamddarlunio a chamddefnyddio'r weledigaeth Gristnogol am bwrpas bywyd yn y byd'.[49] Mae pwrpas a natur llenyddiaeth a phwrpas a natur bywyd yn gyffredinol yn llawer mwy catholig a chynhwysfawr na hyn yn ei olwg ef: 'Credaf mai'r ffordd iach i ddyn dreulio'i fywyd ar y ddaear yw drwy ei diwyllio hi i'r eithaf ym mhob dull a modd er gogoniant i Dduw.'[50] Dyma fath o fantra ar gyfer bywyd a gwaith Bobi Jones ar ei hyd.

Gwreiddir y gred hon yn llyfr Genesis a hanes Duw yn creu y byd. Yn y fan honno y gwelodd Bobi Jones y patrwm Duw-roddedig ar gyfer bywyd ar y ddaear. Derbyniodd y syniad bod Duw wedi creu y byd mewn chwe diwrnod, gan beidio â'i waith creadigol ar y seithfed dydd, a gorffwys. A chan fod dyn wedi ei greu ar lun a delw Duw, derbyniodd mai dyma'r patrwm priodol iddo yntau hefyd. Cred fod y greadigaeth yn 'amryfal a goludog' a bod y dasg o ddarganfod ei chyfrinachau, defnyddio'i hadnoddau a gwrteithio'i chynnwys, ynghyd â'i chynnal a'i ffrwythloni yn gwbl '[d]di-ben-draw'.[51] Dyma orchwyl dyn ar gyfer y chwe diwrnod, ac er mwyn llwyddo yn hyn o beth rhaid neilltuo'r seithfed dydd i 'gydnabod yn uniongyrchol pwy a batrymodd ei fywyd oll'.[52] Swydd y llenor yn hyn i gyd yw defnyddio iaith yn gelfydd er mwyn archwilio, disgrifio a moli'r greadigaeth yn ei holl gyflawnder. Rhybuddia mai gwaith y chwe diwrnod yw llenyddiaeth gan amlaf: 'Gwaith daearol ydyw. Gwaith diwyllio.'[53] Nid cyhoeddi'r efengyl na dysgu Cristnogion yw diben cyntaf llenyddiaeth. Nid dyma'i bwriad cychwynnol, yn yr un modd ag nad dyma fwriad cyntaf daearyddiaeth neu wyddoniaeth, dyweder. Yn hytrach, deil Bobi Jones yn unol â dysgeidiaeth y Beibl mai 'Ffolineb pregethu Gair Duw dan fendith yr Ysbryd Glân a gweinyddu'r ordinhadau, dyna'r moddion neilltuol a fabwysiadodd Duw fel arfer i weinyddu Ei ras achubol'.[54]

O lyfr Genesis hefyd y daeth Bobi Jones i dderbyn y cyntaf o'r gorchmynion ysgrythurol a lywiodd ei fydolwg, sef yr hyn a alwodd ef yn *orchymyn diwylliannol*,[55] a roddwyd i bob dyn fel ei gilydd. Mae'n crynhoi'n syml iawn un agwedd ar bwrpas bywyd dyn ar y ddaear:

> Bendithiodd Duw hwy a dweud, 'Byddwch ffrwythlon ac amlhewch, llanwch y ddaear a darostyngwch hi; llywodraethwch ar bysgod y môr, ar adar yr awyr, ac ar bopeth byw sy'n ymlusgo ar y ddaear,' (Genesis 1:28)

Dyma'r gorchymyn cyntaf a roddwyd gan Dduw i ddyn ac fe'i hadnewyddwyd droeon wedi hynny. Yn ôl Bobi Jones gellir mesur llwyddiant pob cylch o weithgarwch dyn yn ôl sut y mae'n cydymffurfio ac yn cydweddu â'r gorchymyn hwn, sy'n ymwneud â bendithion ymarferol a materol bywyd i bob dyn yn ddiwahân. Ac yn ôl Bobi Jones, i'r maes hwn y perthyn llenyddiaeth hithau. Mae derbyn y gorchymyn hwn yn rhagdybio bod dyn yn derbyn y Beibl i gyd fel Gair ysbrydoledig Duw, ond nid yw pawb sy'n honni eu bod yn dilyn y ffydd Gristnogol yn derbyn hyn. Trosiadol yn hytrach na llythrennol yw naratif Genesis i nifer o Gristnogion efengylaidd hyd yn oed, er bod rhaid cydnabod hefyd nad oes rhaid derbyn yr hanes yn llythrennol i dderbyn yr egwyddor. Yn ei adolygiad ar *Llên Cymru a Chrefydd*, cwestiynodd Euros Bowen awdurdod yr ysgrythurau hynny y seiliodd Bobi Jones ei ddamcaniaethau arnynt: 'Gorchymyn yw hwn sy'n perthyn i stori am y creu na chyfansoddwyd cyn y gaethglud ym Mabilon, stori sy'n seiliedig ar gosmogoni Babilonaidd.'[56]

Deil Bobi Jones, fodd bynnag, fod y gorchymyn wedi ei roi i bob dyn, ond nad yw hynny'n golygu 'ein bod yn ymwneud â rhywbeth niwtral'.[57] Mynnodd fod hawliau Crist yn 'dotalitaraidd'[58] ar ryw ystyr, ac nad oes bywyd y tu allan iddo Ef. Cred fod diwylliant a llenyddiaeth fel ei gilydd yn rhan o Deyrnas Crist – os derbyniwn hynny neu beidio – a bod pawb, yn y pen draw, yn gorfod darostwng y ddaear er mwyn cyflawni ewyllys a phwrpasau Duw. Mae dylanwad meddylfryd Abraham Kuyper i'w weld yn glir ar y syniadaeth hon, ac mae Bobi Jones yn dyfynnu yn Gymraeg eiriau enwog ei ddarlith agoriadol wrth sefydlu Prifysgol Rydd Amsterdam yn 1880. 'Nid oes modfedd ar holl arwynebedd bodolaeth ddynol lle na waedda Crist, benarglwydd pob peth, "Eiddof i yw hyn."'[59] Ond efallai mai mwy arwyddocaol o safbwynt Cymru, ac olrhain y math hwn o feddwl yn y traddodiad Cymraeg, yw'r defnydd a wna o eiriau Emrys ap Iwan yn ei bregeth, 'Y ddwy alwedigaeth':

> Os olrheiniwn y celfyddydau i'w dechreuad cyntaf, fe welwn mai'r Creawdwr yw eu tad, ac nid neb o'i greaduriaid; canys efe yw ffynhonnell pob peth sy dda . . . Efe yw Duw ein hiachawdwriaeth; ie, efe, yn y pen draw, yw Duw gwareiddiad hefyd.[60]

Nid gwneud datganiadau radical a newydd y mae Bobi Jones, felly, ond yn hytrach, dychwelyd at ddull o feddwl a oedd unwaith mewn grym yng Nghymru, ond a gollwyd neu a wrthodwyd.

Mae'r gorchymyn diwylliannol hwn yn clymu'n agos iawn â'r hyn y cyfeirir ato gan ddiwinyddion a phregethwyr fel Gras Cyffredinol, sef y gred bod Duw yn arllwys bendithion ymarferol a materol ac yn gwasgaru doniau ymhlith credinwyr ac anghredinwyr fel ei gilydd. Diwinyddiaeth yw hon a seilir ar gyfeiriadau ysgrythurol sy'n atgoffa dyn fod Duw yn 'peri i'w haul godi ar y drwg a'r da, ac yn rhoi glaw i'r cyfiawn a'r anghyfiawn'.[61] Ymddengys fod Bobi Jones yn pwyso'n drwm ar yr hyn a ddysgwyd gan Van Til, ac mae'n dyfynnu'n helaeth o'i gyfrol, *The Calvinistic*

Concept of Culture (1959). Mae'n dra amlwg nad yw Duw yn cyfyngu dosbarthu doniau i'w ddilynwyr Ef yn unig: mae doniau megis 'dychymyg creadigol, gweledigaeth eiriol, meddwl bywiog, chwaeth a chrefft ac athrylith, a chraffter i fynegi profiad yn ei helaethrwydd',[62] yn cael eu rhannu ymysg pobl blith-draphlith, ac nid yw'r ffaith bod Cristion wedi ei aileni yn rhoi rhagor o'r doniau hyn iddo. Yn wir, mae Bobi Jones yn cyfaddef bod Duw yn ei ras rhyfeddol yn rhoi 'i rai anghredinwyr (fe ddichon) yn helaethach nag i Gristnogion'.[63] Â ymhellach gan nodi ei bod yn bosibl i ddyn fod yn 'Gristion da ac yn llenor anobeithiol',[64] ac nad yw ei waredigaeth ysbrydol yn ei achub rhag llunio llenyddiaeth wironeddol wael. Nid ffafrio syml ar Gristnogion sydd ganddo yn y fan hon, felly, ond fe bwysleisir bod gan y Cristion bersbectif amgen na'r un anianol, seciwlar. Gellid crynhoi'r hyn y mae Bobi Jones yn ei weld yn wahanol ynghylch y llenor neu'r beirniad o Gristion fel a ganlyn: mae'n rhagori mewn profiad ond nid mewn doniau.

Law yn llaw â'r profiad amgen hwn mae gan y Cristion gyfrifoldebau ychwanegol, fel y datguddir yn yr ail orchymyn ysgrythurol a bwysleisir gan Bobi Jones, sef yr hyn a elwir yn *orchymyn cenhadol*. Gorchymyn i'r Cristion yn unig yw hwn, ac mae i'w weld yn llyfr cyntaf y Testament Newydd pan fo Iesu Grist yn rhoi'r Comisiwn Mawr i'w ddisgyblion:

> Ewch, gan hynny a gwnewch ddisgyblion o'r holl genhedloedd, gan eu bedyddio hwy yn enw'r Tad a'r Mab a'r Ysbryd Glân, a dysgu iddynt gadw'r holl orchmynion a roddais i chwi. (Mathew 28:19–20)

Cysyllta Bobi Jones y gorchymyn hwn â llenyddiaeth sy'n uniongyrchol grefyddol neu eglwysig. Bwriad y gorchymyn hwn yn ei feddwl ef yw 'nid ysgogi diwylliant y ddaear, eithr achub pechaduriaid (1 Tim. 1,15) a moli Duw'.[65] Nid yw, fodd bynnag, yn disodli nac yn diddymu'r gorchymyn diwylliannol: mae'n cyd-fodoli'n gyfochrog ag ef, os nad uwch ei ben: 'Fe'i rhoddwyd am fod dyn yn uwch na'i ddiwylliant, a'i dynged yn ymestyn ymhellach.'[66] Mae'r gorchymyn hwn yn ymdrin â'r wedd oruwchnaturiol a thragwyddol ar fywyd dyn, a'r hyn sy'n galluogi dyn i'w gadw a'i gyflawni yw Gras Arbennig, sef Duw yn ymyrryd yn uniongyrchol ym mywyd yr unigolyn gan ei ddwyn ef yn ôl i berthynas fywiol ag Ef ei hun. Yn ôl Bobi Jones, dyma'r gras sy'n diffinio'r Cristion o'i gyferbynnu â'r Anghredadun:

> Dyma'r gras sy'n gwahanu rhwng y rhai ar y naill law sydd yng Nghrist ac sydd felly wedi ymwacáu a derbyn Ei arglwyddiaeth Ef, y rhai arbennig y

Cymhelliad 65

cyffyrddodd Ef â'u calon hwy'n lanhaol, ac ar y llaw arall y rhai sy'n aros yn ddieithr ac yn bell, yn 'feistri' yn eu tŷ eu hunain.[67]

Felly, ym marn Bobi Jones, y gras hwn sy'n galluogi'r beirniad o Gristion i edrych y tu hwnt i hualau amser a gweld bwriadau a dibenion Duw ar gyfer ei greadigaeth.

Dadl greiddiol *Llên Cymru a Chrefydd*, fel y nodwyd eisoes, yw nad prosyleteiddio neu ddyrchafu gwerthoedd Cristnogol yw nod beirniadaeth neu lenyddiaeth Gristnogol. Pwysleisiwyd droeon fod a wnelo Cristnogaeth nid yn gymaint â chynnwys llenyddiaeth, ond yn hytrach â'r darlun ehangach a'i Diben terfynol: 'Ymddiddori a wna'r theori Gristnogol ym modolaeth llenyddiaeth, yn ei natur ffrwythlon, ac yn ei swyddogaeth briodol, wahaniaethol ac ymgyfunol.'[68] Rhaid wrth Ddiben er mwyn ymgymryd â'r weithred o lenydda, ac i Bobi Jones mae'r Diben eithaf yn cael ei grisialu ym mherson yr Arglwydd Iesu Grist: 'Efo yw'r ateb parod wedyn i bob ymchwil am ddiben.'[69] Ac wele baradocs amlwg yng ngwaith Bobi Jones. Er iddo fynnu nad prosyleteiddio yw priod swydd y beirniad llenyddol Cristnogol, mae rhan helaeth o'r gyfrol yn amddiffyn ac yn ategu gwironeddau'r Ffydd gan geisio argyhoeddi ei ddarllenydd. Nid gormod fyddai honni mai Bobi Jones yw prif ladmerydd Efengyliaeth Galfinaidd yn ein llên. Ni chyll y cyfle yn yr un o'i gyfrolau i gyhoeddi'r efengyl yn llawn, hyd yn oed pan fydd hynny'n llyffetheirio ychydig ar ei arddull ac ar rediad naturiol y drafodaeth. Diau y gwêl y byd llenyddol fel rhyw faes cenhadol personol. Ar dudalen 104 yn *Llên Cymru a Chrefydd*, er enghraifft, cawn grynodeb o ddameg y Mab Afradlon ac yna'r cymhwysiad sy'n fath o wahoddiad i'r darllenydd: 'Dyma'r efengyl Gristnogol yn ei phurdeb. Troi, a dod yn waglaw hollol at Dduw.'[70] Ai'r beirniad llenyddol yn gwisgo mantell y pregethwr a'r athronydd sydd gennym yn y fan hon? Ai enghraifft o'r math o olyniaeth gymdeithasol y sylwodd Tudur Hallam arni, pan ddywedodd:

> Nid amherthnasol, felly, gobeithio, yw dwyn sylw at y ffaith i Saunders Lewis gyflwyno ei lyfr *Williams Pantycelyn* i'w dad. Oherwydd byddaf yn meddwl fod y berthynas unigol honno rhwng y llenor o fab a'r pregethwr Methodistaidd o dad yn rhyw fath o gynrychioli'r modd yr olynodd y beirniad llenyddol yng Nghymru ei ragflaenydd o bwysigyn cymdeithasol [. . .].[71]

Neu efallai fod Bobi Jones yn syml yn gweld rheidrwydd i amlinellu ei gred Galfinaidd gan mor anghyfarwydd oedd honno hyd yn oed yng nghapeli Cymru erbyn cyhoeddi *Llên Cymru a Chrefydd* yn 1977. Nododd Francis Schaeffer, diwinydd arall a fu'n ysbrydoliaeth i Bobi

Jones, bwysigrwydd diffinio ystyr geiriau diwinyddol yn yr oes Ôl-Gristnogol sydd ohoni:

> If we wish to communicate, then we must take time and trouble to learn our hearers' use of language so that they understand what we intend to convey. This is particularly difficult today for a Christian, who wants to use a word like 'God' or 'guilt' in a strictly defined sense rather than as a connotation word, because the concepts of these words have universally been changed.[72]

Mae'n bosibl mai argyhoeddiad tebyg a ysgogodd Bobi Jones i esbonio rhai cysyniadau diwinyddol yn y fath fanylder: rhaid i'w ddarllenwyr ddeall hanfodion y Ffydd cyn deall natur y darlun o lenyddiaeth y ceisiai ei gyflwyno, ac ni allai gymryd yn ganiataol bod ei gynulleidfa'n meddu ar yr wybodaeth gefndirol angenrheidiol.

Mae ateb Bobi Jones i'r cwestiwn 'Beth sydd a wnelo beirniadaeth lenyddol â Christnogaeth?' yn ddeublyg mewn gwirionedd, ac mae'r ddwy ran yn cysylltu'n uniongyrchol â'r ddau fath o Ras a amlinellwyd uchod. Drwy Ras Cyffredinol mae Duw yn rhoi i'w greadigaeth nerth i gyflawni gorchwylion y chwe diwrnod ac yn cyfrannu ymwybod o werth, pwrpas a threfn i'r ddynoliaeth. Ni waeth pa mor seciwlar neu wrthgrefyddol mae gwaith penodol yn ymddangos, dadl Bobi Jones yw ei fod 'wedi'i gyflyru gan ymagwedd sylfaenol tuag at bwrpas neu werthoedd'.[73] Mae lle i bob llenyddiaeth o fewn cwmpas eang y theori hon (sydd yn codi'r cwestiwn, felly, pam mae Bobi Jones mor drwm ei feirniadaeth ar 'sinigiaeth' Beckett). Ond ceir ateb arall i'r cwestiwn hwn o ganlyniad i Ras Arbennig. Dadl Bobi Jones yw bod Duw wedi dewis bendithio cenedl y Cymry ar hyd yr oesoedd â mesur mawr o Ras Arbennig, ac o'r herwydd mae gennym olyniaeth anrhydeddus o lenorion yn ein traddodiad a fu'n brofiadol o berthynas fywiol â Duw. O'r herwydd mae cyfran uchel o lenorion Cymru ar hyd yr oesoedd wedi cyfansoddi gan gydymffurfio â rhagdybiau diwinyddol Bobi Jones ar ddwy lefel:

> Eu nod uniongyrchol yn aml oedd diddanu neu argyhoeddi, llunio celfyddwaith neu fynegi profiad; ond yn sylfaen i'r cwbl oll, heb fod yn orymwthiol o bosibl, yr oedd dwy amodaeth – yr oeddynt yn llenydda'n ffrwythlon ac felly'n ymgymryd â holl amodaeth y gweithgaredd hwnnw, ac yn ail yr oedd eu meddwl ac yn aml eu hysbryd a'u profiad eneidiol yn gweithio o fewn fframwaith Cristnogol, pwrpasol.[74]

Mewn geiriau eraill, mae a wnelo llenyddiaeth â'r ymchwil anymwybodol, anfwriadol ac anorfod am Ddiben sydd wedi ei ragadeiladu i mewn i'r greadigaeth. Ond ochr yn ochr â hyn, mae yna lenorion, drwy Ras Arbennig, sydd wedi ymroi'n ymwybodol, pwrpasol a dewisol i lenydda o fewn fframwaith Cristnogol, boed eu testunau'n 'grefyddol' ai peidio. Ymgais i ystyried y ddwy lefel hyn yw cynnwys y gyfrol *Llên Cymru a Chrefydd*. Hynny yw, ceir trafodaeth ar lenyddiaeth y gellid ei chyfrif yn uniongyrchol 'Gristnogol', yn ogystal â llenyddiaeth a ystyrid yn draddodiadol yn 'seciwlar': llenyddiaeth ac iddi themâu Cristnogol amlwg, yn ogystal â llenyddiaeth sydd yn wrth-Gristnogol ei hosgo hyd yn oed.

Un cyhuddiad y gellid ei ddwyn yn erbyn *Llên Cymru a Chrefydd* yw bod Bobi Jones wedi ystumio'r traddodiad llenyddol gan roi darlun anghytbwys ohono er mwyn cefnogi'r theori y mae am ei chyflwyno. Ond ni honnodd Bobi Jones iddo gynnig arolwg cyflawn o'r traddodiad; dilyn un edefyn yn unig oedd ei fwriad o'r cychwyn cyntaf:

> Yn yr ymdriniaeth, a geir yn y gyfrol hon, o weithiau neu o gyfnodau achlysurol mewn llenyddiaeth Gymraeg, nid ceisio amlinellu hanes ein llenyddiaeth yr ydys, eithr olrhain dehongliad o lenyddiaeth sy'n brigo i'r golwg yn gyson drwy gydol yr hanes hwnnw. Olrhain y modd y mae ymwybod â diben llenyddiaeth yn aros yn waddol i'n holl draddodiad. Olrhain profiad llenyddiaeth Gymraeg o grefydd.[75]

Fel yr awgrymwyd eisoes, mae i'r gyfrol hon rai nodweddion a fu'n faen tramgwydd i nifer o'i darllenwyr. Un o'r nodweddion hynny y cyffyrddwyd â hi eisoes yw'r rhagdyb ddiwinyddol-athronyddol sy'n sail iddi, sef bod y theori a gyflwynir ynddi yn wirionedd absoliwt gan ei bod wedi ei seilio ar wirionedd absoliwt y Beibl. Nid oes lle i ddeialog yn y fan hon. Mae datganiadau absoliwt yn nodwedd gyson yn y gyfrol, ac ni roddir ystyriaeth i'r posibilrwydd y gall fod theori amgen ynghylch Diben llenyddiaeth. Cymerir yn ganiatâol y bydd yn rhaid i'r darllenydd gydfynd â safbwynt yr awdur: 'Oherwydd natur Gristnogol ein traddodiad, ni all y Cymro synhwyrus effro lai nag ymwybod ag ymsymud cadarnhaol sydd ynghlwm yn y grefft o lenydda.'[76] Nodwedd arddull yw hyn i ryw raddau, sy'n datgelu dawn rethregol ddihafal Bobi Jones (fel y trafodir eto ym mhennod 6): ceisio perswadio ei ddarllenwyr y mae drwy apelio at eu synnwyr a'u dysg, a'u hargyhoeddi nad oes dehongliad dilys arall.

Yn gysylltiedig â hyn y mae'r ffaith ei bod yn ymddangos ar yr olwg gyntaf fod Bobi Jones yn dyrchafu'r beirniad Cristnogol uwchlaw pob beirniad arall. Dywed fod gan y beirniad o Gristion fantais, neu safle mwy dewisol, am ei fod yn gallu 'sefyll y tu allan i'r darfodedig, gan ogrwn yr hyn sy'n perthyn i'r cyfanrwydd eithaf ac sy'n unol â'r gynghanedd dragwyddol'.[77] Fodd bynnag, ochr yn ochr â'r breintiau hyn y mae gan y beirniad o Gristion gyfrifoldebau ychwanegol i '[b]wyso a mesur a disgrifio safonau a dulliau beirniadaeth gyffredinol ei gyfnod ei hun'.[78] Mae'n cydnabod bod y beirniad o Gristion hefyd yn 'ffaeledig, ac wedi'i gyfyngu gan ei ddoniau prin',[79] ond 'am fod ei safle ef yn neilltuol, fe ddylai ei farn ef (os yw'n ffyddlon i gyfanrwydd y weledigaeth) gael ei chywiro'n waelodol yn fwy o lawer na phe bai ef yn wasanaethgar i'r dimensiwn daearol di-ail-genhedliad'.[80] Ystyr hynny, mae'n debyg, yw bod y Cristion yn cael ei gywiro a'i sancteiddio gan Rym y tu allan iddo.

Mae'n bwysig nodi'r gefnlen ddiwinyddol i'r ymddyrchafu ymddangosiadol sydd yn y safbwynt hwn. Sylwodd Henry Van Til yntau fod perygl real i'r Cristion ymddangos yn hunanbwysig: 'Besides there is always the great danger that God's children assume a superior attitude because they are conscious of being in possession of the truth, which often antagonizes the world and makes the preaching of the Gospel ineffective.'[81] Nid ymffrostio yn ei alluoedd ei hun y mae Bobi Jones pan fydd yn gwneud datganiadau absoliwt ond, yn hytrach, ddatgan yr hyn a ddysgodd yn y Beibl. Credu yng ngeirwiredd y Beibl ac ymostwng yn ddigwestiwn i hynny y mae, nid gwyntyllu ei farn bersonol ei hun:

> Onid siarad drosto'i hun y bydd y Cristion, felly, wrth honni mai diwyllio a darostwng y ddaear er gogoniant i Dduw yw pen-llad y llenor, yn hytrach na geirio gwirionedd cyffredinol ar gyfer nebun arall?
> Nage. Dyna anwybyddu honiadau'r Ymgnawdoliad unigryw, a gwneud relatifiaeth yn anffaeledig.[82]

Rhy syml fyddai beirniadu Bobi Jones yn y fan hon, gan briodoli iddo natur ymffrostgar, yn ei ddyrchafu ei hun uwchlaw beirniaid llenyddol eraill nad ydynt yn arddel yr un ffydd ag ef. Nid dyna sydd ganddo. Diymhongar ydyw ynglŷn â'i ddoniau fel beirniad llenyddol, mewn gwirionedd, gan iddo briodoli'r darganfyddiadau a wnaeth, nid i'w allu personol ef ei hun, ond i Dduw a'i ras:

> Yr oedd fy nghasgliadau ymarferol, pragmataidd bron, wedi'u meddiannu'n ddiwrthdro gan rywbeth a ddigwyddodd o'r tu allan imi. Ac o'r herwydd, heb ddim diolch i mi ymbesgodd fy neralltwriaeth o'r mater dyrys hwn drwy ddadlennu dimensiwn gwahanol i'r hyn a geid yn Sioriaeth ôl-Fictoriaidd ac mewn Moderniaeth fythwyrdd.[83]

Ond mwy problematig byth yw tybiaeth sylfaenol Bobi Jones nad yw'r darllenydd seciwlar yn mynd i dderbyn hyn o gwbl: yn wir, nad oes *modd* iddo ddeall hyn yn llawn am nad yw wedi ei aileni yn ysbrydol:

Cymhelliad   69

Ond yr wyf yn credu, pe bai modd i'r beirniad seciwlar – a does dim modd (fel yr wyf wedi ceisio dangos) – ystyried diben llenyddol neu ddiben bywydol i'r pen, yna fe fyddai'n rhaid iddo ddod o hyd i Gristnogaeth fel yr unig ateb sy'n gyflawn, gweddnewidiol a phersonol.[84]

Arwain hyn at broblem sy'n fath o gylch seithug. Nid oes modd i'r darllenydd seciwlar feirniadu'r gyfrol yn llawn oherwydd bod agweddau ar y ddysgeidiaeth sydd y tu hwnt i'w ddirnadaeth o ganlyniad i ffactorau ysbrydol. Os ceisia'r darllenydd hwnnw anghytuno, gellid ei ateb bob tro gan ddweud nad yw eto wedi deall am ei fod yn ddall yn ysbrydol.

Cyfyd problem arall ochr yn ochr â'r rhain, ond mae hon yn broblem fwy ymarferol ac yn un y gellid bod wedi ei hosgoi heb gyfaddawdu safbwynt. Mae cynllun *Llên Cymru a Chrefydd* yn flêr, yn enwedig yn y rhannau rhagymadroddol sy'n amlinellu'r hypothesis sydd yn llywio'r gyfrol. Nid oes trefn resymegol i'r ddadl, a theimlir bod gormod o themâu yn cael eu gwau ynghyd, a hynny, mae'n debyg, am fod yma glytwaith o ysgrifau a gyhoeddwyd eisoes mewn mannau eraill. Byddai pennod ragymadroddol drefnus yn canolbwyntio ar un pwynt ar y tro, yn eu trefn resymegol, wedi bod yn gymorth i'r darllenydd ddilyn llif ei feddwl.

Fel y gwelwyd, nid yw Bobi Jones yn ceisio celu ei ragosodiadau Cristnogol ei hun; yn hytrach, ymhyfryda ynddynt, gan gredu i'w ddarganfyddiadau ysbrydol-ddiwinyddol ei wneud yn fwy effro fel beirniad llenyddol. Un o ganlyniadau ei dröedigaeth ysbrydol, meddai, oedd caniatáu iddo adnabod Cymru a'r traddodiad llenyddol Cymraeg yn well: 'Down hefyd i amgyffred yn drylwyrach wead y wlad a meinwe'i llenyddiaeth.'[85] Os cydnabyddwn fod Bobi Jones yn rhannu'r un gredo Galfinaidd â llawer o lenorion y gorffennol (gan gofio ar yr un pryd nad oedd pob llenor Cymraeg yn Gristion Calfinaidd, wrth gwrs), gallwn gydnabod ei bod o leiaf yn ddiddorol cael ei fewnolwg ef ar eu gweithiau hwy.

Honnodd R. Tudur Jones mai *Llên Cymru a Chrefydd* oedd:

> y cyfraniad mwyaf trawiadol er dyddiau John Calfin ei hun i'r ddealltwriaeth efengylaidd o'r berthynas rhwng y ffydd Gristnogol a gwaith diwylliannol dyn . . . Dyma'r tro cyntaf i lenyddiaeth unrhyw genedl gael ei thrafod ben bwy'i gilydd gan aelod o'r ysgol [. . .].[86]

Felly, yn ogystal â gwneud cyfraniad gwreiddiol at feirniadaeth lenyddol drwy ddefnyddio cynnyrch yr ysgol ddiwinyddol hon at ddibenion Cymreig, mae beirniadaeth lenyddol Gymraeg Bobi Jones hefyd yn gyfraniad pwysig i'r ysgol ddiwinyddol ei hun. Aeth ymhellach na neb arall o'i flaen wrth gymhwyso'r safbwynt Calfinaidd at theori lenyddol, hanes llenyddiaeth a'r traddodiad Cymraeg. Ei anesmwythyd mawr, fodd bynnag, oedd 'nad euthum yn ddigon pell'.[87] Ond cafodd gyfle cyn diwedd ei yrfa i unioni'r 'cam' hwnnw, fel y gwelir isod.

Y Cyfnod Diweddar

Yr hyn y ceisiwyd ei gyflawni yn *Llên Cymru a Chrefydd* oedd 'datblygu dehongliad diwinyddol-lenyddol'[88] i sefyll ochr yn ochr â'r math o ddehongli ieithyddol Guillaumaidd a gafwyd yn *Tafod y Llenor*. Datblygwyd yn helaeth ar y syniadau hyn yn ystod blynyddoedd olaf yr ugeinfed ganrif a dechrau'r unfed ganrif ar hugain, a hynny am ddau brif reswm, mae'n debyg. Y cyntaf yw am fod Ôl-foderniaeth wedi cynyddu mewn poblogrwydd yn ystod y cyfnod hwn, a gellid deall llawer o'r pwyslais a roddodd Bobi Jones ar Gymhelliad yn ystod ei gyfnod diweddar fel math o wrthdystiad yn erbyn y symudiad hwn: 'Ni ddisgwyliwn ar y dechrau y byddai maes Cymhelliad mor aruthrol o amserol erbyn diwedd y mileniwm.'[89] Gwedir hyn gan Bobi Jones, fodd bynnag, yn *Mawl a'i Gyfeillion* (2000):

> Eto, ni fwriadwyd yr astudiaeth fel adwaith yn erbyn Ôl-foderniaeth ddiweddar. Er ei fod yn ymddangos fel pe bai'n wrthddywediad go benderfynol i dueddiadau Ôl-fodernaidd, dechreuwyd pendroni am bwnc y ddwy gyfrol hyn tua'r un pryd ag y dôi Ôl-foderniaeth ar lun dadadeiladu yn ffasiynol benodol. Hynny yw, cyfredol oedd â'r osgo yna; ac yn hynny o beth, mae'n dwyn olion ymwybod â'r symudiad hwnnw.[90]

Ond mewn llythyr personol ataf, noda'n glir ei fod yn ystyried darlith a draddododd yn Eisteddfod Bro Myrddin 1974 (a gynhwysir ar dudalennau 22–40 *Llên Cymru a Chrefydd*) fel 'cychwyn "swyddogol" yr ymgyrch yn erbyn Ôl-foderniaeth o'm rhan i'.[91] Dyma sylw sydd yn awgrymu'n glir y cyfrifoldeb a deimlai i 'amddiffyn' Cymru rhag dylanwad y mudiad lluosaidd hwn. (Ceir trafodaeth lawnach ar ymateb Bobi Jones i syniadau'r ysgol hon yn nes ymlaen yn y bennod hon.)

Rheswm arall posibl dros y datblygu a'r cyfundrefnu a gafwyd yn y cyfnod diweddar ar syniadau *Llên Cymru a Chrefydd*, oedd bod Bobi Jones yn gweld yn gliriach y cydgysylltiad rhwng gwahanol weddau ar ei Feirniadaeth Gyfansawdd. Gwelodd reidrwydd i ymdrin â maes Cymhelliad yn llawn er mwyn creu'r darlun beirniadol cyflawn y dyheai amdano. Rhaid oedd iddo gyfundrefnu ei gasgliadau ym maes Cymhelliad er mwyn iddynt gydweddu â'r math o drafodaethau mwy systemataidd a theoretig a gafwyd ym maes Tafod, er enghraifft. Rhaid oedd tacluso'i gasgliadau cychwynnol er mwyn iddynt deilyngu eu lle yn *Beirniadaeth Gyfansawdd*. Gellir synio felly am y tair cyfrol ddiweddar sy'n cynnwys trafodaethau estynedig ar thema Cymhelliad, sef *Mawl a'i Gyfeillion*, *Mawl a Gelynion ei Elynion* a *Beirniadaeth Gyfansawdd*, fel olynwyr naturiol i *Llên Cymru a Chrefydd*, ond hefyd fel cyfrolau sydd wedi datblygu a chyfundrefnu llawer ar yr ymdriniaethau cychwynnol hynny. Y gobaith yn awr, felly, yw y gall y drafodaeth hon hefyd ddod yn fwy systemataidd a threfnus er gwaethaf rhybuddion Bobi Jones ynghylch natur 'wlanog', 'amhendant' a 'haniaethol'[92] ei drafodaeth ef ei hun.

Ceisio ateb i'r cwestiwn 'pam llenydda o gwbl'[93] yw prif fyrdwn y ddwy gyfrol ar Fawl, ac mae'r newid pwyslais amlwg a geir yn y cwestiwn hwn, o'i gymharu â'r cwestiwn a ofynnwyd yn *Llên Cymru a Chrefydd*, yn arwyddocaol. Archwilio'r berthynas rhwng beirniadaeth lenyddol a Christnogaeth a gafwyd yn bennaf yn y fan honno trwy ddiffinio ac amddiffyn rôl y beirniad o Gristion. Mae'r newid pwyslais erbyn *Mawl a'i Gyfeillion* a *Mawl a Gelynion ei Elynion* yn siarad yn huawdl am ddatblygiad meddwl Bobi Jones yn nhermau'r modd y syniai am gydberthynas yr aml weddau ar lenyddiaeth. Erbyn cyhoeddi'r cyfrolau hyn mae rôl neilltuol Cymhelliad wedi'i hamlygu ei hun iddo, ac mae'n ei gweld yng nghyd-destun y broses o lenydda yn ei chyfanrwydd: 'Wrth wneud hynny fe'm gorfodir i geisio esbonio ym mha le yn y broses gyflawn ac ym mha ffordd y mae Cymhelliad yn ffitio a beth yw ei arwyddocâd yn strwythur y meddwl wrth iddo lenydda.'[94] Trafodir y ddwy gyfrol hyn ar Fawl gyda'i gilydd isod gan ei bod yn amlwg mai felly y'u bwriadwyd;[95] y naill yn trafod Mawl ar hyd y traddodiad, a'r llall yn ymdrin â Mawl y cyfnod diweddar, ynghyd â'r gwrthwynebiad a fu iddo.

Hawlia Bobi Jones ei fod, drwy edrych ar y traddodiad mawl Cymraeg, wedi darganfod 'beirniadaeth lenyddol sy'n Gymreig' ei natur.[96] Cyhudda feirniaid eraill ei gyfnod o efelychu ffasiynau'r byd Eingl-Americanaidd a phlygu i bob chwiw a ffasiwn llenyddol. Trefedigaeth fu Cymru o safbwynt beirniadol yn ei farn ef ond, yn yr astudiaeth hon o Gymhelliad y llenor hawlia ei fod yn camu i etifeddiaeth Einion Offeiriad. Dadleua fod y traddodiad Cymraeg wedi dechrau deall canolrwydd Mawl drwy ddatguddiad a dderbyniodd y bardd-offeiriad hwn: 'Mewn gwirionedd, yr ŷm yn symud yng Ngramadegau'r Penceirddiaid tuag at ddiffiniad amgen o Fawl neu Glod na'r un arferol.'[97] Dyfala mai '"canu gŵr"'[98] yw'r peth cyntaf a ddaw i'r meddwl wrth synio am y Traddodiad Mawl Cymraeg, ond awgyma fod y canu hwn wedi ei wreiddio mewn Mawl i Dduw, a'i fod wedi datblygu yn ei dro i fod yn Fawl i ferch ac yna i fyd natur. Ond dadleua fod hyn oll yn Fawl i Dduw yn y pen draw am fod Duw yn 'ei ddatguddio'i hun drwy'i greadigaeth'.[99] Ymgais ganddo yw'r astudiaeth ddwy-ran ar Fawl i ystyried a oedd 'athroniaeth groyw ac ymarferol'[100] y tu ôl i'r arfer o ganu Mawl.

Os Genesis 1:28 a'r gorchymyn i fod yn ffrwythlon a diwyllio'r ddaear yw adnod allweddol *Llên Cymru a Chrefydd*, diau y gallwn synio am 'Molwch yr Arglwydd' fel gorchymyn canolog y cyfrolau ar Fawl. Dyma'r gorchymyn a ailadroddir amlaf yn yr ysgrythurau, ac mae'n orchymyn tragwyddol gan mai prif ddiben dyn yn y byd hwn a'r byd sydd i ddod – yn ôl cwestiwn cyntaf Holwyddoreg Fer Westminster – yw gogoneddu Duw a'i fwynhau am byth. 'Y gorchymyn diwinyddol',[101] neu'r 'gorchymyn dibennol',[102] yw'r enw a roddodd Bobi Jones ar y gorchymyn hwn i foli'r Arglwydd, ac mae'n debyg i orchymyn diwylliannol Genesis 1 ar sawl cyfrif. Fel y gorchymyn cyntaf hwnnw, meddai Bobi Jones, mae'n orchymyn y mae'n rhaid i'r credadun a'r anghredadun, yn ymwybodol, yn anymwybodol neu'n isymwybodol, ufuddhau iddo: 'Wrth fod yn rhan o'r greadigaeth, nid oes dewis ond ufuddhau i'w amodau. Molwn yn weithredol, cyfathrebwn yn foliannus gadarnhaol yn yr un ffordd ag yr ufuddhawn i ddisgyrchiant.'[103] Nid oes dianc rhagddo, nid mawl achlysurol neu ddewisol ydyw, ond diben creiddiol a ragadeiladwyd i seiliau'r byd. Yn ôl Bobi Jones, mae'n orchymyn y mae'r greadigaeth gyfan yn greddfol ufuddhau iddo – y moroedd a'r mynyddoedd, hyd yn oed – fel y darlunnir mewn amryw o ganiadau'r Hen Destament ('Y nefoedd sydd yn datgan gogoniant Duw; a'r ffurfafen sydd yn mynegi gwaith ei ddwylo ef.' (Salm 19:1)). Mae'r gorchymyn hwn, fel y gorchymyn diwylliannol, hefyd yn orchymyn sy'n esbonio, ym marn Bobi Jones, gyfeiriad y greadigaeth a'r grymoedd cadarnhaol sydd o blaid bywyd ar y ddaear hon. Yn wir, erbyn diwedd *Mawl a Gelynion ei Elynion*, pwysleisia Bobi Jones fod y ddau orchymyn hyn, ynghyd â'r gorchymyn cenhadol a drafodwyd yn *Llên Cymru a Chrefydd*, i gyd yn cael eu crynhoi yn y gorchymyn i foli: 'Ond clymir pob gorchymyn yn y gorchymyn i foliannu'r Arglwydd.'[104]

Ar sail yr adnodau hyn daeth Bobi Jones i'r canlyniad bod y greadigaeth gyfan yn bodoli er mwyn moliannu Duw, a bod y ddaear wedi ei strwythuro ar gyfer Mawl. Mae'n cydnabod bod Mawl yn gysyniad go chwithig heddiw, ac y bydd y syniadau hyn yn ymddangos yn chwiwus neu'n 'bur ecsentrig'[105] i lawer o bobl. Serch hynny, deil mai 'Mawl yw'r term mwyaf addas i gyfleu'r math hwn o duedd sy'n anochel bresennol ym mhobman'.[106] Ond beth yn union a olygir ganddo pan ddefnyddia'r term Mawl? Oherwydd mae'n boenus o amlwg nad ydym yn byw bob eiliad o bob dydd yn canu mawl uniongyrchol i Dduw, ac nid yw'r coed na'r bryniau fel petaent yn cyfansoddi cywyddau moliant ychwaith. Ac yn fwy na hynny, ar adegau, ymddengys ein bod ni'n gwneud yr hyn sy'n gwbl wrthwynebus i foliannu, sef beirniadu neu ddweud yn gas am rywun neu rywbeth. Eglurodd Bobi Jones nad 'Mawl penodol grefyddol'[107] sydd ganddo mewn golwg. Defnyddia'r gair Mawl i gyfeirio at symudiad llawer mwy cyffredinol yn y greadigaeth; grym sydd *o blaid bywyd* ydyw, grym sydd yn cynnwys y cadarnhaol ynghyd â'r ymddangosiadol negyddol (oherwydd rhesyma mai 'Is-gynnyrch i Fawl yw Gwrth-fawl').[108] A dyna drafferth y term. Dewisodd Bobi Jones ddefnyddio gair a oedd eisoes â chynodiadau pendant er mwyn cyflwyno'i ddehongliad o Gymhelliad sylfaenol llenyddiaeth. Cyfaddefa ef ei hun y gall y defnydd '[g]weddol benodol os od'[109] a wna o'r gair 'Mawl' beri tramgwydd i'r darllenydd: 'Fe all y diffiniad o Fawl yn y gyfrol hon ymddangos braidd yn ddieithr i'r sawl sydd heb fod yn gyfarwydd â'r meddwl Cristnogol hanesyddol Cymraeg.'[110] Nid yn unig y mae'n cyflwyno ystyr newydd i'r gair 'Mawl', ond mae hefyd yn defnyddio'r ddau ystyr yn gyfochrog, oherwydd yn y cyfrolau hyn ceir trafodaeth am gysyniad 'Mawl' ochr yn ochr â thrafodaeth am y traddodiad canu 'mawl'. Dywed ymhellach: 'Byddai dyneiddiwr dogmatig yn gallu dosbarthu Mawl yn daclus o fewn Ffurf, yn un o'r dulliau sydd gan lenor i ymateb i fywyd, tra byddai Cristion o bosib yn dadlau mai dyma Gymhelliad bywyd oll.'[111] Ond y broblem baradocsaidd yw bod y 'ddau yn gywir'.[112] Yn y rhagymadrodd i *Mawl a'i Gyfeillion* dywed fod *tri* math o fawl: yn gyntaf, y '*cyflwr* cymelliadol' y mae'n ceisio ei gyflwyno yn y cyfrolau hyn; yn ail, '*adeiledd*' Mawl sy'n rhan o gyfundrefn llenddull Mawl/Dychan; ac yn drydydd, yr enghreifftiau diriaethol o Fawl mewn mynegiant.[113] Yn *Beirniadaeth Gyfansawdd*, fodd bynnag, dywed ei fod yn defnyddio'r gair 'mawl' mewn dwy ffordd yn unig:

> Ar un llaw, fel 'dweud yn dda am rywun neu rywbeth', i'w gyferbynnu'n syml â llenddull 'dychan'. Ond ar y llaw arall, yn lletach ac yn gyfoethocach, ar gyfer meddwl, dweud a gweithredu i hyrwyddo'r hyn a ystyrir yn llesol, yn adeiladol ac yn ddymunol: ffordd o fyw yw.[114]

Yr unig ffordd sydd gan y darllenydd i wahaniaethu rhwng y termau hyn yw bod Bobi Jones yn honni ei fod yn defnyddio llythyren fach ar ddechrau'r llenddull, tra mae Mawl cymelliadol yn teilyngu priflythyren barchus, ond ymddengys nad yw'n gwbl gyson yn hyn o arfer, yn enwedig yn *Mawl a'i Gyfeillion*.[115]

Eglurodd Bobi Jones fod dau reswm pam y bu iddo ddefnyddio'r term 'Mawl' er bod iddo ystyr pendant yn barod a'i fod o'r herwydd yn dramgwydd i'r darllenydd: y rheswm cyntaf oedd am ei fod yn awyddus i gyhoeddi 'bod llenyddiaeth yn gwneud gweithred sydd o anghenraid yn gadarnhaol',[116] a'r ail oedd am ei fod yn gweld canolrwydd Mawl i'r traddodiad a'r meddwl Cymreig.

Mae'r broblem derminoleg hon yn ymestyn ymhellach na hyn, fodd bynnag. Un o'r elfennau mwyaf problematig yn yr holl drafodaeth am Gymhelliad yw ceisio dirnad y gwahanol dermau a ddefnyddia Bobi Jones i gyfeirio ato. 'Diben y llenor' neu 'Ragosodiadau Diwinyddol-Lenyddol' oedd ei ddewis adeg ysgrifennu *Llên Cymru a Chrefydd*. Erbyn cyhoeddi'r cyfrolau ar Fawl fe'n hwynebir gan ddau derm gwahanol, sef 'Mawl' a 'Chymhelliad', ac erbyn *Beirniadaeth Gyfansawdd* tueddir i gyfeirio at 'Gymhelliad' yn anad dim (dyna paham y dewiswyd hwnnw yn deitl i'r bennod hon). Ond ai dau derm yn cyfeirio at yr un peth yw 'Mawl' a 'Chymhelliad', neu a ydynt yn wahanol o ran pwyslais?

Ymddengys ar adegau fod Bobi Jones yn defnyddio'r ddau derm yn gyfnewidiol i gyfeirio at yr un peth. Yn *Mawl a'i Gyfeillion*, t. 38, er enghraifft, cyfeiria at Fawl fel 'y grym hwnnw sy'n peri i Dafod esgor ar Fynegiant', er iddo nodi'n glir mewn mannau eraill mai Cymhelliad a wna'r gwaith hwn. Dro arall, mae fel petai'n awgrymu bod gwahaniaeth rhwng Mawl a Chymhelliad, er mor debyg y maent yn ymddangos:

> Mae'n perthyn yn agos i'r ffenomen 'Mawl' – fel y mae Diben a Gwerth hwythau wrth gwrs.[117]

Dro arall eto, awgrymir bod Mawl yn bodoli o fewn strwythur ehangach Cymhelliad:

> Gyrrir Deunydd i geisio Ffurf gan ryw awydd. A chalon Cymhelliad, y strwythur sy'n ei adeiladu'n greadigol, yw Mawl.[118]

Ond ar y tudalen nesaf awgrymir bod Mawl yn beth a grëir pan weithredir Cymhelliad:

> Cymeradwyo bywyd a wna Mawl. Ac fe'i llunnir pan ymlunia Cymhelliad llenyddiaeth ei hun.[119]

Hynny yw, mae Cymhelliad yn perthyn i Dafod, tra mae Mawl yn perthyn i faes Mynegiant. Atgyfnerthir y dehongliad hwn sawl tro yn *Mawl a Gelynion ei Elynion*: 'Cyfundrefn Cymhelliad sefydlog a ddarpara'r strwythur i Fawl Mynegiant.'[120]

Pan heriwyd Bobi Jones ynghylch y cyfnewid termau hwn, cydnabu fod hyn yn 'sylw craff a hollol gywir',[121] a'i fod yn tueddu i ddefnyddio Cymhelliad bellach yn ei weithiau theoretig am ei fod yn 'derm diduedd'. Hwn yw'r 'term strwythurol',[122] yn ei feddwl ef. Ond nid yw'r ateb yn bodloni'n llawn ychwaith, oherwydd mae'n amlwg bod gwahaniaeth elfennol rhwng y termau hyn. Efallai mai'r esboniad mwyaf boddhaol a roddir ar y termau hyn yw'r canlynol: 'Er mai Cymhelliad yw'r term gorau i gydbwyso a lledu ar draws rhychwant gwerth, trefn a diben, y term unol gorau ar gyfer y ffenomen hon o safbwynt ei gynnyrch yw Mawl.'[123] Hynny yw, mae'r term Cymhelliad yn crynhoi ac yn diffinio'r hanfodion hyn, ond mae Mawl yn cyfeirio at eu hamlygiad ymarferol a diriaethol. Mae Mawl hefyd yn effeithiol wrth ddisgrifio 'ansawdd y Cymhelliad',[124] yn ôl Bobi Jones, sef awgrymu ei natur gadarnhaol a ffrwythlon.

Nododd Bobi Jones yn ogystal ei fod yn tueddu i ddefnyddio'r gair Mawl yng nghyd-destun Cymru am fod gennym 'draddodiad ymwybodol o Fawl'.[125] Ond diau fod mwy iddi na hynny, ac o graffu eto ar *Mawl a'i Gyfeillion*, gwelir mai'r ateb a geir yn y fan honno yw mai Mawl yw'r dull Cymreig o gyflenwi 'pam' llenyddiaeth, a bod dulliau eraill megis 'Delweddu a Dehongli' yn cyflawni'r un swyddogaeth mewn llenyddiaethau eraill. 'Credaf mai yn y traddodiad Mawl yn anad unlle y ceir y dull Cymreig o gyflawni Cymhelliad yn benodol.'[126] Hynny yw, nid yn unig mae defnyddio'r gair Mawl yn ffordd hwylus o gyfathrebu'r cysyniad i'r Cymry, mae hefyd yn nodwedd unigryw ar eu dull hwy o gyflawni Cymhelliad. Dywed ymhellach yn *Beirniadaeth Gyfansawdd*, fodd bynnag, iddo ddewis canolbwyntio ar Fawl, nid yn unig oherwydd 'unigrywiaeth y Traddodiad Cymraeg' a'r pwyslais a geir ynddo ar fawl, ond hefyd am fod 'Mawl yn pwysleisio'n well na dim gychwyniad Cymhelliad mewn gwerth'.[127]

Prin, os o gwbl, yw'r datblygiad yn y syniadau hyn erbyn cyhoeddi *Beirniadaeth Gyfansawdd*, oherwydd fe gyhoeddwyd yr holl gyfrolau hyn yn yr un cyfnod yn fras (2000–3). Ar ddechrau *Mawl a'i Gyfeillion*, er enghraifft, sonia Bobi Jones am y gyfrol atodol hon, sef *Beirniadaeth Gyfansawdd*, a oedd 'wedi'i chwpla eisoes'.[128] Yr hyn a geir yn *Beirniadaeth Gyfansawdd* yw pellhau oddi wrth drafodaeth uniongyrchol ar Fawl – er bod y cysyniad o Fawl yn parhau i fritho'r drafodaeth, wrth reswm – a chanolbwyntio ar Gymhelliad fel egwyddor fwy cyffredinol, gan bwysleisio'i leoliad yng nghyfundrefn gyflawn llenyddiaeth. Dyma nodweddion Cymhelliad fel y'u cyflwynir yn *Beirniadaeth Gyfansawdd*.

Yn ôl Bobi Jones does 'dim dewis gan lenor ond cael rhyw ysgogiad y tu ôl i'w weithred ryfedd o fynd ati i lenydda',[129] ac iddo ef, Cymhelliad yw'r hyn sy'n ysgogi'r llenor i gyfansoddi neu i greu Mynegiant llenyddol o adnoddau crai Tafod. Os yw Tafod yn fecanwaith cudd yn y meddwl, yna rhaid cael rhywbeth i'w osod ar waith, a Chymhelliad yw'r peth hwnnw. Ymhellach, Cymhelliad sylfaenol i drefnu'r bydysawd neu 'osod Trefn ar gythrwbl profiad'[130] sy'n peri i ddyn adeiladu Tafod yn y lle cyntaf. Dadl Bobi Jones yw bod Cymhelliad yn hollol angenrheidiol; mae'n 'orfodol i lenydda, i godi pin, i lunio brawddeg'.[131] Ceir llawer mwy o bwyslais ar Gymhelliad erbyn cyfnod diweddar Bobi Jones am iddo ddod i sylweddoli rheidrwydd ei gynnwys yn y fframwaith llenyddol a phwysleisio'i rôl allweddol: 'Cydnabod ei leoliad pontiol gorfodol a'i swyddogaeth ddeinamig esgorol yw sylweddoliad angenrheidiol Beirniadaeth Gyfansawdd.'[132]

Mae Cymhelliad yn fwy nag 'ysgogiad' yn unig, fodd bynnag. Hwn yw'r 'ddolen',[133] y 'bont',[134] neu'r 'trothwy'[135] rhwng Tafod a Mynegiant. Dyma'r cyswllt neu'r cyfrwng trawsffurfiol sy'n caniatáu i Dafod droi'n Fynegiant; y 'grym neu'r gwth symudiadol'.[136] Serch hynny, nid yw Cymhelliad yn gyflwr fel y cyfryw. Yn hyn o beth mae'n wahanol i Dafod a Mynegiant sy'n gyflyrau statig ill dau.[137] Cyswllt neu broses ddeinamig yw Cymhelliad rhwng dau begwn llonydd.

Cymhelliad yw'r canolbwynt mewn gwirionedd, a rhoddir y safle canolog iddo yng nghynllun triphlyg *Beirniadaeth Gyfansawdd* oherwydd o amgylch hwn y mae'r gweddau eraill yn troi. Ni cheir llenyddiaeth hebddo ym mryd Bobi Jones. Dyma'r wedd bwysig i ryw raddau; prin y byddai neb yn bodloni ar system ieithyddol oedd yn cynnwys dwy ran wahanol a hollol ar wahân. Yn y man canol hwn y cynhwysir y cyffro sy'n gysylltiedig â'r weithred o lenydda: 'Yn y Trothwy deinamig hwnnw rhyngddynt yr ymdeimlir ag anturiaeth weithredol yr iaith, y darganfod delweddol emosiynol, cyffro'r weledigaeth o fywyd.'[138]

Beth felly yw union natur y Cymhelliad hwn? Neu o eirio'r cwestiwn mewn modd ychydig yn wahanol, a mabwysiadu geiriad Bobi Jones ei hun: '*A oes Gwyddor Cymhelliad felly?*'[139] 'Oes a nac oes'[140] yw'r ateb pryfoclyd – os ychydig yn Ôl-fodernaidd – a geir ganddo: 'Oes mewn Tafod: nac oes mewn Mynegiant. Tŷ hanner ffordd yw Cymhelliad a chanddo ddrws y cefn a drws y ffrynt.'[141] Ni ddylai beri syndod i neb nad oes llawer o ddiddordeb ganddo mewn trafod Cymhelliad Mynegiant: 'Dyna ddrws y ffrynt a maes celfyddyd: Cymhelliad y gwaith unigol.'[142] Mae'n faes llawer rhy gyffredin a chonfensiynol i ennyn chwilfrydedd Bobi Jones. Mae Cymhelliad Mynegiant yn ysgogiad achlysurol a phenodol, megis dymuno chwarae neu geisio bod yn ddefnyddiol. Dyma'r math o gymhellion a drafodir gan T. J. Morgan yn ei ysgrif 'Cymhellion

Llenyddol', megis y 'cymhelliad llwythol'[143] neu'r 'cymhelliad coffaol a chofiannol'.[144] Mewn cyferbyniad â hyn, mae Cymhelliad Tafod yn llawer mwy creiddiol a chyntefig: 'Mewn Tafod sut bynnag y mae yna gyfundrefnau dwfn ac isymwybodol nad oes gan neb reolaeth ymwybodol drostynt, nad oes neb yn eu dyfeisio o'r newydd, sy'n wedd ar fodolaeth ei hun – megis Disgyrchiant.'[145]

Adeiledir cyfundrefn Cymhelliad gan y triawd cymelliadol Gwerth, Trefn a Diben. Nid yw nodi'r rhain yn gyfyngedig i'r cyfrolau diweddar, fodd bynnag: ceir cyfeirio atynt, er nad mor fynych, yn *Llên Cymru a Chrefydd*, lle y dadleuir bod 'pob llenyddiaeth – yn anymwybodol neu beidio – wedi'i seilio ar ragosodiadau neu ragdybiau ynghylch diben, gwerthoedd, a threfn'.[146] Yn nhyb Bobi Jones, mae Gras Cyffredinol yn peri bod y drindod hon wedi ei hadeiladu i mewn i'r *psyche* dynol ac yn wir i'r holl greadigaeth. Ond rhybuddia nad *cyfundrefnu* yw rhestru neu nodi'r triawd hwn a gorffen yn y fan honno. Er mwyn cyfundrefnu rhaid manylu ar natur eu cydlyniad a thrafod eu perthynas â'i gilydd: 'Cyfundrefn yw amlinellu adeiladwaith anochel eu perthynas.'[147] Yn yr ystyr hwn, ni chyfundrefnwyd mohonynt yn *Llên Cymru a Chrefydd*, ac yn sicr nid oedd cymaint o ymwybyddiaeth o'u natur gydlynol. Yn *Mawl a'i Gyfeillion* disgrifiwyd eu perthynas fel a ganlyn: 'Triawd ydynt fel y tair ffurf ar fater – soled, hylif a nwy; ac eto'n berthynol ddeinamig fel y berthynas rhwng y proton, electron a'r newtron yn yr atom.'[148] Awgrymir yma (trwy gymariaethau) ddau beth cyferbyniol amdanynt: ar y naill law maent yn wahanol ffurfiau ar yr un sylwedd, ac ar y llall maent yn rhannau gwahanol o'r un mecanwaith trosgynnol. Gwêl Bobi Jones fod 'olyniaeth debyg i eiddo Aristoteles – dechrau, canol, diwedd – yn y berthynas hon rhwng Gwerth, Trefn, a Diben'.[149] Mewn deiagram ar ffurf tabl yn *Beirniadaeth Gyfansawdd*, t. 182, darlunia Werth fel y 'man cychwyn', Trefn fel y 'man canol' a Diben fel y 'man diweddol'; neu, mewn geiriau eraill o'r un tabl, Gwerth yw'r 'Amod sy'n ysgogi', Trefn yw 'Dull yr ymgyrraedd' a Diben yw'r 'Cynnyrch a geisir'.[150] Pen draw a chynnyrch y cyd-drawiad hwn yn y meddwl dynol yw Mawl, yn ôl diffiniad arbennig Bobi Jones o'r gair: 'Adeiledir Mawl gan y triawd hwn.'[151] Ystyrir isod bob aelod o'r triawd yn ei dro.

Gwerth sy'n darparu'r 'sylfaen'[152] ar gyfer y drindod. Y rhagdybiaeth bod i bopeth ansawdd gwael neu wych yw'r 'man cychwyn yn y meddwl'.[153] Mae sylfeini diwinyddol y rhagdyb hwn i'w gweld yng nghytgan Genesis 1, 'da oedd'. Rhagadeiladwyd Gwerth i mewn i'r greadigaeth pan greodd Duw y byd; roedd i bopeth a greodd ei Werth penodol. Ond yn fwy na hynny, mae Gwerth yn bodoli yn y greadigaeth am fod y Duw a'i creodd yn dda ac yn werthfawr a'i fod wedi gosod stamp ei gymeriad ei hun ar ei greadigaeth. Yn y diwedd, yr hyn yw Gwerth yng ngolwg Bobi Jones yw gwedd ar gymeriad Duw: 'Ei Ddaioni a'i Harddwch personol Ef wedi'u hargraffu ar y greadigaeth ac yn parhau (drwy'r Cwymp) oherwydd Gras Cyffredin.'[154] Cyn bod llunio iaith neu lenyddiaeth yn bosibl o gwbl, rhaid bod ymdeimlad bod hon yn dasg sy'n werth ei chyflawni, yn beth sydd yn werth ei wneud: 'Nid oes sgrifennu heb werth, pa mor ffaeledig bynnag y bo.'[155]

Trefn yw'r 'cyfrwng' i gyrraedd y nod yn y pen draw. Y dethol a'r 'dosbarthu'n gydlynol, gwerthuso'n wahuniaethol' sydd ynghlwm wrth drefnu yw'r man cyswllt rhwng y Gwerth a'r Diben. Trefnu sydd yn 'didoli'[156] ac yn dosbarthu Gwerth. Trefnir am ei fod yn werth gwneud, am fod diben i'r dasg. Mae'n reddf sydd yn waelodol mewn dyn: 'Mae yna ysfa sylfaenol gan ddyn i ddeall y byd a'r bywyd hwn; i osod trefn weithredol ar ei ddelweddau.'[157] Rhoddwyd Trefn yn y greadigaeth o'r cychwyn cyntaf: Duw a sefydlodd y patrymau a'r deddfau sy'n peri bod bodolaeth yn bosibl o gwbl. I Bobi Jones, mae Duw yn Dduw trefnus ac felly mae Trefn hithau yn wedd ar ei gymeriad. Ceir Trefn benodol i'r weithred o greu fel y'i darlunnir yn Llyfr Genesis:

> Allan o wacter y creodd y cwbl, gan sefydlu trefn drwy wahanu goleuni a thywyllwch, dyfroedd a dyfroedd, dyfroedd a sychdir, llysiau a phrennau, o drefn i drefn, bob un yn ôl eu rhywogaeth, ac yn y blaen nes bod y cwbl yn gyflawn, o'r naill gam i'r llall.[158]

Gan fod dyn wedi ei greu ar lun a delw Duw, y duedd hon at drefnu yw 'un o'r nodweddion adeileddol cyntaf a etifeddwyd gan ddyn'.[159] Rhaid i ddyn drefnu ei fydysawd er mwyn deall neu gyfathrebu, yn wir, er mwyn goroesi o gwbl. Gellir cysylltu'r ysfa anochel hon am drefn â'r gorchymyn diwylliannol a'r her i ddyn ddiwyllio'r ddaear ac i lywodraethu drosti.

Nod a phen eithaf y drindod yw'r Diben neu '[f]oli a gogoneddu' neu '[l]unio neu gadarnhau perthynas adeiladol'.[160] At hyn y bu'r ddwy wedd arall yn anelu: 'Nid trefn er mwyn trefn moni, ond trefn sy'n symud tuag at Ddiben. Nid Gwerth digyswllt oedd y Gwerth, ond Gwerth i Ddiben.'[161] Mae Diben yn cysylltu'n agos iawn â'r cysyniad o Werth. Dyma'r ymwybod bod 'gan bob gair a gweithred eu pwrpas'.[162] Gyrrir pob llenor gan yr ymwybod o'r Diben eithaf neu'r gobaith o weld cynnyrch ei lafur mewn Mynegiant. Rhaid bod ymdeimlad o bwrpas i'r weithred o lenydda neu 'ni ddigwydd'.[163] Diddorol nodi bod Bobi Jones yn aml yn defnyddio'r gair 'Pwrpas' yn lle 'Diben' wrth gyfeirio at y ffenomen hon, yn enwedig felly yn y cyfrolau ar Fawl. Iddo ef, pwrpas eithaf unrhyw weithred – boed hynny'n ymwybodol neu beidio – yw Moli'r Arglwydd, fel y trafodwyd eisoes. Cydnabu, fodd bynnag, y gall fod dehongli seciwlar ar y symudiad hwn tuag at Ddiben, a chynigia '[g]ynyddu, dathlu, ennill sefyllfa well neu fwy o foddhad, mwy o ddealltwriaeth, o oleuni, o bres, o feistrolaeth ar y ddaear, amddiffyn, goroesi, difyrru',[164] fel rhai opsiynau posibl. Ond amlygiadau o Gymhelliad mewn Mynegiant yw'r rhain yn hytrach na'r Cymhelliad creiddiol, sef Moli'r Arglwydd.

Theori Cymhelliad ac Ôl-foderniaeth

Tybiodd Bobi Jones fod y drindod Gwerth, Trefn a Phwrpas yn cael ei bygwth gan y symudiad Ôl-fodernaidd. Syniodd am y mudiad Ôl-fodernaidd fel un a wrthododd Werth, Trefn a Diben: 'Dyma, i'm bryd i, y tri negydd canolog',[165] a diau mai dyna pam y daeth y mudiad hwn gymaint o dan ei lach yn y blynyddoedd diwethaf. Fel y nodwyd eisoes, byddai'n gamarweiniol meddwl am theori Gwerth, Trefn a Diben fel un a ffurfiwyd i fod yn wrthdystiad bwriadol i Ôl-foderniaeth. Ond fel y dywedwyd yn barod, honnodd Bobi Jones iddo ddechrau meddwl am y pethau hyn yn yr un cyfnod ag y dôi Ôl-foderniaeth yn ffasiynol.[166] Cydnabu mai 'cyfredol oedd â'r osgo yna; ac yn hynny o beth, mae'n dwyn olion ymwybod â'r symudiad hwnnw'.[167] Felly, mae'n bell o fod yn amhosibl bod y drindod hon wedi ymffurfio yn ei feddwl fel math o brotest, os yn isymwybodol, yn erbyn yr her dybiedig gan Ôl-foderniaeth.[168]

Gwêl Bobi Jones y mudiad Ôl-fodernaidd fel un a wrthododd Werth fel rhinwedd feirniadol. Iddynt hwy, roedd Gwerth darn o lenyddiaeth yn ffactor oddrychol a ddibynnai ar chwaeth a safbwynt yr unigolyn: 'Nid oedd safonau gwrthrychol ac allanol ar gael.'[169] Gwrthodent y farn y gall fod safonau cyffredinol ac oesol y gellid tynnu arnynt. Amhosibl oedd dweud a oedd un llenor yn rhagori ar un arall, neu a oedd un darn o lenyddiaeth yn well nag un arall. Relatifrwydd oedd piau hi. Roedd hyn yn anathema i Bobi Jones a gredai '[nad] cyfartal o ran pwysigrwydd yw pob dim yn y bydysawd er bod i bopeth ei le'.[170] Daliai fod modd i feirniad llenyddol 'wrthod y gwachul a chofleidio'r gwych, cofleidio'r arwyddocaol ac osgoi'r cymharol ddibwys'.[171] Yn wir, dadleuai fod yn *rhaid* cydnabod rhagoriaeth rhai pethau er mwyn 'caniatáu gwareiddiad o gwbl'.[172] Ymwybod o werth sy'n ffurfio Canon llenyddol, peth sydd, yn ôl Bobi Jones yn 'anochel i bobl brin eu hamser (sef pawb), a phawb y mae eu hymennydd yn galw am faeth'.[173] Un peth yw ceisio bod yn gynhwysol a chaniatáu amrywiaeth o fewn y canon llenyddol; ni ddylai cymeradwyo Gwerth fod yn gyfystyr â chulni. Ond beth a wneir â llenyddiaeth sy'n wironeddol wael? A fyddai'r Ôl-fodernwyr yn dadlau nad yw'r fath beth yn bod? Defnyddiodd Bobi Jones ddyfyniad byr gan René Wellek er mwyn pwysleisio ei bwynt, sef 'Relativists always shirk the issue of thoroughly bad poetry.'[174]

Yn ôl Bobi Jones roedd y mudiad Ôl-fodernaidd wedi ymwrthod â'r syniad o Drefn wrthrychol hefyd. Yn ôl y darlun o'r mudiad a gynigir ganddo, gwelai'r Ôl-fodernwyr mai caethiwus yw cyfundrefn o'r fath: 'Gorthrwm oedd pob disgyblaeth.'[175] Siawns a damwain sydd yn rheoli pob peth. Ond nid yw hyn yn dal dŵr yng ngolwg Bobi Jones a chyflwyna ddadl o fyd gwyddoniaeth er mwyn profi ei bwynt. Rhesymodd fod pob cenhedlaeth o wyddonwyr yn gorfod cymryd yn ganiataol 'fod ffurf a threfn yn wedd gynhenid ar y bydysawd'.[176] Rydym yn ddibynnol ar ddeddfau a rheolau rhagosodedig yn y greadigaeth er mwyn bodoli yn y lle cyntaf. Trefn sy'n caniatáu i ni fyw a meddwl o gwbl. Cyfeirio y mae at Drefn ar lefel Tafod neu Gyn-Dafod yn y fan hon: hynny yw, rhagdyb ddiwinyddol sydd ganddo mewn golwg. Ond beth sydd ganddo i'w ddweud am Drefn y gwaith unigol mewn Mynegiant? A fyddai'n wrthwynebus i lenor a drefnai ei waith mewn modd arbrofol neu wahanol? A sut y mae'r delfrydu hwn ar Drefn yn ei amlygu'i hun yn ymarferol yn ei waith ef ei hun? Oherwydd fel y pwysleisir ym mhennod 6 mae gwaith Bobi Jones yn gallu bod yn llai na threfnus.

Mae'r mudiad Ôl-fodernaidd, fel y dealla Bobi Jones ef, hefyd yn gwadu Pwrpas gan nad yw'n derbyn bod unrhyw bwrpas terfynol neu oruwchnaturiol i fywyd. Perygl hyn, ym mryd Bobi Jones, yw nad oes neb yn cyflawni dim oni bai fod ymwybod real bod yna Bwrpas neu Ddiben i'r fath dasg. Rhaid bod pen draw neu ddiben i unrhyw orchwyl neu nid yw'n werth ymgymryd ag ef: 'Heb ben draw nid oedd angen syflyd o'r gychwynfan.'[177] Ond ni ellir cyhuddo'r mudiad Ôl-fodernaidd o gynhyrchu beirniaid neu lenorion sy'n gwrthod syflyd o'r 'gychwynfan'. Yn wir, oni bai i'r llenorion hyn fod mor gynhyrchiol a dylanwadol yn ystod y chwarter canrif diwethaf, ni fyddai gan Bobi Jones ddim i gwyno yn ei gylch![178] Sut felly mae esbonio'r anghysondeb hwn? Ai gorsymleiddio safbwynt yr Ôl-fodernwyr a wna Bobi Jones? Hyd yn oed os nad oes pwrpas absoliwt i fywyd y gellid ei ddeall yng ngoleuni tragwyddoldeb, nid yw hynny'n golygu na wêl yr Ôl-fodernydd bwrpas i fywyd beunyddiol. Onid y gwir yw bod gan yr Ôl-fodernydd ddelfrydau ynghylch pwrpas, ond bod y pwrpas hwnnw'n gallu bod yn un llawer mwy hylifol, cyfnewidiol neu berthynol? Neu gall gredu, hyd yn oed, mai ei bwrpas mewn bywyd yw tanseilio neu ddadadeiladu'r hyn y credir ei fod yn wirionedd am y byd. Fel y sylwodd Bobi Jones yntau: 'Ni all y negyddwr mwyaf ffasiynol, hyd yn oed, ddianc rhag na gwerthoedd na phwrpas cyn gynted ag y myn fynegi'i feddyliau (neu ynghynt). Mae yntau *o blaid* negyddu.'[179] Yn wir, os yw theorïau Bobi Jones ynghylch Cymhelliad yn gywir, yna *rhaid* i'r Ôl-fodernydd a'r Cristion fel ei gilydd ufuddhau i'r deddfau a ragadeiladwyd i'r cread ynghylch Pwrpas, Gwerth a Threfn, ac felly mae'n anorfod y byddant yn gynhyrchiol: 'Ta beth a wna dyn, llecha y tu ôl iddo fframwaith o bwrpas a gwerth – wrth wisgo'i ddillad, wrth gychwyn o'r tŷ, wrth roi un cam ar ôl y llall, wrth anadlu.'[180] Pam felly mae Bobi Jones yn ofni na fydd pobl yn gynhyrchiol greadigol os dilynant syniadau Ôl-fodernaidd? Efallai y gellid casglu mai poeni ynghylch *cynnwys* gweithiau a lywiwyd gan yr ysgol hon o feddwl y mae, yn hytrach na'u hanallu i greu. Ynteu, ar y llaw arall, ai'r Ôl-fodernwyr sydd yn anghyson yn y fan hon, a heb ddilyn eu rhagosodiadau i'w pen draw rhesymegol? Pe baent mewn gwirionedd yn synied nad oes *unrhyw* bwrpas i fywyd ni fyddent yn ymroi i lenydda o gwbl. Fel y sylwodd Ernest Geller:

> But perhaps there are some really good postmodernists who in fact do not publish at all? *Ex hypothesi*, a really good one would be silent. Perhaps some real genius of postmodernism will one day persuade us to admire his uniquely deep silence, rather like the avant-garde painter who secures admiration for a canvas which he simply covers with uniform black paint.[181]

Yn sicr, un cyhuddiad dilys y gellir ei wneud yn erbyn Ôl-foderniaeth, a'i sgeptigiaeth ynghylch iaith, yw bod rhaid i'r Ôl-fodernydd weithio o fewn hualau disgwrs os yw'n dymuno cael mynegiant i'w safbwynt o gwbl.

Nid oes dwywaith mai'r broblem fwyaf ynghylch trafodaeth Bobi Jones ar Ôl-foderniaeth yw nad yw byth yn eglur at bwy neu beth yn union y mae'n cyfeirio. Pwy yw'r bobl hyn sydd yn gwadu Gwerth, Trefn a Phwrpas, ac ymhle mae eu 'cyffes ffydd' wedi ei chofnodi? Yn wir, dyma ran o'r broblem gydag unrhyw drafodaeth ar Ôl-foderniaeth, sef ei bod yn fudiad sydd 'yn amlweddog ac yn amlochrog'[182] ac yn ymwrthod â diffiniadau taclus. Gwna Bobi Jones osodiadau ysgubol megis:

> Po fwyaf y darllenaf drafodaethau ar Ôl-foderniaeth a gweithiau gan awduron a ystyrir yn Ôl-fodernaidd, mwyaf y caf fy ngwthio i'r casgliad mai'r sylfaen sydd y tu ôl iddynt sy'n ffug, ac na hidir am hynny.[183]

Ac eto nid yw'n enwi nac yn cyfeirio'n benodol at waith y beirniaid neu'r llenorion hyn. Yr hyn a wna yw cymryd ychydig o enghreifftiau lliwgar ac adnabyddus er mwyn goleuo'i ddadl. Ceir sawl cyfeiriad at artistiaid a cherddorion arbrofol neu *avant garde* megis John Cage, Jackson Pollock ac Yves Klein, er enghraifft. Awgrymodd Jerry Hunter mai'r rheswm dros y drafodaeth arwynebol hon yw nad yw wedi darllen hyd yn oed waith Derrida ei hun, un o brif ladmeryddion dadadeiladaeth.[184] Ond dylid nodi i Jerry Hunter wneud y sylwadau hynny wrth adolygu hunangofiant Bobi Jones, ac ni fyddai cynnwys dyfyniadau ysgolheigaidd o weithiau o'r fath wedi bod yn unol â chonfensiynau'r *genre*. Yn wir, mae trafodaeth Bobi Jones drwyddi draw yn dangos ymwybyddiaeth drwyadl â rhychwant eang o awduron y gellid eu hystyried yn Ôl-fodernaidd, ac mae'r ffaith ei fod yn medru'r Ffrangeg yn caniatáu iddo ymdrin â gweithiau craidd y mudiadau Strwythurol ac Ôl-strwythurol yn yr iaith wreiddiol.

Eto, rhaid gresynu nad oes ond ychydig o enghreifftiau ohono'n mynd i'r afael o ddifrif â gweithiau penodol, a fyddai'n cynnig sylfaen fwy academaidd gyfrifol i'w feirniadaeth ar Ôl-foderniaeth.[185] Nid yw'n enwi unrhyw lenorion neu feirniaid o Gymru a ystyria yn 'Ôl-fodernaidd', fel y cyfryw. Cyfeiria at agweddau Ôl-fodernaidd yng ngweithiau beirniadol John Rowlands a Simon Brooks, ond gwrthyd eu rhoi yn y gorlan Ôl-fodernaidd am ei fod yn ystyried bod ganddynt weledigaeth helaethach na'r un ddadadeiladol.[186] Dichon fod yr amharodrwydd hwn i enwi Cymry yn deillio o'r ffaith nad oes yr un llenor neu feirniad sy'n teilyngu'r teitl 'Ôl-fodernydd' pur, er bod agweddau Ôl-fodernaidd yn britho gwaith amryw ohonynt:

> Eto, er mor ychydig o feddwl Ôl-fodernaidd gwreiddiol a geid, fe dderbyniai amryw o'n llenorion ragdybiau a oedd weithiau fel petaent yn yr awyrgylch ac yn rhan gynhenid o Ôl-foderniaeth – megis Relatifrwydd, Lluosedd, a Sgeptigaeth, er mai prin oedd y Nihiliaeth ronc.[187]

Mae trafodaethau Bobi Jones ar Ôl-foderniaeth yn gyffredinol yn eu hanfod: grwpir ysgolion ac unigolion na fyddent o anghenraid yn cydweld â safbwyntiau ei gilydd, ac sy'n perthyn i gyfnodau hollol wahanol mewn hanes, o dan yr un faner am fod eu safbwynt yn annerbyniol ganddo. Sylwodd Angharad Price ar yr arfer hwn a'r modd y mae rhethreg chwareus Bobi Jones yn caniatáu iddo gyplysu awduron tra gwahanol dan label Ôl-fodernaidd, a thrwy hynny '[dd]ileu degawdau o ddisgwrs'.[188] Serch yr arfer camarweiniol hwn mae gwrth-ddadleuon Bobi Jones yn erbyn Ôl-foderniaeth gyda'r mwyaf diddorol a darllenadwy o'i ysgrifeniadau. Gellid awgrymu yn ogystal ei fod yn gwneud hyn am fod

Beirniadaeth Gyfansawdd wedi ei bwriadu yn drafodaeth boblogaidd ar theori. Gellid awgrymu ei fod yn y fan hon yn hepgor dyfyniadau trymaidd er mwyn ceisio cynulleidfa ehangach i'w theorïau. Mae ei ddadleuon ar y cyfan yn glyfar ac yn ddifyr. Gwna ensyniadau seithug sy'n peri i'r darllenydd feddwl eto am werthoedd, os gwerthoedd go gyffredinol, y mae'n eu cymryd yn ganiataol. Mae brawddeg megis:

> Gwedid Gwerth; ond rywfodd yr oedd yn werth gwadu Gwerth[189]

neu:

> Honnid sut bynnag gyda chryn bendantrwydd bellach na ellid byth mwyach ymhel â chredoau absoliwt. Wrth gwrs, yr oedd y fath ymagweddu ei hun, fel y sylwodd llawer, yn absoliwt.[190]

yn herio'r dulliau hyn o feddwl i'r gwaelod. Nid dadleuon newydd fel y cyfryw mo'r rhain, ac mae nifer o Gristnogion (ymhlith beirniaid eraill[191]) wedi codi'r cwestiynau hyn yng nghyd-destun y mudiad Ôl-fodernaidd; maent yn ddadleuon digon rhesymol sydd fel petaent yn tywallt dŵr drwy'r tyllau yng ngwaelod bwced Ôl-foderniaeth: 'Wrth gwrs, hawdd y gellid gweld y tyllau mewn Ôl-foderniaeth gan nad oedd am fod yn rhesymegol.'[192] Ond ai enghraifft o gyhuddiad Jerry Hunter ac Angharad Price sydd yma? Sef bod Bobi Jones yn creu '[c]ocyn hitio'[193] drwy roi dadleuon gor-syml ar dafodau ei wrthwynebwyr cyn eu saethu i lawr oherwydd eu symlder a'u naïfrwydd? Dylid nodi yn y fan hon fod beirniaid Cristnogol eraill wedi ymagweddu mewn modd gwahanol ac ychydig yn fwy sensitif i Ôl-foderniaeth. Mae D. A. Carson, diwinydd amlwg iawn o'r Unol Daleithiau, er enghraifft, yn trafod Ôl-foderniaeth mewn modd dadansoddol. Mewn astudiaeth hirfaith yn dwyn y teitl, *The Gagging of God*, mae'n trafod ymateb Cristnogaeth i bliwraliaeth a'r hermeniwteg newydd gan fod yn ofalus i wahaniaethu rhwng yr hyn a ystyria yn 'hard-postmodernism' a 'soft-postmodernism'.[194] Mae'n trafod gwaith Derrida, er enghraifft, heb neidio i eithafion na'i gollfarnu: 'It is not that Derrida thinks texts are meaningless. Rather, he perceives in them a superfluity of meaning.'[195] Mae Carson hyd yn oed yn gweld rhinweddau ym mheth o ddysgeidiaeth y mudiad hwn: 'My first point, then, is that Christians have a vested interest in acknowledging that the new hermenutic, deconstruction, and postmodernity say important and true things.'[196] Gellid cyffelybu hyn i raddau i'r modd y mae Bobi Jones yn dweud bod gan Beckett wironeddau pwysig i'w cyflwyno am dueddiadau ei oes ei hun. Mae Don Carson hefyd yn gresynu wrth y Cristnogion hynny sy'n edrych yn ôl yn sentimental ar feddylfryd yr oes o'r blaen. Yn ei dyb ef mae gan bob oes ei her i'r efengyl Gristnogol: 'Besides, postmodernism is proving rather successful at undermining the extraordinary hubris of modernism, and no thoughtful Christian can be entirely sad about that.'[197] Petai Bobi Jones wedi cymryd yr un agwedd â'r diwinydd hwn, mae'n debyg y byddai ei ddadleuon wedi bod yn fwy derbyniol ac yn fwy grymus yn y pen draw.

Profodd Bobi Jones ymosodiad deublyg o du Ôl-foderniaeth am fod hwn yn fudiad a wrthodai ei Gristnogaeth a'i adeiledddeg fel ei gilydd. Mae ei ymosodiad yntau ar y mudiad hefyd yn ddeublyg, a thyn Bobi Jones ar ei wybodaeth o feysydd diwinyddiaeth ac ieithyddiaeth er mwyn mynd i'r afael ag ef. Trafodwyd uchod y gwrthddadleuon diwinyddol o'i eiddo a ddefnyddiwyd er mwyn amddiffyn ei Gristnogaeth Galfinaidd. Ystyrir yn awr ei ymateb i Ôl-foderniaeth o gyfeiriad adeileddeg, a'r arfau a gasglodd o'i hyfforddiant ym myd ieithyddiaeth er mwyn gwrthweithio'r 'adwaith yn erbyn Adeileddeg'.[198]

Dangosodd ei hyfforddiant ym maes dysgu iaith iddo fod trefn benodol i'r modd y mae'r baban yn bwrw ati i ddysgu iaith. Cyfeiria dro ar ôl tro at y Cymhelliad sylfaenol neu'r 'ysfa gynhenid'[199] sydd gan y baban i drefnu ei fydysawd er mwyn goroesi ac er mwyn cyfathrebu. Apelia'n fynych at brofiad y plentyn a'r rhagdybiau ymddangosiadol sydd ganddo ynghylch Gwerth, Trefn a Phwrpas. Haera y byddai'r plentyn hwnnw'n meddwl mai gwallgofrwydd yw dysgeidiaeth yr Ôl-fodernwyr nad oes Gwerth na Threfn na Phwrpas i fywyd: 'Pe bai'r plentyn naturiol a gonest yn gwybod am theori'r nihilwyr ynghylch diffyg cynllun, a diffyg pwrpas a diffyg gwerth, buan y taerai mai tipyn bach o ffug academaidd fu'r dogma modernaidd hwn.'[200] Gellid dadlau, fodd bynnag, fod hyn yn or-symleiddiad o safbwynt y mudiad Ôl-fodern fel y nodwyd eisoes. A gellid awgrymu ei bod braidd yn eironig bod Bobi Jones yn defnyddio meddylfryd y plentyn fel esiampl ar y naill law, ond yn fflangellu'r mudiad Ôl-fodernaidd am fod yn 'blentynnaidd'[201] a heb dyfu i'w lawn dwf ar y llall.

Sylfaenodd Derrida, tad Dadadeileddeg fodern, ei ddamcaniaeth ar frawddeg sy'n ymddangos yng ngwaith Saussure, sef: 'Within language, there are only differences without positive terms.' Canolbwyntiwyd ar yr ansoddair *arbitraire* gan Derrida, a hynny, yn ôl Bobi Jones, am ei fod yn cyfiawnhau penrhyddid ofer a dihangfa rhag hualau trefn:

> Cipiwyd yr ansoddair: 'arbitraire'. Roedd yn waredigaeth. Cefnogai swrealaeth, theatr yr hurt, nihiliaeth, ffasiwn relatifaidd, lluosedd, eciwmeniaeth gredoau, a diffyg disgyblaeth feddyliol.[202]

Ond hanner y stori oedd hyn, yn ôl Bobi Jones. Drwy ganoli ei sylw ar y gair hwn, anwybyddodd Derrida ddatganiad arall sy'n dod ar dudalen nesaf Saussure, sef (yng nghyfieithiad Bobi Jones): 'Cyn gynted ag y cymherir arwyddion ieithyddol – termau cadarnhaol – â'i gilydd, ni ellir mwyach sôn am wahaniaeth.'[203] Aethpwyd ar chwâl drwy beidio ag ystyried awgrymiadau eraill Saussure ynghylch Tafod, yn ôl Bobi Jones. Y diffyg cydbwysedd hwn a arweiniodd at *différance* Derrida. Ymatebodd Bobi Jones yn erbyn y term hwn gan honni y gwelwyd y gwahaniaethau heb sylwi yn ddigonol ar y tebygrwydd oedd yn eu huno. Annigonol oedd hyn, yng ngolwg Bobi Jones, a bathodd ei derm cyfansawdd ei hun am yr hyn y dylid ei arddel yn ei le, sef 'gwahuniaeth', hynny yw, sylwi ar y gwahaniaethau a'r undod yn eu tro. Daeth y term hwn yn ganolog i drafodaethau theoretig Bobi Jones erbyn diwedd ei yrfa. Cyfeirio y mae at sylweddoliadau isymwybodol cyn-ieithyddol. Hyn sy'n caniatáu i'r baban ddeall a threfnu ei fyd. Rhaid i'r sawl sydd am ddeall weld y tebygrwydd ynghyd â'r gwahaniaeth rhwng y naill beth a'r llall: 'Hanner-pob fuasai gwahanu heb gysylltu.'[204] Ond mae'r term 'gwahuniaeth' yn broblematig oherwydd ymateb i un hanner cysyniad y gair *différance* yn unig a wna. Mae term Derrida hefyd yn cynnwys yr elfen 'gohirio' yn ogystal â 'gwahaniaethu', oherwydd mae'r ferf Ffrangeg *différer* yn gallu cyfeirio at un o'r ddau ystyr hyn.[205] Mae'r ystyr 'gohirio' hwn yn awgrymu bod perthynas rhwng y gair unigol a'i gyd-destun. Sylwodd Bobi Jones ei hun nad oedd wedi rhoi sylw i'r 'gohirio' hwn ac o'r herwydd nad oedd ei 'safiad yn gwbl deg yn hyn o beth'.[206] Ond wedyn brysiodd i sicrhau ei ddarllenydd mai ar 'yr ymddatod yr oedd ac y mae'r pwyslais dadadeileddol'[207] gan yr Ôl-fodernwyr mewn gwirionedd, ac felly nad yw ei bwyslais ef ar 'wahuniaeth' mor anghytbwys ag y tybid.

Bu'n rhaid i Bobi Jones gydnabod, wrth gwrs, fod elfen ddamweiniol i sain a ffurf geiriau unigol: mae 'buwch', 'cow' a 'boeuf' i gyd yn cyfeirio at yr un anifail, er enghraifft. Cred ef ei bod yn fwy cymhleth na hyn fodd bynnag: 'Ac eto, bid siŵr, nid damweiniol yw pob sain "ddamweiniol", gan fod y geiriau hyn oll yn cydymffurfio'n ddeddfol reolaidd o ran sain â ffonoleg gyfundrefnus eu hiaith briodol.'[208] Nid yw gair yn dod yn rhan o'r iaith, mewn gwirionedd, nes ei fod yn plygu i holl reolau Gramadeg. Rhaid i'r gair fabwysiadu adeileddau gramadegol, megis rhif, cenedl ac yn y blaen. Nid yw'n rhan o'r iaith nes i'r damweiniol beidio: 'Rhaid i'r sglefrio beidio'n gyntaf.'[209]

Mae'r pwyslais ar Ramadeg yn hollol nodweddiadol ganddo. Beirniada Bobi Jones yr athronwyr iaith hynny sy'n rhoi gormod o sylw i *eiriau* heb sylwi ar eu trefn. Gramadeg iaith sy'n greiddiol yn ei olwg ef; hyn sy'n cyfrannu golwg gyflawn i ni ar bethau: 'Ond gramadeg y geiriau, adeiladwaith cydlynol y geiriau mewn gramadeg, dyna yw calon iaith.'[210] Mae geiriau'n rhan o Ramadeg, yn rhan o batrwm ehangach. Mae geiriau unigol, digyswllt yn bethau y gellir sglefrio drostynt, ond seilia Bobi Jones ei ddadleuon ar strwythur cadarnach Gramadeg. Hawlia fod hyn yn beth dyfnach o lawer na geiriau: 'Ond pan drown at Ramadeg pobl (ac, fel y gwelsom, ni fodola geiriau go iawn hebddo), canfyddwn y drefn anochel sydd o gylch yr anhrefn, yr undod o gylch yr amrywiaeth, y sefydlogrwydd am yr ansefydlog.'[211] Geirfa yw'r wedd fwyaf arwynebol ac ansefydlog ar iaith, bid siŵr, ac eto mae Bobi Jones yn gorfod cydnabod bod yn rhaid i hyd yn oed Ramadeg iaith newid o hyd. Esbonia mai'r rheswm dros hyn yw bod iaith, fel popeth arall, yn rhan o'r Cwymp cosmig ac o'r herwydd mae wedi ei thynghedu i farw: 'Yn wir, cytunwn fod yna ryw fath o ansicrwydd ynglŷn â hi – felly – eithr gorsymleiddiad yw hynny: ansicrwydd ydyw o fewn sicrwydd.'[212]

Arf arall sydd gan Bobi Jones yn erbyn ansefydlogrwydd Ôl-foderniaeth, sy'n perthyn yn agos iawn i Ramadeg, yw Tafod: 'Mae'r awydd am ansicrwydd, relatifrwydd, a sgeptigiaeth luosaidd yn gorfod goddef cryn anesmwythyd wrth ystyried Tafod.'[213] Nid oes modd hawlio'n rhesymol fod deg person i'r rhagenw, er enghraifft, dim ond am ein bod yn ffansïo dweud hynny heddiw.[214] Er bod yn rhaid i Bobi Jones gyfaddef nad yw Tafod yn hollol sefydlog – fel y trafodwyd yn y bennod ar Dafod – ansefydlog o fewn terfynau pendant ydyw: nid yw'n newid o ganlyniad i farn bersonol. Yn hyn o beth, gwêl Bobi Jones debygrwydd rhwng gwyddoniaeth ac ieithyddiaeth. Mae'r ddwy ddisgyblaeth yn gorfod rhagdybio bod y fath bethau â ffeithiau gwrthrychol a sefydlog yn bod, neu nid oes modd iddynt weithredu o gwbl. Cyfeiria Bobi Jones yn aml at wyddoniaeth a rhagdybiau gwyddonol er mwyn cadarnhau ei safbwynt. Y darluniau a ddefnyddir ganddo gan amlaf yw deddf disgyrchiant a gwneuthuriad cemegol dŵr: 'Mae deddf disgyrchiant yn mynnu datgan fod y grym rhwng dau wrthrych yn amrywio yn ôl sgwâr y pellter rhyngddynt; ac mae hyn os yw'n wir yn wir o flwyddyn i flwyddyn ac o le i le.'[215] Mae tynnu cymariaethau o'r fath yn effeithiol tu hwnt i brofi bod rheolau a deddfau absoliwt yn y cread. Dyma ffaith sydd yn ergyd yn nannedd Relatifrwydd. Ond dylid nodi'n ogystal fod y defnydd hwn o wyddoniaeth 'boblogaidd' yn gallu bod yn gamarweiniol gan nad yw'n rhoi ystyriaeth i'r cymhlethdod sydd ynghudd yn y deddfau gwyddonol hyn, nac ychwaith yn cymryd i ystyriaeth y ffaith *bod* darganfyddiadau neu theorïau gwyddonol yn cael eu tanseilio o hyd.

I grynhoi, mae'n bwysig cadw mewn cof fod theori Cymhelliad yn llawer mwy na gwrthdystiad syml yn erbyn theori Ôl-foderniaeth. Yn wir, gwrthoda Bobi Jones yr honiad bod Ôl-foderniaeth yn elyn i Fawl: 'Ymddengys mai gelyn anymwybodol Mawl yw Ôl-foderniaeth ac y myn wrthwynebu holl gynhwysion a phriodoleddau Mawl. Ond geuddrych yw hyn.'[216] Mae'n gyndyn i roi'r statws hynny iddo; nid yw Mawl ac Ôl-foderniaeth yn yr un dosbarth mewn gwirionedd. Byddai'n ddigon bodlon enwi Ôl-foderniaeth yn rhan o lenddull dychan sy'n gwrth-ddweud llenddull cadarnhaol mawl (gyda llythyren fach), ond ni all gystadlu â grym Duw-roddedig Mawl: 'Eithr os ystyrir Mawl yn rymuster sylfaenol, yn ysgogiad o blaid bodolaeth, ac yn ysfa i oroesi, yna, wrth gwrs ni fedr mater bach fel Ôl-foderniaeth darfu arno.'[217]

Yn wir, mae hyd yn oed Bobi Jones yn gweld rhai pethau i'w canmol yn y Mudiad hwn. Er iddo ddod i'r casgliad wrth ystyried Ôl-foderniaeth mai ym maes 'Cymhelliad cyffredinol yn bennaf yr oedd yn arwyddocaol',[218] hawliodd fod Ôl-fodernwyr yn gweithio ym maes Mynegiant gan amlaf, ac nid yw fel petai'n gwrthwynebu iddynt fela yn y maes hwn yn yr un modd. Mae'n edmygu rhai o'r technegau a'r nodweddion arddull a ddefnyddir ganddynt, megis realaeth hudol, yr ymson mewnol, chwarae ar ystyr geiriau a'r gair mwys. Ystyria fod y technegau hyn yn '[f]ywiog, newydd ac yn ffres'.[219] Mewn cyfweliad personol â mi dywedodd mai'r 'gair mwys mwyaf a ddefnyddiwyd erioed yw'r gair "Gorffennwyd" a lefarodd yr Iesu ar y Groes'.[220] Ymhellach: diddorol yw sylwi ar y modd y mabwysiadodd Bobi Jones nifer o'r technegau arddull hyn yn ei waith creadigol a beirniadol ei hun (fel y trafodir ymhellach ym mhennod 6), er bod rhaid cydnabod nad ydynt yn nodweddion arddull sydd wedi eu cyfyngu i'r mudiad Ôl-fodernaidd yn unig.

Mae gan Bobi Jones rywbeth positif i'w ddweud am Ddadadeiladu hyd yn oed: 'Gall fod yn rhy rwydd rhoi camargraff ac ymddangos yn negyddol wrth drafod dadadeiladu, efallai. Gadewch imi felly ddweud hyn yn gadarnhaol amdano. Credaf fod negyddu yn wedd hanfodol ar ffurf meddwl.'[221] Cydnabu'r lle canolog sydd i amau a negyddu yn y meddwl dynol, ond nid dyna'r pen draw iddo ef. Dylid defnyddio'r dulliau hyn o feddwl er mwyn cyrraedd a phwysleisio'r cadarnhaol. Mae'n ddigon parod i roi lle i ddadadeiladu o fewn ffiniau Beirniadaeth Gyfansawdd 'fel dyfais eithr nid wrth gwrs fel dogma'.[222] Dywedodd rywbeth cyffelyb wrth ymateb yn ganmoliaethus i 'The Intentional Fallacy', Wimsatt a Beardsley: 'Pan fo amheuaeth yn ddyfais, iechyd da yw: pan ymflonega'n ddogma, mae angen ei hamau. Yr unig gynnwys gweddus i ddogma yw gwirionedd hollol sicr.'[223]

Theori Cymhelliad yn ddiau yw'r rhan fwyaf gwreiddiol a diddorol o Feirniadaeth Gyfansawdd Bobi Jones. Ynddi, mae'n dilyn ei drywydd unigryw ei hun gan gyfuno dylanwadau o'r ysgolion ieithyddol a diwinyddol ymylol y bu'n ddisgybl iddynt. Ni wyddys am yr un theorïwr llenyddol arall a ddilynodd yr un llwybr ag ef. Dyma enghraifft arall o Bobi Jones yn cael ei ddenu gan y 'gwahanol' ac yn gwthio yn erbyn tueddiadau ei oes ei hun:

> Dyma faes traddodiadol go wyryfol, yn awr. Yr oeddwn yn llawen i fod ar gerdded yn y meysydd anghydymffurfiol hyn pryd yr oedd rhai o'm cymheiriaid (o leiaf mewn ieithoedd eraill) yn canlyn yn unplyg (ac ambell un yn anfeirniadol felly) y dull ôl-fodernaidd negyddol a seciwlar.[224]

Dyma gyfraniad gwreiddiol gan Gymro i'r drafodaeth gyfoes ar feirniadaeth lenyddol ac am fywyd yn gyffredinol: 'Dyma ein her i'r trefedigaethu beirniadol cyfoes.'[225] Eto, siomedig yw ei ymdriniaeth â'r maes ar lawer ystyr. Mae'n amlwg iddo ef ei hun deimlo adeg ysgrifennu ei hunangofiant nad oedd wedi rhoi'r sylw haeddiannol i'r maes hwn:

> Beth bynnag, er gwaethaf deniadau Diben yn y dyddiau diddiben ac anniben hyn (ac er imi fforio mymryn i'r diriogaeth honno yn *Llên Cymru a Chrefydd*), yr hyn y ceisiais ei wneud yn fy meirniadaeth ganolog oedd myfyrio'n gymharol gyfyngedig uwchben y ffaith o Dafod yn bennaf, ei natur a'r ffordd y mae ar waith.[226]

Er iddo'n ddiweddarach roi llawer mwy o sylw i faes Cymhelliad, mae'n debyg mai'r ffaith iddo gyhoeddi'r cyfan o'i waith ar Fawl yn ystod y blynyddoedd diwethaf sy'n gyfrifol am y nodweddion anfoddhaol ar y drafodaeth. Nid oes yma mo'r strwythur taclus na'r ymadroddi eglur a gofalus sydd yn nodweddu gweithiau cyfnod prentisiaeth Bobi Jones. Erbyn cyfnod llunio'r cyfrolau ar Fawl roedd Bobi Jones wedi magu'r hyder arddull creadigol sy'n nodweddu ail hanner ei yrfa, ac o'r herwydd nid yw'r drafodaeth mor eglur. Ceir llawer o agweddau problematig ar y bennod am Gymhelliad yn *Beirniadaeth Gyfansawdd*, er enghraifft: nid yw'r drafodaeth mor drefnus ag y gallai fod, a neilltuir adrannau helaeth i ailadrodd syniadau am Dafod a Mynegiant a draethwyd eisoes mewn penodau eraill. Ceir hefyd ddwy adran sylweddol ar y Gynghanedd, ac er bod y cyfrolau hyn yn goleuo'r syniad o Drefn i ryw raddau, mae'r gofod a neilltuir iddynt yn anghytbwys. Gellid tybio eu bod wedi eu cynnwys yno o ganlyniad i ddiddordeb cynhenid Bobi Jones yn y maes, fel y tystia ei astudiaeth estynedig ddiweddarach *Meddwl y Gynghanedd* (2005) a'i argyhoeddiad bod 'cyfundrefn Cerdd Dafod yn fodd i'r Cymry adeiladu eu dull eu hunain o feddwl am lenyddiaeth yn gyffredinol'.[227] Wedi dweud hynny, mae arddull y cyfrolau hyn yn eu gwneud yn ddifyr i'w darllen, a cheir yr un wefr ar adegau ag a brofir wrth ddarllen rhyddiaith afaelgar.

Defnyddiodd Bobi Jones ei wybodaeth helaeth o'r traddodiad Cymraeg er mwyn cyflwyno darlun herfeiddiol, os dadleuol, o Gymhelliad llenyddiaeth. Dyma'r wedd fwyaf anffasiynol ar ei drafodaeth, a'r un sydd wedi codi gwrychyn beirniaid a darllenwyr, yn anad dim. Er i Bobi Jones sylweddoli na fyddai arddel safbwynt efengylaidd uniongred o'r fath yn ennill poblogrwydd na darllenwyr iddo, teimlodd reidrwydd i'w fabwysiadu, yn wyneb beirniadaeth, am ei fod yn ei ystyried yn Wirionedd.

Nodiadau

[1] R. M. Jones, *Beirniadaeth Gyfansawdd: Fframwaith Cyflawn Beirniadaeth Lenyddol* (Cyhoeddiadau Barddas, 2003), t. 127.
[2] Ibid.
[3] Ibid., t. 128.
[4] R. M. Jones, *Mawl a'i Gyfeillion: Cyfrol 1: Adeiladu Mawl* (Cyhoeddiadau Barddas, 2000), t. 36.
[5] Walter Hirtle a John Hewson (gol. a chyf.), *Gustave Guillaume: Foundations for a Science of Language* (Amsterdam/Philadelphia, 1984), t. 91.
[6] R. M. Jones, *Beirniadaeth Gyfansawdd*, t. 127.
[7] R. M. Jones, *System in Child Language* (Caerdydd, 1970), t. 29.
[8] Bobi Jones, *O'r Bedd i'r Crud: Hunangofiant Tafod* (Llandysul, 2000), t. 41.
[9] Ibid.
[10] Llythyr personol gan y Parchedig Geoff Thomas at Bobi Jones, dyddiedig 5 Tachwedd 1961.
[11] Am gyflwyniad cynhwysfawr i fywyd a gwaith Abraham Kuyper, gweler R. Tudur Jones, 'Abraham Kuyper', yn Noel A. Gibbard (gol.), *Ysgrifau Diwinyddol 2* (Pen-y-bont ar Ogwr, 1988), tt. 105–22.
[12] Henry R. Van Til, *The Calvinistic Concept of Culture* (Grand Rapids, 1959), t. 117.
[13] R. Tudur Jones, 'Abraham Kuyper', *Ysgrifau Diwinyddol 2*, t. 111.
[14] R. M. Jones, *Llên Cymru a Chrefydd: Diben y Llenor* (Abertawe, 1977), t. 12.
[15] Bobi Jones, *O'r Bedd i'r Crud*, t. 138.
[16] R. M. Jones, *Llên Cymru a Chrefydd*, t. 35.
[17] Ibid., t. 11.
[18] Ibid.
[19] Ibid., t. 13.
[20] Ibid.
[21] Henry R. Van Til, *The Calvinistic Concept of Culture*, t. 179.
[22] R. M. Jones, *Llên Cymru a Chrefydd*, t. 59.
[23] Ibid., t. 60.

[24] Ibid., tt. 14–15.
[25] Henry R. Van Til, *The Calvinistic Concept of Culture*, t. 161.
[26] R. M. Jones, *Llên Cymru a Chrefydd*, t. 13.
[27] Ibid.
[28] Tudur Hallam, 'Y plentyn a phlentyneiddwch yng ngwaith diweddar R. M. Jones', *Tu Chwith*, 20 (Gwanwyn, 2004), t. 71.
[29] Henry R. Van Til, *The Calvinistic Concept of Culture*, t. 22.
[30] R. M. Jones, *Llên Cymru a Chrefydd*, t. 14.
[31] Ibid., t. 21.
[32] Ibid., t. 22.
[33] Ibid.
[34] Ibid.
[35] Ibid., t. 23.
[36] Ibid., t. 37.
[37] Ibid., t. 30.
[38] Ibid., t. 37.
[39] Ibid., t. 34.
[40] Ibid., t. 35.
[41] Ibid.
[42] Ibid., t. 41.
[43] Ibid.
[44] Ibid.
[45] Ibid.
[46] Ibid., t. 42.
[47] Ibid., t. 49.
[48] Ibid., t. 54.
[49] Ibid., t. 58.
[50] Ibid.
[51] Ibid.
[52] Ibid.
[53] Ibid.
[54] Ibid., t. 59.
[55] Ibid., t. 67.
[56] Euros Bowen, 'Beirniadaeth lenyddol homiletig – (2)', *Y Faner* (11 Awst 1978), t. 17.
[57] R. M. Jones, *Llên Cymru a Chrefydd*, t. 67.
[58] Ibid.
[59] Ibid., t. 68.
[60] Ibid.
[61] Mathew 5:45.
[62] R. M. Jones, *Llên Cymru a Chrefydd*, t. 72.
[63] Ibid., tt. 68–9.
[64] Ibid., t. 72.
[65] Ibid., t. 70.
[66] Ibid.
[67] Ibid., t. 73.
[68] Ibid., t. 115.
[69] Ibid., t. 113.

[70] Ibid., t. 105.
[71] Tudur Hallam, 'Y plentyn a phlentyneiddwch yng ngwaith diweddar R. M. Jones', tt. 70–80.
[72] Francis Schaeffer, *The God Who is There* (London, 1968), t. 119.
[73] R. M. Jones, *Llên Cymru a Chrefydd*, t. 591.
[74] Ibid., t. 114.
[75] Ibid., t. 113.
[76] Ibid., t. 110.
[77] Ibid., t. 82.
[78] Ibid.
[79] Ibid.
[80] Ibid.
[81] Henry R. Van Til, *The Calvinistic Concept of Culture*, t. 188.
[82] R. M. Jones, *Llên Cymru a Chrefydd*, t. 63.
[83] Bobi Jones, *O'r Bedd i'r Crud*, t. 174.
[84] R. M. Jones, *Llên Cymru a Chrefydd*, tt. 112–13.
[85] Bobi Jones, *O'r Bedd i'r Crud*, t. 138.
[86] R. Tudur Jones, 'Adolygiad ar *Llên Cymru a Chrefydd*', *Bwletin Diwinyddol*, 2 (Awst 1978), t. 20.
[87] R. M. Jones, *Llên Cymru a Chrefydd*, t. 12.
[88] Ibid., t. 591.
[89] R. M. Jones, *Mawl a Gelynion ei Elynion: Cyfrol 2: Amddiffyn Mawl* (Cyhoeddiadau Barddas, 2002), t. 23.
[90] R. M. Jones, *Mawl a'i Gyfeillion*, t. 12.
[91] Llythyr personol oddi wrth Bobi Jones, dyddiedig 9 Chwefror 2005.
[92] R. M. Jones, *Beirniadaeth Gyfansawdd*, t. 128.
[93] R. M. Jones, *Mawl a'i Gyfeillion*, t. 9.
[94] Ibid.
[95] Ibid.
[96] Ibid., t. 10.
[97] Ibid., t. 21.
[98] Ibid., t. 20.
[99] Ibid., t. 36.
[100] Ibid., t. 18.
[101] R. M. Jones, *Mawl a Gelynion ei Elynion*, t. 11.
[102] Ibid., t. 379.
[103] R. M. Jones, *Beirniadaeth Gyfansawdd*, t. 130.
[104] R. M. Jones, *Mawl a Gelynion ei Elynion*, t. 379.
[105] R. M. Jones, *Mawl a'i Gyfeillion*, t. 10.
[106] Ibid.
[107] Ibid., t. 11.
[108] Ibid., t. 26.
[109] R. M. Jones, *Beirniadaeth Gyfansawdd*, t. 130.
[110] R. M. Jones, *Mawl a'i Gyfeillion*, t. 11.
[111] Ibid., t. 33.
[112] Ibid.
[113] Ibid., t. 31.
[114] R. M. Jones, *Beirniadaeth Gyfansawdd*, t. 131.

[115] Gweler, er enghraifft, R. M. Jones, *Mawl a'i Gyfeillion*, t. 31.
[116] Bobi Jones mewn sgwrs bersonol â mi, 15 Mai 2005.
[117] R. M. Jones, *Mawl a'i Gyfeillion*, t. 33.
[118] Ibid., t. 24.
[119] Ibid., t. 25.
[120] R. M. Jones, *Mawl a Gelynion ei Elynion*, t. 375.
[121] Bobi Jones mewn sgwrs bersonol â mi, 2 Chwefror 2005.
[122] Ibid., 15 Mai 2005.
[123] R. M. Jones, *Beirniadaeth Gyfansawdd*, t. 131.
[124] Bobi Jones mewn sgwrs bersonol â mi, 15 Mai 2005.
[125] Ibid., 15 Mai 2005.
[126] R. M. Jones, *Mawl a Gelynion ei Elynion*, t. 9.
[127] R. M. Jones, *Beirniadaeth Gyfansawdd*, t. 198.
[128] R. M. Jones, *Mawl a'i Gyfeillion*, t. 13.
[129] R. M. Jones, *Beirniadaeth Gyfansawdd*, t. 128.
[130] Ibid., t. 127.
[131] Ibid., t. 135.
[132] Ibid.
[133] Ibid., t. 131.
[134] Ibid., t. 17.
[135] Ibid., t. 153.
[136] Ibid., t. 17.
[137] Ibid., t. 128.
[138] Bobi Jones, *O'r Bedd i'r Crud*, t. 224.
[139] R. M. Jones, *Beirniadaeth Gyfansawdd*, t. 177.
[140] Ibid.
[141] Ibid.
[142] Ibid.
[143] T. J. Morgan, 'Cymhellion Llenyddol', *Ysgrifau Llenyddol* (Llundain, 1951), t. 38.
[144] Ibid., t. 69.
[145] R. M. Jones, *Beirniadaeth Gyfansawdd*, t. 177.
[146] R. M. Jones, *Llên Cymru a Chrefydd*, t. 11.
[147] R. M. Jones, *Beirniadaeth Gyfansawdd*, t. 180.
[148] R. M. Jones, *Mawl a'i Gyfeillion*, t. 9.
[149] R. M. Jones, *Beirniadaeth Gyfansawdd*, t. 132.
[150] Ibid., t. 182.
[151] R. M. Jones, *Mawl a'i Gyfeillion*, t. 41.
[152] R. M. Jones, *Beirniadaeth Gyfansawdd*, t. 132.
[153] Ibid., t. 180.
[154] Ibid.
[155] Ibid., t. 181.
[156] Ibid., t. 180.
[157] Ibid.
[158] Ibid., t. 128.
[159] Ibid.
[160] Ibid., t. 132.
[161] Ibid., t. 181.
[162] Ibid., t. 180.

¹⁶³ Ibid., t. 181.
¹⁶⁴ Ibid.
¹⁶⁵ R. M. Jones, *Mawl a'i Gyfeillion*, t. 58.
¹⁶⁶ Mae'n bwysig nodi bod Bobi Jones yn defnyddio'r term 'ôl-fodernaidd' mewn modd gwahanol yn ystod yr 1970au. Fe'i defnyddia i olygu'r cyfnod wedi'r hyn a elwir yn gyfnod modern, heb yr holl gynodiadau mae'r darllenydd heddiw yn eu cysylltu â'r term. Dyma enghraifft arall o sut y gall terminoleg gamarwain y darllenydd a pheri iddo gasglu bod Bobi Jones yn closio at y mudiad yn ystod y cyfnod hwn. Disgrifia Bobi Jones ddarganfyddiad Gustave Guillaume fel un 'ôl-fodernaidd' yn R. M. Jones, *Llên Cymru a Chrefydd*, t. 579, er enghraifft. Ac ar t. 563 o'r un gyfrol mae'n disgrifio Saunders Lewis, Pennar Davies, Gwenallt, Waldo, Tecwyn Lloyd ac Euros Bowen oll fel llenorion 'ôl-fodernaidd'.
¹⁶⁷ R. M. Jones, *Mawl a'i Gyfeillion*, t. 12.
¹⁶⁸ Diddorol nodi i Bobi Jones ddehongli adfywiad cynganeddol yr 1970au fel gwrthdystiad, os un anymwybodol, i dueddiadau Ôl-fodernaidd y cyfnod. Gweler, er enghraifft, R. M. Jones, *Meddwl y Gynghanedd* (Cyhoeddiadau Barddas, 2005), t. 46.
¹⁶⁹ R. M. Jones, *Mawl a'i Gyfeillion*, t. 57.
¹⁷⁰ Ibid., t. 29.
¹⁷¹ Ibid.
¹⁷² Ibid.
¹⁷³ R. M. Jones, *Beirniadaeth Gyfansawdd*, t. 156.
¹⁷⁴ R. M. Jones, *Mawl a'i Gyfeillion*, t. 57.
¹⁷⁵ Ibid., t. 58.
¹⁷⁶ Ibid.
¹⁷⁷ Ibid., t. 56.
¹⁷⁸ Ac ym myd gwleidyddiaeth, er enghraifft, dadleuodd Jane Aaron fod hyrwyddo Ôl-foderniaeth yn 'rhan o brosiect gwleidyddol rhyddfreiniol ehangach'. Gweler Jerry Hunter a Richard Wyn Jones, 'O'r Chwith: Pa mor Feirniadol yw Beirniadaeth Ôl-fodern?', *Taliesin*, 92 (Gaeaf, 1995), t. 21.
¹⁷⁹ R. M. Jones, *Mawl a'i Gyfeillion*, t. 49.
¹⁸⁰ R. M. Jones, *Beirniadaeth Gyfansawdd*, t. 165.
¹⁸¹ Ernest Geller, *Postmodernism, Reason and Religion* (London, 1992), tt. 36–7.
¹⁸² Jerry Hunter a Richard Wyn Jones, 'O'r Chwith: Pa mor Feirniadol yw Beirniadaeth Ôl-fodern?', t. 10.
¹⁸³ R. M. Jones, *Mawl a Gelynion ei Elynion*, t. 68.
¹⁸⁴ Jerry Hunter, 'Chwarae â Thafodau Tân', adolygiad o *O'r Bedd i'r Crud*, *Y Traethodydd* (Ebrill 2002), tt. 76–93.
¹⁸⁵ Fel y gwelwyd ym meirniadaeth Jerry Hunter a Richard Wyn Jones o'r mudiad hwn yn 'O'r Chwith: Pa mor Feirniadol yw Beirniadaeth Ôl-fodern?'.
¹⁸⁶ R. M. Jones, *Mawl a Gelynion ei Elynion*, t. 35.
¹⁸⁷ Ibid.
¹⁸⁸ Angharad Price, '"Tyst i Gyfraniad Rhyfeddol . . ."', adolygiad o *Beirniadaeth Gyfansawdd*, *Barddas*, 275 (Rhagfyr/Ionawr 2003), t. 56.
¹⁸⁹ R. M. Jones, *Mawl a Gelynion ei Elynion*, t. 24.
¹⁹⁰ Ibid.
¹⁹¹ Sylwodd Jerry Hunter a Richard Wyn Jones, er enghraifft, fod Derrida, drwy annog pobl i ddiddymu 'metaffisegau', yn sefydlu ei 'fetaffiseg' ei hun. Jerry

Hunter a Richard Wyn Jones, 'O'r Chwith: Pa mor Feirniadol yw Beirniadaeth Ôl-fodern?', t. 12.
[192] R. M. Jones, *Mawl a Gelynion ei Elynion*, t. 67.
[193] Jerry Hunter, 'Y Trafod sy'n Gwneud Cenedl', *Taliesin*, 104 (Rhagfyr 1998/ Ionawr 1999), t. 138.
[194] Gweler, er enghraifft, D. A. Carson, *Becoming Conversant with the Emerging Church* (Michigan, 2005), tt. 105–6.
[195] D. A. Carson, *The Gagging of God: Christianity Confronts Pluralism* (Grand Rapids, 1996), t. 74.
[196] Ibid., t. 102.
[197] Ibid., t. 10.
[198] R. M. Jones, *Mawl a Gelynion ei Elynion*, t. 58.
[199] Ibid., t. 18.
[200] R. M. Jones, *Beirniadaeth Gyfansawdd*, t. 165.
[201] Ibid., t. 162.
[202] Ibid., t. 173.
[203] Ibid., t. 154.
[204] Ibid., t. 50.
[205] Gweler Jane Aaron, 'Dadadeiladaeth a Gwleidyddiaeth', *Tu Chwith*, 2 (Haf 1994), t. 20.
[206] Bobi Jones, 'Gwahuniaeth a'r Prism', *Barddas*, 244, t. 18.
[207] Ibid.
[208] R. M. Jones, *Mawl a Gelynion ei Elynion*, t. 18.
[209] Ibid.
[210] Ibid., t. 19.
[211] Ibid.
[212] Ibid., t. 60.
[213] Ibid., t. 67.
[214] Teg nodi, fodd bynnag, i John Hewson gwestiynu damcaniaeth Bobi Jones ynghylch tri pherson y rhagenw: 'It is misleading to conclude that "there are only three persons systematically possible in language", since the absent not-self can be further divided into immanent and transcendent, to yield the grammatical persons of proximate and obviative, as in the Algonkian languages,' adolygiad o *System in Child Language*, *Language*, 49 (1973), t. 749.
[215] R. M. Jones, *Mawl a Gelynion ei Elynion*, t. 70.
[216] Ibid., t. 63.
[217] Ibid.
[218] Ibid., t. 23.
[219] Bobi Jones mewn sgwrs bersonol â mi, 2 Chwefror 2005.
[220] Ibid., 15 Mai 2005.
[221] R. M. Jones, *Beirniadaeth Gyfansawdd*, t. 163.
[222] Ibid., t. 164.
[223] Ibid., t. 183.
[224] Bobi Jones, *O'r Bedd i'r Crud*, t. 226.
[225] R. M. Jones, *Mawl a'i Gyfeillion*, t. 10.
[226] Bobi Jones, *O'r Bedd i'r Crud*, t. 224.
[227] R. M. Jones, *Meddwl y Gynghanedd*, tt. 23–4.

4

Mynegiant

> Oes, mae'n rhaid i'r sawl sy'n darllen llenyddiaeth ddechrau yn y diwedd, gyda'r Mynegiant.¹

Datgela'r frawddeg chwareus o baradocsaidd uchod ychydig ar gymhlethdod Mynegiant a'r anhawster a geir wrth geisio ei leoli o fewn ffiniau Beirniadaeth Gyfansawdd. Pan fo'r Beirniad Cyfansawdd yn bwrw ati i feirniadu llenyddiaeth rhaid iddo ddechrau – wrth reswm – gyda'r Mynegiant, oblegid yno y 'dadlennir i'r ymchwiliwr y Tafod a'r Cymhelliad',² ac yno y gwelir cynnyrch terfynol y broses lenyddol; llenyddiaeth orffenedig, boed ar lafar neu mewn print. Ac eto Mynegiant sydd â'r safle dibennol yn nhrefn gronolegol y weithred o lenydda, a hon yw'r wedd a drafodir olaf gan Bobi Jones yn *Beirniadaeth Gyfansawdd*.

Ond gorffen yn y dechrau a wnaeth Bobi Jones pan wnaeth Fynegiant yn drydedd elfen ei theori feirniadol oherwydd ym maes Mynegiant y bwriodd ef, fel pob beirniad neu ddarllenydd arall o'i genhedlaeth, ei brentisiaeth. Tra oedd yn llanc ifanc yn Ysgol Uwchradd Cathays, dechreuodd gyhoeddi beirniadaeth lenyddol ym maes Mynegiant yn *Ymlaen*, cylchgrawn yr ysgol. 'Beirniadaeth Fynegiant' – sef ymateb personol a dadansoddol i'r gwaith dan sylw – yw'r llif o erthyglau ac adolygiadau a gyhoeddwyd ganddo yn y wasg Gymraeg yn ei flynyddoedd cynnar fel academydd, a Beirniadaeth Fynegiant yw cynnwys y llyfr cyntaf o feirniadaeth lenyddol a gyhoeddwyd ganddo, sef *I'r Arch* (1959). Nid oes dim annisgwyl yn hyn; roedd yn dilyn ffasiynau llenyddol ei ddydd, yn ôl ei dystiolaeth ei hun:

> Yna, ym myd Beirniadaeth Lenyddol, pan ddechreuais ymdroi gyda'r pwnc cyfareddol hwnnw, doedd gen i fawr o syniad am yr hyn a ddigwyddasai eisoes (ar wahân i'r rhigolau sosialaidd) ym Moscow a Phrag. Y dull a dderbyniasom gan Loegr ac America, yr ymateb empeiraidd a synhwyrus i'r gwaith unigol, dyna'r dechrau a'r diwedd.³

Leavis, Richards a'r Feirniadaeth Newydd a oedd â'r monopoli ar feysydd llafur llenyddol ysgolion a phrifysgolion ar ddwy ochr Môr Iwerydd, ac yn naturiol felly, camodd y Bobi Jones ifanc i'w hetifeddiaeth. Ond newidiodd hyn oll gyda'r daith i Québec, fel y crybwyllwyd eisoes: darganfu Dafod, ac yn sgil hynny sylweddolodd mai un wedd yn unig ar iaith yw Mynegiant. Siglwyd seiliau beirniadaeth Bobi Jones. Chwyldrowyd y modd y syniai am iaith a gramadeg iaith yn y lle cyntaf, a dechreuodd weld y broses o ddysgu iaith ac ail iaith mewn modd gwahanol ac arloesol. Bu dau ddull o ddysgu ail iaith mewn grym o Oes Fictoria hyd drothwy'r 1950au ym Mhrydain, yn ei farn ef. Y cyntaf o'r rhain oedd y 'Dull Union', chwedl Bobi Jones sef 'dysgu drwy ddramateiddio sefyllfaoedd';[4] hynny yw, y math hwnnw o ddysgu iaith a gynhwysir mewn llyfrau i ymwelwyr neu dwristiaid gan amlaf; y crwydro o sefyllfa gyffredin i sefyllfa gyffredin arall gan gynnig brawddegau defnyddiol posibl. Yr ail oedd y dull gramadegol, sef yr arfer o restru nodweddion gramadegol, megis ffurfiau berfol, i'w llafarganu fel dosbarth. Math o gyfuniad o'r dulliau hyn a ddefnyddiodd Bobi Jones, yn ôl ei gyfaddefiad ei hun, yn ystod ei ddyddiau cynnar fel athro Cymraeg yn Llanidloes, ond gwrthododd y dulliau hynny wedi iddo ddysgu am natur Tafod, a sylweddoli nad rhestru a phentyrru sy'n digwydd yn yr ymennydd dynol, ond yn hytrach ffurfio *system*. Deallodd fod angen i berson adeiladu systemau Tafod yn ei feddwl er mwyn dysgu iaith; cwbl annigonol yn ei dyb ef oedd y dulliau traddodiadol o bentyrru brawddegau a sefyllfaoedd (hynny yw, enghreifftiau o Fynegiant) ym meddwl y dysgwr gan obeithio y byddai'r rhain yn y pen draw yn ei adael gyda'r adnoddau ieithyddol angenrheidiol:

> Ond ni lwyddir yn broffesiynol naturiol yn y modd mwyaf effeithiol drwy ddechrau yn y diwedd rywle gyda brawddeg fympwyol ('Beth am ddechrau gyda'r sefyllfa yma?') a chrwydro ymlaen yn braf i frawddeg fympwyol arall ('Dyma nod cyfathrebu hwylus arall. Beth am fynd at hynny nawr?').[5]

'Adeiladu patrymwaith cynyddol'[6] yw'r nod wrth ddysgu iaith, yn hytrach na chasglu enghreifftiau o frawddegau ac ymadroddion. Rhesyma mai dyma'n union a wna'r baban wrth ddysgu ei iaith gyntaf, sef ymarfer â phatrymau er mwyn ceisio darganfod trefn, a dyma sylfeini'r aml gyhoeddiadau ym maes didacteg iaith a gyhoeddwyd ganddo, megis *Cymraeg i Oedolion* (4 cyfrol), ac yn fwyaf diweddar, y gyfrol a gyhoeddwyd ar y We, *Dysgu Cyfansawdd* (2003). Yn y gyfrol ddiwethaf hon, gresyna fod athrawon iaith wedi dychwelyd at y dulliau a gondemniwyd ganddo gan ddilyn ffasiynau chwiwus Lloegr ac anwybyddu'r cynnydd a wnaethpwyd ym myd dysgu ail iaith (yn sgil ei waith ef yn bennaf.) yng Nghymru yn ystod yr 1960au a'r 1970au:

> Dyw'r iaith ddim yn cael ei hadeiladu o gystrawen i gystrawen yn y meddwl yn olynol. Mae'r cwrs yn gwibio'n ddifeddwl o un patrwm i batrwm arall er mwyn ffitio i mewn i'r pwnc y mae'r athro wedi'i ddewis yn chwiwus ar y pryd.[7]

Dechreuodd wrthryfela yn erbyn y gorbwyslais hwn ar Fynegiant ym myd dysgu iaith yn y lle cyntaf, felly, a throsglwyddwyd yr anniddigrwydd hwn yn ei dro i fyd llenyddiaeth. Mynnodd Bobi Jones fod dwy wedd ar y broses lenyddol a gâi eu hanwybyddu i raddau helaeth mewn beirniadaeth lenyddol yng Nghymru, sef Tafod a Chymhelliad, ac ymroddodd i bwysleisio'r ffactorau hynny. Nid nad oedd diddordeb ganddo mewn Beirniadaeth Fynegiant bur mwyach: i'r gwrthwyneb, nododd sut y mae Mynegiant yn rhan annatod o fframwaith cyflawn llenyddiaeth a sut y gall astudiaeth fanwl o'r Mynegiant ddatguddio elfennau cudd y Tafod a'r Cymhelliad.

> Nes inni ddechrau myfyrio am y fframwaith hwn, fy nhuedd fu dilyn y drefn o ymgyfyngu i Fynegiant fel pobun arall . . . Fy awydd yn awr oedd aros gyda'r ddau ffactor 'newydd', Tafod a Chymhelliad, yn bennaf am eu bod wedi'u hesgeuluso ac am eu bod yn rhoi'r cyfle i feddwl pethau o'r gwraidd.[8]

Ehangwyd ei orwelion llenyddol, felly, a neilltuodd ran helaeth o'i yrfa feirniadol i drafod Tafod a Chymhelliad. Nid am ei fod yn ystyried y rhain yn bwysicach na Mynegiant – 'Ni ddylid byth honni fod Tafod yn "bwysicach" na Mynegiant'[9] – nac ychwaith am ei fod yn gweld Mynegiant yn ddiflas; hon oedd y wedd fwyaf diddorol a byw ar lenyddiaeth iddo. Canlyniad anochel oedd y pleidio hwn i'r esgeuluso a fu ar Dafod a Chymhelliad ers canrifoedd, yn ei dyb ef, ac adwaith, o bosibl, yn erbyn tueddiad honedig beirniaid Cymraeg yr ugeinfed ganrif i 'ymdroi'n gyfyngedig braf'[10] ym myd Mynegiant. Yr hyn a gipiodd ei ddychymyg oedd y genhadaeth i 'ailbwysleisio'r anweledig a esgeuluswyd';[11] dod yn lladmerydd elfennau anghofiedig llenyddiaeth.

Nid yw'n syndod i'r anghydffurfiwr llenyddol hwn weld apêl mewn hybu achos ffactorau nad oeddynt yn mynd â bryd y beirniad traddodiadol, sef Tafod a Chymhelliad, a cheisio unioni eu cam. Roedd mwy o gyffro a newydd-deb yn theori Tafod, a hawdd deall sut yr hudwyd Bobi Jones gan y ddamcaniaeth gyffrous ac estron hon. Hen gyfaill iddo oedd Mynegiant, ond un y gellid ei gymryd yn or-ganiataol. Teg yw awgrymu iddo ymroi'n selog i bregethu efengyl Tafod ar draul cynnig theorïau manwl ar gyflwr Mynegiant.

Serch hynny, rhaid oedd i Bobi Jones roi sylw i Fynegiant er mwyn creu'r feirniadaeth lenyddol gyflawn a chynhwysfawr y dyheai amdani, a neilltuodd adran gyfan i'r maes yn *Beirniadaeth Gyfansawdd*, er mwyn mapio'r tirlun beirniadol yn ei holl gyflawnder. Os ymhyfrydodd mewn Tafod a Chymhelliad, ar yr un pryd daliodd i ganolbwyntio, o raid, ar Fynegiant: 'Daliwn ati, serch hynny, i gadw fy nhraed ar ddaear amlwg Mynegiant.'[12]

Er na fu Mynegiant yn gymaint o sgrechair ganddo, cynigia ddisgrifiad sylfaenol o'i natur ym mhob un o'i gyfrolau beirniadol. Ceir disgrifiadau o gyflwr Mynegiant hyd yn oed yn y cyfrolau hynny a neilltuwyd yn arbennig i drafod Ffurf a Thafod y llenor. Yn wir, mae'n ddiddorol nodi, cyn manylu ar nodweddion unigol Mynegiant, fod Bobi Jones bron yn ddieithriad yn diffinio'r cyflwr hwn ar lenyddiaeth drwy ei gyferbynnu â Thafod. Yn *Mawl a Gelynion ei Elynion* â mor bell â gosod nodweddion Tafod a Mynegiant mewn dwy golofn gyferbyniol; maent am y pegwn â'i gilydd.[13] Prin yw'r disgrifiadau annibynnol o Fynegiant a theimlir ar adegau mai cymhelliad Bobi Jones dros gynnwys y disgrifiadau hyn o gwbl oedd goleuo ymhellach y drafodaeth am Dafod a phrofi angenrheidrwydd ei fodolaeth: wedi'r cyfan, beth yw Tafod heb Fynegiant? Dengys hyn fod Bobi Jones o'r farn mai'r ffordd orau i ddeall cyflwr Mynegiant yw drwy ei weld ochr yn ochr â Thafod, ac fel arall: 'Gyferbyn â phendantrwydd a "sefydlogrwydd" Tafod caniateir amhendantrwydd ac "ansefydlogrwydd" Mynegiant.'[14]

Bydd y drafodaeth isod yn efelychu'r un patrwm o gyferbynnu Mynegiant â Thafod, a dylid ei darllen ochr yn ochr â'r bennod ar Dafod yn y gyfrol hon. Rhaid pwysleisio yn ogystal fod y drafodaeth yn pwyso'n bennaf ar *Beirniadaeth Gyfansawdd*, oherwydd er i Bobi Jones ymdrin i ryw raddau â Mynegiant yn ei gyfrolau cynnar, yn y cyhoeddiad olaf hwn y ceir y sylw disgrifiadol mwyaf cyflawn o'r cyflwr.

Dichon mai'r diffiniad symlaf o Fynegiant a rydd Bobi Jones i ni yw hwn: 'Yr hyn sy'n amlwg i bob darllenydd, neu wrandawr (ar lên lafar), yw Mynegiant y Llenor, naill ai i'r glust neu i'r llygad.'[15] Ystyria Bobi Jones Fynegiant fel y 'lefel fwyaf arwynebol a syml'[16] ar lenyddiaeth, sef yr hyn a geisir gan y llenor ac a glywir neu a welir gan ddyn. Mewn mannau eraill cynigia ddiffiniadau ychydig yn fwy cymhleth, a buddiol fyddai cymryd un o'r diffiniadau hynny a'i ddadansoddi'n fanwl. Disgrifiodd Bobi Jones Fynegiant fel: 'Y cyflawniad achlysurol, arbennig, effeithiol ac amrywiol; y dathliad o Dafod.'[17]

Hwn yw'r *cyflawniad* felly; pen draw llenyddiaeth a'r broses greadigol. 'Dyma'r cynnyrch',[18] y creedig yn hytrach na'r broses o greu. At hyn y bu'r awdur a holl gynnwys y penodau ar Dafod a Chymhelliad yn anelu: 'At hyn yr arweinia'r cwbl o dan amodau'r hyn a'i rhagflaenodd.'[19] Yma y daw'r darllenydd i gysylltiad â'r gwaith llenyddol am y tro cyntaf. Mewn un man defnyddiodd Bobi Jones eirfa grefyddol a chyfriniol wrth drafod y cyflwr hwn: 'Cyfarfyddiad personol yw â realiti. Ymgnawdoliad.'[20] Dyma'r gair (gyda 'g' fach) yn dod yn gnawd ac yn trigo yn ein plith.

Ymhellach, yn y cyflawniad terfynol a gorffenedig hwn y mae popeth yn uno: mae'r holl ffactorau a drafodwyd yn y penodau ar Dafod a Chymhelliad yn cydio yn ei gilydd, fel petai. Daw Ffurf, Deunydd a Chymhelliad yn annatod glwm: 'Yn y cyflwr hwn y mae popeth yn cydlynu, yn ymblethu, yn toddi i'w gilydd yn derfynol.'[21] Cymaint yr ymdoddi hwn nes ei bod yn anodd gwahaniaethu rhwng y ffactorau unigol. Cred Bobi Jones mai hyn sydd i gyfrif am argyhoeddiad yr Ysgol Ramantaidd na ddylid gwahaniaethu rhwng Deunydd a Ffurf mewn beirniadaeth lenyddol:

> Taerent, wrth edrych ar ddarn o lenyddiaeth, mai hollol amhosibl fuasai tynnu llinell wahaniaeth yn dwt fel yna rhwng ei Chynnwys a'i Ffurf. Ble mae'r naill yn dechrau a'r llall yn gorffen? Wedi'r cwbl, onid undod yw pob gair a phob llenydda?[22]

Mae'r cyflawniad hwn yn *achlysurol* ei natur; hynny yw, mae'r systemau Tafod sy'n gyson bresennol yn y meddwl yn esgor, ar bwynt penodol mewn amser, ar gynnyrch llenyddol. Gellid nodi dyddiad ac amser cyfansoddi: hwn yw'r 'achlysur diriaethol unigol'.[23] Mae'r cyflwr hwn yn gwbl gyferbyniol â chyflwr sefydlog a pharhaol Tafod. Nid yw Mynegiant yn cydfodoli â Thafod, yn hytrach mae'n gyflawniad achlysurol o botensial creadigol Tafod, yn beth sy'n digwydd ar adegau penodol. Yn yr ystyr hwn mae Mynegiant yn gyflwr 'dewisol',[24] o'i gyferbynnu ag anocheledd Tafod; hynny yw, mae rhyddid cymharol gan yr awdur neu'r siaradwr i ddewis a yw am gynhyrchu neu greu Mynegiant o gwbl.

Mae Mynegiant hefyd yn *arbennig*, yn yr ystyr bod darn penodol, neilltuol neu unigol o lenyddiaeth dan sylw yn hytrach na'i fod yn rhagori mewn unrhyw fodd ar Dafod neu Gymhelliad. Nid sôn am haniaethau llenyddol a wnawn wrth drafod Mynegiant, ond yn hytrach amlygiad penodol o holl botensial cyffredinol Tafod: 'Yn y fan hon y mae'r Cyffredinol yn cael ei unigoli, neu ei ddiriaethu.'[25] Mae'r awdur neu'r llenor wedi dethol yn bwrpasol o holl adnoddau Tafod er mwyn cyfleu'r effaith a ddymuna.

Mae'r ansoddair nesaf a ddefnyddia Bobi Jones ychydig yn fwy annelwig: dywed fod y cyflawniad hwn yn un *effeithiol*. Mae'n debyg mai gwireddiad neu gyflawniad yw'r hyn sydd ganddo mewn golwg, hynny yw bod Mynegiant yn wireddiad o holl bosibiliadau Tafod. Dyma Dafod ar waith ac yn yr amlwg. O ganlyniad, dyma'r cyflwr mwyaf ymwybodol ar lenyddiaeth: 'gall y llenor fod yn effro i'r Deunydd sydd ganddo dan sylw ac i'r Ffurf a'i lluniau.'[26] *Amrywiol* yw'r cyflawniad hwn wrth natur. Mae Mynegiant yn hollol ddiderfyn ei bosibiliadau: 'Ceir cant a mil o destunau, cant a mil o deimladau a ffurfiau gwahanol i Fynegiant.'[27] Daeth Bobi Jones i'r sylweddoliad hwn yn ystod ei gyfnod yn Québec:

> Cofiaf, yn y labordai iaith tra-manwl a geid yn y Brifysgol yn Québec gyda defnydd o beiriannau Pelydr-X enfawr, a dulliau goruwch-wyddonol eithafol o fesur pob canran o eiliad o ynganiad lleisiol ar hyd llathen o dâp, mai amhosibl oedd dweud yr un gair heb sôn am yr un frawddeg yn yr un ffordd yn union ddwywaith.[28]

O ganlyniad i'r amrywiaeth tragwyddol hwn, cwbl amhosibl yw olrhain system neu gysondeb digyfnewid fel y gellir ei wneud yn achos Tafod: pentyrru enghreifftiau o Fynegiant yn unig a ellir. Mae canlyniadau Mynegiant yn gymhleth ac yn ddi-ben-draw o'u cymharu â system gyfyng Tafod sy'n eu caniatáu: 'Mae'r canlyniadau'n gymhleth, ond y peirianwaith bach ei hun yn gymharol syml.'[29] Anodd, efallai, yw derbyn y cysyniad hwn; os yw posibiliadau Mynegiant yn ddiderfyn, sut y gellir cael ffiniau i Dafod? Mae'r ateb o fyd ieitheg yn ddigon syml yn y bôn: rhaid bod system â ffiniau penodol iddi yn ein meddyliau dynol ni. Amhosibl fyddai inni gael storfa ddiderfyn o eirfa, cystrawennau a brawddegau parod yn ein meddyliau. Rhaid wrth fecanwaith a all gynhyrchu amrywiaeth diderfyn, ond rhaid hefyd fod cyfyngiadau ar y mecanwaith hwnnw. Mae'r dyfyniad isod o lawlyfr ieitheg poblogaidd yn profi, yn rhannol, pa mor ganolog ydyw'r cysyniad hwn (a boblogeiddiwyd gan Chomsky yn bennaf): 'To memorize and store an infinite set of sentences would require an infinite storage capacity. However, the brain is finite, and even if it were not, we could not store novel sentences.'[30]

Gan nad oes modd sefydlu system fel y cyfryw, gellir casglu bod Mynegiant yn gyflwr rhydd. Yn wir, mae Bobi Jones ei hun yn hoff o bwysleisio 'ansefydlogrwydd'[31] a '[ch]yfnewidioldeb'[32] Mynegiant, o'i gyferbynnu â 'sefydlogrwydd' a 'sicrwydd' Tafod. Yn y drafodaeth ar Dafod ym mhennod 2, nodwyd i Bobi Jones amodi ychydig ar ei sylwadau ynghylch sefydlogrwydd Tafod wrth i'w yrfa fynd yn ei blaen. Hyd yn oed adeg cyhoeddi *Tafod y Llenor*, '[g]weddol sefydlog'³³ yw Tafod iddo, ond erbyn cyhoeddi *Beirniadaeth Gyfansawdd* cydnabu fod yna 'ymosodiad ar y llonydd, ie hyd yn oed mewn Tafod'.³⁴ Ond ni cheir unrhyw awgrym mai 'gweddol' neu 'led' sefydlog yw Tafod wrth iddo ei gyferbynnu â Mynegiant. Darlun gor-syml ac eithafol a gyflwynir yn y cyd-destun hwnnw. Honna nad yw'n pleidio'r 'ansefydlogrwydd' hwn er mwyn bod yn boliticaidd gywir nac er mwyn cadw'r ddysgl yn wastad, ond yn hytrach, am fod ansefydlogrwydd Mynegiant a'i 'ryddid' yn ddeddf ddiymwad: 'Mae Mynegiant dynol yn amrywio'n ddiderfyn ansefydlog nid oherwydd unrhyw ddogma sentimental na gwleidyddol "relatifaidd" ond oherwydd mai dyna ei natur sefydlog.'³⁵ Y tu ôl i'r amrywiaeth di-ben-draw hwn, fodd bynnag, mae deddfau sy'n ei lywio, ei yrru, ac yn caniatáu ei fodolaeth. Nid penrhyddid mo hwn, ond 'rhyddid gafr wedi ei chlymu wrth bostyn':

> Wele ni'n cogio ein bod yn gallu pori lle y mynnom gan sglefrio – yn relatifaidd, yn goegaidd, yn ddadadeiladol, yn chwaledig, – wow! edrychwch arna-i, dim dwylo! – yn rhydd dros y borfa i gyd. Ond dyma'r hen ddaear yn troi ac yn troi, yn rheolaidd o'n deutu, er ein gwaethaf.³⁶

Yn olaf, dadleuodd Bobi Jones fod Mynegiant yn *ddathliad o Dafod*. Ni ddylai beri syndod i'r darllenydd fod Bobi Jones yn mynnu gwneud Tafod yn ganolog i'w ddiffiniad o Fynegiant hyd yn oed. Mae disgrifio Mynegiant fel 'dathliad o Dafod' yn awgrymu'n gryf fod i Dafod statws uwch: y cyfan y mae Mynegiant yn ei wneud yw cyflawni a phwyntio at fodolaeth Tafod. Ond os edrychwn y tu hwnt i broblem statws, gwelwn fod yn y geiriau hyn awgrym ynghylch perthynas gymhleth Tafod a Mynegiant. O edrych ar y sefyllfa'n syncronig gwelwn Fynegiant yn cael ei yrru a'i amodi gan Dafod.³⁷ Er ei fod yn ymddangosiadol rydd, arbrofol ac ansefydlog, mae o dan lywodraeth Tafod yn y bôn, gan mai Tafod sy'n darparu'r egwyddorion a'r cyfundrefnau sylfaenol elfennaidd ar gyfer creu Mynegiant. Caniateir yr holl amrywiaeth ymddangosiadol a drafodwyd uchod 'o fewn amodau Tafod'.³⁸

Ond yn hanesyddol, neu'n ddeiacronig, mae Mynegiant yntau wedi cyflyru Tafod, ac yn parhau i wneud hynny: 'O gyfeiriad Mynegiant y crëir datblygiadau ffurfiol ar gyfer Tafod.'³⁹ Amlygir hyn, yn y lle cyntaf, yn y broses o ddysgu iaith: rhaid i'r baban neu'r dysgwr glywed neu weld enghreifftiau o batrymau mewn Mynegiant er mwyn eu dosbarthu'n drefnus o fewn Tafod. Hyn sydd i gyfrif am arfer Bobi Jones a'i gyfoedion o ddefnyddio 'Dril Dwyieithog Patrymog' yn eu dosbarthiadau ail iaith, sef ymarfer â phatrymau neu 'ailadrodd, disodli, trawsffurfio brawddegau cymharol gwta, a hynny yn ôl graddio tyfiannol'.[40] 'Yn sgil ei arfer, yr hyn a ddigwyddodd oedd bod arferion ieithyddol mewn Mynegiant wedi cyfrannu at adeiladu strwythurau "sefydlog" mewn Tafod.'[41] Dangosodd Bobi Jones yn ogystal yn ei erthygl 'Gogynghanedd y Gogynfeirdd',[42] y modd y bydd Tafod y llenor yn derbyn elfennau o gyflwr Mynegiant cyn eu corffori'n barhaol: 'Un peth a ddigwyddai rhyngddynt oedd: byddai bardd yn defnyddio nodwedd "addurniadol" mewn Mynegiant, ac yna yn hytrach na'i defnyddio'n achlysurol yn unig fe'i mabwysiadai'n sefydlog ddi-eithriad a phob amser.'[43] Perthynas symbiotig sydd iddynt; y Tafod yn creu'r Mynegiant, a Mynegiant yn ei dro yn creu ac yn estyn ffiniau Tafod; y 'naill yn adeiladu'r llall'.[44] Dyma berthynas ddwyffordd sy'n dwyn i gof yr hen gwestiwn diarhebol: pa un a ddaeth gyntaf, y cyw ynteu'r ŵy?

Honnwyd uchod mai amhosibl yw adnabod systemau o fewn Mynegiant fel y gellir o fewn Tafod. Rhaid amodi ychydig ar y gosodiad hwn bellach, fodd bynnag. Er mai amhosibl yw diffinio systemau *cyfyng* a chreiddiol deuol neu driol ym maes Mynegiant, cydnabu Bobi Jones fod patrymau ac arferion cyffredinol y gellir eu hadnabod: 'Yn ogystal â chyfundrefnau mewn Tafod (sy'n sylfaenol) fe geir hefyd felly "gyfundrefnau" llai sefydledig mewn Mynegiant (sy'n fwy "achlysurol").'[45] Neilltuir ychydig dros dudalen a hanner i nodi natur y 'cyfundrefnau' hyn yn *Beirniadaeth Gyfansawdd* (tt. 212–13), a dichon mai dyma'r tro cyntaf iddo roi unrhyw fath o sylw systemataidd iddynt. Dosberthir y cyfundrefnau hyn yn ôl Ffurf, Deunydd a Chymhelliad. Yn yr adran ar Ffurf nodir mesurau Cerdd Dafod a'r elfennau hynny a all amrywio o gerdd i gerdd, megis nifer y llinellau mewn pennill neu batrwm a threfn odlau. Sonnir hefyd am yr arfer o gyfuno gwahanol lenddulliau, er enghraifft, dramâu sy'n cynnwys caneuon. Yn yr adran ar Ddeunydd, sonnir am y modd y gellir dosbarthu llenddulliau yn ôl Deunydd, er enghraifft, nofelau ditectif neu nofelau serch. Ond diau mai'r paragraff ar Gymhelliad yw'r un mwyaf problematig. Disgrifia'r maes fel a ganlyn: 'Dyma'r lle y pwysir y gwerthfawrogiad yn ôl y cymhelliad o werthoedd mewn Mynegiant.'[46] Mae'n debyg mai'r hyn sydd ganddo mewn golwg yn y disgrifiad posaidd hwn yw'r hyn a ddisgrifir yn nes ymlaen, sef y 'gwerthoedd treiddgar cymharol amhenodol hynny' a osodir ar waith llenyddol megis '"medr ieithyddol", "aeddfedrwydd", "deallusrwydd", "dychymyg"'.[47] Sonia am y modd y mae'r 'gwerthoedd' hyn yn amrywio o oes i oes ac o berson i berson, er bod math o gysondeb yn anorfod, neu ni fyddai'n bosibl sefydlu unrhyw ganon llenyddol. Cydnabu fod y wedd hon ar Fynegiant yn dir gwyryfol o hyd iddo ac na lwyddodd yn ei amryw gyfrolau i wneud yn 'well na dilyn y traddodiad beirniadol "rhamantaidd" esthetaidd a'r traddodiad beirniadol "ymrwymedig"'⁴⁸ yn hyn o faes.

Mae'r adran hon yn ei chyfanrwydd yn fyr, a'r drafodaeth yn aneglur, a gellid cwestiynu faint o werth sydd iddi, mewn gwirionedd: cymylu dealltwriaeth y darllenydd yn unig a wna. Cyfaddefodd Bobi Jones ei hun na roddodd y sylw haeddiannol i'r broblem hon: 'Nid wyf i wedi rhoi llawer o sylw bwriadus i'r ail ["cyfundrefnau" Mynegiant] yn yr astudiaeth hon. Ond nid yw hynny'n dweud dim oll am bwysigrwydd na statws Mynegiant.'⁴⁹ Fodd bynnag, onid yw methiant i roi 'llawer o sylw bwriadus' i gyfundrefnau Mynegiant mewn cyfrol hirfaith fel *Beirniadaeth Gyfansawdd* yn dweud llawer, mewn gwirionedd, am y statws is a roddir i'r wedd hon ar lenyddiaeth gan Bobi Jones?

Serch hynny, ni ellir anwybyddu'r dadansoddi manwl ar enghreffitau penodol o Fynegiant a gyhoeddodd dros y blynyddoedd, nid lleiaf yn y cyfrolau ar Gymhelliad neu Dafod y llenor. Gwreiddir pob un o'i weithiau theoretig ym maes Mynegiant oherwydd yn y Mynegiant y ceir y dystiolaeth am Ffurf, Deunydd a Chymhelliad. Cymerer y cyfrolau ar Fawl (*Mawl a'i Gyfeillion* (2000) a *Mawl a Gelynion ei Elynion* (2002)) yn enghreifftiau. Pe anwybyddid y rhagymadrodd a'r ddadl greiddiol ynghylch Cymhelliad y llenor, mae gwerth yn y rhain fel cyfrolau sy'n gyforiog o drafodaethau manwl ar Fynegiant yng ngwaith llenorion unigol, megis Dafydd ap Gwilym.

Yn ogystal, cyhoeddodd Bobi Jones ddwy gyfrol benodol yn y maes – rhai '[d]igon confensiynol',⁵⁰ yn ei dyb ei hun – yn trafod hanes llenyddiaeth yr ugeinfed ganrif, sef *Llenyddiaeth Gymraeg 1936–1972* (1975) a *Llenyddiaeth Gymraeg 1902–1936* (1987). Canolbwyntir ar y gyntaf o'r rhain yn y fan hon. Yn ôl John Emyr, arferai Bobi Jones gyfeirio at y llyfr hwn 'with a smile, as his "popular" book'.⁵¹ Ceir awgrym yn y geiriau hyn nad oedd Bobi Jones yn rhoi cymaint o bris arno â *Tafod y Llenor* a gyhoeddwyd ond blwyddyn o'i flaen, a'i fod yn crechwenu wrth feddwl bod hon yn gyfrol a werthfawrogid gan y lliaws nad oedd â chwaeth na chrebwyll digon datblygedig i ddirnad trafodaeth theoretig *Tafod y Llenor*. Yn sicr mae'n gyfrol lawer mwy confensiynol a llai dadleuol na *Tafod y Llenor*, a gallai fod yn arwyddocaol bod Bobi Jones yn dewis cyhoeddi llyfr 'diogel' o'r fath wedi cyffro cyhoeddi'r cyntaf. Mae'r astudiaeth fanwl hon o tua thrigain o gyfoeswyr Bobi Jones yn parhau yn gyfeirlyfr i'r sawl sy'n astudio'r Gymraeg heddiw. Mae sgôp enfawr i'r gyfrol, ac fe'i hadolygwyd yn ffafriol gan Derec Llwyd Morgan.⁵² Mae'n ddiddorol nodi bod John Emyr o'r farn mai un o'r pethau mwyaf diddorol am y gyfrol hon yw'r hyn a ddatgelir ynddi am waith creadigol Bobi Jones ei hun:

Part of the book's main interest is the oblique light it shines on the work of Bobi Jones himself because, although he does not mention his own work, we know that many of the authors under his searchlight were his contemporaries and compatriots.[53]

Seiliwyd y gyfrol yn bennaf ar gyfres o ysgrifau a ymddangosodd yn *Barn* ac *Y Traethodydd*, er i Bobi Jones hawlio iddo ychwanegu yn 'sylweddol' atynt ac ychwanegu 'amryw byd o ysgrifau newydd'[54] er mwyn cwblhau'r gyfrol. Dyma enghraifft berffaith o Bobi Jones yn ailgylchu gwaith, arfer y cyfeiriwyd ato eisoes ym mhennod 2. Ceir cyfatebiaeth drawiadol rhwng rhannau o'r gyfrol hon a chyfres o ddarlithoedd a draddodai i fyfyrwyr israddedig yr ail a'r drydedd flwyddyn yng Ngholeg Prifysgol Cymru, Aberystwyth yn niwedd yr 1960au a dechrau'r 1970au. Dysgai gwrs ar lenyddiaeth yr ugeinfed ganrif ac mae'r tebygrwydd rhwng cynnwys y gyfrol hon a themâu'r darlithoedd yn arwyddocaol iawn. Mae'n nodwedd ar yrfa academaidd Bobi Jones ar ei hyd fod cyswllt agos a ffrwythlon rhwng ei gyhoeddiadau a'i waith beunyddiol yn addysgu myfyrwyr (fel y tystia *Seiliau Beirniadaeth* a *Highlights in Welsh Literature: Talks with a Prince* (Llandybïe, 1969)).

Y cysylltiad hwn sydd i gyfrif, mae'n debyg, am yr elfen ymarferol a berthyn i'r gyfrol. Lleolir yr holl lenorion a'r gweithiau llenyddol a drafodir mewn cyfnod a chyd-destun hanesyddol penodol, a cheir math o ragymadrodd yn dwyn y teitl 'Cyfnodi' er mwyn cyfiawnhau'r dull. Yna ceir penodau unigol yn trafod agweddau ar weithiau unigol gan lenorion. Mae'n siŵr ei bod yn arwyddocaol bod rhai llenorion yn cael mwy o sylw nag eraill; neilltuir pum pennod i drafod Gwenallt, er enghraifft, a chaiff Waldo bedair. Nid cyd-ddigwyddiad efallai mo'r ffaith bod y llenorion hyn yn gyfeillion i Bobi Jones ac yn rhannu llawer o'r un daliadau crefyddol a llenyddol ag ef.[55]

Wrth fwrw golwg dros y gyfrol gwelir mai 'Beirniadaeth Fynegiant' yw ei chynnwys, os derbyniwn ddiffiniad Bobi Jones ei hun o'r math hwn o feirniadaeth:

> Disgrifio llenyddweithiau penodol amryfal y bydd Beirniadaeth Fynegiant, eu harchwilio a'u cymharu a'u cyflwyno.[56]

Nid oes dim chwyldroadol yn hyn o beth; dyma gartref cyfarwydd beirniadaeth lenyddol Gymraeg. Mewn man arall cynigia ddiffiniad manylach:

> Dyma ddarllen clòs, gwerthfawrogiad, beirniadaeth ymarferol, *explication des textes*.[57]

A dyma ef wedi defnyddio'r geiriau allweddol: darllen clòs. Oblegid dyma'r math o feirniadaeth a arddelir gan Bobi Jones pan fo'n ymdrin â Mynegiant llenyddol; yr un dull confensiynol a chydymffurfiol ag a ddefnyddiwyd ganddo cyn iddo ddarganfod ei Dafod, a'r un dull a goleddid gan liaws o feirniaid yr ugeinfed ganrif. Nid yw'n gwneud dim gwahanol iddynt yn y bôn, ac nid yw'n anghydweld â'u safbwynt, ac eithrio'r Ôl-foderniaid 'bondigrybwyll': 'Ac at ei gilydd, ni chwerylwn yn eithafol â datblygiadau amryfal beirniadaeth lenyddol o bob math ym maes Mynegiant drwy gydol y canrifoedd nes inni gyrraedd dogmatigrwydd Ôl-Foderniaeth, neu Ôl-Strwythuraeth druan.'[58]

Sylwer ar y defnydd pryfoclyd o'r ansoddair 'dogmatig'. Teifl y cyhuddiad eironig hwn at y mudiad Ôl-fodernaidd am ei fod yn ymwybodol y byddai'n clwyfo'r mudiad sydd yn ymhyfrydu yn ei barodrwydd i dderbyn lleisiau gwahanol ac amrywiol. Trafodwyd eisoes ym mhennod 3 agwedd Bobi Jones at yr ysgol arbennig hon a'r rhesymau pam yr ystyriai hi'n fwy dogmataidd nag unrhyw ysgol arall a flodeuodd yn ystod yr ugeinfed ganrif.

Yn *Beirniadaeth Gyfansawdd* mae Bobi Jones yn cynnig 'patrwm myfyrio gwerthfawrogiad' – gweithred ddigon dogmataidd ynddi ei hun, gellid dadlau! Disgrifia sefyllfa (ddigon cyfarwydd iddo, mae'n siŵr), lle y mae myfyriwr 'sy'n hoffi bwyd-llwy'[59] yn gofyn i'w ddarlithydd am batrwm ar gyfer sut i ymateb i ddarn o lenyddiaeth yn feirniadol effeithiol. Dyma gyswllt pellach rhwng cynnyrch llenyddol Bobi Jones a'i waith pedagogaidd. Awgryma mai ateb doeth yr athro cyffredin yn y fath sefyllfa fyddai ochrgamu gan fynnu nad oedd y fath beth â phatrwm gosodedig yn bodoli. Gan nad yw Bobi Jones fyth yn gonfensiynol, nid annisgwyl yw iddo ymwrthod â'r fath ddoethineb arferol; mentra fod yn 'athro mwy dwl na'i gilydd'[60] gan roi ei 'droed ynddi hyd ei glustiau, a gweddill ei ben ar y plocyn'.[61] Ond mae'r senario a ddarlunnir yma yn broblematig, oherwydd *mae* llawer o athrawon yn cynnig patrymau gwerthfawrogi llenyddiaeth i'w disgyblion i'w hyfforddi ynghylch y pethau y dylid sylwi arnynt wrth ddarllen darn o lenyddiaeth, ac felly nid yw'r ffaith bod Bobi Jones yn cynnig patrwm ar gyfer beirniadaeth ymarferol yn y fan hon mor wreiddiol a herfeiddiol ag y mae'n honni mewn gwirionedd.

Rhoddir sylw penodol i'r 'patrwm myfyrio gwerthfawrogiad' hwn yn nes ymlaen wrth ystyried dulliau darllen Beirniadaeth Gyfansawdd. Digon am y tro yw sylwi mai patrwm ar gyfer sut i ymarfer 'darllen hydeiml a chlòs'[62] sydd yn y fan hon, mewn gwirionedd. Hawdd fyddai dychmygu Leavis neu Richards yn rhoi cyfarwyddyd tebyg i'w myfyrwyr, a gwelwn yma dystiolaeth bellach o'r parch enfawr sydd gan Bobi Jones at y dosbarth hwn o 'feirniaid ymarferol':

> Ac yn y feirniadaeth ddisgrifiadol a gwerthfawrogol a ddatblygodd rhwng Caledfryn, Lewis Edwards a Chreuddynfab ar y naill law a Hugh Bevan a John Gwilym Jones ar y llall fe gafwyd math o draddodiad o ddarllen clòs sydd ysywaeth wedi mynd yn amhoblogaidd ym mryd ambell un bellach. Yr wyf innau wedi awgrymu bod i'r traddodiad hwn, a ysbrydolwyd rhwng y pumdegau a'r saithdegau ym Mhrydain gan F. R. Leavis le o hyd os dechreuwn synied am Feirniadaeth fel proses gatholig a chyfansawdd.[63]

Mae'n amlwg bod Bobi Jones yn rhoi lle arbennig i feirniadaeth ymarferol Leavis yn ei Feirniadaeth Gyfansawdd, serch tueddiad achlysurol yr ysgol feirniadol honno i fod yn ddogmatig, goddrychol a chul yn ei dyb ef.[64] Ond mae gwahaniaeth sylfaenol rhwng y beirniaid a enwyd yn y dyfyniad uchod a Bobi Jones: Beirniadaeth Fynegiant oedd dechrau a diwedd beirniadaeth iddynt hwy. Eithr ym meddwl Bobi Jones un wedd yn unig ydoedd, a gwedd y dylid ei deall yng ngoleuni'r ffactorau a'i rhagflaenodd: y Tafod a'r Cymhelliad. Dyma wir gyfraniad Bobi Jones ym maes Mynegiant, sef ei *leoli* o fewn darlun ehangach y triawd cyfansawdd. Hon yw'r 'ystyriaeth newydd'[65] a gyfrannodd i'r drafodaeth ar Fynegiant, er nad yw'n effeithio ar Feirniadaeth Fynegiant yn ymarferol. Mae'n argyhoeddedig mai gwendid Beirniadaeth Fynegiant heb y cymhwyso hwn yw nad oes cefndir na chyd-destun ehangach iddi. Dylai'r ymwybod â Thafod a Chymhelliad fel y'u disgrifir ym mhenodau 2 a 3 lywio'r ymateb i ddarn o lenyddiaeth:

> Er mwyn cyrraedd yr uchafbwynt eithaf, sef deall a dyfarnu ansawdd llenyddwaith, y mae amgyffred lled y Deunydd, y Ffurf, a'r Cymhelliad yn gynwysedig yng ngham cyntaf Beirniadaeth Mynegiant. Dyma'r cefndir angenrheidiol. Cam cyntaf barnu yw adnabod.[66]

Y cyfan y mae'r drafodaeth ar Dafod a Chymhelliad yn eu cyfrannu yn y bôn yw'r cefndir perthnasol. A gall y cefndir hwnnw fod ar orwel pell oherwydd cyfaddefa Bobi Jones na fydd yr ymwybyddiaeth hon o Dafod a Chymhelliad yn gadael ei hôl yn amlwg ar ddarn o feirniadaeth lenyddol yn ymarferol: 'Eto, yn y bôn, bydd y Beirniad Cyfansawdd yn ymateb o hyd i Fynegiant mewn modd digon tebyg i'r Beirniad diymwybod rhamantaidd.'[67]

Mynnodd Bobi Jones droeon mai'r Mynegiant oedd y 'peth pwysicaf', ac mai yn y fan honno 'y dylai pob beirniadaeth ddechrau',[68] ac eto ar ryw olwg nid yw'n rhoi blaenoriaeth i ddamcaniaethu yn ei gylch. Ni neilltuodd yr un gyfrol i drafod yr agwedd hon ar lenyddiaeth yn theoretig, a phan roddir adran i drafod Mynegiant mewn cyfrol ehangach, yn amlach na pheidio gwna hyn drwy ei gyferbynnu â Thafod. Rhywsut Tafod sy'n hawlio'r sylw i gyd yn y diwedd;[69] hwn sy'n rheoli Mynegiant a phob trafodaeth ar Fynegiant: 'Tafod cudd, y lleidr pen-ffordd sy'n llywodraethu'r wlad.'[70] Mae'n amlwg bod Bobi Jones yn teimlo'n euog ynghylch Mynegiant, ac yn *Beirniadaeth Gyfansawdd* ceisia ei gyfiawnhau ei hun fel hyn:

> Ond yn achos Mynegiant, gan fod pawb wrthi yn y fan yna, er imi geisio llunio dwy gyfrol 'solet' ddigon confensyinol yn y maes [sef *Llenyddiaeth Gymraeg 1902–1936* a *Llenyddiaeth Gymraeg 1936–1972*], a'r ddwy yn ymwneud â hanes llenyddiaeth yr ugeinfed ganrif, ni fanylais ond yn achlysurol ar *theori* Mynegiant.[71]

Sylwn mai 'yn' y maes y mae'r cyfrolau hyn ac nid 'am' y maes, ac er bod ganddo'r cyfle yn awr nid yw'n gwneud unrhyw ymgais i gael y ddysgl yn wastad. Yn hytrach, dyma'r hyn a wnaeth: 'Ceisiais ddangos fod Tafod a Chymhelliad yn esgor ar Fynegiant, gan ei gyflyru a'i amodi a'i ysbrydoli. Ceisiais leoli Mynegiant o fewn adeiladwaith llawn Beirniadaeth Lenyddol.'[72]

Serch hynny, efallai y dylid lleddfu ychydig ar y cyhuddiad cychwynnol bod Bobi Jones wedi esgeuluso Mynegiant. Rhoddodd Bobi Jones amlinelliad bras o'r hyn yw Mynegiant, a darparodd ddigon o enghreifftiau i ddangos sut y dylid ymdrin ag ef. Prin fod angen iddo neilltuo cyfrolau cyfan i ddisgrifio natur Mynegiant i'r darllenydd: 'Dyma ni gartref.'[73] Doedd dim angen gwastraffu geiriau yn profi bodolaeth hwn; dyma'r wedd gydnabyddedig ar lenyddiaeth ac, yn wir, yr unig wedd yng ngolwg rhai:

> Ceir cyflwr arall amlycach ar lenyddiaeth, y cyflwr 'diweddol', mwy cyfarwydd, yr effaith, yr hyn a geisir gan y llenor yn y pen draw: sef Mynegiant. Oherwydd arfer a chyflyru, ac oherwydd mai dyna sydd yn y golwg, dyna lle y tueddwn i fod yn fwyaf cysurus.[74]

Rhaid cydnabod yn ogystal fod hwn yn faes anodd damcaniaethu yn ei gylch. Mae'n debyg na fyddai wedi medru darganfod systemau twt fel y gwnaeth yn achos Tafod, hyd yn oed pe bai wedi ymroi o ddifrif i wneud hynny. Mae Mynegiant yn faes llawer mwy agored ac anodd ai gwmpasu: 'Y mae mor agored â dychymyg, a gweledigaeth, a synwyrusrwydd, a galluoedd ieithyddol, a chwaeth, a deallusrwydd y meddwl dynol a'i holl brofiadau blithdraphlith.'[75] Ac wrth gwrs, rhaid cydnabod nad oes gan yr un dyn – ni waeth pa mor gynhyrchiol ydyw – yr egni a'r amser i gyflawni'r cwbl mae'n dymuno ei wneud yn hyn o fyd: rhaid i'r beirniad, fel pob un arall, ddewis ymhle mae ei flaenoriaethau. Ni wnaeth Bobi Jones unrhyw ymgais i guddio'r ffaith iddo roi blaenoriaeth ar hyd ei yrfa i amddiffyn Tafod a Chymhelliad a'i bod yn annhebygol bellach y caiff gyfle i ymdrin yn llawn â maes Mynegiant:

> Er bod y cyfrolau y bûm innau'n ceisio'u llunio wrth ymdroi gyda'r cwestiynau hyn, beth a pham, hefyd o bryd i'w gilydd yn taro cis ar y cwestiwn sut, gan hyd yn oed drafod ei hanfodion, mae arnaf ofn na bydd gennyf ddim o'r amser mwyach i ymaflyd yn uniongyrchol fanwl yn y cwestiwn eithriadol o ddifyr hwnnw sy'n ymamlygu'n bennaf mewn Mynegiant.[76]

Ond pe collid golwg ar y sylw a roddir i Fynegiant yng ngwaith Bobi Jones – pa mor anfoddhaol bynnag ydyw – yna fe gollid golwg hefyd ar holl antur a chyffro llenyddiaeth fel y'i gwelid ganddo ef: 'Mae gennyf un beirniad cyfeillgar na wêl namyn Tafod yn fy ngwaith, heb Fynegiant, ac o'r herwydd ni wêl ond peirianwaith a rheolau caeth a phob tramgwydd yn erbyn Rhamantiaeth.'[77]

Eto, fel y gwelir yn yr adran nesaf, mae'r bylchau yn ei ymdriniaeth â Mynegiant wedi codi cwestiynau ynghylch holl brosiect beirniadol Bobi Jones.

Dulliau Darllen Beirniadaeth Gyfansawdd

I Bobi Jones felly, mae Tafod, Cymhelliad a Mynegiant yn cyfuno'n driphlyg i greu Beirniadaeth Gyfansawdd – y feirniadaeth lenyddol ddelfrydol a arddelir ganddo yn ei 'brosiect' beirniadol. Ond wedi amlinellu hanfodion Beirniadaeth Gyfansawdd Bobi Jones teg yw holi beth sydd a wnelo hyn oll â'r dasg o feirniadu llenyddiaeth? Fel y dywedodd Gerwyn Wiliams: 'Gwerth unrhyw ddamcaniaeth i mi yw'r addewid ymarferol sydd ymhlyg ynddi pe'i gweithredid.'[78] A sylwodd Bobi Jones ei hun: 'Rhaid i bob theori sefyll yn ôl ei gallu i ateb y gwrthrych, sef llenyddiaeth.'[79] Sut felly y mae cymhwyso'r theori driphlyg hon wrth wynebu darn o lenyddiaeth? Hwn, mewn gwirionedd, oedd cwestiwn Angharad Price wrth iddi adolygu *Beirniadaeth Gyfansawdd* yn *Barddas* yn Rhagfyr 2003. Tynnodd sylw at honiad a wnaeth Bobi Jones tua diwedd y gyfrol, sef:

Maes beirniadaeth yn benodol a fu gennyf dan sylw, a'i thiriogaeth nid ei thechnegau. Ei 'beth?' a 'pham?' yn hytrach na'i 'sut?'. Ni cheisiwyd meddwl yn drefnus am y ffyrdd gwahanol yr oedd y beirniad llenyddol ei hunan yn gweithio tuag at y nod yna. A rhaid cyfaddef bod hynny'n fwlch yn yr ymdriniaeth, yn arbennig wrth ystyried Mynegiant Beirniadaeth. Gwedd ar Ffurf Mynegiant yw'r Sut, neu'r 'technega'.⁸⁰

Ymateb digon dilys Angharad Price i hyn oedd mai *'cop-out'* ydoedd, a bod Bobi Jones yn osgoi'r cyfrifoldeb o roi ei theorïau ar waith yn ymarferol ac o ganlyniad yn osgoi wynebu eu goddrychedd anorfod. Meddai hi:

> Un peth yw diffinio a dyrchafu Beirniadaeth Lenyddol hollgynhwysol, peth arall yw gweld a yw'n dal dŵr wrth ei harfer. Tybed ai'r rheswm dros beidio â datgelu ei methodoleg a'i rhoi ar waith oedd y byddai Bobi Jones yn canfod bod rhaid i'r Beirniad Cyfansawdd – fel y Marcsydd a'r Ffeminydd a'r Dadadeiladydd (a phob beirniad llenyddol arall petai'n dod i hynny) – dynnu ffiniau a gwneud dewisiadau goddrychol wrth fynd i'r afael â'r dasg? A bod y 'cyfanrwydd' o ganlyniad yn mynd yn endid digon di-ddal?⁸¹

Gellid awgrymu bod Angharad Price a Bobi Jones ill dau wedi cymryd cam gwag yn y fan hon. Drwy ganolbwyntio ar 'gyfaddefiad' Bobi Jones a ddyfynnwyd uchod, anwybyddodd Angharad Price baragraff arwyddocaol sy'n ymddangos bron yn union o'i flaen, lle y cais Bobi Jones grynhoi'r hyn y mae'n rhaid i'r Beirniad Cyfansawdd ei ystyried wrth ddadansoddi, disgrifio a gwerthuso llenyddiaeth. Ei ateb oedd:

> Cais [y Beirniad Cyfansawdd] ystyried Tafod, yn ôl ffurf a deunydd. Cais gyflwyno Cymhelliad, yn ôl ffrwytho a moli (a'r mawl yn cynnwys gwerth, trefn a diben). A chais gyflwyno'i brofiad diriaethol ei hun o'r Mynegiant, yn ôl cydberthynas unigolyddol â Thafod a Chymhelliad, ac o dan eu cyflyriad hwy.⁸²

Gwnaeth Bobi Jones gam ag ef ei hun drwy ymddiheuro'n ddianghenraid am 'fwlch' yn ei ymdriniaeth nad oedd yn bodoli mewn gwirionedd. Gresyna na roddodd ragor o sylw i dechneg neu i 'sut' Mynegiant Beirniadaeth; ond onid dyna'n union gynnwys y 'Patrwm myfyrio gwerthfawrogiad' eglur a hollgynhwysol a gynigiodd i'w fyfyrwyr yn *Beirniadaeth Gyfansawdd*, tt. 230–5?⁸³

Isod archwilir y cyhuddiad a'r hunangyhuddiad hyn gan roi sylw manylach i fethodoleg Beirniadaeth Gyfansawdd. Gwneir hynny yn gyntaf drwy ymhelaethu ar y crynodeb moel a gafwyd gan Bobi Jones ar sut y dylai'r Beirniad Cyfansawdd fwrw ati i ddarllen darn o lenyddiaeth, ac yn ail drwy roi sylw manwl i'r 'patrwm myfyrio gwerthfawrogiad' a gynigiwyd ganddo yng nghyfrol olaf ei 'brosiect beirniadol'.

Cyn gwneud hynny, fodd bynnag, dylid pwysleisio nad ysgol feirniadol neu ddull o ddarllen yw Beirniadaeth Gyfansawdd fel y cyfryw. Nid ceisio tanseilio dulliau nac ysgolion eraill mo'i nod, ond yn hytrach amlinellu cylchoedd gorchwyl yr ysgolion hynny a disgrifio'r gydberthynas sydd rhyngddynt. Yng ngeiriau Bobi Jones: 'Amlinelliad cynhwysfawr ydyw o gyflwr beirniadaeth fel ffenomen.'[84] Camddeall y pwynt hwn sydd yn arwain y darllenydd i deimlo'n rhwystredig pan nad yw Bobi Jones yn cynnig methodoleg glir a chyfarwyddyd manwl ar sut i feirniadu darn o lenyddiaeth. Os am werthfawrogi ei waith yn ei gyd-destun cywir, rhaid cadw mewn golwg yr hyn a bwysleisiodd Bobi Jones yn y dyfyniad a nodir uchod, sef mai 'tiriogaeth' beirniadaeth lenyddol sydd yn mynd â'i fryd yn hytrach na'i 'thechnegau'. Serch hynny, fe deifl *Beirniadaeth Gyfansawdd* oleuni ar fater beirniadu'n ymarferol, hyd yn oed os oes rhaid darllen ychydig rhwng y llinellau er mwyn ei ganfod.

Ystyriwn fesul brawddeg grynodeb Bobi Jones o'r hyn y mae'n rhaid i'r Beirniad Cyfansawdd ei ystyried: 'Cais ystyried Tafod, yn ôl ffurf a deunydd.'[85] Wynebir y beirniad yn y lle cyntaf gan Fynegiant, sef yr enghraifft ddiriaethol o lenyddiaeth sydd o'i flaen, ond ei dasg yw mynd y tu hwnt i hynny gan chwilio am yr 'egwyddorion anamlwg' neu'r 'patrymau anweledig'[86] sydd y tu ôl iddo. Hynny yw, rhaid adnabod y ffurfiau llenyddol cynddelwaidd a'i ffurfiodd. Un arall o 'dasgau priodol y Beirniad Cyfansawdd'[87] yw sylwi ar y modd y bydd y llenor yn trefnu ei ddeunydd, pa fythau sy'n cael eu defnyddio ganddo a sut y mae'n defnyddio'r rhain er mwyn cyflawni ei ddibenion.

Yna, fe gais y Beirniad Cyfansawdd 'gyflwyno Cymhelliad, yn ôl ffrwytho a moli (a'r mawl yn cynnwys gwerth, trefn a diben)'.[88] Er i hyn ymddangos ychydig yn gryptig, rhagdybiau diwinyddol yw'r syniadau am 'ffrwytho' a 'moli', fel y trafodwyd eisoes yn y bennod ar Gymhelliad. Amlygiad ymarferol y rhagdybiau hyn yw ymwybyddiaeth o werth, trefn a diben; dyma'r nodweddion y dylai'r Beirniad Cyfansawdd geisio eu hamlinellu a'u holrhain mewn unrhyw waith llenyddol. Yn wir, mae'r syniad hwn am 'werth' darn o lenyddiaeth yn codi drosodd a thro yn *Beirniadaeth Gyfansawdd*. Deil Bobi Jones fod modd i un darn o lenyddiaeth ragori ar ddarn arall, a bod y fath eithafion â'r gwachul a'r gwych yn bodoli yn y sffêr lenyddol. Yn y wedd hon ar feirniadaeth mesurir gwerthoedd cymharol amhenodol, megis 'medr ieithyddol', 'aeddfedrwydd', 'deallusrwydd', 'dychymyg'.[89] Dadleua fod modd i'r beirniad profiadol adnabod y rhagoriaethau hyn, er iddo gydnabod bod y 'gwerthoedd a nodir a'r rhinweddau a fawrygir mewn llenyddiaeth yn swnio'n amhosibl o haniaethol'.[90] Cred ei bod yn bosibl – yn wir, ei bod yn angenrheidiol – didoli gweithiau llenyddol yn ôl eu safon.

Ochr yn ochr â hyn dylai'r Beirniad Cyfansawdd sylwi ar drefn y gwaith a mawrygu'r arfer o osod trefn. Rhan o briod waith y Beirniad Cyfansawdd yw mynnu trefn yn y byd llenyddol.[91] Yn ogystal, dylai'r Beirniad Cyfansawdd sylwi ar ddiben a bwriadau'r darn dan sylw ac yn ehangach na hynny, ar ddibenion eithaf llenyddiaeth.

Ymddengys fod Bobi Jones yn rhoi mwy o bwys ar Gymhelliad wrth feirniadu llenyddiaeth na'r un wedd arall. Dywed mewn un man: 'Yn y diwedd eithaf, beth a fernir? Yn bennaf, y Cymhelliad fel y'i mynegir yn ffrwyth Mynegiant: y safon a geir gan y Gwerth a gyfleuir mewn brawddegau.'[92]

Mae'r syniad hwn o bwyso 'gwerth' llenyddol yn broblematig am ei fod yn oddrychol yn ei hanfod. Mae'n dibynnu ar gefndir ac argyhoeddiadau'r beirniad a'i ddiffiniad personol ef o'r rhinweddau a restrwyd. Serch yr holl ymroi i ddamcaniaethu, mae'n rhaid dibynnu o hyd ar rywbeth mor wlanog a chytnewidiol â chwaeth a chrebwyll beirniad yn ogystal â'i ragdybiaethau a'i argyhoeddiadau, yn ôl Bobi Jones.

Ac yn olaf, meddai Bobi Jones, fe gais y Beirniad Cyfansawdd 'gyflwyno'i brofiad diriaethol ei hun o'r Mynegiant, yn ôl cydberthynas unigolyddol â Thafod a Chymhelliad, ac o dan eu cyflyriad hwy'.[93] Ymateb personol i'r Mynegiant yw'r delfryd felly. Mawryga'r '[f]eirniadaeth lenyddol werthfawrogol' a'r 'disgrifio ac ymateb dadansoddol' i destun a alwai'r Ffrancwyr yn *explication des textes*, 'sef y myfyrdod effro uwchben Mynegiant'.[94] Mae fel petai'n ei uniaethu ei hun yn llwyr â'r Beirniaid Newydd: 'Ni lwyddwyd i ymwared â'r darllen cynnes argraffaidd. I mi, deil hynny'n gwlwm i bob beirniadaeth.'[95] Ymddengys ei fod yn hybu hwn fel lle da i gychwyn beirniadu, ond rhybuddia: 'nid dyna le da i orffen'.[96] Rhaid cael darllen clòs sydd yn effro i ddimensiynau Tafod a Chymhelliad gan fod Mynegiant yn cael ei gyflyru gan y ddwy wedd hyn yn eu tro.

Wedi'r holl ddatblygu ar theori lenyddol ar hyd yr ugeinfed ganrif, mae gweddau eraill ar feirniadaeth lenyddol yn agored i'r beirniad llenyddol ar ddechrau'r unfed ganrif ar hugain, os myn fod yn gatholig ac yn gynhwysol. Honnodd Bobi Jones ei bod yn 'briodol i feirniad catholig gwmpasu ychydig mwy ar ôl i Ffurfiolwyr Rwsia ac Adeileddwyr Ffrainc fod wrthi'n palu'r tir'.[97] Hynny yw, bod modd i ddarganfyddiadau'r ysgolion hynny oleuo darllen clòs ac ychwanegu gwedd arall at y drafodaeth. Yn hyn o beth, mae Beirniadaeth Gyfansawdd fel petai'n cau'r hollt rhwng theori a beirniadaeth ymarferol. Mae'n ymddiddori yn y cyffredinolion theoretig yn ogystal ag yn yr ymateb i'r testun arbennig, gan dynnu technegau o sawl ysgol feirniadol. Dyma gymodi Wellek a Leavis o dan un faner. Cydnabu Bobi Jones y gallai'r modd y mae'n ymagweddu at feirniadaeth pan yw'n ymdrin â maes Mynegiant beri i'w ddehongliad o lenyddiaeth ymddangos yn 'gydymffurfiol ac yn gonfensiynol tost'.[98] Ond rhaid cadw'r darlun ehangach mewn golwg oherwydd mae'r *cyd-destunoli* a wneir ar Fynegiant a'r lleoliad dibennol a roddir iddo yn y broses lenyddol yn gyfraniad gwreiddiol ganddo. Fel yr hawliodd Bobi Jones ei hun: 'Bid siŵr, y mae'r *lleoliad* sydd i Fynegiant (a'i Feirniaid) o fewn y triawd cyfansawdd a'i leoli yn y cydlyniad esgorol yn ystyriaeth newydd.'[99] Hyd yn oed os ymgyfyngu i drafod y Mynegiant yn bennaf a wna'r beirniad yn y pen draw, diau ei bod yn fantais iddo '[f]eddu ar fap mor gyflawn ag sy'n bosibl o gydberthynas yr holl weddau dosbarthol ar lenyddiaeth'.[100] Dadleua Bobi Jones ei bod yn hanfodol amgyffred lled y Deunydd, y Ffurf a'r Cymhelliad er mwyn cyrraedd uchafbwynt eithaf deall. Wedi'r cyfan, 'cam cyntaf barnu yw adnabod'.[101] Canlyniad hyn oll yw y dylai'r Beirniad Cyfansawdd fod yn meddwl am Fynegiant mewn modd gwahanol i feirniaid eraill sydd wedi eu 'cyfyngu' i Fynegiant 'heb ymwybod yn glir â'r gydberthynas lawnach',[102] chwedl Bobi Jones. Ac eto, mae'n rhaid bod y gwahaniaeth hwn yn un anodd ei ddiffinio oherwydd yn y frawddeg nesaf mae'n gorfod cydnabod y bydd y Beirniad Cyfansawdd yn ymateb o hyd i lenyddiaeth mewn modd digon tebyg i'r beirniad rhamantaidd. Serch ei ymwybyddiaeth drwyadl â lleoliad Mynegiant a pharamedrau beirniadaeth lenyddol a dimensiynau Tafod a Chymhelliad nid oes llawer i osod y Beirniad Cyfansawdd ar wahân i'r beirniad ymarferol felly. Ai dyma'r rheswm pam nad yw Bobi Jones yn canu ar ben strydoedd am fethodoleg Beirniadaeth Gyfansawdd, sef am nad yw'n wahanol i fethodoleg ddarllen clòs mewn gwirionedd? Mae'n ddigon parod i ymhelaethu am y map a'r paramedrau, ac am Dafod a Chymhelliad, am mai'r rhain yw'r pethau gwreiddiol yn ei drafodaeth yntau, neu'r pethau a esgeuluswyd gan y mwyafrif o feirniaid eraill. Ond pan droir at Feirniadaeth Fynegiant, yr hyn sydd ganddo yw darllen clòs gydag amryw fân wahaniaethau.

Fel y soniwyd eisoes, amlinellir patrwm darllen clòs ganddo yn *Beirniadaeth Gyfansawdd* o dan y teitl 'patrwm myfyrio gwerthfawrogiad'. Sylwer nad 'patrwm llunio gwerthfawrogiad' sydd ganddo; caniatâ ryddid i'w ddisgyblion lunio siâp eu hysgrifau eu hunain ond mae'n ddogmatig ynghylch y pethau hynny y dylid eu *hystyried* wrth werthfawrogi llenyddiaeth.

Ond cyn iddo drafod ymateb y darllenydd i'r darn ei hun mae'n oedi er mwyn trafod rhagdybiau: 'Y man cychwyn anochel wrth gwrs yw nid y gerdd ei hun. Bydd y darllenydd yn dod at honno ar sail ei ddoniau etifeddol yn ogystal ag ar sail dylanwadau magwraeth ac amgylchfyd parod.'[103] Pwysleisia bwysigrwydd cydnabod y rhagdybiau hyn er mwyn cael golwg deg ar lenyddwaith. Yn sicr, ni cheisiodd Bobi Jones guddio ei ragdybiau diwinyddol-lenyddol ei hun.

Y cam nesaf i'r beirniad yw darllen a cheisio mwynhau'r gerdd (neu unrhyw fath arall o lenyddiaeth o ran hynny) yn ei chyfanrwydd; ceisio'i deall hi o ran geirfa a chystrawen gan 'ymateb iddi â'r holl synhwyrau a deallusrwydd a dychymyg sy'n bosibl'.[104] Mae'r pwyslais hwn ar fwynhad llenyddiaeth yn gwbl nodweddiadol o Bobi Jones.

Yna fe ddechreuir ar y patrwm ffurfiol. Patrwm tri phen ydyw sy'n dwyn y penawdau Cynnwys, Ffurf a Gwerth/Diben. Dyma'r agweddau hanfodol y mae'n rhaid i'r beirniad eu hystyried yn nhyb Bobi Jones: 'Dyma dair agwedd sy'n cyd-ymwau ym mynegiant pob gwaith llenyddol bendramwnwgl ddiwahân, ac nid oes a'u hosgoa.'[105] Dylai'r beirniad ddechrau drwy geisio didoli'r Cynnwys: 'Beth mae'n ei ddweud? Gadewch inni ddeall y geiriau '[106] Nid oes dim chwyldroadol yn y fan hon felly. Nid yw Bobi Jones yn awgrymu bod yn rhaid dechrau *ysgrifennu* gwerthfawrogiad drwy fanylu ar y cynnwys, ond mae hwn yn lle da wrth ddechrau *myfyrio* uwchben darn o lenyddiaeth; er nad yw'n beth drwg nodi mewn gwerthfawrogiad gynnwys y testun dan sylw, dylid gwneud hynny mor gryno ac mor wrthrychol â phosibl. Yr hyn sydd yma yn y bôn yw cyfres o gwestiynau digon elfennol a rhagweladwy er mwyn procio meddwl y myfyriwr a'i annog i ystyried y testun o'r newydd, cwestiynau megis: 'A oes digwyddiad, stori neu ddrama yma? Ynteu sefyllfa gymharol lonydd?'[107]

Yna fe drafodir Ffurf, a phwysleisia Bobi Jones, er ei fod yn fwriadol yn trafod Ffurf a Chynnwys ar wahân yn y fan hon, y dylid ystyried eu hundod mewn gwerthfawrogiad o gerdd a sylwi ar 'sut y mae'r naill a'r llall yn cydweddu'.[108] Peth artiffisial yw gwahanu Ffurf a Chynnwys wrth drafod Mynegiant er ei bod yn gwbl bosibl gwneud hynny yn nhiriogaeth Tafod. Serch hynny, mentra awgrymu y gellid ystyried pedair gwedd ar Ffurf mewn Mynegiant, sef:

1. Ieithwedd: geirfa a chystrawen,
2. Patrymau seiniol,
3. Ffigurau a throadau ymadrodd. Sef delweddu yn ei ystyr ehangaf,
4. Adeiladwaith y cyfanwaith.[109]

Ond, ar yr un pryd, mae'n cydnabod bod yna beryglon o roi sylw i faterion o'r math hwn ac y gall beirniadaeth ddadfeilio'n beth 'ordechnegol neu orbeiriannol'.[110] Sylweddola mai 'Perygl termau technegol yw llygatynnu oddi wrth y gerdd tuag at fecanwaith y gerdd, oddi wrth Fynegiant at Dafod, oddi wrth lenyddwaith unigol at lenyddiaeth gyffredinol'.[111] Mae'n bwysig, felly, fod y beirniad yn trafod swyddogaeth y nodweddion hyn ac nid yn bodloni ar eu nodi yn unig. Dylid sylwi ar y modd y mae'r llenor yn eu defnyddio i effaith arbennig: 'Marw yw pob "dyfais" lenyddol heb gymhwysiad emosiwn dynol a'i weithgaredd deallol.'[112]

Yn drydydd, fe dry i ystyried Gwerth a Diben. Dyma, yn ddiau, adran fwyaf diddorol y patrwm hwn, a gwelir yn y fan hon y gwahaniaeth o ran pwyslais rhwng ei argymhellion ef a'r math o ddarllen clòs a arddelir gan y Beirniad Newydd, er enghraifft. Myn Bobi Jones nad yw'n gwadu 'yr ymateb personol, a chwaeth yr unigolyn. Nid wyf chwaith,' meddai, 'yn gwadu na all dau feirniad gwahanol a digon galluog ddod i gasgliadau gwahanol ynghylch gwaith llenyddol.'[113] Yn wir, tynnodd sylw penodol at hyn pan bwysleisiodd ragdybiau'r unigolyn. Ond cred fod modd gweld rhagoriaeth mewn gweithiau arbennig a rhoi rhesymau cadarn dros y rhagoriaeth honno. Noda gyfres o gwestiynau y gallai'r darllenydd eu gofyn er mwyn ei ysgogi i ystyried gwerth:

> A yw'r ddelwedd o fywyd yn ffres ac yn newydd? A yw'n ieithyddol gelfydd? A yw'r deallusrwydd, y synhwyrau a'r dychymyg yn cael mynegiant gloyw?[114]

Dadleua fod safon gwaith llenor yn ddibynnol ar:

> (a) Lled a dyfnder ei weledigaeth a'i ddelwedd o'r byd, nerth yr hyn sydd ganddo i'w ddweud; (b) Bywyd ei iaith, ei fedr i beri i'r iaith oleuo meddwl a theimlad drwy'r dychymyg; (c) Perthynas y rhannau yn yr undodau a datblygiad y cyfanwaith o ran celfyddyd 'ffurfiol'.[115]

Mae gosodiad o'r fath yn broblematig tu hwnt oherwydd, er ei fod yn ceisio darparu criteria 'gwyddonol' i ddarganfod safon, mae'r hyn y mae'n ei drafod yn dibynnu ar farn neu argraff oddrychol beirniad. Dywed ymhellach am Feirniadaeth Fynegiant: 'Teimlad byw ynghyd â deall effro yw rhai o feini prawf beirniadaeth gerbron Mynegiant: teimlo a deall gwaith yn ei gymhlethrwydd a'i rym.'[116]

Sut y gellir cyrraedd beirniadaeth gyfansawdd foddhaol os yw'n ddibynnol ar bethau mor bersonol a chyfnewidiol â 'theimlad byw' a 'deall effro'? Efallai fod yn rhaid edrych y tu hwnt i'r fethodoleg at y beirniad ei hun. Gellid awgrymu bod gan Bobi Jones batrwm o feirniad delfrydol yn ei ben yn hytrach na phatrwm o fethodoleg feirniadol; rhaid i'r beirniad gyflawni criteria arbennig cyn bod ei deimladau a'i ddeall yn ddigon effro i'r dasg.[117] Disgrifia Bobi Jones feirniad o'r fath fel a ganlyn: 'Person yw'r beirniad cyflawn sy'n addysgedig yn emosiynol, yn fedrus yn ddeallol, ac yn onest effro yn foesol gan fod llenyddiaeth yn feirniadaeth ar fywyd.'[118] Un beirniad a gyflawnodd y criteria hyn yn ddiweddar yn ei olwg ef yw Jason Walford Davies. Mewn adolygiad o *Gororau'r Iaith: R. S. Thomas a'r Traddodiad Llenyddol Cymraeg* (2003), canmolir Jason Walford Davies am fod yn 'un o'r cnewyllyn bach o Gymry diwylliedig sy'n medru meddwl am lenyddiaeth ar sail gwybodaeth doreithiog ynghylch y traddodiad Cymraeg ar ei hyd, yn ogystal â meddu ar wreiddiau yn llenyddiaeth Saesneg ac Ewropeaidd.'[119] Aderyn prin yw beirniad o'r fath yng ngolwg Bobi Jones.

O edrych y tu hwnt i gloriau *Beirniadaeth Gyfansawdd* ceir rhagor o oleuni ar y mater hwn. Yn 1998, cyhoeddodd Bobi Jones gyfrol fechan yng nghyfres 'Llên y Llenor' sy'n dwyn y teitl *Tair Rhamant Arthuraidd*. Astudiaeth allweddol yw hon oherwydd ynddi fe ddadansoddir testun y Tair Rhamant o safbwynt Tafod, Cymhelliad a Mynegiant, gan geisio ystyried sut y mae pob un o'r gweddau hyn 'yn ei thro yn gydberthnasol, yn wir yn ortodol adeileddol felly, mewn beirniadaeth'.[120] Dyma enghraifft ddiriaethol o Bobi Jones yn rhoi ei ddamcaniaethau ar waith, a phriodol fyddai bwrw golwg ar y gyfrol er mwyn gweld sut y mae'n defnyddio'r rhain yn ymarferol wrth drin darn o lenyddiaeth. Yn wir, efallai y gellid ystyried y gyfrol fechan hon yn bartneres i *Beirniadaeth Gyfansawdd*; y naill yn amlinellu'r theori, a'r llall yn arddangos ei hoblygiadau ymarferol.

Eto i gyd, rhaid nodi bod y gyfrol yn broblematig, oherwydd teimlir yn gyson fod testun y Tair Rhamant yn cael ei anwybyddu ar draul ymdrech Bobi Jones i amlinellu paramedrau ei Feirniadaeth Gyfansawdd. Un cyfeiriad yn unig at y rhamantau a geir yn yr adran ar 'Ffurf Tafod', er enghraifft; neilltuir gweddill yr adran i amlinellu'r math o ddadleuon ynghylch cyfanweithiau llenyddol a gyhoeddwyd eisoes yng nghyfrolau *Seiliau Beirniadaeth*, ac amryw leoedd eraill. Mae Bobi Jones yn cydnabod y diffyg hwn yn niwedd y gyfrol pan noda: 'Er na chafwyd yn y gyfrol feirniadaeth ei hun fel y'i cyfrifwn yn rym bywydol ac yn ymateb celfyddydol deinamig, cafwyd o leiaf *astudiaeth* o feirniadaeth.'[121] Rhaid cwestiynu pa mor berthnasol ac adeiladol yw astudiaeth o'r fath i ddarllenydd sydd am gael ei oleuo ynghylch dirgelion y Tair Rhamant gan un a enillodd radd ymchwil am astudiaeth ohonynt. Pa mor 'gyfansawdd' yw beirniadaeth sy'n anwybyddu'r testun dan sylw er mwyn cyflwyno damcaniaethau ynghylch natur beirniadaeth ei hun?

Brysia Bobi Jones i sicrhau'r darllenydd, fodd bynnag, nad 'model o feirniadaeth lenyddol' sydd ganddo yn y fan hon o gwbl. Dywed ymhellach: 'Ac yn sicr, nid wyf yn dadlau fod angen i bob beirniadaeth ddilyn y patrwm hwn o gwbl na chynnwys bob tro yr holl arweddau a grybwyllir yn y llyfryn hwn.'[122] Ailbwysleisia hyn yn *Beirniadaeth Gyfansawdd* pan ddywed mai mapio paramedrau posibl beirniadaeth oedd ei fwriad: 'Nid wyf, wrth gwrs, yn disgwyl i bob beirniad gynnwys pob rhan o'r maes a amlinellir bob tro arbennig. Gall gymryd rhan fechan yn unig.'[123] Dywed ymhellach:

> Dwi ddim yn awgrymu wrth gwrs fod Beirniadaeth Gyfansawdd yn ddigyfnewid unffurf, er mai un yw ei ffrâm. Fe ddyry pob cyfnod ei bwyslais ei hun mewn Mynegiant achlysurol ar wedd wahanol o chwaeth. I bob unigolyn y mae rhai gweddau'n gallu bod yn bwysicach na'i gilydd am resymau personol. Ond bydd pob cyfnod yn gorfod rhoi sylw, yn anymwybodol neu'n ymwybodol, i'r un ffactorau cyffredin, sylfaenol ac anochel ac i bob un ohonynt.[124]

Mae'n cydnabod, yn unol ag awgrym Angharad Price yn ei hadolygiad, fod yn rhaid i bob beirniad wneud penderfyniadau goddrychol wrth feirniadu darn o lenyddiaeth ac y bydd pwyslais y feirniadaeth yn newid yn ôl diddordeb, cymeriad a sefyllfa'r beirniad: 'Gall llyfr ac erthygl feirniadol arbenigo, wrth gwrs, yn ôl y diddordeb priodol ar y pryd.'[125]

Mae hwn yn debyg i sylw a wnaeth yn *Beirniadaeth Gyfansawdd* wrth sôn am yr hyn fydd yn digwydd yn ddelfrydol i'r beirniad llenyddol wrth iddo fwrw ati i lunio gwerthfawrogiad: 'Efallai, os bydd yn ffodus, y bydd rhyw bwynt penodol yn cydio yn ei war; a dyna ni, hynny a fydd yn llywio siâp ei ymateb. Bydd ganddo rywbeth i'w ddweud; ac i'r gwellt â phob "patrwm".'[126] Ac onid dyna'r union fath o feirniadaeth a geir gan Bobi Jones ei hun pan fydd ar ei orau? Wrth fwrw golwg dros gyfrol megis *Llenyddiaeth Gymraeg 1936–1972* (1975), er enghraifft, gwelwn mai hynny sydd ganddo'n amlach na pheidio; sef bod un elfen o waith llenor arbennig yn cydio yn ei ddychymyg ac yntau'n ymateb yn synhwyrus iddo. Ond hyd yn oed pan fo'r Beirniad Cyfansawdd yn ei gyfyngu ei hun i drafod un o aml weddau llenyddiaeth, dysg Bobi Jones fod yn rhaid iddo '[g]adw llawnder y patrwm hwn yn y cefndir'.[127] Hynny yw, dylai ysgrifennu gydag ymwybyddiaeth o'r darlun cyfan, hyd yn oed os nad yw'n rhoi sylw i bob cornel ohono.

Yr hyn sydd yn y gyfrol *Tair Rhamant Arthuraidd* felly, yw nid patrwm dogmatig, ond yn hytrach arolwg o holl feysydd honedig beirniadaeth lenyddol ac enghraifft o sut y *gellir* ymdrin â hwy. Myn Bobi Jones fod yn rhaid i'r beirniad fod yn ymwybodol o holl baramedrau beirniadaeth lenyddol, er cydnabod nad oes rhaid iddo ymdrin â hwy oll ar yr un pryd. Yn wir, prin y byddai lle i gwmpasu pob un o'r meysydd hyn ym mhob darn o feirniadaeth. Mae'r agwedd hon fel petai'n gwrth-ddweud honiadau eraill a wneir gan Bobi Jones, er enghraifft, pan fyn: 'Ni all beirniadaeth lenyddol gyflawn hepgor yr un o'r meysydd hyn; ac nid oes maes arall ar gael.'[128] Ond efallai nad gwrthddywediad yw hwn fel y cyfryw, ond yn hytrach amlinellu delfryd gan gydnabod ar yr un pryd nad oes modd cyflawni'r delfryd hwnnw bob tro. Ar ddiwedd *Tair Rhamant Arthuraidd*, honna Bobi Jones iddo geisio cyflwyno 'fframwaith dihysbyddol' ar gyfer beirniadaeth lenyddol, ond mae'n gwawdio'r posibilrwydd y gallai fod wedi cyflwyno 'beirniadaeth ddihysbyddol'. Yn wir, dywed y byddai hynny'n '[b]eth sy'n ddi-ben-draw wrth reswm ac felly y tu hwnt i reswm'.[129] Math o gyfaddefiad yw hwn fod yn rhaid i'r beirniad ffaeledig 'dynnu ffiniau a gwneud dewisiadau goddrychol', fel yr awgrymodd Angharad Price. Ond serch cydnabod y cyfyngiadau ymarferol sydd ar ddyn meidrol, nid yw hyn yn golygu nad oes yna fath o 'dir uwch' beirniadol y gellir anelu ato a'i ddyrchafu er cydnabod nad oes modd fyth ei gyrraedd yn llawn oherwydd cyfyngiadau amser a lle a natur ffaeledig dyn – damcaniaeth sy'n gweddu'n daclus i fydolwg Galfinaidd Bobi Jones.

O dderbyn felly nad yw beirniadaeth ddihysbyddol yn fan y gall y beirniad meidrol fyth ei chyrraedd, teg yw holi pam y mae Bobi Jones wedi neilltuo cymaint o'i egni a'i amser i ddatblygu prosiect Beirniadaeth Gyfansawdd. Ai am ei fod yn teimlo na roddwyd digon o sylw i'w syniadau hyd yma? Ai am ei fod yn gofidio ynghylch calibr beirniaid Cymraeg cyfoes? Ai am fod mwy i drindod Tafod, Mynegiant a Chymhelliad nag a ddeallwyd gennym hyd yn hyn? Ynteu, o bosibl, am fod Bobi Jones yn cael pleser esthetig o draethu am y pethau hyn a bod nod y 'prosiect' yn rhoi undod cydlynol boddhaol i waith ei fywyd? At hynny y trown yn y bennod nesaf.

Nodiadau

1. R. M. Jones, *Beirniadaeth Gyfansawdd: Fframwaith Cyflawn Beirniadaeth Lenyddol* (Cyhoeddiadau Barddas, 2003), t. 202.
2. Ibid.
3. Bobi Jones, *O'r Bedd i'r Crud: Hunangofiant Tafod* (Llandysul, 2000), t. 238.
4. Ibid., t. 143.
5. Ibid., t. 147.

⁶ Ibid.
⁷ R. M. Jones, *Dysgu Cyfansawdd* (Cyhoeddwyd gan CYD ar *www.aber.ac.uk/cyd*, 2003), t. 7.
⁸ Bobi Jones, *O'r Bedd i'r Crud*, t. 167.
⁹ R. M. Jones, *Seiliau Beirniadaeth: Cyfrol 3: Ffurfiau Ystyriol* (Aberystwyth, 1987), t. 348.
¹⁰ Bobi Jones, *O'r Bedd i'r Crud*, t. 224.
¹¹ Ibid.
¹² Ibid., t. 167.
¹³ R. M. Jones, *Mawl a Gelynion ei Elynion: Cyfrol 2: Amddiffyn Mawl* (Cyhoeddiadau Barddas, 2002), t. 61.
¹⁴ Ibid., t. 18.
¹⁵ R. M. Jones, *Beirniadaeth Gyfansawdd*, t. 202.
¹⁶ R. M. Jones, *Mawl a'i Gyfeillion: Cyfrol 1: Adeiladu Mawl* (Cyhoeddiadau Barddas, 2000), t. 45.
¹⁷ R. M. Jones, *Mawl a Gelynion ei Elynion*, t. 61.
¹⁸ R. M. Jones, *Beirniadaeth Gyfansawdd*, t. 202.
¹⁹ Ibid., t. 215.
²⁰ R. M. Jones, *Mawl a Gelynion ei Elynion*, t. 17.
²¹ R. M. Jones, *Beirniadaeth Gyfansawdd*, t. 215.
²² R. M. Jones, *Mawl a'i Gyfeillion*, t. 23.
²³ R. M. Jones, *Beirniadaeth Gyfansawdd*, t. 220.
²⁴ R. M. Jones, *Mawl a Gelynion ei Elynion*, t. 61.
²⁵ R. M. Jones, *Beirniadaeth Gyfansawdd*, t. 215.
²⁶ Ibid., t. 202.
²⁷ Ibid., t. 203.
²⁸ Ibid.
²⁹ Bobi Jones, *O'r Bedd i'r Crud*, t. 146.
³⁰ Victoria Fromkin, Robert Rodman, Nina Hyams, *An Introduction to Language: Seventh Edition* (Boston, 2003), t. 11.
³¹ R. M. Jones, *Beirniadaeth Gyfansawdd*, t. 203.
³² Ibid.
³³ R. M. Jones, *Tafod y Llenor: Gwersi ar Theori Llenyddiaeth* (Caerdydd, 1974), t. 55.
³⁴ R. M. Jones, *Beirniadaeth Gyfansawdd*, t. 89.
³⁵ Ibid., t. 203.
³⁶ Ibid., t. 204.
³⁷ Ibid., t. 203.
³⁸ R. M. Jones, *Mawl a Gelynion ei Elynion*, t. 25.
³⁹ R. M. Jones, *Beirniadaeth Gyfansawdd*, t. 211.
⁴⁰ R. M. Jones, *Dysgu Cyfansawdd*, t. 15.
⁴¹ Ibid., t. 17.
⁴² Gweler R. M. Jones, 'Gogynghanedd y Gogynfeirdd', *Ysgrifau Beirniadol XXII*, gol. J. E. Caerwyn Williams (Dinbych, 1997), tt. 41–79.
⁴³ Gweler ibid., t. 42.
⁴⁴ R. M. Jones, *Mawl a'i Gyfeillion*, t. 36.
⁴⁵ R. M. Jones, *Beirniadaeth Gyfansawdd*, t. 211.
⁴⁶ Ibid., t. 213.
⁴⁷ Ibid.

48 Ibid.
49 Ibid., t. 211.
50 Ibid., t. 204.
51 John Emyr, *Bobi Jones*, Cyfres 'Writers of Wales' (Caerdydd, 1991), t. 102.
52 Gweler, Derec Llwyd Morgan, 'R. M. Jones (Bobi Jones)', erthygl-adolygiad ar *Llenyddiaeth Gymraeg 1936–1972*, *Barn*, 148 (Mai 1975), tt. 649–51.
53 John Emyr, *Bobi Jones*, t. 102.
54 R. M. Jones, *Llenyddiaeth Gymraeg 1936–1972* (Llandybïe, 1975), Rhagair.
55 Beirniadodd Derec Llwyd Morgan yr anghydbwysedd hwn yn ei adolygiad yntau, gan godi'r cwestiwn 'Pwy a gytuna fod beirdd Morgannwg yn deilwng o bennod yr un, tra bod nofelwyr cynhyrchiol ac arwyddocaol yn rhannu penodau?', Derec Llwyd Morgan, 'R. M. Jones (Bobi Jones)', t. 649.
56 R. M. Jones, *Beirniadaeth Gyfansawdd*, t. 223.
57 Ibid., t. 214
58 Ibid., t. 204.
59 Ibid., t. 230.
60 Ibid., t. 231.
61 Ibid.
62 Ibid.
63 Ibid., t. 215.
64 Gweler Bobi Jones, 'Y Lefain 'Gaed gan Leavis', *Barddas*, 236–7 (Rhagfyr 1996/Ionawr 1997), tt. 22–3.
65 R. M. Jones, *Beirniadaeth Gyfansawdd*, t. 214.
66 Ibid., t. 206.
67 Ibid., t. 214.
68 Bobi Jones mewn sgwrs bersonol â mi, 11 Rhagfyr 2004.
69 Gweler, er enghraifft, R. M. Jones, *Beirniadaeth Gyfansawdd*, t. 225.
70 Ibid., t. 203.
71 Ibid., t. 204.
72 Ibid.
73 Ibid., t. 202.
74 R. M. Jones, *Mawl a'i Gyfeillion*, t. 39.
75 R. M. Jones, *Beirniadaeth Gyfansawdd*, t. 204.
76 R. M. Jones, *Mawl a Gelynion ei Elynion*, t. 10.
77 R. M. Jones, *Beirniadaeth Gyfansawdd*, t. 257.
78 Gerwyn Wiliams, 'Y Cyfnodolyn Cymodlon: Cyfweliad â Taliesin', *Tu Chwith*, 1 (Ebrill 1993), t. 73.
79 R. M. Jones, *Beirniadaeth Gyfansawdd*, t. 190.
80 Ibid., t. 262.
81 Angharad Price, 'Tyst i Gyfraniad Rhyfeddol . . .', adolygiad o *Beirniadaeth Gyfansawdd*, *Barddas*, 275 (Rhagfyr/Ionawr, 2003), t. 57.
82 *Beirniadaeth Gyfansawdd*, t. 262.
83 Cyhoeddwyd yr ysgrif yn gyntaf yng nghyfres Bobi Jones, 'Wrth Angor', *Barddas*, 181 (Mai 1992), tt. 13–18.
84 R. M. Jones, *Beirniadaeth Gyfansawdd*, t. 49.
85 Ibid., t. 262.
86 Ibid., t. 26.
87 Ibid., t. 94.

[88] Ibid., t. 262.
[89] Ibid., t. 213.
[90] Ibid., t. 144.
[91] Ibid., t. 167.
[92] Ibid., t. 206.
[93] Ibid., t. 262.
[94] Ibid., t. 28.
[95] Ibid., t. 231.
[96] Ibid., t. 28.
[97] Ibid., tt. 28–9.
[98] Ibid., t. 213.
[99] Ibid., t. 214.
[100] Ibid., t. 210.
[101] Ibid., t. 206.
[102] Ibid., t. 214.
[103] Ibid., t. 232.
[104] Ibid., t. 233.
[105] Ibid.
[106] Ibid., t. 234.
[107] Ibid.
[108] Ibid., t. 235.
[109] Ibid., t. 236.
[110] Ibid.
[111] Ibid., t. 237.
[112] Ibid., t. 238.
[113] Ibid., t. 239.
[114] Ibid., t. 241.
[115] Ibid.
[116] Ibid., t. 244.
[117] Diddorol nodi bod Alan Llwyd yntau'n rhannu'r un safonau ynghylch y beirniad delfrydol, gweler 'Golygyddol', *Barddas*, 183–4 (Gorffennaf/Awst 1992), t. 12.
[118] R. M. Jones, *Beirniadaeth Gyfansawdd*, t. 244.
[119] R. M. Jones, 'Gororau'r Iaith', *Y Traethodydd*, Rhifyn Arbennig R. S. Thomas (Ionawr, 2005), t. 40.
[120] R. M. Jones, *Beirniadaeth Gyfansawdd*, t. 12.
[121] R. M. Jones, *Tair Rhamant Arthuraidd*, Cyfres 'Llên y Llenor' (Caernarfon, 1998), t. 81.
[122] Ibid., t. 9.
[123] R. M. Jones, *Beirniadaeth Gyfansawdd*, t. 206.
[124] Ibid.
[125] R. M. Jones, *Tair Rhamant Arthuraidd*, t. 9.
[126] R. M. Jones, *Beirniadaeth Gyfansawdd*, t. 243.
[127] R. M. Jones, *Tair Rhamant Arthuraidd*, t. 11.
[128] R. M. Jones, *Beirniadaeth Gyfansawdd*, t. 12.
[129] R. M. Jones, *Tair Rhamant Arthuraidd*, t. 80.

5

Y Prosiect

Ar ryw olwg, tasg hawdd yw olrhain datblygiad 'prosiect' beirniadol Bobi Jones. Bron nad yw'n gwneud y gwaith hwn drosom ar adegau, yn arbennig yn y drioleg o gyfrolau a gyhoeddwyd ganddo rhwng 2000 a 2003, sef *Mawl a'i Gyfeillion* (2000), *Mawl a Gelynion ei Elynion* (2002) a *Beirniadaeth Gyfansawdd* (2003). Mae'n feirniad a chanddo agenda ac amcanion arbennig. Mewn sawl cyfrol o'i eiddo mae'n oedi er mwyn crynhoi ei weledigaeth ac esbonio ym mha fodd y mae ei amryw gyfrolau'n epistolau yn ei genhadaeth feirniadol fawr.[1] Mae'n awyddus i'w ddarllenwyr rannu ei weledigaeth a sylweddoli nad cyfres o lyfrau a gyhoeddwyd ar hap a heb drefn mo'i weithiau beirniadol.

Yn y rhagair i *Mawl a'i Gyfeillion* dywed Bobi Jones fod y cyfrolau ar Fawl 'yn cwpla prosiect ar ddisgrifio adeiledd llenddull "beirniadaeth lenyddol" ei hun fel ffenomen ddiwylliannol, prosiect y dechreuwyd cyhoeddi rhannau ohono yn 1974'.[2] Ond i ba raddau y gellir derbyn honiadau fel hyn mewn gwirionedd? Ai llunio prosiect beirniadol gorffenedig a wnaeth Bobi Jones? Ynteu a yw'r 'prosiect' beirniadol hwn yn gynnyrch ei ddychymyg creadigol ac yn ymgais i weld yr undod y dyheai amdano wrth edrych yn ôl dros ei yrfa feirniadol? A ellir synio am Bobi Jones fel dyn yn ei oed a'i amser yn edrych yn ôl ac yn gweld y daith yn gliriach nag ydoedd mewn gwirionedd, ynteu ai enghraifft o greu taith allan o nifer o gamau sydd yma? Nod y bennod hon fydd ceisio ateb y cwestiynau hyn.

O dderbyn datganiad Bobi Jones yn *Mawl a'i Gyfeillion* am ei brosiect beirniadol, gwelwn mai *Tafod y Llenor* (1974) yw'r gyfrol sy'n cychwyn y 'prosiect' hwn. Fel y crybwyllwyd eisoes, yn y rhagair i'r gyfrol hon esbonia Bobi Jones mai testun yr astudiaeth yw'r 'ymholiad chwithig pa beth ydyw llenyddiaeth',[3] cwestiwn sydd wedi plagio'r athronydd a'r beirniaid llenyddol o ddyddiau Platon hyd ein dydd ni. Fel y gwelwyd, dull ieithyddol a ddewisodd Bobi Jones yn y fan honno er mwyn ceisio ateb y cwestiwn hwnnw, a *ffurf* llenyddiaeth sy'n cael ei sylw'n bennaf.

Myn fod llenyddiaeth yn cael ei diffinio 'yn ôl defnydd ieithyddol neu ffurfiad ieithyddol arbennig',[4] ac ateb ffurfiolaidd i'r cwestiwn hwn yw cynnwys y gyfrol yn y bôn. Daw'n eglur bod Bobi Jones yn ymwybodol wrth orffen *Tafod y Llenor* fod rhagor o waith y dymunai ei wneud yn y maes. Dywed yn eglur yn y Rhagair i'r gyfrol nad yw wedi gorffen meddwl am y pwnc ac nad yw'n gwbl fodlon ar rai o'r atebion a gynigiodd hyd yma: 'ac yr wyf eisoes, wrth gywiro'r proflenni, yn sylwi fy mod am oleddfu ac estyn llawer ar y gwahanol atebion a gynigiais.'[5] Mae sylwadau o'r fath yn awgrymu mai gwaith ar ei hanner yw hwn, rhan o brosiect hirdymor, ac y byddai Bobi Jones yn ceisio cyfle yn y man i amodi a chywiro'i sylwadau cychwynnol am ffurf llenyddiaeth. Erbyn ysgrifennu'r sylw uchod nid oedd cyfle gan Bobi Jones i 'oleddfu' ac 'estyn' cynnwys *Tafod y Llenor* gan fod y gyfrol eisoes ar ffurf proflenni; ond mae parodrwydd Bobi Jones i adael pethau fel y maent yn awgrym ei fod yn ymwybodol y byddai'n cyhoeddi rhagor yn y maes ymhen amser.

Mae'r ymdeimlad hwn bod y gwaith ar Dafod yn 'anorffenedig' yn parhau rywsut hyd ddiwedd y gyfrol. Yno, wrth ddod i gasgliadau a chrynhoi yn y bennod olaf (sy'n dwyn y teitl 'Diffinio'), gwelir eto anniddigrwydd Bobi Jones â rhai o'i gasgliadau cychwynnol, ac er iddo gydnabod nad 'dyma'r lle, yng nghynffon y gyfrol, i gychwyn ysgyfarnog newydd, ac o'r braidd mai dyma'r lle i godi unrhyw ddamcaniaeth sydd fel petai'n dadwneud peth o'r ymdriniaeth flaenorol',[6] nid yw'n gallu ymatal rhag gwneud hynny ychwaith, a noda fod 'un meddwl'[7] sy'n ei boeni ynglŷn â'i ddamcaniaeth, sef y berthynas rhwng ebychair, syniadair a barddair. Nid yw'n ystyried bod hyn yn tanseilio'r dadleuon a gynigir ganddo, fodd bynnag, a chred ei bod yn rhesymol awgrymu, heb ymadael â'i ddamcaniaeth sylfaenol, fod modd 'atrefnu amryw fanylion yn y symudiad hwn'.[8]

Y cyfiawnhad a gynigir ganddo dros godi amheuon ynghylch rhai o fanylion ei gasgliadau cychwynnol yw nad yw hyd yma 'namyn yn fforio mewn tir gwyryfol'.[9] Mae'r ddelwedd hon o Bobi Jones fel anturiaethwr – rhyw Indiana Jones lenyddol yn darganfod tiroedd damcaniaethol newydd – yn codi dro ar ôl tro yn ei waith. Mae'n ddelwedd sy'n cydlynu ei hunangofiant *O'r Bedd i'r Crud*, er enghraifft: 'Bid a fo am hynny, roeddwn ar daith.'[10] Disgrifia'r broses o ysgrifennu *Tafod y Llenor* fel antur, ac mae'n awyddus i'w ddarllenwyr brofi cyffro'r antur hwnnw:

> Diau na lwyddais i gyfleu mymryn o'r ymdeimlad o anturiaeth a gefais o dro i dro wrth geisio geirio yn y fan yma f'atebion annigonol i'm cwestiwn

dieithr. Anturiaeth ydoedd yr un fath, serch hynny, oherwydd fy mod i'n teimlo i'r byw mai cynnig anorffenedig oedd pob ymgais. Ac yn awr, wedi dibennu'r 'arolwg anesmwyth' hon, y mae llu o brociadau atodol yn codi i'r meddwl, prociadau sy'n codi'n uniongyrchol ar ffiniau rhai o'm casgliadau petrus.[11]

Mae'n amlwg bod yr holl fenter yn ffres ac yn gyffrous iddo, a cheir yr argraff ei fod yn ei ystyried ei hun yn un oedd ar ddechrau taith o ddarganfyddiadau. Gwelir eto yn y geiriau hyn addewid ei fod am ddychwelyd at y maes er mwyn ceisio cynnig arolwg mwy 'esmwyth' ohono.

Yn wir, ceir addewid uniongyrchol am gyfrol feirniadol arall yn niwedd y gyfrol pan ddywed Bobi Jones mai un agwedd yn unig ar yr astudiaeth ar lenyddiaeth a drafodwyd ganddo yn *Tafod y Llenor*. Dywed na cheisiodd ymdrin â phwrpas neu amcan llenyddiaeth ac o'r herwydd bod 'cyfrol arall felly ar y gweill'.[12] Dywed na cheisiodd ychwaith drafod yn uniongyrchol 'safonau gwerth llenyddiaeth' a'i fod yn credu bod y rhain ynghlwm wrth y ddwy astudiaeth bosibl o lenyddiaeth sef:

1. Natur ymlenyddiad neu lenyddoldeb, hynny yw pwnc y gyfrol hon;
2. Nod llenyddiaeth.[13]

Dywed ymhellach mai 'llwyddiant wrth gyfuno'r ddau faes hyn sy'n pennu gwerth llenyddiaeth', ac felly ni fydd ei gynnig ef i ymdrin â hynny 'yn ymgyflawni nes i'r ail ran o'r darlun hwnnw gael ei chwblhau'.[14] Gwelir yma egin y syniad o 'brosiect' llenyddol ym meddwl Bobi Jones, er nad yw ef ei hun yn defnyddio'r term yn y cyfnod hwn. Dyma ddechrau'r arfer o addo cyfrolau pellach er 'cwblhau' neu 'gyflawni' yr hyn sydd ganddo i'w ddweud. Prin fod modd rhoi'r teitl rhwysgfawr 'prosiect' ar ddwy gyfrol, fodd bynnag, ac mae'n amlwg bod Bobi Jones yn ystyried yn y cyfnod hwn mai deublyg oedd y darlun o feirniadaeth lenyddol y ceisiai ei gyflwyno, sef Ffurf a Diben llenyddiaeth. Ni sylweddolai'n llawn bryd hynny ble y byddai'r trywydd hwn yn ei arwain, fel y cyfaddefodd yn ddiweddarach yn *Mawl a Gelynion ei Elynion*: 'Ni ragwelwn ble y byddai hyn yn f'arwain.'[15] Ei ymgais i ddarganfod paramedrau cyflawn beirniadaeth lenyddol fyddai hynny.

Cyflawnwyd yr addewid a roddwyd yng nghynffon *Tafod y Llenor* dair blynedd yn ddiweddarach gyda chyhoeddi *Llên Cymru a Chrefydd* yn 1977. Cwestiwn gwahanol sy'n dwyn sylw Bobi Jones yn y gyfrol honno, sef nid 'beth yw llenyddiaeth?', ond yn hytrach, 'pam llenydda o gwbl?'[16] Hynny yw, ymdriniaeth ydyw â'r ail faes a grybwyllwyd ganddo yn *Tafod y Llenor*, sef 'nod llenyddiaeth'.[17] Mae'r cysylltiadau rhwng *Llên Cymru a Chrefydd* a'i rhagflaenydd yn frith; 'partneres' yw'r gyfrol hon i fod a cheir cyfeirio cyson yn y rhagymadrodd at ddatganiadau a wnaethpwyd yn *Tafod y Llenor*.[18] Mae Bobi Jones yn grwpio'r ddwy gyfrol gyda'i gilydd gan honni eu bod yn cyflwyno'r ddwy ochr i'r darlun o lenyddiaeth y mae'n ceisio ei gyflwyno: 'Dadl y ddwy gyfrol hyn, felly, yw bod beirniadaeth lenyddol yn unplyg ddeublyg.'[19] Esbonia fod beirniadaeth lenyddol yn ei gwedd gyntaf yn ceisio dadansoddi llenyddiaeth yn dechnegol, a dywed iddo geisio archwilio'r wedd honno drwy ddefnyddio dull ieithyddol Guillaumaidd yn *Tafod y Llenor*, ond brysia i atgoffa'r darllenydd nad dyna'r diwedd. Gan fod pob darn o lenyddiaeth yn dweud rhywbeth am y byd, dywed: 'ni all y beirniad llenyddol lai na'i brisio yn ôl persbectif lletach ac yn ôl fel y mae'n amlygu gwirionedd teimledig yn weladwy'.[20] Cred Bobi Jones fod yn rhaid i'r beirniad yn y pen draw ddatblygu 'dehongliad diwinyddol-lenyddol',[21] neu'r hyn a eilw mewn man arall yn 'rhagosodiadau diwinyddol-lenyddol'.[22] Esbonia nad 'dehongliad diwinyddol crai'[23] sydd ganddo mewn golwg, ond yn hytrach 'ymagwedd sy'n ymwneud â defnydd arbennig o iaith ac â golwg arbennig ar fodolaeth'.[24] Mae'n debyg mai'r hyn sydd ganddo mewn golwg yw'r hyn a elwir yn 'Gymhelliad' mewn cyfrolau diweddarach, ond nad oedd wedi ei ddatblygu na'i gyfundrefnu mor eglur yn niwedd y 1970au.

Daw'r ymchwil am '[f]eirniadaeth lenyddol gyflawn'[25] yn ganolog erbyn *Llên Cymru a Chrefydd*, a dyma un o'r troeon cyntaf i Bobi Jones ddefnyddio'r term hwn. Diau ei fod yn arwyddocaol bod y term hwn yn codi wrth gyflwyno dehongliad diwinyddol o lenyddiaeth. Dywed Bobi Jones nad digon yw cydnabod yr 'arweddau gwahaniaethol' neu'r 'amrywiaeth systematig' sydd mewn beirniadaeth lenyddol; rhaid i'r beirniad llenyddol hefyd 'gydnabod y cydlyniad – yr undod, yr ymaflyd cyffredinol a chyflawn sydd am y cwbl, y gwaed sy'n rhedeg drwy'i holl wythiennau ac yn rhoi iddo fywyd'.[26] Ystyriai mai ei dasg fel beirniad llenyddol oedd nid yn unig ddiffinio'r gwahanol weddau ar feirniadaeth lenyddol, ond ceisio dangos hefyd 'beth yn hollol yw'r berthynas rhyngddynt'.[27] Ac eithrio cyfeiriad yng nghanol dadl â Dewi Z. Phillips yn *Y Traethodydd*,[28] dyma'r tro cyntaf i Bobi Jones fentro '[m]apio'r prif agweddau ar feirniadaeth lenyddol yr ydys wedi ceisio cydnabod yn y deuawd yma o gyfrolau'.[29] Gwna hyn yn betrus gan ei fod yn pryderu ynghylch gorsymleiddio, a 'methu â chyfleu'r modd y mae'r categorïau amryfal yn cydblethu mewn gofod ac amser'.[30] Yn *Llên Cymru a Chrefydd*, t. 592, felly, ceir tabl cwbl nodweddiadol ohono sy'n ymgais i 'amlinellu cynnwys a pherthynas beirniadaeth lenyddol yn ei chyflawnder'.[31] Teitl y tabl yw 'Beirniadaeth Lenyddol "Gyflawn"',[32] ond nid yw'n glir pam y dewisodd

Bobi Jones osod ei arwyddair 'cyflawn' rhwng dyfynodau. Gellir dyfalu ei fod am amodi ychydig ar y term gan greu rhyw fath o rwyd ddiogelwch iddo'i hun. Sylwn mai tabl *triphlyg* sydd ganddo yn y fan hon wrth fapio'r darlun o lenyddiaeth a gynigiwyd yn ei *ddeuawd* o gyfrolau. Cydnabu Bobi Jones mai 'A1 a C1 yw'r ddwy adran a gafodd sylw manwl a phenodol'[33] yn y cyfrolau hynny, sef 'Cyn-Arddulleg' a 'Gras Cyffredinol ynghyd â Gras Arbennig',[34] ond nid yw'n esbonio pam na thrafodwyd adran B o gwbl, sef yr hyn a elwir ganddo yn ddiweddarach yn faes 'Mynegiant'.

Ar ddiwedd *Llên Cymru a Chrefydd* atgoffa Bobi Jones y darllenydd am yr addewid a wnaeth ar ddiwedd *Tafod y Llenor* fod angen un gyfrol arall er mwyn 'cwblhau'r theori "gyflawn" o lenyddiaeth a oedd gennyf yn fy meddwl'.[35] Wrth orffen y gyfrol hon, gwêl, fodd bynnag, na chafodd yr addewid honno ei chyflawni, ond yn hytrach ei 'chywiro'.[36] Oherwydd wrth i Bobi Jones 'ymlwybro'[37] – sylwn ar y dewis o ferf sy'n awgrymu anturiaeth ac ansicrwydd ynghylch y gyrchfan – drwy'r ddwy gyfrol hyn, darganfu fod ei syniad am 'adeiledd cyflawn theori lenyddol'[38] wedi dod yn eglurach iddo: sylweddolodd bryd hynny fod yna 'orchwyl arall bellach'[39] o'i flaen. Roedd *Tafod y Llenor* yn trafod adran A yn y tabl y cyfeiriwyd ato, sef y 'Mewnol', a *Llên Cymru a Chrefydd* yn disgrifio gwerthoedd diwinyddol-lenyddol adran C, ond ni chafwyd trafodaeth ganddo ar adran B, sef yr 'Allanol'. Dywed fod yr adran hon wedi bod yn 'cyniwair' yn ei feddwl ac yn 'mynnu lle mewn theori sy'n ceisio bod yn "ddihysbyddol"'.[40] Gorffennir y gyfrol hon ag addewid arall am gyfrol i gwblhau'r darlun a'r darlun hwnnw wedi datblygu'n un triphlyg erbyn hyn, felly. Dylid nodi bod tipyn o amodi ar yr addewid hon, fodd bynnag, a cheir yr argraff nad yw Bobi Jones mor frwd dros ei chyflawni ag yr oedd yn achos ei addewid gyntaf:

> Felly, os ceir cennad rywdro ymhen hir a hwyr, ac os ceir efallai egni ac amynedd a hyder, ni wn a fyddai'n bosibl ymroi i gyfrol arall er mwyn dibennu'r triawd angenrheidiol, cyfrol a fydd yn dwyn teitl megis *Deunydd y Llenor*, ac a fyddai, mi obeithiaf, yn sylwi'n arbennig ar B.1, sef Myth neu'r model a adeiledir wrth drafod 'gwrthrychau' llenydda.[41]

O sylwi ar yr ansicrwydd, y cymalau amodol a'r diffyg brwdfrydedd ymddangosiadol yn y frawddeg uchod, nid yw'n syndod, efallai, na chyflawnwyd mo'r bwriad hwn. Nid ymddangosodd cyfrol yn dwyn teitl tebyg i *Deunydd y Llenor* fyth, er y gellid dadlau ei fod wedi mynd ran o'r ffordd drwy ddelio â mythau unigol yn *Cyfriniaeth Gymraeg* (1994) ac *Ysbryd y Cwlwm* (1998), er enghraifft. Mae'n werth nodi'n ogystal fod awgrym o addewid pellach am gyfrol arall yn *Llên Cymru a Chrefydd* ond nid ymddangosodd hyd yma. Wrth drafod y cysylltiadau a wêl rhwng natur Duw a ffurf ffrwythloni llenyddol a'r modd y mae 'cymeriad Duw wedi'i argraffu'n greadigol yn hanfod y greadigaeth',⁴² dywed Bobi Jones:

> Ond rwy'n ofni, cyn mentro ar y fath ddadansoddiad uchelgeisiol, y carwn i'n gyntaf geisio dadansoddiad yr un mor gyffrous, sef ystyried beth yw'r weledigaeth Gristnogol wrth ddadansoddi iaith ei hun – tasg a ofynnai o leiaf gyfrol iddi ei hun er mwyn ei chyflawni'n weddol ac na ddaeth mo'i hamser eto.⁴³

Felly ni chyflawnwyd pob bwriad neu gynllun gan Bobi Jones ac ni ddatblygodd ei 'brosiect' yn union fel y disgwyliai ar y dechrau.

Diau fod ymrwymiadau ymarferol a chyfrifoldebau pedagogaidd Bobi Jones fel aelod o staff Adran Gymraeg Coleg Prifysgol Cymru, Aberystwyth wedi effeithio ar faint a siâp ei brosiect, ac wedi cyfrannu at ei anallu i gyflawni rhai o addewidion *Llên Cymru a Chrefydd*. Ar y llaw arall, y cyfrifoldebau dysgu hyn a roddodd iddo'r cyfle i ddychwelyd i faes Ffurf yn 1984 a dechrau cyhoeddi cyfres *Seiliau Beirniadaeth*. Paratowyd y cyfrolau hyn yn rhan o gwrs pedair rhan ar gyfer y Radd Allanol, Coleg Prifysgol Cymru, fel y nodwyd eisoes.⁴⁴ Yn y gyfres hon cafodd Bobi Jones gyfle i wneud yr hyn a ddymunai ei wneud adeg cyhoeddi *Tafod y Llenor*, sef goleddfu ac estyn rhai o'i gasgliadau cychwynnol ynghylch ffurf llenyddiaeth. 'Estyniad a chywiriad' yw *Seiliau Beirniadaeth* fel y nodwyd yn ail bennod y gyfrol hon, ac nid yw'n cyfrannu odid ddim newydd at drafodaeth Bobi Jones ar Ffurf.

Er mai cyfrolau'n trafod pedair agwedd ar ffurf llenyddiaeth yw *Seiliau Beirniadaeth*, maent hefyd yn rhoi gwybodaeth werthfawr i ni ynghylch y modd y datblygodd y syniad o brosiect yn y degawd oddi ar gyhoeddi *Tafod y Llenor*. Sylwodd Ioan Williams ar hyn hefyd, gan ddweud: 'Yr hyn sy gennym yn *Seiliau Beirniadaeth*, dybiaf i, yw cofnod taith yr awdur tuag at ei fethod beirniadol ef ei hun.'⁴⁵ A diddorol yw nodi defnydd Ioan Williams o'r gair 'taith'. Er mai Ffurf sy'n dwyn sylw Bobi Jones yn benodol yn y cyfrolau hyn mae ei ddiddordeb mewn mathau gwahanol o feirniadaeth, a'i ymgais i ddarganfod y 'darlun cyflawn', yn amlwg. Ar ddechrau'r gyfrol gyntaf rhestrir yn fras y gwahanol ysgolion beirniadol a fu ym maes astudio llenyddiaeth, ond prif ddiddordeb Bobi Jones yw a oes modd 'canfod cydberthynas ystyrlon y gwahanol agweddau ar feirniadaeth lenyddol mewn un ffenomen gyflawn'.⁴⁶ Esbonia ei fod yn gweld bod tair agwedd fawr ar feirniadaeth lenyddol, sef yr hyn a eilw'n (a) Ffurf; (b) Deunydd; a (c) Rhagdybiau diwinyddol-lenyddol, a hawlia fod modd gweld '[c]ydberthynas organaidd y gwahanol agweddau hyn ar

Y Prosiect 127

feirniadaeth'[47] yn y tabl o '[F]eirniadaeth Lenyddol Gyflawn' a gynigia ar dudalen 9. Mae'r tabl hwn yn debyg i'r un a gyflwynodd yn *Llên Cymru a Chrefydd* (t. 592), ond bod yr enwau ar yr adrannau wedi newid, ac nid oes dyfynodau o amgylch y gair 'cyflawn' yn y teitl, sy'n awgrymu ei hyder cynyddol yn y cysyniad, ynghyd â'i frwdfrydedd yn ei gylch.

Mae'n gwbl amlwg erbyn cyhoeddi'r cyfrolau hyn fod gan Bobi Jones rywbeth arbennig y dymuna ei draethu am adeiladwaith beirniadaeth lenyddol. Pwysleisia nad 'cybolfa'[48] o ddulliau darllen y mae'n ei cheisio yn y fan hon, ac na fydd yn bodloni ar restrau syml o ysgolion beirniadol. Yr hyn y mae'n ei geisio yn hytrach yw 'patrwm o gydberthnasedd',[49] a cheisia ddangos sut y mae i bob gwedd ar feirniadaeth ei phriod gyfraniad o fewn yr adeiladwaith hwn. Mae diddordeb mawr ganddo yn amrywiol rannau yr adeiladwaith, fel y tystia ei drafodaeth helaeth ar Ffurf yn y cyfrolau hyn, ond gwelir mai ei ddiddordeb ysol bellach yw canfod yr 'undod' sy'n clymu'r holl agweddau ar feirniadaeth lenyddol ynghyd: 'Camp y sawl sy'n ceisio myfyrio am feirniadaeth lenyddol yn ei llawnder yw dod o hyd i'r undod sy'n clymu'r cwbl.'[50]

Er i Bobi Jones yn ddiweddarach gynnwys y cyfrolau hyn yn rhan o'i 'brosiect' beirniadol,[51] gellid amau dilysrwydd eu statws fel rhan o'r prosiect hwnnw. Fe'u lluniwyd hwy yn y lle cyntaf er ateb gofynion cwrs prifysgol, ac nid fel cyfraniad i unrhyw brosiect llenyddol ehangach. Gellid hawlio rhywbeth tebyg am nifer o gyfrolau beirniadol Bobi Jones. Erthyglau a luniwyd i ddibenion cynadleddau a chyhoeddiadau eraill yw cynnwys nifer ohonynt, fel y sylwyd eisoes. I ba raddau, felly, roedd Bobi Jones yn ymwybodol wrth eu hysgrifennu eu bod yn rhan o'i 'brosiect'? Ymhellach, cyhoeddwyd cyfres *Seiliau Beirniadaeth* yn fewnol gan Brifysgol Aberystwyth, ac mae ei natur a'i diwyg yn awgrymu na fwriadwyd iddi gael ei dosbarthu y tu hwnt i gylch dilynwyr cwrs y Radd Allanol: i ba raddau felly y mae'n iawn eu hystyried yn gyfrolau a gynlluniwyd yn rhan o brosiect? Mewn gwirionedd, nid oes angen eu cyfrif yn rhan o'r prosiect ychwaith, gan fod *Tafod y Llenor* yn ymdrin yn gyflawn, er yn fwy cryno, â'r un maes. Dywed Bobi Jones yn y rhagair i ail gyfrol *Seiliau Beirniadaeth*:

> Bûm yn ddigon haerllug, efallai, i gyflwyno theori organaidd, adeileddol, ond deinamig o lenyddiaeth nas cyflwynwyd mewn unrhyw iaith o'r blaen, gan geisio ystyried ei hymhlygion cyfun yn holl rychwant amrywiol ffurfiau llenyddol.[52]

Ond gan y gellid hawlio'r un peth am yr ymdriniaeth a gynigiwyd yn *Tafod y Llenor*, nid oes raid cynnwys y cyfrolau hyn yn y 'prosiect'. Y cyfan a geir ynddynt, mewn gwirionedd, yw mynd dros yr un tir â *Tafod y Llenor*. Ceir ailadrodd pellach o fewn y cyfrolau eu hunain, a Bobi Jones ei hun yn cydnabod yn y gyfrol olaf ei fod yn ailadrodd peth o syniadaeth ei dair cyfrol gyntaf, er mwyn sicrhau bod ei fyfyrwyr wedi dilyn llif ei feddwl:

> Dichon na byddai'n amhriodol erbyn cyrraedd y rhan olaf hon yn ein hymdriniaeth adolygu'r egwyddorion a fabwysiadwyd, hyd yn oed os golyga hynny ein bod yn ailadrodd ychydig o'r hyn a draethwyd yn y rhan agoriadol.[53]

Mae ailadrodd yn nodwedd ar ei yrfa feirniadol (fel y trafodir ym mhennod 6), ond gwerth nodi yng nghyd-destun y bennod hon fod yr ailadrodd hwn yn arwydd o'r ffaith bod Bobi Jones yn teimlo bod ganddo genhadaeth arbennig fel beirniad, bod ganddo ddyletswydd broselytaidd ar ryw ystyr, a'i fod yn awyddus i'w ddarllenwyr ddeall ei neges a gweld undod yn ei waith.

Cynyddodd cyhoeddiadau theoretig a beirniadol Bobi Jones yn ddramatig yn y blynyddoedd wedi ei ymddeoliad yn 1989. Gwnaeth y rhan fwyaf o'r gwaith[54] ar ei 'brosiect' beirniadol yn ystod y blynyddoedd wedi iddo ymadael â'i swydd academaidd: 'Y gadair (neu'r gwely yn fy achos geriatrig i) yw sedd y gwir gyffroadau ym mhob gwlad orllewinol.'[55] Rhoddodd y cyfnod hwn amser a hamdden iddo ystyried y paramedrau'n ddyfnach ac ymroi i fyfyrio ar feysydd a oedd at ei ddant. Mae'r cyfrolau sy'n perthyn i'r cyfnod hwn yn dangos mwy o ymwybyddiaeth eu bod yn perthyn i 'brosiect' ehangach a bod gan eu hawdur fwriadaeth arbennig. Ym mhennod olaf *Ysbryd y Cwlwm* (1998), er enghraifft, oeda i drafod yr hyn y ceisiodd ei gyflawni ym maes beirniadaeth lenyddol, gan nodi sut y mae ei amryw gyfrolau'n ffitio'r patrwm hwnnw: 'Os caf nodi o'r diwedd beth yw'r cynllun felly a fu i'm gwaith beirniadol yn ei grynswth, fe ddywedwn yn syml mai dyma ydyw.'[56] Diddorol hefyd yw nodi ei fod yn mynegi dymuniad i ddychwelyd at bwnc Cymhelliad drwy gyhoeddi 'casgliad o ysgrifau' a fydd yn trafod 'mawl neu'r traddodiad mawl'.[57] Nid yw'n sôn am gyhoeddi dwy astudiaeth uchelgeisiol ac estynedig fel a geir yn *Mawl a'i Gyfeillion* a *Mawl a Gelynion ei Elynion*. Dyma enghraifft bellach o'r prosiect yn datblygu mewn ffordd nad oedd Bobi Jones wedi ei rhagweld.

Fel y dywedwyd ym mhennod 4, mewn llyfryn bach yng nghyfres 'Llên y Llenor' a gyhoeddwyd yn 1998 y ceisiodd Bobi Jones ddangos am y tro cyntaf gydlyniad hanfodol y gwahanol weddau ar ei ddadansoddiad o feirniadaeth lenyddol mewn modd ymarferol. Dywed iddo lunio'r gyfrol *Tair Rhamant Arthuraidd* am y 'salaf o gymhellion',[58] sef nid er mwyn dangos arbenigrwydd y Tair Rhamant nac esbonio rhagor ar eu cynnwys, ond er mwyn rhoi ei theorïau ar waith: 'Pan ofynnwyd imi lunio llyfryn bach felly am y Tair Rhamant, tybiais y gallwn achub y cyfle i archwilio sut yr oedd fy syniadau am adeiladwaith llawn beirniadaeth lenyddol yn cael eu cymhwyso i waith go estynedig fel hwn.'[59] Mae naws hunangofiannol i rai o'i sylwadau yn y gyfrol, a cheir awgrym ei fod wedi bod yn gweithio ar y 'prosiect' ers sawl blwyddyn bellach a bod ei ddiddordeb mewn diffinio natur beirniadaeth lenyddol yn lled hysbys: 'Ers rhai blynyddoedd bûm er gofid i ambell un yn ceisio myfyrio am feirniadaeth lenyddol ei hun . . . Beth oedd ffurf beirniadaeth lenyddol fel y cyfryw? Sut oedd ei diffinio?'[60] Dyma'r tro cyntaf i Bobi Jones drafod y tair gwedd ar feirniadaeth gyda'i gilydd rhwng dau glawr: 'Yn y gyfrol fechan hon yn awr yr wyf o'r diwedd am feiddio sôn am y "cwbl".'[61] Dyma'r tro cyntaf hefyd iddo bwysleisio bod Beirniadaeth Gyfansawdd yn endid sy'n cynnwys *chwe* elfen, ac nid tair yn unig.[62] Dywed mai'r chwe elfen hyn yw'r 'cwbl sy'n anochel orfodol mewn llenyddiaeth',[63] ac na cheir dim arall mewn beirniadaeth na llenyddiaeth nad yw ymhlith y chwech. Mae'r chwech yn cynnwys y ddau gyflwr, sef Tafod a Mynegiant, a cheir tri cham neu dair gwedd o fewn y ddau brif gyflwr hyn, sef Deunydd, Cymhelliad a Ffurf.

Trafododd Bobi Jones y chwe elfen hyn er mwyn ceisio cyflwyno'r hyn a eilw'n 'fframwaith dihysbyddol'[64] ar gyfer beirniadaeth lenyddol. Nodwyd eisoes nad cyflwyno 'model o feirniadaeth lenyddol'[65] oedd ei fwriad yn y fan hon, nac ychwaith enghreifftio'i fethodoleg fel y cyfryw, ond yn hytrach 'enghreifftio'r fframwaith ei hun yn anad dim'.[66] Hynny yw, nid beirniadaeth lenyddol fel y cyfryw sydd yn y gyfrol hon o gwbl, yn ôl cyfaddefiad Bobi Jones ei hun, ond *'astudiaeth* o feirniadaeth',[67] sef disgrifio adeiladwaith *genre* beirniadaeth lenyddol gan ddefnyddio'r Tair Rhamant yn destun enghreifftiol.

Yn y flwyddyn 2000, cyhoeddodd Bobi Jones y gyfrol gyntaf yn y drioleg a grybwyllwyd ar ddechrau'r bennod hon, sef *Mawl a'i Gyfeillion*. Dychwelyd at gwestiwn a drafodwyd ganddo yn *Llên Cymru a Chrefydd* a wna yn y gyfrol hon, sef 'Pam llenydda o gwbl?',[68] ond y tro hwn, defnyddia'r traddodiad canu mawl yn fodd i angori'r drafodaeth. Nid traethu hanes mawl mo'i ddiddordeb, ond yn hytrach 'ymdroi o gylch testun cwbl wahanol, pwnc sy'n ymwneud ag un wedd ar y broses o lenydda ei hun ac yn sgil hynny â gwedd ar adeiladwaith mewnol llên'.[69] Dywed ei fod wedi sylweddoli bod angen iddo ymdrin yn helaethach â maes 'Cymhelliad' er mwyn cyflawni'r darlun cyflawn o fframwaith beirniadaeth lenyddol a geisiai.[70]

'Cymhelliad' yw'r enw a rydd Bobi Jones bellach ar adran C yn nhabl 'Beirniadaeth Lenyddol Gyflawn' *Llên Cymru a Chrefydd* a *Seiliau Beirniad-*

aeth, sef yr hyn a elwir yno yn 'rhagosodiadau diwinyddol-lenyddol'. Fel y nodwyd yn y bennod ar Gymhelliad, datblygwyd a chyfundrefnwyd llawer ar y cysyniad hwn yn ystod ei yrfa feirniadol. Nid yw'n amlwg yn *Llên Cymru a Chrefydd*, er enghraifft, mai'r 'rhagosodiadau diwinyddol-lenyddol' hyn oedd y 'drydedd elfen a oedd yn gyfrifol am yr asio rhwng Tafod a Mynegiant'.[71] Ac yn *Tafod y Llenor* dywed na ellir cael 'beirniadaeth "ddihysbyddol" ond drwy gynnwys Tafod a Mynegiant gyda'i gilydd',[72] sydd eto'n codi'r cwestiwn ynghylch lleoliad Cymhelliad yn y darlun. Mae Cymhelliad yn derbyn rôl lawer mwy creiddiol erbyn y cyfrolau hyn ar Fawl, fel petai Bobi Jones wedi ailasesu ei leoliad hanfodol yn y broses lenyddol a gweld yr angen am bwysleisio rôl Cymhelliad yn y darlun cyflawn. Awgryma hyn fod cylch gorchwyl y 'prosiect' yn newid yn raddol wrth i yrfa Bobi Jones fynd yn ei flaen, ond mae'n ceisio argyhoeddi'i ddarllenwyr iddo fod yn ymwybodol o arwyddocâd Cymhelliad ers dechreuadau ei fenter feirniadol:

> Er mwyn ateb y cwestiwn hwnnw, bu'n rhaid imi wrth drydedd wedd fawr ar feirniadaeth lenyddol sy'n ymwneud ag ymwybod â phwrpas a gwerthoedd a threfn. Dyma lle y ceir 'Diben y Llenor', is-deitl *Llên Cymru a Chrefydd*, yr hyn a alwn yn y fan yna yn 'Rhagosodiadau Diwinyddol-Lenyddol', syniad a grybwyllais drachefn hefyd yn SB.[73]

Teg yw gofyn ai'r awydd i ailbwysleisio lleoliad Cymhelliad yn yr adeiladwaith beirniadol a yrrodd Bobi Jones i gyhoeddi eto yn y maes hwn, mewn gwirionedd. Mae'n wir nad oedd wedi dangos yn eglur yn *Llên Cymru a Chrefydd* rôl ganolog Cymhelliad yn y broses o lenydda, ond tybed ai dyma'i wir reswm dros ddychwelyd i'r maes? Gellid awgrymu mai *diddordeb* cynhenid a chynyddol Bobi Jones yn y maes sy'n gyfrifol am ei benderfyniad i draethu amdano eto, yn hytrach nag unrhyw reidrwydd i lenwi bylchau yn y prosiect. Diau hefyd fod ei awydd i daranu yn erbyn Ôl-foderniaeth, fel y trafodwyd yn y bennod ar Gymhelliad, yn gymaint o ysgogiad ag unrhyw awydd i gwblhau'r darlun o feirniadaeth lenyddol.

Rhoddir tipyn o sylw yn y rhagymadrodd i *Mawl a'i Gyfeillion* i ddisgrifio'r hyn y bu Bobi Jones yn ceisio'i gyflawni ym maes beirniadaeth lenyddol a dangos ym mha fodd mae'r gyfrol yn ffitio i'r patrwm hwnnw: 'Rhan o brosiect estynedig yw'r drafodaeth hon ynghylch gwneuthuriad llenyddiaeth. Rhan o ymgais amlochrog yw i ddiffinio natur hanfodol llenyddiaeth, ac yn sgil hynny feirniadaeth lenyddol ei hun.'[74] Ymddengys mai dyma'r tro cyntaf i Bobi Jones ddefnyddio'r term 'prosiect' wrth ddisgrifio'i feirniadaeth lenyddol. Fel y nodwyd ar ddechrau'r bennod hon, honna fod yr astudiaeth bresennol ar Fawl yn 'cwpla prosiect ar ddisgrifio adeiledd llenddull "beirniadaeth lenyddol" ei hun fel ffenomen ddiwylliannol'.[75] Gwêl y drafodaeth honno'n 'fath o faen-clo mewn ymgais i ddiffinio beirniadaeth lenyddol'.[76] Mae'r cysyniad o 'gwpla' prosiect yn allweddol: nid yw wedi 'cwpla' hyd yma gan ei fod yn y rhagymadrodd yn addo dwy gyfrol bellach, sef yr ail gyfrol ar Fawl,[77] a'r 'gyfrol gryno atodol, sef *Beirniadaeth Gyfansawdd* sydd wedi'i chwpla eisoes ac sy'n grynodeb neu'n arolwg "cyflawn" a gais dynnu'r holl weddau hyn – *Tafod, Cymhelliad* a *Mynegiant* (mewn Deunydd *a* Ffurf) – at ei gilydd'.[78] Ond mae yn y broses o orffen; yn ddigon agos at y diwedd er mwyn gallu edrych yn ôl dros y daith, ac yn ddigon agos i'r pen i allu gweld ei diwedd.

Oeda Bobi Jones ddwywaith, ar ddechrau ac ar ddiwedd y rhagymadrodd i'r gyfrol, er mwyn disgrifio sut y mae ei wahanol gyfrolau yn trafod amrywiol weddau ar ei brosiect beirniadol. Yn y disgrifiad cyntaf nid yw'n enwi'r cyfrolau o gwbl:

> Cyhoeddwyd eisoes gyfrolau ar Ffurf (1974, 1984–8), Deunydd (1994, 1998), a Chymhelliad (1977, a'r astudiaeth bresennol), gan geisio rhoi sylw yn y rheini i Dafod yn bennaf. Cyhoeddwyd hefyd gyfrolau ar Fynegiant (1975, 1987). Cafwyd cyfrol fechan arall yn 1998 yn arolygu Ffurf, Deunydd a Chymhelliad gyda'i gilydd (Tafod a Mynegiant), a hynny drwy astudio un gwaith canoloesol estynedig, yn rhyw fath o 'Gasgliad' cryno i'r cwbl.[79]

Ond yn yr ail ddisgrifiad mae'n enwi cyfrolau yn benodol ac yn eu dosbarthu mewn modd ychydig yn wahanol:

> Y tair gwedd hyn ar Feirniadaeth Lenyddol yw'r fframwaith meddyliol a nodais ar gyfer fy holl waith ym myd beirniadaeth. Yr wyf wedi ceisio ymdrin ag enghraifft gyfnodol o'r lefel fwyaf arwynebol a syml, sef 'Mynegiant' yn *Llenyddiaeth Gymraeg 1902–1936* (1987) a *Llenyddiaeth Gymraeg 1936–1972* (1975). Yna yn *Tafod y Llenor* (1974) ac yn *Seiliau Beirniadaeth* (1984–88) ceisiais amlinellu peth o batrwm 'Tafod', gyda sylw arbennig i Ffurf, ac yn *Cyfriniaeth Gymraeg* (1994) ac *Ysbryd y Cwlwm* (1998) gyda sylw arbennig i ddwy agwedd ar Gynnwys: y berthynas â Duw a'r berthynas â chyd-ddyn. Wedyn, yn *Llên Cymru a Chrefydd* (1977) ac yn y gyfrol hon y mae fy mhwyslais wedi bod yn bennaf ar 'Gymhelliad' neu ar yr hyn y gellid ei alw'n rhagosodiadau diwinyddol-lenyddol neu Gyn-Dafod. Ac yna, bûm yn lled arolygus mewn enghraifft gynnil, sef yn *Tair Rhamant Arthuraidd* (1997): ceisiais gyd-drafod yn weddol gytbwys y chwe gwedd gyffredinol ar feirniadaeth (hynny yw, gan gynnwys y ddau gyflwr deinamig Tafod a Mynegiant, ynghyd â Chynnwys, Cymhelliad a Ffurf ar y naill lefel a'r llall).[80]

Mae'r ailadrodd, ynghyd â'r ffaith ei fod yn enwi cyfrolau penodol, yn adlewyrchu ei awydd i argyhoeddi ei ddarllenwyr ei fod wedi ceisio llunio prosiect ynghylch 'fframwaith gyflawn beirniadaeth lenyddol' er mwyn dadlennu 'holl batrwm mawr llenyddiaeth'.[81] Bron na chawn yr argraff ar dro ei fod yn ceisio'i argyhoeddi ei hun: 'Creder neu beidio, felly: mae yna ryw fath o drefn yn y gwallgofrwydd hwn i gyd.'[82]

Ddwy flynedd yn ddiweddarach, cadwodd Bobi Jones at ei air drwy gyhoeddi ail ran ei astudiaeth ddeublyg ar Fawl, sef *Mawl a Gelynion ei Elynion*. Mae'r rhagymadrodd i'r gyfrol hon hyd yn oed yn fwy hunangofiannol na'i rhagflaenydd. Y tro hwn, defnyddiodd Bobi Jones ddelwedd y jig-so er mwyn ceisio esbonio'r hyn y ceisiodd ei wneud ym maes beirniadaeth lenyddol. (Diddorol nodi iddo ddefnyddio'r un ddelwedd yn *O'r Bedd i'r Crud* i ddisgrifio atgofion plentyndod.)[83] Egyr y gyfrol fel hyn:

> Roedd gennyf jig-so. Yn y jig-so, cyn belled ag y gwelwn i, ceid chwe darn mawr. Teitl anffodus os preifat y jig-so oedd 'Awgrymiadau ynghylch Paramedrau Beirniadaeth Lenyddol: beth a pham'.[84]

Nid yw Bobi Jones yn nodi pryd yn union y dechreuodd hel darnau'r jig-so hwn, ond yr argraff a rydd i'r darllenydd yw bod y jig-so chwe rhan wedi bod ar ei feddwl ers amser maith. Noda fod ganddo deitl 'preifat' ar gyfer y jig-so, ond gwelwyd eisoes ei fod wedi bod yn sôn yn gyhoeddus am fapio paramedrau beirniadaeth lenyddol ers pum mlynedd ar hugain o leiaf. Dywed ymhellach mai 'prosiect amser-hir' oedd y jig-so, ac na chredai 'yn dawel bach y byddwn yn ei "gwpla" byth'.[85] Erbyn cyhoeddi ail ran yr astudiaeth ar Fawl, fodd bynnag, mae'n amlwg ei fod yn ystyried mai dyna'n union a wna, sef cyhoeddi darnau olaf ei jig-so beirniadol. Cred nad oes ganddo ddim i'w ychwanegu at y prosiect ar wahân i '[g]lyfrol glo'[86] *Beirniadaeth Gyfansawdd* a addawyd eisoes yn *Mawl a'i Gyfeillion*, a honno'n cynnig arolwg adolygiadol o'r darlun cyfan.

Wrth edrych yn ôl dros ei yrfa, gwêl Bobi Jones mai 'ymgais amlochrog' fu ei feirniadaeth lenyddol ar ei hyd i 'ddosrannu neu i ddadansoddi'r gwahanol weddau ar feirniadaeth lenyddol, a'u diffinio'n gydlynol yn eu tro'.[87] Mae'r syniad o edrych yn ôl yn thema ganolog yng nghyhoeddiadau Bobi Jones wedi'r flwyddyn 2000. Gwna sylw allweddol, os anfwriadol, ynghylch yr arfer hwn o edrych yn ôl yn y rhagymadrodd i'r ail gyfrol ar Fawl. Yno, dywed hyn: 'Felly, a minnau bellach wedi cyrraedd yn agos i'r terfyn ulw ar fy ymbalfalu hir mewn beirniadaeth adeileddol i ddisgrifio paramedrau perthynol beirniadaeth, gellid awgrymu mai rhan o batrwm helaethach yw'r ddwy gyfrol hyn ar Fawl.'[88] Mae'r geiriau 'gellid awgrymu' yn y dyfyniad uchod yn awgrymu y gellid gweld y darlun mewn modd gwahanol, ac nad oes rhaid derbyn bod y cyfrolau ar Fawl yn perthyn i batrwm helaethach. Gellid casglu o'r geiriau hyn fod y syniad o brosiect yn strwythur a wthiwyd ar gasgliad o gyhoeddiadau ar ddiwedd cyfnod penodol yn hytrach na bod y cyfrolau dan sylw wedi eu llunio gyda'r amcan penodol o amlygu gwahanol weddau ar fframwaith beirniadol.

Ceir ambell awgrym arall yn *Mawl a Gelynion ei Elynion* fod y syniad hwn o brosiect yn un a ddatblygodd dros gyfnod, yn hytrach nag yn nod yr anelwyd ato o'r dechrau. Disgrifia Bobi Jones ei hun yn 'ymdroi gyda beirniadaeth lenyddol o'r fath o gyfrol i gyfrol',[89] fel petai'r syniad am y darlun cyflawn a phrosiect yn cynyddu ac yn ymffurfio wrth i'r gwaith fynd yn ei flaen. Disgrifia hefyd y 'casgliadau syml yr oeddwn wedi dod iddynt dros gyfnod o amser',[90] sy'n awgrym eglur bod ei ymwybyddiaeth ynghylch patrwm neu adeiladwaith o fewn beirniadaeth, yn beth a dyfodd yn raddol, yn hytrach na sylweddoliad cychwynnol a oedd ganddo cyn dechrau bwrw ati i gyhoeddi cyfrolau ar y gwahanol weddau er mwyn profi ei ragdybiaeth. Ceir hefyd gyfaddefiad nad oedd wedi rhagweld ar y dechrau y byddai 'maes Cymhelliad mor aruthrol o amserol erbyn diwedd y mileniwm',[91] sy'n gyfeiriad at y bygythiadau a wêl o du Ôl-foderniaeth. Ac mae hyn yn awgrymu bod natur y prosiect a'r pwyslais a roddwyd ar Gymhelliad wedi ei reoli, i raddau o leiaf, gan ffactorau allanol ac y gallai'r prosiect fod wedi datblygu i gyfeiriadau eraill petai'r hinsawdd gymdeithasol yn wahanol.

Yn ogystal ag edrych yn ôl, ceir tuedd i edrych ymlaen tuag at y diwedd yn yr ail gyfrol hon ar Fawl. Er honni ar y naill law ei fod yn 'cwpla' ei brosiect beirniadol gyda'r cyfrolau hyn ar Fawl, yn baradocsaidd mae Bobi Jones hefyd yn sylweddoli nad yw wedi gorffen popeth fel y dymunai, ac yr erys bylchau yn ei ymdriniaeth. Soniwyd eisoes iddo ddweud ei fod wedi dewis ymdroi gyda'r cwestiynau 'beth' a 'pham' gan esgeuluso i ryw raddau y cwestiwn 'sut'. Noda ei fod o 'bryd i'w gilydd yn taro cis ar y cwestiwn sut, gan hyd yn oed drafod ei hanfodion', ond nad yw wedi neilltuo cyfrol i'w drafod yn llawn ac erbyn hyn mae'n sylweddoli 'na bydd gennyf ddim o'r amser mwyach i ymaflyd yn uniongyrchol fanwl yn y cwestiwn eithriadol o ddifyr hwnnw sy'n ymamlygu'n bennaf mewn Mynegiant'.[92] Ond rhoddodd Bobi Jones gyfarwyddyd ar holl fater 'sut', er na fu mor gyfundrefnus yn hyn o beth, fel y dangoswyd eisoes yn y drafodaeth ar ddulliau darllen Beirniadaeth Gyfansawdd. Wrth grynhoi ei yrfa yn *O'r Bedd i'r Crud* dywed: 'Wrth wneud hyn, fe fynnid ceisio esbonio "pam" yn ogystal â holi'r hen gwestiwn Cymraeg "sut".'[93] Mae hyn fel petai'n gwrth-ddweud y datganiad a wnaeth ddwy flynedd yn ddiweddarach yn *Mawl a Gelynion ei Elynion*. Un esboniad posibl yw bod

Bobi Jones yn defnyddio'r gair 'sut' yn y mannau hyn i gyfeirio at ddwy ffenomen wahanol, sef ei fod yn cyfeirio at fethodoleg beirniadu llenyddiaeth yn *Mawl a Gelynion ei Elynion*, tra mai'r ffordd y mae llenyddiaeth yn ymffurfio sydd ganddo mewn golwg yn yr ail ddyfyniad. Gellid dadlau yn ogystal nad yw'r diffyg trafod estynedig ar gwestiwn 'sut' yn tanseilio ei brosiect fel y cyfryw. Roedd perffaith hawl gan Bobi Jones i gyfyngu ar gwmpas ei brosiect beirniadol, rhaid oedd iddo dynnu ffiniau er mwyn ceisio cyfanrwydd mewn un maes penodol: 'Bu'n rhaid dewis adeiladwaith cyfyngedig i geisio dadansoddi'r paramedrau. A dyma'r un a ddewisiais i.'[94] Ond *fe* adawodd ei dawelwch ynghylch maes Mynegiant, a'i gyndynrwydd i neilltuo cyfrol i'w drafod yn llawn, fylchau tanseiliol yn ei brosiect beirniadol. Tybed ai diffyg amser oedd yn gyfrifol am y tawelwch hwn mewn gwirionedd, ynteu diffyg diddordeb a diffyg strwythurau pendant o fewn y maes (fel yr awgrymwyd ym mhennod 4 y gyfrol hon)? Cyhoeddwyd astudiaeth sylweddol ar y gynghanedd, *Meddwl y Gynghanedd* (2005), oddi ar gyhoeddi *Mawl a Gelynion ei Elynion*, sy'n brawf bod ganddo'r egni a'r amser i gyhoeddi ar faes sydd wrth ei fodd, sef y gynghanedd, a honno'n perthyn i feysydd Ffurf a Thafod a Chymhelliad yn benodol.

Diau mai'r gyfrol ddiwethaf yn y drioleg a gyhoeddwyd rhwng 2000 a 2003, sef *Beirniadaeth Gyfansawdd* (2003), yw'r fwyaf hunangofiannol ohonynt i gyd. Adrodd hanes 'anturiaeth lenyddol'[95] Bobi Jones, neu ei '[b]ererindod'[96] bersonol ym myd beirniadaeth lenyddol a wneir ynddi. Ysgrifennodd y gyfrol hon â'r ymwybod ei bod yn 'amser cau'r siop',[97] a'r rhagdybiaeth yw na fyddai'n cyhoeddi rhagor am y materion hyn wedi'r gyfrol hon – rhagdybiaeth a brofwyd yn anghywir, i raddau, gyda chyhoeddi *Meddwl y Gynghanedd* ddwy flynedd yn ddiweddarach.

Mae *Beirniadaeth Gyfansawdd* yn gyfrol a ysgrifennwyd yn unswydd er mwyn diffinio'r 'prosiect'. Fe'i lluniwyd ar gyngor ei wraig, Beti, a awgrymodd fod angen iddo 'grynhoi mewn un ymdriniaeth gynnil, hanfod y theori dairochrog ond cyfun y bûm yn ceisio manylu arni ers blynyddoedd'.[98] Dyma'r unig gyfrol hefyd nad oes defnydd iddi y tu hwnt i'r wybodaeth sydd ynddi am theorïau beirniadol Bobi Jones; ni cheir unrhyw drafodaeth yma ar weithiau llenyddol penodol. Dywed ei fod yn fwriadol wedi ymatal rhag manylu ar unrhyw enghraifft benodol o lenyddiaeth am ei fod yn awyddus i 'sefydlu un ddadl benodol yn unig'.[99] Dywed ymhellach ei fod yn gyndyn i gyhoeddi cyfrol o'r fath am ei fod wedi 'gobeithio bod fy ngwaith academaidd drosodd'.[100] Rhaid cwestiynu pa mor ddifrifol y dylid cymryd sylw o'r fath, gan ei bod yn hysbys bod y gyfrol hon eisoes yn barod adeg cyhoeddi *Mawl a'i Gyfeillion*, a bod Bobi

Jones wedi parhau i gyhoeddi gweithiau academaidd ar ôl *Beirniadaeth Gyfansawdd*. Disgrifia Bobi Jones y modd y bu'n 'symud o gyfrol i gyfrol ar hyd oes weddol feirniadol',[101] gan gyhoeddi llyfrau ar wahanol agweddau ar feirniadaeth lenyddol ('rhai yn unig bid siŵr nid y cwbl')[102] nes iddo gyrraedd diwedd y daith gyda chyhoeddi'r gyfrol hon. Rhydd grynodeb arall i ni ar dudalen 11 o'r gwahanol gyfrolau a gyhoeddodd, gan eu dosrannu i feysydd Tafod, Mynegiant a Chymhelliad, ac esbonia nad oes cysondeb yn y dogn o sylw a roddodd i bob un: 'Dyma'r meysydd lle y bûm yn pori ychydig, weithiau yn gymharol drwm, weithiau'n bur ysgafn.'[103] Mae anghysondeb hyd yn oed yn y modd y mae'n cyflwyno ei waith yn y meysydd hyn. O dan '(i) *TAFOD*' rhanna Bobi Jones ei waith i feysydd '*Ffurf a Deunydd*' ond ni wna'r un fath yn achos Cymhelliad neu Fynegiant. Hefyd yn yr adran ar Dafod mae'n rhestru'n fanwl ei gyhoeddiadau yn y maes, gan gynnwys hyd yn oed 'ysgrifau gwasgarog'[104] mewn cyfnodolion.[105] Nid enwir yr un cyhoeddiad ganddo yn ei grynodeb ar Gymhelliad, ond yn hytrach dywed fod y cyfrolau sy'n perthyn i adran Deunydd Tafod 'hefyd yn ymwneud â'r ysfa i gyflawni gwerth, trefn a diben Cymhelliad'.[106] Felly, mae *Llên Cymru a Chrefydd* ynghyd â'i cyfrolau ar Fawl, a ddosrennir fel arfer i'r drafodaeth ar Gymhelliad, yn cael eu rhestru yn y fan hon fel cyfrolau sydd hefyd yn trafod Deunydd Tafod. Efallai mai rheswm Bobi Jones dros wneud hyn yw iddo sylweddoli mai 'crybwyll' Deunydd Tafod yn unig a wnaeth yn y gorffennol, a bod y diffyg trafod uniongyrchol ar y maes yn fwlch yn ei ymdriniaeth:

> Ni thrafodwyd yn weddol fanwl ond un wedd ar gyd-ddyn ym myd y naturiol, sef y drefedigaethol, genedlaethol neu imperialaidd; ac ambell wedd yn unig ar berthynas dyn a Duw; sef y ddwy ddelwedd, y naill yn *Crist a Chenedlaetholdeb* (1994); *Ysbryd y Cwlwm* (1998); ac yna – *Llên Cymru a Chrefydd* (1977); *Cyfriniaeth Gymraeg* (1994); *Mawl a'i Gyfeillion* (2000); *Mawl a Gelynion ei Elynion* (2002); ac ysgrifau yn *Barddas*.[107]

Rhestrir ei gyhoeddiadau yn fanwl yn ei grynodeb o'i ymdriniaeth â maes Mynegiant yn ogystal, a gellid awgrymu iddo wneud hyn am yr un cymhellion. Sylwn mai honni trafod 'rhai enghreifftiau o Fynegiant'[108] a wnaeth yn y cyhoeddiadau hyn, yn hytrach na thrafod theori Mynegiant. Mae'n arwyddocaol ei fod yn yr adran hon yn rhestru cyhoeddiadau na chrybwyllwyd mohonynt erioed o'r blaen yng nghyd-destun y prosiect, gweithiau megis *I'r Arch* (1959) a *Pedwar Emynydd* (1970). Sylwn yn ogystal fod y cyfrolau hyn yn perthyn i gyfnod cyn cyhoeddi *Tafod y Llenor* a chyn i Bobi Jones hyd yn oed ystyried posibilrwydd adeiladu darlun cyflawn o feirniadaeth lenyddol ar sail strwythurau ieithyddol, ac na cheir unrhyw sôn ynddynt am brosiect nac am feirniadaeth lenyddol fel *genre*. Teimlir eu bod yn cael eu llusgo i'r drafodaeth yn y fan hon mewn ymgais i greu cyfanrwydd.

Cyfeiria Bobi Jones hefyd at y gyfrol *Tair Rhamant Arthuraidd* lle y ceisiodd 'amlinellu'n gynhwysfawr gryno, pa weddau a oedd ar gael yn grwn i'w trafod yn gyfredol gydberthynol mewn Beirniadaeth Gyfansawdd'.[109] Honnir iddo yn y fan honno enghreifftio'r darlun cyflawn drwy gydio yn y chwe phrif wedd ar lenyddiaeth gan geisio dangos 'sut y maent bob un yn ei thro yn gydberthnasol, yn wir yn orfodol adeileddol felly, mewn beirniadaeth'.[110] Ond nid yw'r gyfrol honno'n gyfan gwbl wrth ei fodd gan iddo deimlo na roddodd 'y flaenoriaeth angenrheidiol i'r theori'[111] ynddi, ac na ddadleuodd 'odid ddim dros y cydlyniad'.[112] Nid oedd *Tair Rhamant Arthuraidd* yn gyfrol ddigon 'unplyg'[113] i'w feddwl ef, gan mai cyflwyno'r gwaith yn enghreifftiol a wnaeth ynddi. Ychwanega yn ogystal y gallai natur ganoloesol y Tair Rhamant fod yn faen tramgwydd i rai darllenwyr gan nad yw'n 'un o'r rhai mwyaf poblogaidd i ddarllenydd wythnosol *Golwg*'.[114]

Ceir tinc o anfodlonrwydd, a hyd yn oed edifeirwch, wrth i Bobi Jones drafod ei gyhoeddiadau theoretig blaenorol. Wrth gyfeirio'n ôl at y doreth o waith a wnaed ganddo yn y maes, dywed: 'Gwneuthum hyn oll heb dynnu digon o sylw at y cydlyniad allweddol yn y canol, mae arnaf ofn, sef heb bwysleisio'n ddigonol batrwm y cyfan.'[115] Eto, dywed ei fod wrth drafod yr agweddau unigol mewn cyfrolau blaenorol wedi '[t]aeru'n weddol gyson mai rhannau o ddarlun cyfansawdd oeddent'.[116] Cyfeiria yn ogystal at ei arfer o esbonio mewn rhai cyfrolau ym mha fodd roedd yr agweddau unigol hyn yn ffitio i'r patrwm, ond mae'n amlwg nad oedd hyn yn ddigonol ganddo:

> Yn wir, mentrais o bryd i'w gilydd mewn rhyw gornel o'r cyfrolau hynny grybwyll yn dalog sut yr oedd y rhannau oll yn ffitio i'w gilydd yn y darlun cyfan. Wedyn, brysiais yn ôl at ryw wedd arbennig ar y pryd.[117]

Mae bron fel petai'n ei feio'i hun am gyhoeddi'n helaeth ar y gwahanol weddau unigol ar Feirniadaeth Gyfansawdd a thrwy hynny 'esgeuluso'r undod o hyd er mwyn rhedeg ar ôl peth o'r amlder hwnnw'.[118] Gresyna na fu'n fwy trefnus ac nad oedd wedi amlinellu'r drefn yn gliriach o'r dechrau: 'Crwydrwn o agwedd i agwedd y tu mewn i gyfundrefnau fel pe bawn yn crwydro'r wlad.'[119] Mae'r defnydd o'r ferf 'crwydro' yn rhoi'r argraff mai rhyw hamddena diamcan oedd ymdroi Bobi Jones ym maes beirniadaeth lenyddol. Disgrifia'i hun yn y fan hon fel un yn crwydro dinas ar wyliau yn hytrach na'r ddelwedd gyffredin ohono'n anturiaethwr yn amcanu at ddarganfod tiroedd newydd. Esbonia mai'r hyn a wnaeth ar hyd ei yrfa oedd hyn: 'ceisio a wnawn drafod yr hyn a ystyriwn fel y prif elfennau, ond heb danlinellu'r ffaith yn ddigonol eu bod oll yn undod trefnus cyd-ddeinamig, a bod i'r undod hwnnw ffurf, yn gyfundrefn o gyfundrefnau'.[120] Mae'r ymchwil am gyflawnder wedi tyfu'n gymaint o nod erbyn cyhoeddi *Beirniadaeth Gyfansawdd* – fel math o adwaith yn erbyn Ôl-foderniaeth o bosibl – fel bod pob cyfrol arall nad yw'n pwysleisio'r cyflawnder hwn yn cael ei chyfrif yn ofer bron.

'Cyfanwaith' a 'chyflawnder' yw arwyddeiriau *Beirniadaeth Gyfansawdd* yn ddi-os: 'Y cydlyniad cyfansawdd yw'r brif neges.'[121] Pwysleisia Bobi Jones nad '[c]yfanrwydd neu gyflawnder lluosog'[122] y mae'n ceisio'i gyflwyno, ond yn hytrach '[g]ydlyniad unol' neu 'berthynas olynol'[123] y rhannau unigol; hynny yw, dymuna arddangos sut y mae'r holl rannau unigol yn perthyn i'w gilydd yn gydlynol. Nid pentwr, neu restr, yw'r holl weddau ar feirniadaeth lenyddol a drafodwyd ganddo hyd yma, yn ei farn ef, 'ond cyfundrefn'.[124] Gellid synio mai amlinellu paramedrau beirniadaeth lenyddol oedd swyddogaeth y cyfrolau blaenorol, tra 'disgrifio'r berthynas rhwng y gweddau gwahanol y tu mewn iddi'[125] yw diddordeb *Beirniadaeth Gyfansawdd*. Pwysleisir ganddo'r undod sydd rhyngddynt ac 'arolygu'r cydlyniad cyfansawdd'.[126]

Dywed Bobi Jones mai amlinellu paramedrau beirniadaeth lenyddol fu ei brif dasg mewn beirniadaeth dros gyfnod o ddeng mlynedd ar hugain 'bron heb ymwybod i mi'.[127] Mae'r ymadrodd 'bron heb ymwybod i mi' yn arwyddocaol a dweud y lleiaf, gan ei fod yn awgrymu nad oedd Bobi Jones yn eglur ynghylch ei fwriadau ar y dechrau. Dywed ymhellach mai 'tasg gynyddol fu hon; ychwanegais ychydig ati o gyfrol i gyfrol, gan enghreifftio o ysgrif i ysgrif'.[128] Mae'r ymadrodd, 'o gyfrol i gyfrol'[129] yn un sy'n codi'n aml yng nghyd-destun y prosiect a diau ei fod yn allweddol i'n dealltwriaeth ynghylch sut y datblygodd y prosiect. Nid oedd modd iddo ddatblygu mewn unrhyw fodd arall ar ryw ystyr. Ond yn *Beirniadaeth Gyfansawdd* cais Bobi Jones edrych yn ôl ac 'adrodd trefn ac olyniaeth yr ymchwil honno a ddilynwn'.[130] Hynny yw, gosod trefn ar y daith, er nad oedd y drefn honno yno'n gynhenid, o anghenraid, o'r dechrau.[131]

Bwriad *Beirniadaeth Gyfansawdd* mewn gwirionedd yw cynnig 'map cyflawn o Feirniadaeth Lenyddol'[132] yn ôl fel y gwêl Bobi Jones hi. Mae'r syniad o gynnig 'map' yn allweddol i'r gyfrol, ac yn cyffwrdd unwaith yn rhagor â'r trosiad estynedig o Bobi Jones fel anturiaethwr llenyddol, yn llunio mapiau o diroedd anghysbell a dieithr. Gwna hyn drwy ddadlennu'n hunangofiannol 'beth oedd y camre yn y dasg o ddarganfod y prif gyfundrefnau o fewn y gyfundrefn feddyliol eang honno sy'n cydadeiladu seiliau beirniadaeth o lenyddiaeth'.[133] Ac i ryw raddau, efallai fod yn rhaid i ddyn gyrraedd pen draw ei lwybr cyn iddo allu edrych yn ôl a mapio'n foddhaol. Mae delwedd y map hefyd yn symbol o awydd Bobi Jones i gynnig cyfarwyddyd i'w ddarllenwyr, iddynt hwythau ei ddilyn a darganfod y tiroedd beirniadol hyn drostynt eu hunain. Mae a wnelo'r syniad o fapio â'r cysyniad o gyflawnder yn ogystal, o gynnwys ac amgylchynu'r cyfan rhag arwain y teithiwr ar gyfeiliorn: 'fel y bydd mapiwr o Gymru yn chwenychu peidio â cholli Sir Fôn'.[134]

Mae'r defnydd o ddelwedd y map hefyd yn cyfiawnhau unrhyw fylchau yn yr ymdriniaeth. Nid oes gofyn i Bobi Jones fynd i fanylder eithaf am yr un o'r gweddau unigol gan mai ceisio'r amlinelliad yn unig a wneir, yn union fel y mae map yn dynodi strydoedd a phriffyrdd yn hytrach na darlunio'r tai a'r coed ar y strydoedd hynny: 'Ceisiwyd yn y gyfrol hon rowndio'r map yn gymharol gynhwysfawr, wedi gadael manylion i'r cyfrolau eraill.'[135] Drwy ddefnyddio'r syniad o fap gellid honni bod rhywbeth yn cynnig darlun 'dihysbyddol', er nad yw'n cynnig darlun cwbl fanwl. Defnyddia Bobi Jones ddarlun o fyd cemeg er mwyn cefnogi'r ddamcaniaeth hon: 'Wel, y mae'n bosibl dweud bod H_2O yn gyflawn ddihysbyddol mewn un ffordd.'[136] Delwedd arall a ddefnyddia er mwyn tanlinellu'r un neges yw'r syniad o dudalen cynnwys ar flaen cyfrol ramadeg: 'Rhyw fath o amlinelliad cynnil o "Gynnwys" cryno ar flaen y gramadeg (ac ar flaen llenyddiaeth ei hun) yw Beirniadaeth Gyfansawdd, neu'r "Mynegai" bach yn y cefn.'[137] Ac os 'dosrannu'n ystyrlon ac yn ddihysbyddol holl arweddau beirniadaeth'[138] yw amcan Beirniadaeth Gyfansawdd, yna nid oes gofyn am ragor o fanylder er mwyn llwyddo yn ei amcanion ei hun. Ceir awgrym, serch hynny, nad yw Bobi Jones yn cyfrif bod y map yn hollol orffenedig: 'Map bras anorffen ydyw, fel pob gwaith dynol.'[139] Er hynny, teimlir ei fod yn synio mai yn y manylion y mae'n anorffen, yn hytrach nag o ran y fframwaith.

Dywed Bobi Jones mai *Beirniadaeth Gyfansawdd* yw'r 'gyfrol a fu'n cuddio y tu mewn i'r cyfrolau beirniadol eraill i gyd'.[140] Gwêl erbyn diwedd ei anturiaeth feirniadol mai at y gyfrol glo hon y bu'r cyfrolau eraill i gyd yn anelu, a thrwy lunio cyfrol o'r fath sy'n crynhoi ac yn casglu ynghyd syniadau a sylwadau fe rydd yr argraff i'w ddarllenwyr y bu strwythur ac amcan i'w fenter feirniadol o'r dechrau. Ymddiheura Bobi Jones am 'droi a thin-droi'[141] yn llafurus uwchben y casgliadau, ac am ailadrodd yr hyn sydd ganddo i'w ddweud am y cydlyniad cyfansawdd. Dywed mai'r unig esgus sydd ganddo dros wneud hyn yw bod 'crynhoi casgliad ar ddiwedd ymdriniaeth fel hon yn allweddol hanfodol, ac y mae'n gam mewn dealltwriaeth'.[142] Ond gellir dadlau bod y crynhoi casgliadau yn y gyfrol hon nid yn unig yn gam mewn dealltwriaeth ond hefyd yn fodd i greu cyfanrwydd allan o ddetholiad o rannau nad oeddynt o anghenraid yn perthyn cyn hyn, yn fodd i osod trefn ar gasgliad o weithiau ac i lywio a lliwio'r darlleniad ohonynt. Os oedd yn amhosibl i Bobi Jones wybod ar y dechrau beth yn union fyddai pen draw ei waith ymchwil ym maes beirniadaeth lenyddol, erbyn cyrraedd y flwyddyn 2000 gallai edrych yn ôl dros ei yrfa gyda'r diwedd mewn golwg. Mae hanes a adroddodd Bobi Jones mewn cyd-destun gwahanol yn goleuo'r pwynt hwn:

> Yr oedd gennyf athro ieithyddiaeth unwaith yn Québec a ddadleuai ei bod yn bwysig i'r sawl a geisiai archwilio cyfundrefn mewn iaith gadw'i olwg ar y golau ym mhen draw'r twnnel. Rhaid oedd cofio bod gofyn i'r llewyrch hwnnw oleuo'r holl dwnnel ar ei hyd. Y ffeithiau terfynol a esboniai'r ffeithiau ar y ffordd atynt. Yn wir, yn groes i'r syniad arferol mai'r dechrau'n bennaf oedd yn cyflyru ac yn penderfynu'r llwybr wedyn, ac er cydnabod pwysiced hwnnw, pwysleisiai ef mai'r hyn a benderfynai'r llwybr hefyd oedd y diwedd; ble'r oeddem yn mynd, y pwrpas, y cwlwm.[143]

Dichon y gellid cymhwyso'r sylw hwn at brosiect beirniadol Bobi Jones, a dweud bod y diwedd, a'r hyn a gyflawnwyd ganddo oddi ar y flwyddyn 2000 yn arbennig, wedi goleuo gweddill y daith i gyd.

Pam llunio prosiect?

Ond efallai fod cwestiwn mwy diddorol y gellid ei ofyn am y 'prosiect' hwn. Sef nid pa mor ymwybodol oedd Bobi Jones o'r hyn yr anelai ato yn y dechreuadau, ond yn hytrach, pam yr anelai at lunio prosiect o gwbl? Cyfyd hefyd y cwestiwn i ba raddau mae 'prosiect', 'cyfanrwydd' a 'chydlyniad' yn berthnasol neu'n bwysig wrth drafod beirniadaeth lenyddol neu lenyddiaeth ei hun. A pha mor ddymunadwy yw chwilio am 'gyfundrefn' neu 'system' mewn beirniadaeth lenyddol mewn gwirionedd?

Mae'n debyg bod a wnelo'r ateb i'r cwestiwn cyntaf â natur personoliaeth Bobi Jones, i raddau. Sylwyd ym mhennod gyntaf y gyfrol hon fod Bobi Jones hefyd wedi ceisio llunio prosiect barddol yn cwmpasu'r drindod amser, lle a phobl. Nid yw'r ymgais i weld y darlun cyflawn a darganfod patrymau yn annodweddiadol ohono fel cymeriad. Mae'n fardd a beirniad a ŵyr i sicrwydd yr hyn y mae am ei gyflawni, yn un – fel y nodwyd eisoes – ac ynddo awydd dwfn am *gestalt*. Soniodd yn ei hunangofiant *O'r Bedd i'r Crud* am ei arfer o fynd i'r un mannau ar ei wyliau dro ar ôl tro er mwyn ceisio dod i adnabod y lle a'r bobl yn llawn: 'Hoffaf ymgydnabod ac ymaros mewn cynefin nes ymdeimlo o'r tu mewn ac o'r dyfnder ... Ymrwbio ac ymdroi, dyna'r math o gyswllt a fu ac sydd at fy nant ... Does dim adnabod heb din-droi yno am flynyddoedd.'[144] Dywed yn yr un gyfrol ei fod yn gwirioni ar Gymru am ei bod yn wlad fach y gellid ei hadnabod a'i meddiannu yn ei chyfanrwydd: 'Y mae modd amgyffred hon ychydig hyd y pedwar ban a'i hanwylo. Gellid crwydro ei llwybrau a dringo'i bryniau yn ddihysbyddol bron.'[145] Sylwer ar y defnydd o'r gair 'dihysbyddol' sydd yn arwyddair iddo ym mhob agwedd ar fywyd. Mae Bobi Jones yn bersonoliaeth sydd yn tueddu at eithafion ac yn ymrwymo wrth safbwynt arbennig, a dywed droeon mai anghysurus yw eistedd ar ben ffens. Sylwodd Iestyn Daniel mewn adolygiad treiddgar yn *Y Traethodydd* ar duedd Bobi Jones i fod yn ymrwymedig wrth safbwyntiau eithafol ac i wneud datganiadau y byddai pobl eraill yn eu hystyried yn ormodiaith, ac awgryma fod hyn yn rhan gynhenid o bersonoliaeth Bobi Jones: 'Ond efallai fod tueddiadau fel y rhain yn rhan o *langue* yr awdur yn hytrach na'i *parole*.'[146]

Yn ychwanegol at hyn, gellid nodi ffactorau syniadol. Moldiwyd personoliaeth Bobi Jones i ryw raddau gan ragdybiau Guillaumaidd ar y naill llaw, a rhai Calfinaidd ar y llall, a gellid awgrymu mai rhagdybiau a goleddwyd gan yr ysgolion hyn sy'n gyfrifol am y ffaith iddo geisio llunio prosiect beirniadol yn y lle cyntaf. Cyfaddefodd ei hun yn *Seiliau Beirniadaeth* mai 'ar seiliau Calfinaidd' y ceisiodd amlinellu'r fframwaith i olwg gyfannol ar feirniadaeth lenyddol, a dywedodd yn *Mawl a Gelynion ei Elynion* ei fod yn gweithio o dan y 'rhagdybiaeth Guillaumaidd'[147] bod popeth yn cydberthyn. Gwelir, felly, fod y sail ieithyddol a'r sail ddiwinyddol wedi cyfrannu'n uniongyrchol at ragdybiau Bobi Jones ynghylch y posibilrwydd o lunio'r fath beth â phrosiect llenyddol o gwbl, er diau mai Calfiniaeth oedd fwyaf dylanwadol yn hyn o beth. Mae'n theorïwr llenyddol sy'n chwilio am y tragwyddol, am 'egwyddorion parhaol'[148] a sefydlog, am fod ei ragdybiau Calfinaidd yn dysgu iddo fod y fath beth yn bosibl.

Nodweddir holl waith beirniadol Bobi Jones gan ymgais i weld undod a chyfanrwydd; gwelir hynny o fewn gweithiau unigol, hyd yn oed. Er enghraifft, yn y cyflwyniad i *Tafod y Llenor*, dywed:

> Yr wyf yn mawr hyderu, felly, y gwelir undod yn yr astudiaeth fach hon. Gwir y byddir yn crwydro ar draws amrywiol feysydd llenyddol gan daro cis

ar y nofel a'r delyneg, gan gyfeirio at odl Wyddelig a thwf y gynghanedd; ond y gobaith mawr yw y bydd un symudiad meddyliol yn dolennu'r cwbl yn gyfanwaith.[149]

Dywed fod hyn yn nod cyffredin i bob llenor: 'Llunio cyfandod yw nod y llenor.'[150] Rhoddir gair wrth air a brawddeg wrth frawddeg er mwyn llunio cyfandod newydd: 'Nid rhestr o rannau, nid pentwr, nid casgliad yw'r cyfanwaith newydd: y mae'n gyfansoddiad cwbl unigryw.'[151] Gellid synio yn yr un modd am brosiect beirniadol Bobi Jones: rhoddodd gyfrol wrth gyfrol mewn cais am gyfandod gan greu cyfanwaith cwbl newydd.

Mae apêl esthetaidd arbennig i gyfanwaith, wrth gwrs, fel y nododd John Gwilym Jones yn *Swyddogaeth Beirniadaeth*, gan arddangos olion dylanwad 'Beirniadaeth Newydd' yn glir. Dyfynna John Gwilym Jones gyfieithiad o sylw gan Plotinus er cadarnhau'r safbwynt hwn:

> Dim ond pethau cyfansawdd a fedr fod yn brydferth, nid byth ddim heb iddo rannau. Ond dim ond y cyfanwaith, undod yr amrywiol rannau, nid y rhannau ynddynt eu hunain, ond y rhannau yn cydweithio a eill roi cyfanwaith prydferth. Rhaid hefyd i'r rhannau fod yn brydferth.[152]

Diau fod yr elfen esthetaidd yn apelgar i Bobi Jones yn ogystal, ond â ef gam ymhellach gan ddadlau bod yna 'ysfa gynhenid ynom am gyfanrwydd'.[153] Mae'n bosibl bod ôl dylanwad Henry R. Van Til i'w weld ar Bobi Jones yn y fan hon, oherwydd ysgrifennodd yntau:

> As long as man deals only with the particulars, with the many phenomena, his mind is not at rest; for there is within him an urge, a strong impulse, for seeing the unity behind the diversity, to find the one among the many.[154]

Try Bobi Jones at ysgol seicoleg *Gestalt* er mwyn cadarnhau ei safbwynt: 'Fel y dangosodd damcaniaethwyr-Gestalt mewn seicoleg, ni cheir boddhad nes i'r patrwm cyflawn gael ei gwblhau.'[155]

Rhaid ei bod yn arwyddocaol pa mor aml mae Bobi Jones yn crybwyll cysyniad *Gestalt* yn ei weithiau beirniadol.[156] Mwy arwyddocaol eto yw sylw a wna yn *Seiliau Beirniadaeth* sy'n cysylltu Adeileddeg ag ysgol seicoleg *Gestalt*. Gwêl fod y ddwy ysgol hyn yn 'tarddu o'r un ymwybod o drefn anymwybodol, benderfyniadol, a chynhwysfawr'.[157] Dywed fod ysgol *Gestalt* hefyd yn rhagdybio bod dyn 'yn greadur sydd wrth natur yn cael ei yrru i ymaflyd mewn ffurf'[158] ac i ddarganfod ystyr, pwrpas a pherthynas. Dyfynna esboniad R. I. Aaron o'r ysgol hon er mwyn cefnogi ei safbwynt:

Enw Almaeneg ar *ffurfiau* yw *Gestalten*, a gelwir yr ysgol hon (o seicolegwyr) yn ysgol *Gestalt* oherwydd y rhydd ei phwyslais ar ffurfiau'r byd profiadol. Egwyddor sylfaenol yr ysgol ydyw hon: tuedda'r meddwl yn ddi-os i weled pethau'n ffurfiau. Er enghraifft, os tynnir ychydig o linellau rywsut rywfodd ar bapur, a'i ddangos i rywun, ar unwaith dechreua hwnnw chwilio am ffurf yn y llinellau . . . Chwiliwn ymhob man am y cymesur, y ffurfiedig, y fformal, a phan ddown o hyd iddynt cawn ryw fodlonrwydd a rhyddhad meddwl . . . Tuedda pob gwrthrych profiadol i fod mor syml, mor gyson, mor gyfan ag sydd bosibl.[159]

Hawdd gweld felly sut y byddai'r ysgol hon â'i phwyslais ar drefnu a darganfod ffurfiau elfennol a chyson wrth fodd calon Bobi Jones.

Ond diau fod yr awydd am undod yn tarddu'n bennaf o ragdybiau diwinyddol Bobi Jones fel yr awgrymwyd uchod. Yn wir, â mor bell â dweud yn *Llên Cymru a Chrefydd* mai beirniadaeth Gristnogol yw'r unig ffordd i ddarparu undod yn y pen draw:

> Gan fod a wnelom â gwirionedd, yr unig feirniadaeth lenyddol gyflawn – pe bai'r fath beth yn bosibl ar y ddaear hon – sef y feirniadaeth y dylid gweithio tuag ati, dyna fyddai hi, sef beirniadaeth sy'n ymrwymedig ac yn ddigymrodedd Gristnogol, beirniadaeth sy'n medru digoni'r holl berson. Ni ellir mesur na barnu'n derfynol foddhaol ond yn ôl y datguddiad terfynol yn y Gair; ac yn y gyfrol hon ceisiais yn bennaf ddatblygu dull Calfinaidd o ddehongli'r wedd honno ar lenyddiaeth, gan ganolbwyntio'n enghreifftiol ar y traddodiad Cymraeg.[160]

Efallai fod dylanwad Van Til i'w weld eto yn y fan hon oherwydd sonia yntau am anallu'r dyn naturiol i weld y darlun cyflawn:

> In his separation from God, in whose light alone man can see the truth, man lost his catholicizing spirit – he no longer was able to see life meaningful or whole . . . nor does he ascend from the creature to the creator.[161]

Ceisio gweld y cysylltiad rhwng y Creawdwr a'i greadigaeth a wnaeth Bobi Jones ar hyd ei yrfa. Gweithiodd o dan yr argyhoeddiad bod natur Duw yn cael ei hadlewyrchu yn ei greadigaeth. Cred mewn *un* Duw, ac *un* esboniad absoliwt i ystyr bywyd ac felly nid yw'r syniad bod *un* ffordd o esbonio llenyddiaeth, *un* theori gyfannol, yn wrthun ganddo o gwbl:

> Cyfundod y Duwdod ynddo'i hun yw'r rhagosodiad cyntaf ar gyfer pob gwaith celfyddyd: 'Y cyntaf o'r holl orchmynion yw, Clyw Israel; Yr Arglwydd ein Duw, un Arglwydd yw'. (Marc 12, 29) 'Ac y mae efe cyn pob peth, ac ynddo ef y mae pob peth yn cydsefyll.' (Col. 1, 17). Yr undod hwn yw gwrthrych hiraeth mwyaf y byd.[162]

Awgrymir yn y fan hon fod pob llenor yn chwilio am undod er mwyn adlewyrchu natur Duw, a bod yr hiraeth cynhenid am undod a chyfanrwydd yn rhan o ymchwil y ddynoliaeth am Dduw.

Ond mae'r un Duw a addolir gan Bobi Jones hefyd yn drindod, a chred Bobi Jones fod yr undod a'r amrywiaeth hwn hefyd yn cael ei adlewyrchu yn y greadigaeth: 'Natur cyfansoddiad y greadigaeth gan y Duw Tri-yn-Un, y Duw y gwnaethpwyd dyn ar Ei ddelw; sef Undod ac Amrywiaeth.'[163] Dyna'r rheswm pam mai 'trindod' yw'r allwedd neu'r mynegai i 'ymbalfalu hir'[164] Bobi Jones ym maes beirniadaeth lenyddol. Ei gred Galfinaidd yw bod natur drindodaidd y Crëwr yn cael ei hadlewyrchu yn y greadigaeth: 'Nid damwain yw hi fod ar gael dri pherson (byth mwy) yng nghyfundrefn y rhagenw personol (a'r ferf) ymhob iaith yn y byd. Adlewyrchir natur y Crëwr – hyd yn oed wedi'r Cwymp – yn y greadigaeth.'[165] Mae'n gymwys, felly, mai un theori a thair rhan annatod iddi a gyflwynodd Bobi Jones.

Felly, gyrrwyd Bobi Jones gan ragdyb sydd yn tarddu o ddiwinyddiaeth Galfinaidd fod yna drefn yn y bydysawd am fod argraff meddwl Duw ar yr holl greadigaeth: mae'r drefn sydd yn y byd yn ganlyniad i'r drefn a oedd eisoes ym meddwl Duw: 'Cyn bod trefn na gwerth mewn gofod ac amser fe geir cydlyniad yn arfaeth Duw.'[166] Ar sail Llyfr Genesis, daw Bobi Jones i'r casgliad mai gosod trefn oedd y peth cyntaf a wnaeth Duw wrth greu'r byd:

> Y peth cyntaf a wnaeth Duw wrth greu oedd gosod trefn o'r fath. Allan o'r diffurf a'r caos lluniodd gosmos, gan weithio o'r cyffredin yn Nyddiau 1, 2 a 3 tuag at yr arbennig yn Nyddiau 4, 5 a 6.[167]

Rhagdyb Beirniadaeth Gyfansawdd yw 'bod iaith ei hun yn gorfod dibynnu ar Drefn, ar wybodaeth am Drefn ac ar awydd am Drefn'.[168] Fel y gwelwyd eisoes, defnyddia Bobi Jones ramadeg yn brawf o hyn; dywed na fyddai'n bosibl i iaith fodoli o gwbl nac i bobl gyfathrebu â'i gilydd oni bai fod yna Drefn ragosodedig,[169] a chymhwysa hyn at faes llenyddiaeth drwy ddweud '[na] ellir llenyddiaeth heb drefn'[170] ychwaith. Cred ymhellach fod yna 'batrwm neu adeiladwaith go drefnus mewn beirniadaeth'[171] am fod pob celfyddyd yn y pen draw yn 'ymgais i osod trefn ar y caos'.[172] Yn fwy na hyn, dywed Bobi Jones fod yna ysfa gynhenid mewn dyn am drefn ac i ddarganfod trefn: 'Dull yw o feistroli bywyd.'[173] Dywed fod y meddwl dynol yn ymateb bob amser i'w amgylchfyd gydag 'ysfa drefnus, naill ai i ddarganfod y drefn sydd eisoes ynddo neu i osod trefn arno'.[174] Honna mai gosod trefn yw priod waith y llenor tra mai ei ddarganfod yw gwaith

144 *Casglu Darnau'r Jig-so*

y beirniad.[175] I grynhoi, cred Bobi Jones mai gwaith y theorïwr llenyddol yw 'dadlennu'r gyfundrefn sydd ynghudd y tu ôl i'r geiriau'.[176] Gellid synio, felly, mai rhan o'r ysgogiad dros lunio prosiect beirniadol o'r fath yw awydd Bobi Jones i osod, darganfod a dyrchafu trefn yn y greadigaeth. Gyrrwyd Bobi Jones gan y rhagdyb sydd wedi ei gwreiddio ym myd gwyddoniaeth, ieithyddiaeth a chrefydd fel ei gilydd fod yna ddeddfau yn y greadigaeth, a'r rheini'n sefyll mewn 'rhengoedd trefnus a pharchus'[177] sy'n trefnu Mathemateg, Ffiseg, Cemeg ac Iaith. Ni ellir gweld y deddfau hyn â'r llygaid naturiol, ond gellir mesur a theimlo eu heffeithiau. Ond er eu bod yn anweledig, dywed Bobi Jones mai'r deddfau hyn sy'n caniatáu bodolaeth o gwbl. Er mwyn enghreifftio anocheledd deddfau, a'r modd yr effeithir ar y greadigaeth gan yr anweledig, cyfeiria at ddeddf disgyrchiant, fel y nodwyd eisoes. Mae Deddf yn ganolog i'w fydolwg Calfinaidd. I Bobi Jones y Cristion, nid yw deddf yn beth caethiwus; yn hytrach, mae'n tarddu o Gariad Duw ac yn rhodd er lles dyn. Grym bywydol yw'r Ddeddf yn y cyswllt hwn:

> Ystyria'r Cristion fod yna gysylltiad annatod rhwng y Ddeddf a Chariad. Cariad oedd Rhoddwr y Ddeddf, pob Deddf greedig. Soniai'r Piwritaniaid a'u holynwyr am Ras y Ddeddf. Cyflawni'r Ddeddf honno gynt (nid deddfoldeb) a wnâi aberth a bywyd Crist . . . Ac meddai'r Iesu: 'Os carwch fi, fe gadwch fy ngorchmynion.' Hynny yw, os treiddiwch i ganol y Ddeddf, yr hyn a gawn (fe'i cawn yn y ddau orchymyn sy'n crynhoi'r holl ddeddf) yw Cariad.[178]

Gellid dweud, felly, fod parch Bobi Jones at y cysyniad o ddeddfau a'i ddymuniad i arddangos ac i drefnu deddfau yn rhan o'i ysgogiad dros lunio'r 'prosiect'.

Denwyd Bobi Jones gan y syniad o brosiect a mapio paramedrau cyflawn beirniadaeth lenyddol ar gyfrif y delfryd a goleddir gan rai beirniaid strwythurol fod modd sefyll y tu allan i'r darlun a chael golwg banoramig ar y cyfan. Soniodd Tudur Hallam yn ei draethawd ymchwil[179] mai'r hyn y mae'r dull strwythurol yn ei gynnig i'w ddefnyddwyr (yn ôl John Sturrock), yw 'positions of dominance from which they can look down in detachment and judge others accordingly'.[180] Yn ôl Tudur Hallam, mae hwn yn safle y dymuna'r rhyddfrydwyr a'r ôl-strwythurwyr ei osgoi: 'Ond i Galfinydd o feirniad rhydd strwythuraeth gyfle iddo – nid yn annhebyg i bregethwr ymneilltuol Cymraeg yn ei bulpud dyrchafedig gynt – bwyso a mesur, fel y nododd Daniel Chandler, '"anything and everything".'[181] Yn wir, awgryma Bobi Jones fod gan y beirniad Cristnogol gyfrifoldeb i feirniadu yn y modd hwn am ei fod mewn sefyllfa freintiedig ac yn gallu sefyll y tu allan i'r byd naturiol:

> A rhan o waith y beirniad llenyddol Cristnogol yw pwyso a mesur a disgrifio safonau a dulliau beirniadaeth gyffredinol ei gyfnod ei hun, sef arolygu'r tueddiadau cyfoes (am fod ganddo ef fodd i sefyll y tu allan i'r darfodedig), gan ogrwn yr hyn sy'n perthyn i'r cyfanrwydd eithaf ac sy'n unol â'r gynghanedd dragwyddol.[182]

Ychwanega Bobi Jones fod y beirniad Cristnogol hefyd yn ffaeledig ac 'wedi'i gyfyngu gan ei ddoniau prin',[183] ond bod ganddo fantais oherwydd ei safle neilltuol.

O gymryd yr holl ffactorau uchod i ystyriaeth bron na allwn ddweud bod y ffaith i Bobi Jones geisio llunio prosiect yn anorfod mewn gwirionedd. Roedd Bobi Jones y Calfinydd yn rhwym o geisio chwilio am y Drefn, y cyfandod, y Deddfau, yr Anweledig, a'r undod o fewn amrywiaeth.

Nodiadau

[1] Gweler, er enghraifft, *Mawl a'i Gyfeillion: Cyfrol 1: Adeiladu Mawl* (Cyhoeddiadau Barddas, 2000), t. 13, ac *Ysbryd y Cwlwm: Delwedd y Genedl yn ein Llenyddiaeth* (Caerdydd, 1998), t. 417.
[2] R. M. Jones, *Mawl a'i Gyfeillion*, t. 13.
[3] R. M. Jones, *Tafod y Llenor: Gwersi ar Theori Llenyddiaeth* (Caerdydd, 1974), Rhagair.
[4] Ibid., Rhagymadrodd.
[5] Ibid., Rhagair.
[6] Ibid., t. 279.
[7] Ibid.
[8] Ibid.
[9] Ibid., tt. 279–80.
[10] Bobi Jones, *O'r Bedd i'r Crud: Hunangofiant Tafod* (Llandysul. 2000), t. 9.
[11] R. M. Jones, *Tafod y Llenor*, Rhagair.
[12] Ibid., t. 297.
[13] Ibid.
[14] Ibid.
[15] R. M. Jones, *Mawl a Gelynion ei Elynion: Cyfrol 2: Amddiffyn Mawl* (Cyhoeddiadau Barddas, 2002), t. 22.
[16] R. M. Jones, *Mawl a'i Gyfeillion*, t. 9.
[17] R. M. Jones, *Tafod y Llenor*, t. 297.
[18] Gweler, er enghraifft, *Llên Cymru a Chrefydd: Diben y Llenor* (Abertawe, 1977), tt. 91 a 93.

[19] Ibid., t. 591.
[20] Ibid.
[21] Ibid.
[22] Ibid., t. 592.
[23] Ibid., t. 591.
[24] Ibid.
[25] Ibid., t. 590.
[26] Ibid., t. 594.
[27] Ibid., t. 14.
[28] Bobi Jones a Dewi Z. Phillips, 'Dadl: Beth yw Pwrpas Llenydda?', *Y Traethodydd* (Ionawr 1975), t. 13.
[29] R. M. Jones, *Llên Cymru a Chrefydd*, t. 591.
[30] Ibid.
[31] Ibid.
[32] Ibid., t. 592.
[33] Ibid., t. 591.
[34] Ibid., t. 592.
[35] Ibid., t. 594.
[36] Ibid.
[37] Ibid.
[38] Ibid.
[39] Ibid.
[40] Ibid., t. 595.
[41] Ibid.
[42] Ibid., t. 91.
[43] Ibid.
[44] R. M. Jones, *Seiliau Beirniadaeth: Cyfrol 1: Rhagarweiniad* (Aberystwyth, 1984), Rhagair.
[45] Ioan Williams, adolygiad o *Seiliau Beirniadaeth*, *Llais Llyfrau* (Hydref 1989), t. 14.
[46] R. M. Jones, *Seiliau Beirniadaeth: Cyfrol 1*, t. 7.
[47] Ibid., t. 8.
[48] Ibid., t. 63.
[49] Ibid.
[50] Ibid., t. 65.
[51] Gweler, er enghraifft, R. M. Jones, *Mawl a'i Gyfeillion*, t. 13.
[52] R. M. Jones, *Seiliau Beirniadaeth: Cyfrol 2: Ffurfiau Seiniol* (Aberystwyth, 1986), t. 69.
[53] R. M. Jones, *Seiliau Beirniadaeth: Cyfrol 4: Cyfanweithiau Llenyddol* (Aberystwyth, 1988), t. 413.
[54] Dylid cadw mewn cof, fodd bynnag, fod peth o gynnwys y cyfrolau hyn hefyd yn ailgyhoeddiadau neu'n fersiynau diwygiedig o erthyglau a darlithiau sy'n dyddio yn ôl i'r 1970au a'r 1980au.
[55] Bobi Jones, *O'r Bedd i'r Crud*, t. 201.
[56] R. M. Jones, *Ysbryd y Cwlwm*, t. 417.
[57] Ibid., tt. 416–17.
[58] R. M. Jones, *Tair Rhamant Arthuraidd, Gydag Arolwg o Derfynau Beirniadaeth Gyfansawdd*, Cyfres 'Llên y Llenor' (Caernarfon, 1998), t. 7.

59 Ibid., t. 9.
60 Ibid., t. 8.
61 Ibid., t. 11.
62 Teg nodi iddo awgrymu hyn mewn modd llai amlwg mewn cyhoeddiadau cynharach, er enghraifft: 'o gymryd y tair agwedd angenrheidiol mewn Llenyddiaeth, sef Ffurf, Deunydd a Gwerth/Amcan, a chanfod o fewn pob un o'r rheini ddau gyflwr angenrheidiol, Tafod a Mynegiant, dyna amlinellu holl siâp angenrheidiol yr ystyriaethau anochel mewn Beirniadaeth Lenyddol'. Bobi Jones, 'Cwpanaid o De gyda Beirniad Cyfansawdd', *Barddas*, 193 (Mai 1993), t. 9.
63 R. M. Jones, *Tair Rhamant Arthuraidd*, t. 9.
64 Ibid., t. 80.
65 Ibid., t. 9.
66 Ibid., t. 80.
67 Ibid., t. 81.
68 R. M. Jones, *Mawl a'i Gyfeillion*, t. 9.
69 Ibid.
70 Ibid.
71 Ibid., t. 23.
72 R. M. Jones, *Tafod y Llenor*, t. 55.
73 R. M. Jones, *Mawl a'i Gyfeillion*, t. 40.
74 Ibid., t. 11.
75 Ibid., t. 13.
76 Ibid.
77 Ibid., tt. 9–10.
78 Ibid., t. 13.
79 Ibid.
80 Ibid., t. 45.
81 Ibid., t. 23.
82 R. M. Jones, *Ysbryd y Cwlwm*, t. 417.
83 Bobi Jones, *O'r Bedd i'r Crud*, t. 13.
84 R. M. Jones, *Mawl a Gelynion ei Elynion*, t. 9.
85 Ibid.
86 Ibid.
87 Ibid., t. 23.
88 Ibid.
89 Ibid.
90 Ibid., t. 25.
91 Ibid., t. 23.
92 Ibid., t. 10.
93 Bobi Jones, *O'r Bedd i'r Crud*, t. 225.
94 R. M. Jones, *Mawl a Gelynion ei Elynion*, t. 10.
95 R. M. Jones, *Beirniadaeth Gyfansawdd*, t. 19.
96 Ibid., t. 26.
97 Ibid., t. 10.
98 Ibid.
99 Ibid., t. 272.

100 Ibid., t. 10.
101 Ibid., t. 11.
102 Ibid., t. 10.
103 Ibid., t. 11.
104 Ibid.
105 Gellid dyfalu y byddai Bobi Jones wedi gosod *Meddwl y Gynghanedd* (Cyhoeddiadau Barddas, 2005) yn y dosbarth hwn yn ogystal â'i gynnwys yn ei lyfryddiaeth o faes Cymhelliad.
106 R. M. Jones, *Beirniadaeth Gyfansawdd*, t. 11.
107 Ibid.
108 Ibid., t. 12
109 Ibid.
110 Ibid.
111 Ibid.
112 Ibid.
113 Ibid.
114 Ibid.
115 Ibid.
116 Ibid., t. 256.
117 Ibid.
118 Ibid., t. 13.
119 Ibid., t. 12.
120 Ibid.
121 Ibid., t. 13.
122 Ibid., t. 31.
123 Ibid.
124 Ibid., t. 17.
125 Ibid.
126 Ibid., t. 46.
127 Ibid., t. 18.
128 Ibid.
129 Ibid., t. 10.
130 Ibid., t. 18.
131 Ceir cyfatebiaeth ddiddorol a difyr rhwng y ddelwedd hon a'r un a geir yn emyn adnabyddus David Charles, 'O Fryniau Caersalem'.
132 R. M. Jones, *Beirniadaeth Gyfansawdd*, t. 18.
133 Ibid.
134 Ibid., t. 30.
135 Ibid., t. 256.
136 Ibid., t. 30.
137 Ibid., t. 65.
138 Ibid., t. 49.
139 Ibid., t. 274.
140 Ibid., t. 272.
141 Ibid.
142 Ibid.
143 R. M. Jones, *Mawl a Gelynion ei Elynion*, t. 38.

144 Bobi Jones, *O'r Bedd i'r Crud*, t. 199.
145 Ibid., t. 123.
146 Iestyn Daniel, adolygiad o *Ysbryd y Cwlwm*, *Y Traethodydd* (Ebrill 1999), t. 123.
147 R. M. Jones, *Mawl a Gelynion ei Elynion*, t. 383.
148 R. M. Jones, *Beirniadaeth Gyfansawdd*, t. 37.
149 R. M. Jones, *Tafod y Llenor*, Rhagymadrodd.
150 Ibid., t. 287.
151 Ibid.
152 John Gwilym Jones, *Swyddogaeth Beirniadaeth* (Dinbych, 1977), t. 15.
153 R. M. Jones, *Mawl a'i Gyfeillion*, t. 50.
154 Henry R. Van Til, *The Calvinistic Concept of Culture* (Grand Rapids, 1959), t. 158.
155 R. M. Jones, *Tafod y Llenor*, t. 102.
156 Gweler, er enghraifft, R. M. Jones, *Meddwl y Gynghanedd*, t. 490.
157 R. M. Jones, *Seiliau Beirniadaeth: Cyfrol 1*, t. 51.
158 Ibid.
159 R. I. Aaron, 'Canfod', *Efrydiau Athronyddol*, 1 (1938), tt. 7–9.
160 R. M. Jones, *Llên Cymru a Chrefydd*, t. 591.
161 Henry R. Van Til, *The Calvinistic Concept of Culture*, t. 60.
162 R. M. Jones, *Llên Cymru a Chrefydd*, t. 82.
163 Ibid.
164 R. M. Jones, *Mawl a Gelynion ei Elynion*, t. 23.
165 R. M. Jones, *Llên Cymru a Chrefydd*, t. 83.
166 R. M. Jones, *Mawl a Gelynion ei Elynion*, t. 385.
167 Ibid., t. 392.
168 Ibid., t. 385.
169 Ibid., t. 19.
170 R. M. Jones, *Seiliau Beirniadaeth: Cyfrol 1*, t. 23.
171 R. M. Jones, *Mawl a Gelynion ei Elynion*, t. 25.
172 Ibid.
173 R. M. Jones, *Beirniadaeth Gyfansawdd*, t. 56.
174 R. M. Jones, *Seiliau Beirniadaeth: Cyfrol 4*, t. 414.
175 R. M. Jones, *Seiliau Beirniadaeth: Cyfrol 1*, t. 23.
176 R. M. Jones, *Seiliau Beirniadaeth: Cyfrol 4*, t. 580.
177 R. M. Jones, *Beirniadaeth Gyfansawdd*, t. 9.
178 Ibid., t. 88.
179 Sylwer bod addasiad o'r traethawd hwn wedi ei gyhoeddi bellach gan Wasg Prifysgol Cymru yn rhan o'r un gyfres â'r gyfrol hon: Tudur Hallam, *Canon ein Llên: Saunders Lewis, R. M. Jones ac Alan Llwyd*, Cyfres 'Y Meddwl a'r Dychymyg Cymreig', gol. John Rowlands (Caerdydd, 2007).
180 Tudur Hallam, 'Y Cysyniad o Ganon Llenyddol Cymraeg' (traethawd PhD anghyhoeddedig Prifysgol Cymru [Abertawe], 2005), t. 234.
181 Ibid.
182 R. M. Jones, *Llên Cymru a Chrefydd*, t. 82.
183 Ibid.

6

Arddull Bobi Jones

Darllen Beirniadaeth fel Llenyddiaeth

Hyd yma, edrychwyd ar agweddau ar gynnwys beirniadaeth lenyddol Bobi Jones a'u cydberthynas. Fodd bynnag, nid bodoli mewn gwagle y mae gwaith beirniadol y polymath hwn: mae Bobi Jones yr un mor adnabyddus fel llenor creadigol ag ydyw fel beirniad llenyddol. Ymgais sydd yn y bennod hon i weld a oes perthynas rhwng ei waith creadigol a'i waith beirniadol, gan ofyn a yw'r ddau fath o ysgrifennu yn gorgyffwrdd.

Yn eu *Theory of Literature* (1949), awgrymodd Wellek a Warren fod modd diffinio llenyddiaeth yn ôl ieithwedd, gan y gellid dosrannu iaith yn dri chategori sylfaenol: 'the ordinary, the literary, and the scientific'.[1] O dderbyn y theori hon gellid diffinio gwaith llenyddol fel unrhyw destun sydd wedi ei ysgrifennu mewn iaith lenyddol, ni waeth am natur ei gynnwys. Golyga'r diffiniad ffurfiol, ieithyddol hwn fod testunau nas bwriadwyd erioed gan eu hawduron i'w darllen fel llenyddiaeth yn gallu cael eu hystyried yn llenyddiaeth ar sail natur yr ymadroddi.

Ond beth yn union yw'r 'llenyddol', a sut mae'n gwahaniaethu oddi wrth iaith 'gyffredin'? Dyma wahaniaeth y poenodd Ffurfiolwyr Rwsia yn ei gylch, a daeth y broblem hon i amlygrwydd newydd yn ystod chwarter olaf yr ugeinfed ganrif, a hynny'n rhannol yn sgil haeriad arddelwyr y mudiad Ôl-fodernaidd fod lle i alw unrhyw beth printiedig yn llenyddiaeth, gan gynnwys y llyfr ffôn neu'r testun ar ochr bocs creision ŷd! Estynnodd yr Ôl-fodernwyr y term 'llenyddiaeth' i gynnwys pob math o ysgrifennu a fu gynt y tu allan i gorlan glyd llenyddiaeth, ac roedd hyn yn heresi yng ngolwg beirniaid mwy ceidwadol eu safbwynt.

Daeth yn ffasiynol i synied am weithiau theoretig cyfoes fel gweithiau llenyddol. Aethpwyd i athronyddu ynghylch 'the blurring of the boundary between creative text and critical text: art theory becomes art, literary criticism becomes literature'.[2] Neilltuwyd cyfrolau cyfan i drafod y ffenomen hon. Cymerer, er enghraifft, gyfrol Malcom Bowie, *Freud, Proust and Lacan:*

Theory as Fiction (1987), lle y mae'r awdur yn bwrw ati i ddarganfod ac i ddadansoddi'r elfennau llenyddol mewn ysgrifau damcaniaethol. Wrth drafod gwaith Freud, er enghraifft, cyfeirir at ei 'anecdotal manner',[3] ac at yr 'animated metaphorical substratum of his texts',[4] hynny yw, defnydd Freud o'r trosiadol er mwyn egluro'i safbwynt. Wrth drafod gwaith Lacan, dywed Bowie:

> Lacan's practical debt to literature and the self-consciously 'writerly' status of his writing are apparent even to the casual reader. His admirers and his critics often give this writing, and especially the conspicuous presence within it of word-play, paradox and counter-logical thinking, a prominent place in their arguments for and against the general validity of his work.[5]

Rhestra rai o nodweddion 'llenyddol' arddull Lacan megis '[e]llipsis, apposition, word-play, paradox and ambiguity',[6] a daw i'r casgliad bod y defnydd helaeth a wneir o rai o'r nodweddion arddull hyn yn cyfrannu at leoli llawer o waith Lacan 'beneath the sign *littérature*'.[7]

Eto, rhaid cydnabod bod y cysylltiad a wneir rhwng theori a llenyddiaeth greadigol yng nghyfrol Bowie yn llafurus ar adegau, yn enwedig felly yn y trafodaethau ar waith Freud a Proust. Ac yn sicr, nid yw'r pwyslais Ôl fodernaidd ar 'gelfyddyd' beirniadaeth (yn aml ar draul llenyddiaeth), at ddant pawb. Diau fod beirniadaeth Alan Llwyd ar feirniaid theoretig yn berthnasol yn y cyswllt hwn:

> Erbyn hyn damcaniaethu am ddamcaniaethu a wneir: eilbeth yw llenyddiaeth. Yr hyn sydd ar goll yn y trafodaethau yw'r testun ei hun, hynny yw, y mae beirniadaeth lenyddol wedi symud oddi wrth lenyddiaeth . . . Un rheswm yw fod pobl nad oes ganddynt mewn difri ddiddordeb mewn llenyddiaeth wedi ymuno â maes beirniadaeth: cymdeithasegwyr, seicolegwyr, gwleidyddion ac ieithegwyr, pobl y mae eu priod feysydd y tu allan i lenyddiaeth; y rhain sydd bellach yn penderfynu ansawdd a natur beirniadaeth lenyddol.[8]

Ond dylid nodi bod yr ymestyn ar gategori'r hyn a elwir yn 'llenyddol' yn hen het i'r sawl sydd wedi ei drwytho yn y traddodiad llenyddol Cymraeg. Ar un ystyr nid oedd hyn oll namyn dychwelyd at ddiffiniad o lenyddiaeth a arddelwyd gan y Cymry Cymraeg ar hyd y canrifoedd. Yn gyffredinol mae 'mwy o barodrwydd i fwrw'r rhwyd yn ehangach na llenyddiaeth "bur" wrth drafod llenyddiaeth Gymraeg',[9] fel y sylwodd E. Wyn James, gan nodi ein bod yn 'barotach i gynnwys pob peth sy'n trin iaith yn gelfydd ac yn greadigol yng nghorlan ein llenyddiaeth'.[10] Cyfrifid gweithiau diwinyddol, rhethregol, ffeithiol ac ieithyddol yn rhan o 'ganon llenyddol y Cymry' yn aml. Mae cyrsiau llenyddol adrannau Cymraeg prifysgolion Cymru yn cynnwys gweithiau megis *Llyfr y Tri Aderyn* Morgan Llwyd, *Drws y Society Brofiad* Pantycelyn a homilïau Emrys ap Iwan yn eu meysydd llafur. Bwriadau didactig ac addysgol a oedd i'r gweithiau hyn bob un, ond fe'u hysgrifennwyd yn gelfydd ac fe'u dadansoddwyd fel llenyddiaeth gan y beirniaid yn eu tro, a hynny am ddau brif reswm: coethder y ddawn dweud ar y naill law, a diffyg gweithiau creadigol dychmygol 'pur' ar y llall.

Nid da hyn gan bob beirniad, fodd bynnag. Parodd anesmwythyd i Thomas Parry, er enghraifft, fod cynifer o'n clasuron llenyddol yn wych eu harddull ond yn 'anniddorol' neu'n sych eu cynnwys: 'Anffawd y clasuron hyn yw bod eu mater mor anniddorol erbyn hyn fel nas darllenir byth ond gan yr ychydig y mae iddynt hyfrydwch mewn arddull goeth ar wahân i'r sylwedd.'[11] Yn y cyswllt hwn, diddorol nodi wrth fynd heibio i J. E. Caerwyn Williams gyfeirio at *Hanes Llenyddiaeth Gymraeg* Thomas Parry fel 'llenyddiaeth yn ogystal â bod yn hanes llenyddiaeth'.[12] Mae'n debyg mai ymateb i'r sylw hwn gan Thomas Parry yr oedd Saunders Lewis yn ei 'Nodyn ynghylch Diwinyddiaeth' wrth sôn am y duedd academig i:

> [o]fidio fod llyfrau crefyddol yr ail ganrif ar bymtheg mor anniddorol er cystal eu Cymraeg; mynd heibio i ryddiaith grefyddol y ddeunawfed ganrif heb sylwi fawr arni; a dirmygu neu ddiystyru dadleuon diwinyddol y bedwaredd ganrif ar bymtheg a'u llyfrau oll. Yr argraff a roddir ar y meddwl yw ei bod hi'n biti fod rhyddiaith Gymraeg ers tair canrif a hanner mor sychdduwiol a chul.[13]

Nid yw Saunders Lewis yn gwadu'r 'culni' hwn, ond pwysleisia fod 'ceisio ysgrifennu hanes ein llenyddiaeth heb drafod o ddifri y mater diwinyddol yn debyg i'r hyn a elwir gan Saeson yn gais i actio drama Hamlet heb fod neb yn cymryd rhan Tywysog Denmarc'.[14] Dywed ymhellach nad yw'r llenyddiaeth grefyddol neu ddiwinyddol hon yn beth i gywilyddio o'i blegid; yn hytrach dadleua fod 'diwinyddiaeth yn rhan fawr o holl lenyddiaeth glasurol Ewrop'[15] a'r llenyddiaeth ddiwinyddol hon sy'n 'ein profi ni yn rhan o'r un gwareiddiad â Racine a Pascal a Milton a Dante'.[16]

Dim ond yn ystod yr ugeinfed ganrif mewn gwirionedd y dechreuwyd synio mai gweithiau creadigol a ffuglennol yn unig oedd yn teilyngu'r teitl 'llenyddiaeth', fel y sylwodd Gerwyn Wiliams:

> Dan ddylanwad meddylfryd Rhamantaidd y bedwaredd ganrif ar bymtheg y culhawyd y diffiniad o lenyddiaeth i gynnwys sgrifennu 'creadigol' a 'phur' yn

unig, hynny yw, barddoniaeth a rhyddiaith ffuglennol. Diraddiwyd y 'ffwythiannol' a dyrchafu'r 'celfyddydol'.[17]

Gresyna Gerwyn Wiliams at hyn a ffafria'n hytrach y diffiniad ehangach Cymraeg o lenyddiaeth, gan gredu ei fod yn llawer mwy adeiladol: 'Iachach a mwy cynhwysol yw'r diffiniad mwy catholig o lên sy'n cynnwys ystod eang o ffurfiau ysgrifenedig, boed ffeithiol neu ddychmygol.'[18] O ymgyfyngu i'r diffiniad cul goresthetaidd o lenyddiaeth (sy'n etifeddiaeth Oes Fictoria yn y bôn), mae perygl i ni golli'r perlau llenyddol sydd ynghadw mewn ysgrifau ac erthyglau beirniadol. Dyna oedd byrdwn Gerwyn Wiliams yn ei ragymadrodd i ddetholiad o ddarlithoedd ac ysgrifau beirniadol Bedwyr Lewis Jones. Gwelodd fod ansawdd rhyddiaith Bedwyr Lewis Jones gyfryw iddo haeddu ei ystyried yn llenor, ond bod rhai'n gyndyn i roi statws llenyddol i weithiau beirniadol: 'Ni ddylem ninnau omedd i sgrifennu o ansawdd y detholiad hwn statws llenyddiaeth o'r iawn ryw. Oherwydd ar ei orau, dyma sgrifennu sy'n cadarnhau lle ei awdur ymhlith meistri rhyddiaith ail hanner yr ugeinfed ganrif.'[19]

Ac nid yw'r syniad o ystyried ysgrifau beirniadol yn llenyddiaeth yn un dieithr yn y traddodiad Cymraeg. Wrth adolygu *Braslun o Hanes Llenyddiaeth Gymraeg* Saunders Lewis yn *Y Llenor*, nododd W. J. Gruffydd fod sawl math o feirniadaeth, ac un o'r rhai a restrir ganddo yw'r math a 'all fod yn llenyddiaeth ynddi ei hunan yn ogystal ag yn ddehongliad ar ei thestun'.[20] Ar dudalennau *Y Llenor* hefyd y gwnaeth Saunders Lewis ei sylwadau am 'Safonau beirniadaeth lenyddol', lle y mynnodd mai 'gwaith beirniad llenyddol yw cyfansoddi llenyddiaeth',[21] ac mai'r unig wahaniaeth rhwng beirniad a llenor yw mai 'cyfansoddi llenyddiaeth am lenyddiaeth [ac nid am fywyd] a wna efô, rhoi helyntion ei brofiad yng nghyfandiroedd celfyddyd'.[22] Mae R. Geraint Gruffydd yn parhau â'r disgwrs hwn yn ei ragymadrodd i *Meistri'r Canrifoedd* wrth awgrymu y bu Saunders Lewis yn driw i'w uchelgais llenyddol ei hun yn ei ysgrifau, gan fod y rhai a gynhwysir yn y gyfrol honno 'nid yn unig yn ysgrifau am lenyddiaeth ond hefyd yn ysgrifau sy'n llenyddiaeth ynddynt eu hunain'.[23]

Yn wir, aeth rhai beirniaid ymhellach na hyn gan awgrymu bod *cyfrifoldeb* ar feirniad llenyddol i ysgrifennu beirniadaeth lenyddol sy'n llenyddol ac yn ddifyr. Dywedodd John Gwilym Jones, er enghraifft, fod yn 'rhaid i feirniadaeth hefyd roi pleser a difyrrwch',[24] yn yr un modd ag y gwna llenyddiaeth ei hun. Cynigia ddiffiniad o feirniad da fel un sydd: 'mor fyw i ryfeddodau geiriau, mor awyddus i'w trafod yn fywiog, mor eiddgar yn chwilio am gyfuniadau newydd, mor fanwl synhwyrus yn disgrifio'i brofiad, mor eiddigeddus yn ffurfio'i frawddegau a threfnu'n daclus, ag unrhyw lenor'.[25] Mae'r pwyslais hwn a rydd John Gwilym Jones ar ddoniau llenyddol y beirniad yn peri i Gerwyn Wiliams 'amau addasrwydd y wal a godir ganddo rhwng y "llenor" a'r "beirniad"'.[26] Hynny yw, o ddarlunio'r beirniad delfrydol yn y termau hyn, mae lle i ofyn beth yw'r gwahaniaeth rhyngddo a'r 'llenor'. Pwysleisiodd D. Myrddin Lloyd yntau ddoniau creadigol y beirniad. Er iddo gydnabod bod y beirniad yn ddibynnol ar yr artist am ei faes a'i fod 'i raddau helaeth yn iswasanaethgar gan mai rhan bwysig o'i orchest yw bod yn gyfrannog mewn sicrhau gwell graen ar gynnyrch eraill, sef yr artistiaid creadigol', dyrchafa'r beirniad gan bwysleisio bod ei waith yn gamp ynddo'i hun, ac yn gofyn 'cyfuniad o ddoniau sydd o leiaf cyn brinned â'r ddawn greadigol artistig'.[27] Mae John Rowlands hefyd fel petai'n ategu safbwynt ei gynddarlithydd, John Gwilym Jones, pan ddywed nad 'paraseit' mo feirniadaeth yn 'ymbesgi fel gele ar waed y creadigol'. Pwysleisia nad 'llenorion ffaeledig' mo'r beirniaid gwir gyffrous, ond yn hytrach 'llenorion amgen' sy'n 'byseddu croen llenyddiaeth fel y bydd llenorion yn byseddu croen iaith'. Mae lle iddynt hwythau hefyd brofi'r wefr greadigol: 'Cânt hwythau brofi anterth *jouissance*.'[28]

* * *

Yng ngweddill y bennod hon, ystyrir llenyddoldeb beirniadaeth Bobi Jones, a gweld i ba raddau y dylanwedir ar ei waith beirniadol gan ei weithgarwch fel llenor creadigol.

Ymroddodd Bobi Jones i gyhoeddi corpws helaeth o weithiau creadigol gan ddod i gryn amlygrwydd fel awdur cerddi, nofelau a straeon byrion. Gellid, felly, ei ystyried yn 'fardd-feirniad'. Nid yw'n unigryw yn hyn o beth: mae nifer helaeth o feirniaid amlycaf Cymru hefyd wedi ymroi i gyfansoddi eu gweithiau creadigol eu hunain – W. J. Gruffydd, Saunders Lewis, Alan Llwyd, John Gwilym Jones, John Rowlands a Tudur Hallam, heb enwi ond dyrnaid ohonynt. Mae hon yn ffenomen ryngwladol – er ei bod efallai'n fwy amlwg mewn cenedl leiafrifol fel y Cymry – oherwydd mae'r reddf greadigol a'r sensitifrwydd i lenyddiaeth, ynghyd â'r ysfa i ysgrifennu a chyhoeddi, yn aml iawn yn cydfodoli yn yr un person.

Nid yw bod yn fardd-feirniad yn fêl i gyd, fodd bynnag. Dywedodd T. S. Eliot – yr amlycaf o'r bardd-feirniaid Saesneg o bosibl – fod yna anfantais o fod yn fardd-feirniad am y gellid amau ei gymhellion beirniadol: 'pan fo'r beirniaid hwythau'n feirdd, gellir amau mai cyfiawnhau eu harferion fel beirdd yw pwrpas eu datganiadau fel beirniaid'.[29] Sylwodd W. W. Robson y gall fod elfen o 'unconscious arrogance'[30] yn natur y bardd-feirniad. Brysia i bwysleisio nad yw mewn unrhyw fodd yn gwrthwynebu i feirdd fod yn feirniaid; i'r gwrthwyneb, cred fod gan feirdd bethau unigryw i'w dweud am farddoniaeth, pethau na all ond beirdd eu gwybod. Ond rhybuddia fod gan y bardd-feirniad, yn aml iawn, ei agenda ei hun, a bod hyn yn golygu na all fod mor wrthrychol ag y dymunid: 'But of necessity the personal equation bulks large in what they say. Good poets are often (not always) engaged in making a literary revolution. They are thus bound to be ruthless to their peers and predecessors.'[31]

Dadleuodd Huw Morris-Jones yn *Y Gelfyddyd Lenyddol yng Nghymru* fod rheswn 'dros gredu nad yw'r ddawn greadigol uchaf yn cyd-fyw'n aml gyda'r ddawn feirniadol orau',[32] oherwydd bod gofyn i'r beirniad werthfawrogi sawl gwahanol fath o lenyddiaeth tra mae doniau'r llenor creadigol yn aml wedi eu cyfyngu i un cyfeiriad. Ar y llaw arall, cred eraill fod gan y bardd-feirniad fantais o safbwynt crefft ac arddull a'i allu i ysgrifennu am bynciau 'sych' mewn modd bachog a diddorol. Dywedodd W. W. Robson am T. S. Eliot, er enghraifft: 'As a writer of critical prose he had the great advantage, over some more recent pundits who invoke his name, of the ability to write interestingly.'[33] Gellir cymhwyso'r dyfyniad uchod at waith Bobi Jones, ac at weithiau nifer o'r beirdd-feirniaid Cymraeg eraill at hynny. Mae doniau creadigol Bobi Jones, a'i sylwgarwch i swyn a synwyrusrwydd geiriau, yn arfau gwerthfawr wrth iddo lunio gweithiau beirniadol a theoretig a fydd yn diddori'r darllenydd.

Darllen gweithiau theoretig Bobi Jones fel llenyddiaeth

Wrth drafod arddull artistiaid ym myd celf dywedodd H. R. Rookmaaker, un o arch-arwyr diwinyddol Bobi Jones o'r Iseldiroedd:

> In the work of one artist one sees a development, a process of maturation, of gradual changes as life goes on. Sometimes one sees rather sudden changes in style, in the forms of expression. That always means that a drastic change in the direction of the artist's life has taken place, either a conversion to another spiritual principle, or the influence and impact of a person or a movement.[34]

Dichon y gellid cymhwyso'r dyfyniad uchod at waith Bobi Jones, gan fod newidiadau a datblygiadau dramatig yn ei arddull lenyddol ar hyd ei yrfa.

Yn wir, mae'r gwahaniaethau arddull hyn mor amlwg ar adegau fel bod modd mapio'i yrfa lenyddol wrthynt. Ffrwythlon yn y cyswllt hwn fyddai cymharu arddull Bobi Jones ar ddechrau ei brosiect llenyddol yn *Tafod y Llenor* â'i arddull erbyn ei ddiwedd, er enghraifft yn *Beirniadaeth Gyfansawdd*. Mae'r cyfrolau hynny yn rhychwantu dros chwarter canrif a bron nad yw pellter y blynyddoedd hyn yn gynrychioladol o'r gwahaniaeth arddull sydd rhyngddynt.

i. Ffurf
Dechreuir trwy ystyried arddull Bobi Jones yn *Tafod y Llenor*. Hon oedd ei gyfrol gyntaf yn y Gymraeg a wnâi ddefnydd o ddamcaniaethau Guillaume, a gwelir ôl hynny ar y mynegiant. Mae naws academaidd i'r drafodaeth, a sylwodd Simon Brooks ar arddull 'ddiogel' Bobi Jones yn y gyfrol hon ac mewn cyfrolau eraill sy'n perthyn i'w gyfnod cynnar theoretig, megis *System in Child Language* a *Seiliau Beirniadaeth*. Awgrymodd Simon Brooks mai ymgais i amddiffyn hygrededd ei theori sy'n gyfrifol am yr arddull ddisgybledig: 'fe ofnai Jones na chymerid ei waith theoretig o ddifrif pes ysgrifennid mewn ieithwedd chwareus'.[35] Cofiwn yn ogystal fod hwn yn gyfnod pan oedd Bobi Jones yn ddarlithydd prifysgol ac yn ymwybodol yn ei waith beunyddiol o'r angen i gyfathrebu'n eglur, esboniadol â'i fyfyrwyr. Yn wir, mae *Seiliau Beirniadaeth* yn gynnyrch uniongyrchol y cymhelliad pedagogaidd hwn.

Ac eto, nid yw arddull Bobi Jones yn gonfensiynol a diogel, nac yn drymaidd-ysgolheigaidd yn *Tafod y Llenor*, hyd yn oed. Mae arddull y Rhagymadrodd yn fachog, a cheir tinc o'r arddull sgyrsiol a rhethregol sy'n nodweddu ei gyfrolau diweddarach. Brithir y drafodaeth â chwestiynau rhethregol megis, 'Pam y gallwn deimlo fod y darn hwn o iaith yn llenyddiaeth ac nad yw'r darn acw ddim?'[36] sy'n procio chwilfrydedd y darllenydd ac yn ei yrru ymlaen i ganfod yr atebion. Ond mae Rhagymadrodd *Tafod y Llenor* yn arwyddocaol o fyr o'i gymharu â chyhoeddiadau diweddarach Bobi Jones: prin ei fod yn ymestyn dros wyth tudalen, tra mae Rhagymadrodd *Beirniadaeth Gyfansawdd*, er enghraifft, yn llenwi dros bymtheg ar hugain o dudalennau mwy o faint mewn print mân. Mae'r ffaith hon yn arwyddocaol oherwydd yn y rhagymadroddion hyn y mae Bobi Jones yn gosod prif wth ei ddadleuon, ac mae'r arddull o'r herwydd yn fwy rhydd a theimladol gan mai'r bwriad yw argyhoeddi'r darllenydd.

Ym mhrif gorff y gyfrol y mae'r nodweddion arddull 'academaidd' i'w gweld yn fwyaf amlwg, fodd bynnag. Rhennir y gwaith yn benodau taclus ac iddynt is-benawdau trefnus, ac mae'r testunau'n dilyn ei gilydd mewn modd rhesymegol. Ni ellir dianc rhag y ffaith mai trafodaeth academaidd sydd yma, a graffiau a diagramau enghreifftiol, ynghyd â dyfyniadau helaeth o gerddi, yn nodweddu bron pob tudalen. Mae hyd yn oed ddiwyg y tudalennau'n gwbl wahanol i ddiwyg y cyfrolau beirniadol a gyhoeddwyd gan Gyhoeddiadau Barddas yn ddiweddarach yng ngyrfa Bobi Jones. Mae llawer llai o brint ar bob tudalen yn *Tafod y Llenor*, a lle i droednodiadau manwl; mae hyn ynddo'i hunan yn ddigon i roi'r argraff mai gwaith ysgolheigaidd yw hwn y mae galw i'r darllenydd fyfyrio drosto. Gwir mai nodweddion arwynebol yw'r rhain, a gellid priodoli peth o'r gwahaniaethau rhwng diwyg *Tafod y Llenor* a diwyg *Beirniadaeth Gyfansawdd* i ddatblygiadau mewn technoleg argraffu (dylid cofio'n ogystal fod diwyg yn nwylo'r cyhoeddwr yn hytrach na'r awdur fel arfer), ond gellir haeru bod yma wahaniaethau arwyddocaol, serch hynny.

O graffu'n fanylach ar destun *Tafod y Llenor* daw natur academaidd yr ysgrifennu'n amlycach fyth. Cedwir dyfyniadau ysgolheigion Ffrangeg yn y gwreiddiol heb gynnig cyfieithiad, er enghraifft:

> Medd Cohen: (1) 'La poésie n'est pas *autre chose* que la prose, elle est *l'antiprose*. La métaphore n'est pas simple changement de sens, elle en est la métamorphose...'[37]

A diddorol yw sylwi pa mor aml mae Bobi Jones yn dyfynnu gwaith ysgolheigion eraill – o Gymru a'r tu hwnt – er mwyn cadarnhau ei safbwynt. Mae ei arddull yn llawer mwy uniongyrchol na'r arddull sy'n nodweddu ei gyhoeddiadau diweddarach. Ceir yma ymgais glir i gyflwyno cysyniadau anodd mor syml â phosibl. Prin yw'r chwarae a'r gwyro oddi ar y testun. Mae'r brawddegau'n aml yn hir ac amlgymalog a than reolaeth ramadegol gadarn:

> Yr ydym yn ceisio darlunio, felly, ddau symudiad meddyliol cyferbyniol: y cyntaf, oddi wrth deimlad i syniad yw'r un sylfaenol, sy'n arwain i iaith aeddfed; yr ail, oddi wrth y syniad at lenyddiaeth, sef at iaith wedi'i ffurfioli'n oddrychol.[38]

Gwneir defnydd helaeth o'r amhersonol, a chyflwynir y drafodaeth yn y person cyntaf lluosog yn ogystal â'r person cyntaf unigol. Trafodaeth dechnegol fanwl sydd yma, ac mae'r arddull ar y cyfan yn adlewyrchu hynny.

Yn raddol, gwelir arddull Bobi Jones yn esblygu yn ei gyhoeddiadau beirniadol. Dros ddegawd yn ddiweddarach, adeg cyhoeddi *Llenyddiaeth Gymraeg 1902–1936* (1987), llaciwyd ieithwedd yr academydd yn sylweddol.

Ceir brawddegau sy'n orlawn o drosiadau pryfoclyd, er enghraifft: 'Elfed oedd y bont rhwng y Bardd Newydd a John Morris-Jones, a dichon y buasai ef yn falch o'r fath ddedfryd.'[39] Ceir hefyd deitlau sy'n chwarae ar eiriau mewn modd a gyfrifid yn nodweddiadol o awduron Ôl-fodernaidd, er enghraifft, 'Re Peate'.[40] Dichon fod y gwahaniaeth arddull hwn yn deillio i raddau o'r ffaith mai Beirniadaeth Fynegiant sydd gan Bobi Jones yn y fan hon, er bod gan dreigl amser dipyn i'w wneud â'r peth hefyd. Ac erbyn cyhoeddi *Ysbryd y Cwlwm* (1998), dros ddegawd arall yn ddiweddarach, mae'r arddull wedi ymlenyddoli i'r fath raddau nes gweld y canlynol yn frawddeg agoriadol chwareus: 'Gobeithio y byddwch chi a fi, foneddigion, bawb ohonom yn gostwng ein lleisiau ychydig heddiw, oherwydd wedi'r cwbl ddylen ni ddim bod yma.'[41] (Er y dylid nodi bod yr arddull uniongyrchol hon yn adlewyrchiad, yn rhannol, o'r ffaith mai ailgyhoeddi darlith a draddodwyd ym Mhrifysgol Rydd Barcelona y mae.)

Erbyn cyfansoddi *Beirniadaeth Gyfansawdd* mae arddull Bobi Jones yn bur wahanol, fodd bynnag. Canolbwyntir isod ar y gyfrol honno am mai hi sy'n cloi prosiect beirniadol Bobi Jones a hi sy'n cyferbynnu yn y modd mwyaf dramatig â *Tafod y Llenor* a *Seiliau Beirniadaeth* o ran arddull. Gellid dadlau mai dyma'r gyfrol feirniadol fwyaf 'llenyddol' ei harddull, a hon, felly, sy'n arddangos gliriaf yr achos dros ystyried gweithiau theoretig cyfnod diweddar Bobi Jones yn weithiau 'llenyddol'.

Hyd yn oed wrth fwrw golwg frysiog dros y gyfrol daw'n amlwg ei bod yn wahanol iawn o ran arddull i *Tafod y Llenor*. Does dim troednodiadau nac ôl-nodiadau ynddi; mae'r cyfan wedi ei gynnwys yn y prif destun. Prin yw'r graffiau a'r deiagramau hefyd, a hynny'n rhannol oherwydd natur y testun. Lle roedd *Tafod y Llenor* yn ymdriniaeth fanwl â maes Ffurf, mae'r gyfrol hon yn arolwg mwy cyffredinol o holl faes beirniadaeth lenyddol. Hefyd, mae Bobi Jones yn cymryd yn ganiataol, i ryw raddau, fod darllenwyr *Beirniadaeth Gyfansawdd* eisoes wedi eu trwytho yn ei gyfrolau blaenorol ac felly nid yw'n ailgyflwyno rhai o gysyniadau ffurfiol anodd *Tafod y Llenor*. Prin hefyd yw'r dyfyniadau uniongyrchol o waith beirniaid eraill;[42] yr hyn a geir, yn hytrach, yw aralleiriad neu grynhoad anffurfiol o'u syniadau. Enghraifft nodweddiadol o hyn yw'r frawddeg a ganlyn: 'Dywedodd yr ieithydd mawr Ffrangeg, Meillet, fod iaith yn gyfanwaith lle y mae popeth y tu mewn yn cydlynu.'[43] Canlyniad hyn oll yw rhoi naws lawer mwy rhyddieithol a llai academaidd i'r gyfrol. Bron nad oes blas storïol ar y cyfan, a gellid dychmygu Bobi Jones fel math o gyfarwydd yn adrodd yn ddeinamig hanes theori lenyddol yng Nghymru, gan sôn am ysgolheigion eraill fel hen gyfeillion neu gymeriadau yn y stori, yn hytrach nag fel awdurdodau yn eu maes y mae angen eu dyfynnu'n fanwl. Hawdd yw dychmygu ychwanegu'r fformiwla chwedlonol 'Un tro . . .' at y frawddeg isod er enghraifft: 'Roedd yna athronydd dylanwadol dros ben yn yr ugeinfed ganrif, Ludwig Wittgenstein, a sgrifennodd gyfrol *Ar Sicrwydd*.'[44]

Mae *Beirniadaeth Gyfansawdd* ar ei hyd yn debyg i sgwrs estynedig rhwng Bobi Jones a'i ddarllenydd. Mae'r arddull yn dra sgyrsiol mewn mannau, a Bobi Jones fel petai'n ymgomio'n naturiol â'i gynulleidfa, fel tywysydd yn arwain twristiaid ar daith: 'Wel, dewch inni ystyried dwy linell wahanedig o farddoniaeth'.[45] Ceir tuedd yn ogystal iddo wneud sylwadau rhwng cromfachau, ac mae hyn hefyd yn ychwanegu at yr effaith sgyrsiol: 'yr arferiad (yn fras) bron yn anymwybodol (hynny yw, heb archwilio pam) yw'.[46] Mae'r arddull sangiadol hon yn rhoi'r argraff bod Bobi Jones yn ychwanegu neillebau llafar at brif lif ei stori, mewn ffordd debyg i'r sangiadau yng ngherddi Dafydd ap Gwilym.

Yn ogystal ceir enghreifftiau o Bobi Jones yn cael sgwrs ag ef ei hun hwnt ac yma ar hyd y testun, gan holi cwestiynau a chynnig ei atebion ei hun: 'Ffurfir perthynas. Ond sut? Cyfosod, wrth gwrs. Ond beth yw ansawdd y berthynas neu'r ddolen bwysig hon?'[47] Nid cwestiynau rhethregol mo'r rhain oherwydd cynigia atebion iddynt; techneg ydynt yn hytrach sy'n gyrru'r drafodaeth yn ei blaen a'i gwneud yn fwy cofiadwy. Mae bron yn barodi o arddull sgyrsiol rethregol gweithiau'r Dadeni, ei enghraifft Gramadeg Gruffydd Robert. Nid dyma'r unig fath o ddeialog a gynhwysir yn y gyfrol, fodd bynnag. Oherwydd ceir hefyd sgyrsiau dychmygol rhwng Bobi Jones a'i ddarllenwyr, a Bobi Jones yn rhagdybio eu hymateb: 'Ond, fe'ch clywaf yn 'ddweud, beth am angerdd? On'd yw hynny'n rhan o'r fformiwlâu ar gyfer teledu poblogaidd? A rhaid i mi gyfaddef nad wyf yn clywed llenyddiaeth gyfoes yn taro deuddeg heb ryw fath o angerdd.'[48] Hefyd, ceir sgyrsiau neu ymsonau gan gymeriadau dychmygol, neu gwawdluniau o feirniaid llenyddol. Er enghraifft, yn y rhagymadrodd i'r gyfrol mae Bobi Jones yn llunio cocyn hitio o feirniad ceidwadol ac yn rhoi llif o ddeialog ystrydebol yn ei enau:

> 'Tybed a ydych chi'n cael sbort am ein pennau? A ydych chi'n awgrymu ein bod ni allan ohoni? A ydych chi'n awgrymu nad oes gynnon ni mo'r gallu i ymgymhwyso i ddeall oes newydd? Ai ymosodiad yw hyn, syr? Clyfrwch! Amherthnasol!'[49]

Nodwedd arall ar *Beirniadaeth Gyfansawdd* sy'n cyfrannu at y naws sgyrsiol, anffurfiol a dramatig hon yw'r anhrefn ymddangosiadol sydd ar y deunydd. Teimla'r darllenydd ei fod yn troi mewn cylchoedd ar adegau. Dechreuir trafod un pwnc ond gwyrir oddi wrtho wedyn, gan fod pynciau eraill fel petaent yn dwyn sylw'r awdur. Gellid dychmygu ar dro fod hon yn nofel lle y mae'r awdur yn ufudd-ddilyn llif yr ymwybod, yn hytrach na chyfrol ysgolheigaidd a saernïwyd yn ofalus. Ceir cymaint o ailadrodd yn y gyfrol nes i'r darllenydd brofi ychydig o *déja-vu* wrth ddod at ambell dudalen. Nid yw Bobi Jones yn anymwybodol o hyn, fodd bynnag; yn wir, ymddengys ei bod yn dechneg led-fwriadol ganddo, oherwydd mae'n cydnabod yn ddigon agored ei fod yn ailadrodd ei safbwynt dro ar ôl tro, ac iddo fynnu gwneud hynny serch pob beirniadaeth. Amhosibl iddo ei gyfyngu ei hun i sôn am un agwedd ar ei theori heb grybwyll y llall, er i hyn lesteirio'r darllenydd ar adegau: 'Parhawyd yn obeithlon i ailadrodd eto yn y gyfrol hon. Nid ymdriniais erioed â Thafod heb grybwyll arwyddocâd Mynegiant.'[50]

Peth arall sy'n cyfrannu at lenyddoldeb *Beirniadaeth Gyfansawdd* yw'r natur hunangofiannol sydd iddi. Ychwanega hyn at yr argraff storïol a'r darlun o Bobi Jones fel hen ŵr yn adrodd hanesion o gylch y tân: 'Dechreuais yr anturiaeth lenyddol hon gynt gyda darganfyddiad go annisgwyl i mi o fewn tiriogaeth siarad. Dechreuais ddeffro i'r Tafod.'[51] Mae'n gosod y cyfan yng nghyd-destun ei fywyd ef ei hun: 'Pan ddechreuais ymddiddori mewn beirniadaeth ym mhedwardegau'r ugeinfed ganrif'.[52] Ymestynna'r arfer hwn o hel atgofion i'w adroddiadau ar ei ddarllen hyd yn oed. Gwell ganddo gynnig ymateb personol i'w ddeunydd darllen na rhoi disgrifiad manwl o'u cynnwys.

> Am resymau gwleidyddol dechreuwn yn gynnar ddarllen ychydig o'u gwaith hwy [y Marcsiaid], a hynny gyda chryn gydymdeimlad. Er bod gennyf gryn ddiddordeb yn eu theorïau hanesyddol, hyd yn oed cyn belled ag yr oedd a wnelent â llenyddiaeth, ni theimlais erioed eu bod yn mynd i'r afael â *chyfanrwydd* llenyddiaeth.[53]

Yn *Seiliau Beirniadaeth* nododd Bobi Jones ei farn am lenyddoldeb iaith mai: 'Drwy drosiadu, drwy gracio'r norm, drwy dreisio'r iaith y llwyddir i'w bywydu hi,'[54] a gellir gweld elfennau o'r nodweddion hyn yn arddull *Beirniadaeth Gyfansawdd*. Ni ellir gwadu bod Bobi Jones yn ysgrifennu mewn modd unigryw a bywiog. Cyfeiriodd Dafydd Johnston, er enghraifft, at '[g]yffro egnïol ei arddull',[55] a gellid awgrymu mai defnydd Bobi Jones o nodweddion arddull a gysylltir yn aml â llenorion Ôl-fodernaidd sy'n rhannol gyfrifol am hyn: hawdd fyddai dychmygu'r sylw am 'gracio'r norm' a 'threisio'r iaith' yn dod o enau un o gynrychiolwyr y mudiad hwnnw. Yn wir, un o eironïau mawr gwaith theoretig Bobi Jones yw bod ei arddull yn gweddu'n llwyr i fudiad sydd mor wrthun ganddo. Ni fyddai ef yn gwadu'r eironi hwn o gwbl, fel y nodwyd yn y drafodaeth ar

Gymhelliad. Cymeradwya Ôl-foderniaeth fel dull llenyddol ond nid fel dogma athronyddol, ac mae'n fodlon addef, fel y gwelsom, fod technegau llenyddol Ôl-fodernaidd yn gallu bod yn '[f]ywiog, newydd ac yn ffres',[56] ond pwysleisia hefyd nad yw technegau megis chwarae ar eiriau a geiriau mwys yn gyfyngedig i'r mudiad hwn.

Mae hyd yn oed y modd y mae Bobi Jones yn trefnu ei baragraffau yn *Beirniadaeth Gyfansawdd* yn arbrofol ac yn anghonfensiynol. Ceir paragraffau hirfaith ochr yn ochr â pharagraffau o un neu ddwy o frawddegau sy'n darllen fel datganiadau ebychol yn hytrach na dadansoddiad sy'n gwthio'r drafodaeth yn ei blaen. Enghraifft o un o'r paragraffau hyn yw: 'Ac yn y gyfrol hon, camwn drosodd o Gystrawen i gyfanwaith (neu lenfodd) mewn llenyddiaeth.'[57] Ceir amrywiaeth mawr yn hyd y brawddegau, yn ogystal â defnydd helaeth o frawddegau byrion. Mae rhai yn cynnwys un gair yn unig: 'Cefndir yw. Achos. Dadansoddiad.'[58] Gosodir y brawddegau byrion mewn llinellau ar wahân weithiau er mwyn gosod pwyslais arbennig arnynt ac ysgogi myfyrdod: 'Sut y gall fod ffiniau ar rywbeth mor braf o rydd â'r meddwl dynol?'[59] Mae'r dechneg hon yn debyg i'r modd y bydd bardd yn rhannu ei gerdd yn llinellau er mwyn gosod pwyslais yn y mannau priodol.

Defnyddia Bobi Jones dechnegau arddull a gysylltir gan amlaf â barddoniaeth er mwyn cyflwyno'i neges. Mae'r technegau hyn yn ychwanegu at fwynhad y darllenydd ac yn adlewyrchiad o'r mwynhad a gaiff Bobi Jones o gyfansoddi, ond fe'u defnyddir yn ogystal er mwyn cyflwyno'r neges mewn modd cofiadwy ac argyhoeddi ei ddarllenwyr drwy glyfrwch ei grefft eiriol. Mae'n hoff iawn o gyflythrennu sy'n gymorth i hoelio'r neges ym meddwl y darllenydd: 'Dadansoddir drwy'r delweddu...'[60] Ceir sawl enghraifft o arbrofi â sŵn geiriau a gwelir odli mewnol effeithiol a dramatig ganddo ar dro: 'Y cloc a reola'r sioc.'[61] Mae Bobi Jones hefyd yn hoff o ddefnyddio cymeriad geiriol, a dechreua gyfres o frawddegau â'r un geiriau – er enghraifft 'Y rhaid'[62] – sydd yn arf rhethregol gwych. Pentyrrir ansoddeiriau mewn modd barddonol: 'yn union ddifyfyrdod, yn isymwybodol ganfodus',[63] er mai canlyniad hyn ar dro yw bod ystyr ac ergyd y frawddeg yn cael eu cymylu. Mae'r gyfrol yn gyforiog o gymariaethau lliwgar: 'fel iâr yn sathru ar farwor',[64] heb sôn am drosiadau effeithiol, a'r amlycaf o'r rhain yw'r un sy'n codi dro ar ôl tro o Gymhelliad fel 'pont'.[65]

Diau mai rhethreg Bobi Jones yw'r nodwedd arddull a enynnodd yr ymateb mwyaf tanbaid gan y beirniaid, fodd bynnag. Gwrthwynebodd Euros Bowen y dull rhethregol hwn wrth adolygu *Llên Cymru a Chrefydd*, gan gyfeirio ato fel 'dull y pregethwr dogmatig a phedantig.'[66] Ymatebodd

Simon Brooks i hyn gan ddweud mai'r ensyniad yn y fan hon yw bod rhethreg yn 'peryglu egwyddorion sylfaenol dysg', ac nad oedd modd ei 'chysoni ag ysgolheictod anwythol, gan mai dyfais broselytig ydyw'.[67] Rhethregwr tan gamp yw Bobi Jones yng ngolwg Angharad Price hefyd, a chwyna am y modd y mae'n camddefnyddio'r doniau rhethregol hyn er mwyn camarwain ei ddarllenwyr gan ddefnyddio gramadeg er cysylltu llenorion a mudiadau nad oeddynt yn perthyn i'w gilydd o gwbl mewn gwirionedd.[68] Yn sicr, mae Bobi Jones yn annerch ei ddarllenwyr yn uniongyrchol ac mae blas yr areithiwr neu'r pregethwr perswadiol ar lawer o'r ysgrifennu. Nododd Jerry Hunter yr arfer hwn wrth adolygu *Ysbryd y Cwlwm*: 'Pryfocio, pregethu ac annerch: dyna'r cyweirnodau angerddol sy'n cyflyru'r disgwrs academaidd, y goslefau gwleidyddol sy'n lliwio'r dadansoddi a'r damcaniaethu a fyddai'n sych hebddynt.'[69] A'r awgrym pendant yn y fan hon yw bod yr arddull hon yn rhinwedd am ei bod yn gwneud adrannau o ddamcaniaethu digon diflas yn haws eu llyncu.

Yn ei draethawd doethuriaeth, ymdriniodd Tudur Hallam â'r arddull rethregol a fabwysiadodd Saunders Lewis,[70] a'r 'osgo bregethwrol'[71] a ddefnyddiai'n aml wrth draethu. Cymhwysa sylw gan R. Tudur Jones am John Elias at Saunders Lewis, sef ei fod wedi 'adfer ei swydd glasurol i rethreg: nid difyrru, na gogleisio, na hyd yn oed addysgu, ond argyhoeddi'.[72] Gellid dadlau, fodd bynnag, fod Bobi Jones yn arfer rhethreg er mwyn pob un o'r effeithiau uchod: diau mai argyhoeddi yw ei fwriad pennaf, ond mae difyrru, goglais ac addysgu ei ddarllenwyr yn fwriadau yr un mor ddymunadwy ganddo.

Nid oes dwywaith na ellir gweld 'llenyddoldeb' cynyddol yng ngweithiau beirniadol Bobi Jones, a gellir cynnig sawl rheswm posibl dros hyn. Yn un peth, dylid nodi bod *Beirniadaeth Gyfansawdd* – yn ôl cyfaddefiad yr awdur – yn apêl olaf at ei ddarllenwyr cyn i angau ei dewi: dyma ymdrech deimladwy ar ei ran i ailgyflwyno'i genhadaeth lenyddol cyn iddi fynd yn rhy hwyr. Gellid synio amdano, felly, fel gwaith gwely-angau, a'i arddull deimladol a rhethregol yn rhan o ymgais yr awdur i argyhoeddi ei ddarllenwyr o ddilysrwydd ei ddadleuon drwy unrhyw ddull a modd. Yn ogystal, gellid tybio bod Bobi Jones erbyn y cyfnod hwn mor gyfarwydd â hanfodion ei theori driphlyg nes iddynt ddod yn ail natur iddo: nid oes angen iddo ymboeni am fanylion ei ddadleuon bellach, ac felly fe'i rhyddheir i arbrofi â'i arddull. Gellir awgrymu'n ogystal fod salwch y blynyddoedd diweddar a'r cyfyngiadau ymarferol a fu arno o ganlyniad i hynny yn golygu nad yw mor effro i anghenion ei gynulleidfa ag y bu pan oedd yn ddarlithydd prifysgol. Dylid cofio yn ogystal ei fod wedi arddywedyd rhannau o'i gyfrolau diwethaf, ac mae i hynny oblygiadau amlwg o safbwynt arddull. Hyn sydd i gyfrif am y ffaith bod ei arddull – er yn gamp lenyddol o safbwynt y grefft eiriol – ar adegau yn dieithrio ac yn drysu ei ddarllenwyr gan fod y rhesymeg fel petai'n mynd ar goll.

Wrth werthuso llenyddoldeb arddull Bobi Jones daw i gof y dywediad am ormod o bwdin yn tagu'r ci. Dywedodd R. Geraint Gruffydd am arwr Bobi Jones, Saunders Lewis:

> Oherwydd eu cynllunio a'u sgrifennu mor gelfydd, y mae ei lyfrau beirniadol yn aml yn rhoi'r un boddhad â nofel, a'i ysgrifau beirniadol yr un boddhad â stori fer. Ni allai fod yn amgen, mewn gwirionedd, gan fod ymdeimlad Mr. Lewis â cheinder yn rhywbeth dwfn iawn yn ei natur. Fe welir hyn nid yn unig yn ei ddramâu a'i gerddi, ond hefyd yn ei ymateb dwys i gerddoriaeth ac arlunio a phensaernïaeth – ymateb sy'n cyfoethogi'n aml ei ymwneud â llenyddiaeth, gyda llaw. Y mae'n wir y gall y fath synnwyr ffurf cryf arwain hanesydd neu feirniad llenyddol ar gyfeiliorn weithiau, onis ffrwynir, ond y mae'r elw a ddwg yn llawer mwy na'r perygl.[73]

Gellir dadlau bod Bobi Jones wedi cyflawni'r delfryd llenyddol hwn yn ogystal, er nid i'r un graddau efallai. Mae *Beirniadaeth Gyfansawdd* wedi ei hysgrifennu'n gelfydd tu hwnt mewn mannau, ond ni ellir estyn yr un ganmoliaeth at y cynllun (fel y nodwyd eisoes). Ar adegau mae Bobi Jones yn syrthio i'r fagl a nododd R. Geraint Gruffydd ac fe'i harweinir ar gyfeiliorn gan ei ddoniau llenyddol ei hun. Fe'i denir oddi ar y llwybr uniawn gan swyn geiriau a'i awydd i foddio clustiau ei ddarllenydd, a'r canlyniad yw dryswch meddyliol. Mae cysyniadau a ddylai fod yn olau-eglur yn aros yn dywyll am eu bod wedi eu mynegi mewn modd barddonol sy'n porthi mwynhad esthetaidd y darllenydd o'r testun yn hytrach na'i ddealltwriaeth o'r cysyniad. Yn yr ystyr hwn mae *Beirniadaeth Gyfansawdd* yn llenyddiaeth dda ond yn llai boddhaol fel trafodaeth theoretig.

ii. Cynnwys

Prin yw'r rhai a fyddai'n darllen *Tafod y Llenor* er mwyn diddanwch llenyddol: nid llyfr i'w ddarllen yn hamddenol yn y gwely mohono, ond yn hytrach drafodaeth fanwl, academaidd ac arbenigol. Ni ellir dweud yr un peth am *Beirniadaeth Gyfansawdd*, fodd bynnag; mae ei chynnwys, fel ei harddull, am y pegwn â *Tafod y Llenor*. Cynhwysir detholiad o wahanol *genres* yn y gyfrol: adrannau hunangofiannol, athronyddol, beirniadol a diwinyddol, ynghyd â myfyrdodau Bobi Jones am sefyllfa'r Gymru gyfoes a'r byd yn gyffredinol. Mae'n dwyn i gof golofn wythnosol mewn cylchgrawn neu bapur newydd ar adegau, a Bobi Jones yn cynnig sylwebaeth a straeon am y dwys a'r doniol. Mae'r symud hwn oddi wrth fanyldeb dadansoddol gwyddonol *Tafod y Llenor* yn sicr yn ei gwneud yn haws ystyried *Beirniadaeth Gyfansawdd* fel 'llenyddiaeth'.

Sylwodd Simon Brooks fod Bobi Jones wedi mabwysiadu rôl athronydd pan ddechreuodd gyfuno ei ddiddordebau ieithyddol â'i fydolwg diwinyddol: 'Oherwydd, wrth gymhwyso diffiniad ieithyddol, neu gynieithyddol, o'r math hwn at ddiwinyddiaeth, fe wna Jones awgrym clir ei fod yn hawlio swyddogaeth athronydd.'[74] Ac o hynny, datblygodd rôl y sylwebydd cymdeithasol. Daw'n amlwg yn *Beirniadaeth Gyfansawdd* fod gan Bobi Jones rywbeth i'w ddweud am y byd yn gyffredinol ac nad yw am ei gyfyngu ei hun i'r sffêr lenyddol yn unig. Gwelir hyn ar ei ffurf fwyaf amlwg yn ei brotest yn erbyn Ôl-foderniaeth, a'i drafodaeth am werth llenyddiaeth: 'Is-gynnyrch i'r gwirionedd (o achos y Cwymp) yw celwydd: defnyddir mowld y gwirionedd i'w negyddu. Ond y gwirionedd yw'r hyn sydd o ran natur a phwrpas yn perthyn i iaith.'[75] Mae sylwadau o'r fath yn gweddu'n well i lyfr athroniaeth neu gymdeithaseg neu ddiwinyddiaeth nag i drafodaeth strwythurol ar natúr llenyddiaeth.

Agwedd arall sy'n cyfrannu at lenyddoldeb cynnwys *Beirniadaeth Gyfansawdd* yw'r cymeriadau sy'n ymddangos o dro i dro. Fel y nodwyd, hoff gan Bobi Jones greu gwawdluniau o feirniaid llenyddol ystrydebol megis 'y nihilydd' y sgyrsia ag ef mewn un man:

> 'Na, na,' meddai'r nihilydd, 'dim o'r fath beth. Dim ond er mwyn ennill y mae iaith yn bod. Fel chi nawr, yn ceisio ennill dadl. Offeryn ym mrwydr pŵer.'
> 'O! ai ceisio dweud y gwir yr ych chi 'nawr?'[76]

Ac os dadleuwn fod y cartwneiddio hwn yn gamarweiniol neu'n greulon, rhaid ei osod yn erbyn arfer Bobi Jones o'i gartwneiddio ef ei hun. Ef yw prif gymeriad y gyfrol hon, yn ddiau, gan mai hanes ei ddarganfyddiadau syniadol ef sydd yma. Ef yw'r adroddwr a'r sylwebydd, ac ef hefyd sy'n chwarae'r brif ran. Darlunia'i hun (a'i dafod yn ei foch) yn hen ŵr gwannaidd – rhyw 'ŵr tra ffaeledig'[77] – sy'n ddigon 'ffôl'[78] i fentro i'r dasg o ddiffinio beirniadaeth lenyddol drwy amlinellu'i pharamedrau. Darlunia'i hun yn gymeriad anodd, yn wrthryfelwr cydwybodol sy'n hoff o siglo'r seiliau a dechrau dadl. Dichon fod elfen o wirionedd yn hyn, ond bydd y sawl sydd yn adnabod Bobi Jones yn ymwybodol mai cartŵn o'i gymeriad yw hyn. A dylid gochel rhag cymryd pob peth a ddywed Bobi Jones yn y gyfrol hon yn llythrennol. Sylwodd Jerry Hunter fel y ceir 'jôc neu bryfoc'[79] ganddo ar bob tudalen. Mae yma ddychan a choegni yn fynych.

Defnyddia ddadleuon eithafol a sylwadau coeglyd er mwyn cyflwyno'i safbwynt: 'Mae'n ddrwg gennyf darfu ar Ramantwyr lluosaidd fel hyn',[80] a chyfranna hyn at y ddelwedd o Bobi Jones fel hen ŵr annymunol, beirniadol sy'n gwgu ar bawb a phopeth. Mae wedi creu hunan ffuglennol.

Yn rhannu'r llwyfan â Bobi Jones, fel petai, mae nifer o gymeriadau eraill. Yn gyntaf yr *'éminence grise'*[81] Gustave Guillaume sy'n ymddangos fel cymeriad, os yn y cefndir, ym mhob un o weithiau Bobi Jones. Yna, bron nad yw'r cysyniadau Tafod, Mynegiant a Chymhelliad yn ymrithio fel cymeriadau erbyn *Beirniadaeth Gyfansawdd*, yn hen gyfeillion sy'n ymddangos yn y stori o dro i dro ac yn cyd-chwarae â'i gilydd. Disgrifir hwy yn y fath fanyldeb a chyda'r fath gynefindra nes y gellir tybio mai cymeriadau cig-a-gwaed ydynt. (Yn wir, roedd Tafod yn gymaint o gymeriad i Bobi Jones nes ei fod yn haeddu hunangofiant, fel y tystia isdeitl *O'r Bedd i'r Crud*!) Gellir dychmygu Tafod yn gymeriad bach ystyfnig a direidus sy'n 'cuddio yn y pen',[82] tra portreedir Mynegiant wedyn yn gymeriad 'agored',[83] '[rh]ydd'[84] ac 'arbrofol'.[85] Ymddengys nifer o isgymeriadau o dro i dro yn llif y naratif yn ogystal. Personolir y frawddeg ganddo, er enghraifft: 'Hon yw'r frenhines.'[86] A chreodd hwligan o gymeriad o'r gair 'Rhaid' ('Nid y math o air i gyfarfod ag ef ar gornel stryd dywyll wedi cael noson fawr gyda'r hogiau'[87]), a chyfranna hyn oll at fwynhad y darllenydd a'i allu i ddarllen y gwaith theoretig hwn er diddanwch.

Wrth drafod Tafod, Mynegiant a Chymhelliad llenyddiaeth fe greodd Bobi Jones – a mabwysiadu'r termau a fathodd ef – enghreifftiau o Fynegiant llenyddol newydd o fewn beirniadaeth lenyddol Gymraeg. Bu'r Mynegiant hwnnw yn ei dro yn gyfrwng i feithrin Tafod beirniadol newydd ymysg rhai beirniaid ifanc.[88] Ymhellach, fe esgorodd ei brosiect beirniadol ar gorpws newydd, gwreiddiol o lenyddiaeth. Mae ei gyfraniad yn un deublyg, felly. Nid yn unig mae ei weithiau theoretig yn cynnig damcaniaethu gwahanol a ffres ar lenyddiaeth y Gymraeg; maent hefyd wedi ychwanegu'n sylweddol at swm a natur y gweithiau llenyddol sydd wedi eu cyhoeddi yn yr iaith honno.

Nodiadau

[1] W. W. Robson, *The Definition of Literature and Other Essays* (Cambridge, 1982), t. 2.
[2] Jeremy Begbie, 'Postmodernism and the Arts – A Christian Perspective', darlith a draddodwyd ar 8 Mawrth 1993 yn St Peter's, Vere Street, Llundain.
[3] Malcom Bowie, *Freud, Proust and Lacan: Theory as Fiction* (Cambridge, 1987), t. 72.
[4] Ibid., t. 88.

5 Ibid., tt. 124–5.
6 Ibid., t. 149.
7 Ibid., t. 143.
8 Alan Llwyd, 'Golygyddol', *Barddas*, 183–4 (Gorffennaf/Awst 1992), t. 7.
9 E. Wyn James, 'Emynau Williams Pantycelyn II: Perthyn i'r Traddodiad Llenyddol Cymraeg', *Barn*, 315 (Ebrill 1989), t. 24.
10 Ibid.
11 Thomas Parry, *Hanes Llenyddiaeth Gymraeg Hyd 1900* (Caerdydd, 1964), tt. 191–2.
12 J. E. Caerwyn Williams, 'Dr Thomas Parry yn Ateb Cwestiynau'r Golygydd', *Ysgrifau Beirniadol IX*, gol. J. E. Caerwyn Williams (Dinbych, 1986), t. 371.
13 Saunders Lewis, 'Nodyn ynghylch Diwinyddiaeth', *Ati, Wŷr Ifainc*, detholwyd gan Marged Dafydd (Caerdydd, 1986), t. 30.
14 Ibid., t. 31.
15 Ibid.
16 Ibid.
17 Gerwyn Wiliams (gol.), *Gorau Cyfarwydd: Detholiad o Ddarlithoedd ac Ysgrifau Beirniadol Bedwyr Lewis Jones* (Cyhoeddiadau Barddas, 2002), t. 27.
18 Ibid.
19 Ibid., t. 28.
20 W. J. Gruffydd, adolygiad o Saunders Lewis, *Braslun o Hanes Llenyddiaeth Gymraeg: 1*, *Y Llenor*, 11 (1932), tt. 249–50.
21 Saunders Lewis, 'Safonau beirniadaeth lenyddol', *Y Llenor*, 1:4 (Gaeaf 1922), t. 246.
22 Ibid.
23 R. Geraint Gruffydd, 'Rhagymadrodd', *Meistri'r Canrifoedd: Ysgrifau ar Hanes Llenyddiaeth Gymraeg gan Saunders Lewis* (Caerdydd, 1973), t. x.
24 John Gwilym Jones, *Swyddogaeth Beirniadaeth* (Dinbych, 1977), t. 33.
25 Ibid.
26 Gerwyn Wiliams (gol.), *Gorau Cyfarwydd*, t. 28.
27 Hugh Bevan a D. Myrddin Lloyd, *Beirniadaeth Lenyddol*, Cyfres yr Academi – 2 (Llandybïe, 1962), tt. 28–9.
28 John Rowlands, 'Nodiadau Golygyddol', *Taliesin*, 92 (Gaeaf, 1995), t. 4.
29 Hugh Bevan a D. Myrddin Lloyd, *Beirniadaeth Lenyddol*, t. 28.
30 W. W. Robson, 'Evaluative Criticism, and Criticism without Evaluation', *The Definition of Literature and Other Essays*, t. 44.
31 Ibid.
32 Huw Morris-Jones, *Y Gelfyddyd Lenyddol yng Nghymru* (Lerpwl, 1957), t. 17.
33 W. W. Robson, 'T. S. Eliot: A Poet's Notebook', *The Definition of Literature and Other Essays*, t. 216.
34 H. R. Rookmaaker, *Art Needs No Justification* (Leicester, 1978), t. 56.
35 Simon Brooks, 'Agweddau ar Feirniadaeth Lenyddol Gymraeg Ddiweddar' (traethawd PhD anghyhoeddedig Prifysgol Cymru [Aberystwyth], 1998), t. 201.
36 R. M. Jones, *Tafod y Llenor: Gwersi ar Theori Llenyddiaeth* (Caerdydd, 1974), Rhagymadrodd.
37 Ibid., t. 26.
38 Ibid.
39 R. M. Jones, *Llenyddiaeth Gymraeg 1902–1936* (Llandybïe, 1975), t. 47.

40 Ibid., t. 270.
41 R. M. Jones, *Ysbryd y Cwlwm: Delwedd y Genedl yn ein Llenyddiaeth* (Caerdydd, 1998), t. 1.
42 Nid ydynt yn gwbl absennol, fodd bynnag; gweler, er enghraifft, R. M. Jones, *Beirniadaeth Gyfansawdd: Fframwaith Cyflawn Beirniadaeth Lenyddol* (Cyhoeddiadau Barddas, 2003), t. 219.
43 Ibid., t. 18.
44 Ibid., t. 51.
45 Ibid., t. 9.
46 Ibid., t. 19.
47 Ibid., t. 23.
48 Ibid., t. 166.
49 Ibid., t. 36.
50 Ibid., t. 226.
51 Ibid., t. 19.
52 Ibid., t. 27.
53 Ibid., t. 29.
54 R. M. Jones, *Seiliau Beirniadaeth: Cyfrol 3: Ffurfiau Ystyrol* (Aberystwyth, 1987), t. 346.
55 Dafydd Johnston, adolygiad o John Emyr, *Bobi Jones*, *Llên Cymru*, 17 (Ionor–Gorffennaf 1993), t. 341.
56 Bobi Jones mewn sgwrs bersonol â mi, 2 Chwefror 2005.
57 R. M. Jones, *Beirniadaeth Gyfansawdd*, t. 25.
58 Ibid., t. 43.
59 Ibid., t. 47.
60 Ibid., t. 27.
61 Ibid., t. 151.
62 Ibid., t. 16.
63 Ibid., t. 52.
64 Ibid., t. 30.
65 Ibid., t. 17.
66 Euros Bowen, 'Beirniadaeth lenyddol homiletig – (1)', *Y Faner* (4 Awst 1978), t. 12.
67 Simon Brooks, *O Dan Lygaid y Gestapo: Yr Oleuedigaeth Gymraeg a Theori Lenyddol yng Nghymru* (Caerdydd, 2004), t. 104.
68 Angharad Price, '"Tyst i Gyfraniad Rhyfeddol . . ."', adolygiad o *Beirniadaeth Gyfansawdd*, *Barddas*, 275 (Rhagfyr/Ionawr 2003), t. 56.
69 Jerry Hunter, 'Y Trafod sy'n Gwneud Cenedl', *Taliesin*, 104 (Rhagfyr/Ionawr 1999), t. 136.
70 Tudur Hallam, 'Y Cysyniad o Ganon Llenyddol Cymraeg' (traethawd PhD anghyhoeddedig Prifysgol Cymru [Abertawe], 2005), t. 167.
71 Ibid., t. 168.
72 R. Tudur Jones, *John Elias: Pregethwr a Phendefig* (Pen-y-bont ar Ogwr, 1975), t. 10.
73 R. Geraint Gruffydd, 'Rhagymadrodd', *Meistri'r Canrifoedd: Ysgrifau ar Hanes Llenyddiaeth Gymraeg gan Saunders Lewis* (Caerdydd, 1973), tt. x–xi.
74 Simon Brooks, 'Agweddau ar Feirniadaeth Lenyddol Gymraeg Ddiweddar', t. 108.

[75] R. M. Jones, *Beirniadaeth Gyfansawdd*, t. 136.
[76] Ibid., t. 136.
[77] Ibid., t. 9.
[78] Ibid., t. 17.
[79] Jerry Hunter, 'Y Trafod sy'n Gwneud Cenedl', *Taliesin*, 104 (Rhagfyr 1998/ Ionawr 1999), t. 136.
[80] R. M. Jones, *Beirniadaeth Gyfansawdd*, t. 49.
[81] Ibid., t. 14.
[82] Ibid., t. 61.
[83] Ibid., t. 204.
[84] Ibid., t. 202.
[85] Ibid.
[86] Ibid., t. 24.
[87] Ibid., t. 16.
[88] Mae Tudur Hallam, er enghraifft, yn cyfaddef bod *Tafod y Llenor* yn 'rhan o fframwaith rhagfarnau fy Meirniadaeth Dafod i fy hun', t. 210, ac mae'n defnyddio geirfa Tafod-Mynegiant yn ei drafodaeth ar waith Alan Llwyd yn Tudur Hallam, 'Y Cysyniad o Ganon Llenyddol Cymraeg', t. 284.

7

Ymateb i waith Bobi Jones

In all Bobi Jones's writing, whether in prose or in verse, the reader senses a kind of combative exuberance. We find ourselves engaged directly, perhaps in passionate agreement, perhaps in passionate dissent.[1]

Un peth sy'n sicr yn wir am waith Bobi Jones yw ei fod yn hawlio ymateb, ac fel yr awgryma'r dyfyniad uchod o eiddo A. M. Allchin, yn anaml iawn y bydd hwnnw'n un llugoer. Bron nad oedd ymateb fflamboeth T. H. Parry-Williams a W. J. Gruffydd i'r Bobi Jones ifanc (neu'r 'frwydr Dafydd-a-Goliath' a fu rhyngddynt, chwedl John Rowlands),[2] yn proffwydo'r math o dderbyniad a gâi weddill ei yrfa. Yn nechreuadau ei yrfa disgrifiwyd Bobi Jones gan Iorwerth Jones, golygydd *Y Crynhoad*, fel 'y llenor ifanc o Gaerdydd y bu mwy o feirniadu ar ei waith nag ar yr eiddo un Cymro arall yn ystod y blynyddoedd diwethaf'.[3] Ac mae'r ysbryd hwn fel petai wedi parhau hyd ddiwedd yr ugeinfed ganrif o leiaf, oherwydd wrth adolygu *Ysbryd y Cwlwm* yn 1999, ysgrifennodd Jerry Hunter: 'Go brin y bydd yr un darllenydd effro'n ymateb yn llugoer i *Ysbryd y Cwlwm*. Mae'n gyfrol sy'n mynnu gwaith meddwl; mae'n gyfrol sy'n mynnu ymateb ac adwaith.'[4]

Anniferus, a dweud y lleiaf, yw'r adolygiadau hynny lle y mae'r adolygydd yn eistedd ar ben ffens; mae gwaith Bobi Jones, gan amlaf, yn mynnu ymateb pegynol. Gellir rhannu ei adolygwyr yn dair carfan yn fras: y rhai sy'n cael eu gwylltio ganddo; y rhai sy'n gwirioni arno; a'r rhai na all wneud na phen na chynffon o'i waith. Ac eto, mae carfanu fel hyn yn gorsymleiddio pethau mewn gwirionedd. Gan fod cymaint o amrywiaeth yng ngwaith Bobi Jones, a chan fod ei yrfa lenyddol wedi ymestyn dros sawl degawd erbyn hyn, gellir gweld elfennau o'r tri ymateb gwahanol hyn yng ngwaith yr un adolygydd weithiau, a hwnnw'n ffoli ar un agwedd ar ei waith tra'n casáu gwedd arall.

Ac eto, prin yw'r sylw sylweddol a dderbyniodd theori feirniadol Bobi Jones mewn gwirionedd fel y nodwyd ym mhennod 1 ac fel yr ategir gan

Simon Brooks yntau: 'prin yw'r sylw sydd wedi bod i'w waith'.[5] O ystyried mai Bobi Jones yw awdur Cymraeg mwyaf toreithiog yr ugeinfed ganrif, mae'r diffyg trafod arno yn fyddarol. Prinnach fyth yw'r adolygiadau neu'r ymdriniaethau *estynedig* a *dysgedig* hynny sydd yn mynd i'r afael o ddifrif â'i syniadau. Mae'r 'diffyg ymateb' hwn wrth gwrs yn wedd ar yr 'ymateb' i waith Bobi Jones, gan y gellir dehongli'r tawelwch fel dyfarniad negyddol ar ei waith, yn awgrym nad yw'n teilyngu deialog ac nad yw'n ddigon pwysig i gynhyrfu ymateb. Neu gellid ei ddeall fel adlewyrchiad o'r hinsawdd academaidd sydd ohoni yn y Gymraeg a'r diffyg parodrwydd i ymgodymu'n onest ac yn feirniadol â gweithiau gan awduron cyfoes mewn cenedl fechan. Erbyn dechrau'r unfed ganrif ar hugain ychydig iawn o gyfryngau sy'n rhoi sylw i lenyddiaeth mewn unrhyw ddyfnder, ac mae '[b]ychander teuluol' y Gymru Gymraeg, chwedl John Rowlands, yn ei gwneud hi bron yn amhosibl mynegi barn heb 'sathru ar gyrn rhywun neu'i gilydd o hyd'.[6]

Gellid deall y distawrwydd hwn yn ogystal fel rhan o wrthwynebiad mwy cyffredinol y Cymry Cymraeg i theori. Aeth Simon Brooks mor bell â haeru bod y Gymru Gymraeg yn 'casáu theori'.[7] Mae'n debyg mai yn niwedd yr 1980au a hanner cyntaf yr 1990au y mynegwyd yr atgasedd hwn tuag at theori gliriaf gan feirniaid a llengarwyr y Gymraeg, a hynny'n bennaf mewn ymateb i nifer o ddigwyddiadau a datblygiadau llenyddol a fu yn y cyfnod hwnnw. Dyma gyfnod y fforwm beirniadol 'Deialog '88' a gynhaliwyd yn Neuadd Pantycelyn, Aberystwyth er mwyn trafod perthnasedd y theorïau llenyddol newydd i feirniadaeth Cymru'r 1980au. Dyma hefyd gyfnod cyhoeddi llif o nofelau 'ôl-fodern' Cymraeg, ac yn enwedig gweithiau dadleuol Robin Llywelyn a Mihangel Morgan a brociodd ddadleuon ffyrnig ynghylch rôl Ôl-foderniaeth mewn cenedl leiafrifol.[8] Dyma gyfnod cyhoeddi'r gyfrol ddadleuol *Sglefrio ar Eiriau* a fwriadwyd i 'awgrymu cyfeiriadau newydd i feirniadaeth Gymraeg'.[9] A hwn hefyd oedd cyfnod lansio'r cyfnodolyn – neu'r '[b]laid wleidyddol',[10] chwedl Simon Brooks – *Tu Chwith* ac iddo'r nod o roi 'cydlynedd ac identiti i ysgol newydd o lenorion a meddylwyr'[11] gan roi sylw penodol i ddeongliadau Ôl-fodernaidd o lenyddiaeth a thorri'n rhydd rhag hualau'i gymuned academaidd 'geidwadol'. Crynhodd John Rowlands yr agwedd wrth-theoretig a oedd ar gerdded yng Nghymru'r cyfnod mewn modd cofiadwy yn ei golofn olygyddol yn *Taliesin*:

> Pan ddaw tinc cras geiriau fel 'strwythuraeth' i sgriffinio'r llechen las, fodd bynnag, mi fydd gwaed rhai pobl yn ffrwtian. Rhowch 'ôl' o flaen y geiriau hynny, ac mi fydd eu gwaed yn codi i'r berw. Mae clywed termau fel 'ôl-

foderniaeth' ac 'ôl-strwythuraeth' fel cadach coch i darw i nifer o lengarwyr Cymraeg, ac yn peri i eraill ddylyfu gên yn hyglyw.[12]

Eironig braidd yw'r ffaith bod y mynegiant mwyaf agored o wrthwynebiad y Cymry Cymraeg i theori yn cael ei wneud yng nghyd-destun y mudiad Ôl-fodernaidd y mae Bobi Jones ei hun mor wrthwynebus iddo. Ac eto gellid cymhwyso llawer o'r rhagfarnau gwrth-theoretig a gododd yn y cyd-destun hwn at waith Bobi Jones ei hun, a'u defnyddio i oleuo'r drafodaeth ar ei weithiau theoretig ef, yn enwedig gan ei fod newydd orffen cyhoeddi cyfres *Seiliau Beirniadaeth* yn y blynyddoedd hyn. Mae modd deall peth o'r rhagfarn yn erbyn gwaith Bobi Jones yng ngoleuni'r rhagfarn gyffredinol yn erbyn gwaith theoretig oherwydd pwysleisia Simon Brooks nad ffenomen newydd mo'r meddwl gwrth-theoretig hwn – mae wedi bodoli yng Nghymru 'ers tro byd'.[13]

Ond rhaid gochel hefyd rhag gorgymhwyso neu orweithio categorïau at ddibenion y gyfrol hon, oherwydd nid yw pob sylw a wnaethpwyd am y mudiad Ôl-fodernaidd yn berthnasol i waith Bobi Jones. Mae John Rowlands, er enghraifft, yn ei ragymadrodd i *Sglefrio ar Eiriau*, yn ystyried bod beirniadaeth ymarferol a theoretig Bobi Jones yn perthyn i genhedlaeth o flaen y beirniaid a'r mudiadau theoretig sy'n cael sylw yn y gyfrol honno.[14] Ac efallai na fyddai rhai o'r beirniaid a ymatebodd mor chwyrn yn erbyn y mudiad ôl-strwythurol yn ymateb mor danllyd yn erbyn Bobi Jones gan ei fod yn perthyn yn fras i'r garfan 'strwythurol' sydd ond yn peri i'r gwaed 'ffrwtian'.

Yr ymateb i theori yng Nghymru

Gellir dweud bod gan feirniaid 'ceidwadol' Cymru (a mabwysiadu term Simon Brooks), bedwar prif wrthwynebiad i theori. Yn gyntaf, gwelwyd theori gan y beirniaid hyn fel dysg estron ac anghymreig ac fel dull o ddarllen llenyddiaeth a oedd yn fygythiad i werthoedd llenyddol traddodiadol y Cymry. Roedd hi am y pegwn â'r math o feirniadu llenyddol rhyddfrydol a roddai sylw dyledus i fywyd a chefndir yr awdur a darlleniad manwl o'r testun, beirniadaeth a fu'n teyrnasu yng Nghymru ers troad yr ugeinfed ganrif o leiaf. Dyma'r math o feirniadaeth lenyddol ymarferol a arddelwyd gan feirniaid megis Thomas Parry, Hugh Bevan, John Gwilym Jones ac Alan Llwyd ac sy'n parhau i fod yn ddull cyffredin o feirniadu llenyddiaeth yn adrannau Cymraeg ein prifysgolion ac ar dudalennau'n cyfnodolion llenyddol ac academaidd. Rhoddid pwyslais gan y beirniaid hyn ar ganfod y 'gwirionedd' y tu ôl i ddarn o lenyddiaeth a dysgent fod modd i'r beirniad craff ddod o hyd i ystyr a bwriadau'r awdur, fel yr enghreifftir isod gan ddelfryd beirniadol Hugh Bevan:

> Dylai'r beirniad *ddeall* y gwaith llenyddol a'i fwynhau, ac yna drosglwyddo'r math o fwynhad a gafodd i eraill, a dangos iddynt yr *union fan* y dylid sefyll i weld *gwir natur* y gerdd, y nofel neu'r ddrama.[15]

Yr awgrym yn y fan hon yw bod ffordd gywir ac anghywir o ddarllen llenyddiaeth, a bod gan y beirniaid hyn arfau ychwanegol i'w harbed rhag mynd ar gyfeiliorn. Mawrygent yr arfer o wybod ffeithiau am fywyd yr awdur fel dull o ddatguddio ystyr terfynol y testun:

> Mor werthfawr â gwybodaeth am bynciau llenyddiaeth yw'r ffeithiau am y llenor ei hun, ei fywyd, ei gefndir, y dylanwadau a fu arno, yn ogystal ag am y broses greadigol yr ymunodd ynddi wrth ysgrifennu. Y mae i astudiaethau bywgraffyddol, ynghyd â chymdeithaseg a seicoleg, le felly yng nghynhysgaeth y beirniad.[16]

Wedi'r cyfan, mewn gwlad fechan fel Cymru gellid adnabod yr awdur yn bersonol a'i holi am ei ddylanwadau, ac os nad adnabod yr awdur gellid o leiaf adnabod bro ei febyd ac uniaethu â'r dylanwadau diwylliannol a'i mowldiodd fel llenor. Hawdd deall sut y byddai rhai o'r beirniaid 'ceidwadol' hyn yn ystyried theori, a oedd yn fygythiad i'r feirniadaeth 'agosatoch' hon, yn ffenomen anghymreig a dieithr. Yn wir, aeth rhai mor bell ag ystyried y theorïau newydd hyn yn rhai 'gwrth-Gymreig' hyd yn oed, yn ôl Simon Brooks: 'Yn wir, fe awgrymir mai amhosibl yw cyfansoddi theori yn y Gymraeg: mor wrthun ydyw, fel y mae'n rhaid ei bod wedi ei llunio yn Saesneg, a'i throsi wedyn i'r Gymraeg.'[17] Roedd Bobi Jones yntau'n ymwybodol o'r gwrthwynebiad hwn wrth iddo lunio'i gyfrolau theoretig diweddaraf. Dywed yn *Ysbryd y Cwlwm* fod y Cymry Cymraeg ar y cyfan yn synio am theori lenyddol mai 'rhyw fath o flaguryn modernaidd dienwaededig ydyw a eginodd er ein gwaethaf o'r anghysbellleoedd'.[18] Mae'n wfftio'r farn honno yn ei frawddeg nesaf, gan nodi mai fel arall yn union y mae mewn gwirionedd:

> Y pedwerydd hwn [theori lenyddol] yw'r hynaf, ac y mae'n mynd yn ôl at Aristoteles ac wedi parhau, ie hyd yn oed yng Nghymru, drwy'r canrifoedd yng ngramadegau'r Oesoedd Canol a llyfrau rhethreg y Dadeni Dysg ymlaen hyd *Cerdd Dafod* J. Morris-Jones.[19]

A gellid tybio bod crybwyll 'modelau' fel *magnum opus* J. Morris-Jones, ynghyd â'r ffaith bod Bobi Jones yn gwreiddio'i holl drafodaethau am theori mewn enghreifftiau a dynnwyd o lenyddiaeth Gymraeg, wedi ei arbed rhag ei bardduo gan gyhuddiadau o fod yn 'anghymreig' neu'n 'wrth-Gymreig'. Fel y dywedodd J. E. Caerwyn Williams amdano: 'Un o gymwynasau mawr yr Athro R. M. Jones yng nghyfrolau *Seiliau Beirniadaeth* yw ei fod yn trafod egwyddorion beirniadaeth lenyddol adeileddol yn gyfan gwbl yng nghyd-destun y Gymraeg a'i llenyddiaeth.'[20]

Yr ail wrthwynebiad a godid yn erbyn y theorïwyr yn aml oedd yr honiad eu bod yn rhagfarnllyd. Synnid amdanynt fel beirniaid a chanddynt agenda, a'r agenda honno'n aml iawn yn un wleidyddol a oedd yn eu dallu i 'wirionedd' y testun. Annerbyniol oedd hyn gan y beirniaid 'ceidwadol' a'u hystyriai eu hunain yn 'niwtral' neu'n 'ddi-duedd' am nad oeddynt yn hawlio eu bod yn perthyn i garfan theoretig benodol. Disgrifiodd Alan Llwyd y feirniadaeth theoretig newydd fel 'staliniaeth lenyddol',[21] ac roedd ei ddewis o enw yn awgrymu rhagfarn bellach yn erbyn yr ysgol Farcsaidd. Gresynodd R. Gerallt Jones wrth yr 'agweddau absoliwt'[22] honedig a arddangosid gan yr ysgolion theoretig, a theimlad Donald Evans oedd bod eu cynnyrch yn 'unbenaethol'.[23]

Ymdriniodd Tudur Hallam â'r gŵyn hon ynghylch rhagfarn yn ei erthygl ddadleuol 'Camfarnu neu Garfanu Beirniad Llenyddol'.[24] Yno mae'n tynnu sylw at ddatganiad Alan Llwyd bod yn 'rhaid i feirniad llenyddol neu hanesydd llên beidio â pherthyn i unrhyw garfan'[25] gan brofi pa mor chwerthinllyd yw sylw o'r fath mewn gwirionedd, gan fod Alan Llwyd ei hun yn perthyn i garfan amlwg o feirniaid. Mae pawb yn perthyn i ryw garfan; mae gennym oll ein rhagfarnau a'n cenadaethau gwahanol, pa mor dawel bynnag yr ydym yn eu cylch:

> Y mae pob beirniad yn edrych ar bopeth o ryw bwynt arbennig, ac mewn modd penodol – sydd fynychaf yn gyffredin, i raddau o leiaf, i nifer o feirniaid neu ddarllenwyr eraill – hyd yn oed os yw drwy ddewis peidio â dadansoddi ei ddull o edrych yn gwneud i'r edrych hwnnw ymddangos yn ddull anarbennig ac amhenodol iawn.[26]

Er bod pawb yn perthyn i ryw garfan neu'i gilydd, ni raid i'r garfan honno fod yn 'fudiad hunanymwybodol', yn ôl Tudur Hallam. Mae'r mwyafrif o feirniaid llenyddol yn ysgrifennu heb oedi i ystyried i ba garfan ideolegol y maent yn perthyn. Mae'r disgrifiad isod o eiddo Peter Barry yn cynnig goleuni ar feirniaid rhyddfrydol y traddodiad Cymraeg:

Liberal humanists did not (and do not, as a rule) use this name of themselves, but, says an influential school of thought, if you practice literary criticism and do not call yourself a Marxist critic, or a structuralist, or a stylistician, or some such, then you are probably a liberal humanist, whether or not you admit or recognise this.[27]

Y trydydd gwrthwynebiad gan y beirniaid 'ceidwadol' oedd bod theori lenyddol yn annealladwy gan y 'werin lythrennog', a'i bod yn ddianghenraid o gymhleth. Cafwyd sawl apêl at fuddiannau'r 'darllenydd cyffredin' yn y beirniadu hwn, gan R. Gerallt Jones[28] a Glyn Evans,[29] er enghraifft, a'r cyhuddiad cyffredinol oedd bod theori'n dieithrio'r 'darllenydd cyffredin' hwn ac nad oedd o unrhyw gymorth ymarferol iddo ddeall na gwerthfawrogi llenyddiaeth. Synnid am theori lenyddol fel rhywbeth i'r 'dethol dysgedig'[30] neu fel ffasiwn 'gor-academaidd'[31] oedd yn cau allan y mwyafrif o ddarllenwyr Cymraeg. Fe'i disgrifiwyd yn wawdlyd gan Alan Llwyd fel 'gêm fach academaidd ymhonnus'[32] ac fel moethusrwydd 'hunanfaldodus',[33] sy'n awgrymu nad oes gwerth iddi ond fel chwarae ofer i foddhau chwantau'r elît academaidd a'u diddanu â'u clyfrwch eu hunain.

Cyffyrddodd Angharad Price â'r broblem hon yn ei thrafodaeth ar yr ymateb i waith Robin Llywelyn. Sonia am yr ymdeimlad o '[dd]yletswydd ddiwylliannol' ymhlith rhai llenorion Cymraeg i fod yn boblogaidd ac 'apelio at y gynulleidfa fwyaf posib'[34] er mwyn sicrhau ffyniant llenyddiaeth Gymraeg, tra bu llenorion eraill yn ymagweddu'n hollol wahanol gan gredu mai gostwng safonau a phoblogeiddio yn yr ystyr o symleiddio fydd yn gyfrifol am dranc ein llenyddiaeth. Defnyddia Angharad Price Bobi Jones fel enghraifft o lenor sydd wedi mabwysiadu'r ail agwedd hon i'r 'eithaf radical'.[35] O ganlyniad i'r ddwy agwedd, mae dadlau ynghylch y 'poblogaidd' a'r 'elitaidd' wedi dod yn rhan o'n disgwrs beirniadol fel Cymry, a gwelir rhwyg amlwg rhwng y 'werin' a'r 'academyddion'. Dywed Angharad Price – sydd yn perthyn i'r 'elît academaidd' sy'n ffafrio theori – fod nifer o'r beirniaid sy'n pledio achos y 'bobl' neu'r 'werin' yn gwneud hynny er mwyn hybu eu hagenda lenyddol bersonol hwy eu hunain:

> Fodd bynnag, hawdd y gellid teimlo weithiau fod hyn yn dod yn esgus i rai beirniaid hybu eu syniad personol hwy am hanfod llenyddiaeth: hynny yw, rhoi eu rhagfarnau llenyddol eu hunain dan fantell dymuniadau honedig y 'bobl', a hynny mewn modd a all fod yn ormesol.[36]

Gall hyn fod yn 'ormesol' yn yr ystyr ei bod yn anodd dadlau â beirniad sy'n honni bod lles eraill – sef y 'bobl gyffredin' na all eu hamddiffyn eu hunain yn erbyn yr academyddion didostur – yn y fantol.

Y bedwaredd gŵyn yn erbyn theori, a'r chwyrnaf ohonynt, oedd y gŵyn yn erbyn y derminoleg arbenigol ac 'anghyfarwydd'[37] a gododd yn ei sgil, neu'r iaith 'jargonllyd ac ymhonnus',[38] chwedl Alan Llwyd. Cyhuddwyd y theorïwyr a'r academyddion o ddyfeisio eu terminoleg 'siwdaidd'[39] eu hunain er mwyn 'cau pobl allan'[40] o'r drafodaeth; aeth Robat Gruffudd mor bell â hawlio eu bod yn dyfeisio'r termau hyn er mwyn 'sicrhau eu bodolaeth eu hunain'.[41] Yr awgrym unwaith yn rhagor oedd nad oedd diben i'r eirfa newydd hon mewn gwirionedd ac mai 'crach-academaidd a ffug-feirniadaethol'[42] oeddynt, neu a dyfynnu sylw llai parchus y cylchgrawn *Lol* – 'mega-cachu ffug-ysgolheigaidd'.[43]

Cydnabu Owen Thomas, sylfaenydd y gynhadledd 'Llenyddiaeth Mewn Theori' a golygydd y gyfrol o'r un enw, fod problemau wedi codi yn sgil gorddefnydd o dermau estron yn nechreuadau'r drafodaeth ar theori yng Nghymru. Canlyniad oedd hyn, meddai, i'r ffaith bod yr ymdriniaethau cyntaf â theori wedi ymddangos gyntaf yn y Ffrangeg neu'r Saesneg, a bod theorïwyr Cymraeg o'r herwydd wedi gorfod cyfieithu toreth o dermau a chysyniadau dieithr. Dywed nad oedd y theorïwyr Cymraeg hyn yn ddoeth bob tro yn eu cyfieithu, a'u bod wedi mynd i 'gors ansicrwydd ar gyfrif awydd i gyfieithu pob un term, lle nad oedd ond angen cyfieithu'r ystyr'.[44] Awgryma, fodd bynnag, fod yr arfer hwn wedi cymedroli ychydig erbyn hyn ac mai 'gwyniau tyfiant'[45] oedd rhwystrau o'r fath yng nghyfnod ieuenctid theori Gymraeg.

Cynigiodd Angharad Price mai 'natur y cyfrwng' llenyddol sy'n gyfrifol am yr atgasedd hon at derminoleg academaidd. Mae hi o'r farn mai deunydd crai llenyddiaeth yw'r iaith sy'n cael ei siarad beunydd gan y 'bobl', a bod llenyddiaeth yn ei hanfod felly yn ffurf ddiwylliannol 'boblogaidd'. Awgryma fod hyn yn arbennig o wir yng Nghymru gan fod llenyddiaeth yn 'graidd a chalon' i'r diwylliant brodorol:

> Yn wahanol i feysydd 'arbenigol' eraill – ffiseg gwantwm, dyweder – mae gan bob unigolyn y cyneddfau sylfaenol i allu ffurfio barn ynghylch gweithiau llenyddol; ac mewn sefyllfa ddemocrataidd dylai fod gan bob unigolyn y cyfle i fynegi'r farn honno hefyd. Tanseilio hyn, yn aml, a wna'r defnydd o dermau technegol neu arbenigol.[46]

Hynny yw, gan fod pawb yn gallu deall 'cyfrwng' llenyddiaeth, mae yna ymdeimlad y dylai pawb fod yn rhydd i fynegi ei farn amdani – yn wir, mai dyma yw eu 'hawl'[47] – a bod cyflwyno termau technegol yn annemocrataidd am ei fod yn cau pobl allan o'r ddeialog.

Ond pwy yn union yw'r beirniaid 'ceidwadol' hyn a oedd fel petaent yn gwrthwynebu theori lenyddol ar egwyddor? Disgrifia Simon Brooks hwynt fel '[ll]enorion sydd wedi ceisio lloches mewn llenyddiaeth Gymraeg ac yn y gynghanedd yn aml iawn, rhag Seisnigrwydd y byd go-iawn'.[48] Mae'r disgrifiad hwn yn arwyddocaol, oherwydd mae'n amlwg bod gan Simon Brooks garfan arbennig o bobl mewn golwg, sef beirdd y canu caeth, ac yn fwy penodol, y beirdd a'r beirniaid hynny sy'n perthyn i'r Gymdeithas Gerdd Dafod a'i chylchgrawn *Barddas*.[49]

Yn ei erthygl ddadlennol '"Yr Hil": Ydy'r Canu Caeth Diweddar yn Hiliol?' mae Simon Brooks yn neilltuo hanner cyntaf ei drafodaeth i olrhain yr ymateb i theori lenyddol yng Nghymru. Rhaid ei bod yn arwyddocaol pa mor aml yr ymddengys enw Alan Llwyd, golygydd *Barddas* ac un o sylfaenwyr y Gymdeithas Gerdd Dafod, yn y drafodaeth. Yn yr erthygl hon, casglodd Simon Brooks ynghyd rai o'r sylwadau mwyaf eithafol ac ymfflamychol a wnaed yn y drafodaeth Gymraeg ar theori, ac mae Alan Llwyd yn awdur cyfran helaeth ohonynt. Cyhuddwyd y theorïwyr ganddo o '[dd]amcaniaethu am ddamcaniaethu'[50] neu '[dd]amcaniaethu'n niwlog-annelwig ynghylch ôl-hyn ac ôl-llall, ac ôl-ôl-ôl-oliaethau eraill',[51] tra bu eraill yn ymlafnio o ddifrif â chrefft barddoniaeth. Yn rhannol o ganlyniad i sylwadau o'r fath daeth Alan Llwyd a'r Gymdeithas Gerdd Dafod y mae'n lladmerydd iddi, yn fath o arch-elynion i'r sawl oedd yn cefnogi theori. Roedd Alan Llwyd ei hun yn bur ymwybodol o'r elyniaeth hon, oherwydd dywed mewn erthygl olygyddol sy'n beirniadu'r 'Beirniaid Newydd' hyn: 'Yn wir, fel y tystia sawl cyfeiriad, mewn ysgrifau, erthyglau a chartwnau, mae Cymdeithas Barddas ei hun yn personoli'r Gelyn i'r Beirniad Newydd, druan ohonom!'[52] Er mor elyniaethus yw Alan Llwyd tuag at y 'Beirniaid Newydd' a'u tueddiadau theoretig, mae'n gwrthod cynnig unrhyw sylwadaeth fanwl neu ddadansoddol ar eu syniadaeth. Yn yr un erthygl y mae bron yn ymffrostio nad yw wedi darllen *Tu Chwith*, ac er iddo hawlio nad '[d]ifrawder neu ragfarn'[53] sy'n gyfrifol am hyn, yr awgrym yw bod ganddo bwysicach pethau i'w darllen. Yn yr un modd, pwysleisia ei fod ond yn ymateb i'r gyfrol *Sglefrio ar Eiriau* dan brotest; '[y]n groes i'r graen'[54] y mae'n ysgrifennu amdani. Awgrymodd Tudur Hallam fod yr anwybyddu a'r diffyg diddordeb (honedig) hwn yn wedd ar ei ymosodiad ar y mudiad theoretig. I Tudur Hallam gêm yw hyn i gyd – tacteg filwrol – sef 'herio theori drwy ei hanwybyddu'.[55] Cyfyd hyn oll gwestiwn pwysig ynghylch i ba raddau y gellir cymhwyso'r rhagfarnau a fynegir gan Alan Llwyd at waith Bobi Jones. Diau y byddai Alan Llwyd yn gwadu eu perthnasedd gan fod Bobi Jones wedi cynnal sawl colofn reolaidd yn *Barddas* ar hyd y blynyddoedd; heb sôn am y ffaith bod Alan Llwyd yn uniongyrchol gyfrifol am gyhoeddi gweithiau theoretig diweddaraf Bobi Jones ac yn hael ei ganmoliaeth a'i gefnogaeth iddo'n gyffredinol.[56]

Serch hynny, mae'n amlwg bod llawer o'r nodweddion a barodd dramgwydd i'r beirniaid 'ceidwadol' (ac Alan Llwyd yn benodol) yn nodweddu gwaith Bobi Jones; yn enwedig felly y tri gwrthwynebiad olaf a nodwyd uchod, sef y cyhuddiadau ynghylch rhagfarn, y trafodaethau dianghenraid o gymhleth, a'r derminoleg arbenigol a thywyll. Ac er na fwriadodd Alan Llwyd ei sylwadau yn feirniadaeth ar waith Bobi Jones, maent yn ddrych i'r rhagfarnau gwrth-theoretig a wynebai Bobi Jones yn 1974 pan gyhoeddodd *Tafod y Llenor: Gwersi ar Theori Llenyddiaeth*, ei gyfrol theoretig gyntaf. Yn wir, mae'n bosibl bod y rhagfarnau gwrth-theoretig hyd yn oed yn fwy fflamboeth bryd hynny, o ystyried newydd-deb cynnwys y gyfrol, oherwydd fel y tystia broliant y clawr: 'Braidd yn ddieithr yw ymdrin â theori llenyddiaeth yn y Gymraeg.' Diau mai'r dieithrwch a'r newydd-deb hwn a fu'n rhannol gyfrifol am ennill enw i Bobi Jones fel beirniad astrus, fel llenor anodd ac elitaidd ac un a ysgrifennai ar gyfer academyddion yn unig. Cofiwn ei fod eisoes wedi ennill yr enw o fod yn fardd 'tywyll' ac yn *enfant terrible* llenyddiaeth Gymraeg, a chadarnhaodd *Tafod y Llenor* y darlun hwn ym meddyliau'r Cymry llengar. O brofiad personol, gwn mai ymateb cyntaf pobl pan fyddaf yn cyfaddef fy niddordeb ym meirniadaeth lenyddol Bobi Jones, bron yn ddieithriad yw: 'Wyt ti wir yn gallu gwneud pen a chynffon o'r theorïau 'na?' A hynny ymysg y math o bobl y mae Bobi Jones yn honni ysgrifennu ar eu cyfer: y Cymry llengar, diwylliedig. Anodd cyflwyno tystiolaeth gadarn i brofi datganiad o'r fath mewn cyfrol fel hon, gan mai ar sail pytiau o sgyrsiau a sylwadau ffwrdd-â-hi yr wyf wedi dod i'r casgliad hwn. Sylwodd Angharad Price ar yr un anhawster wrth iddi geisio asesu'r ymateb i waith Robin Llywelyn ar gyfer ei thraethawd ymchwil hithau: 'Anodd yw mesur adwaith cyhoeddus i waith llenyddol. Gweithred empiraidd gymhleth (ac anfuddiol, efallai), fyddai gosod holiadur soffistigedig gerbron trawstoriad cynrychioliadol o'r gynulleidfa.'[57] A phan fo'r digwyddiad llenyddol y ceisir mesur yr ymateb iddo wedi digwydd rai blynyddoedd yn y gorffennol, anos byth yw casglu tystiolaeth ddibynadwy. Rhaid dibynnu'n hytrach ar adolygiadau mewn print, er nad yw'r rheini'n gallu mesur yr ymateb *cyffredinol* i waith awdur ychwaith, fel y sylwodd Angharad Price: 'Prin y gellid honni bod y rheiny'n wyddonol gynrychioliadol; cyfran fechan o ddarllenwyr, a'r rheiny yn aml o gefndir llenyddol, a wahoddir i draethu mewn print ar gyhoeddiadau llenyddol.'[58] Serch hynny, y dull arferol o 'werthfawrogi gwaith yr artist dibrisiedig Cymraeg', chwedl Tudur Hallam, yw 'drwy i feistr-feirniad astudio'r testun o'i flaen'[59] yn hytrach nag ystyried ffactorau megis gwerthiant ei lyfrau mewn marchnad ddilewyrch. Trown felly at yr adolygiadau.

Astrusrwydd ac arddull Bobi Jones

O safbwynt mesur yr ymateb i waith theoretig cyntaf Bobi Jones yn y Gymraeg, *Tafod y Llenor*, mae'n bur anffodus mai un adolygiad yn unig a ymddangosodd mewn print, sef adolygiad damniol Gwyn Thomas a gyhoeddwyd yn *Y Faner*.[60] Rhaid ei bod yn arwyddocaol mai dim ond *un* adolygiad a ymddangosodd mewn cyfnod pan oedd llawer mwy o gyfryngau adolygu ac o adolygu yn y Gymraeg yn gyffredinol. Ymateb cychwynnol Gwyn Thomas yw na fydd y darllenydd cyffredin yn dysgu dim o'r gyfrol hon am mai llyfr a luniwyd ar gyfer arbenigwyr iaith yn unig ydyw:

> Os gwersi yn yr ystyr o gyfrwng i ddysgu rhywbeth a olygir gan y gair yn yr is-deitl yna y mae'n amheus gen i a ddysgith y rhan fwyaf ohonom ni fawr o ddarllen y llyfr hwn. A hynny am reswm da: llyfr ar gyfer ieithyddion yn unig ydi hwn.[61]

Drwy honni mai 'llyfr ar gyfer ieithyddion yn unig' yw *Tafod y Llenor* mae Gwyn Thomas yn diffodd diddordeb y darllenydd cyffredin yn syth. Sylwer ar y ddyfais rethregol a ddefnyddia Gwyn Thomas wrth ei garfanu ei hun gyda'r mwyafrif o ddarllenwyr Cymru nad ydynt yn ieithyddion, cyn symud ymlaen i gynnig disgrifiad digon dilornus o waith yr ieithyddion hyn:

> Pobl ydi ieithyddion sy'n astudio iaith mewn ffordd wyddonol, neu (yn achos nifer ohonyn nhw) ffordd sy'n ceisio ymddangos yn wyddonol. Y maen nhw wedi datblygu dros y blynyddoedd eirfa newydd at eu pwrpas. Y mae i nifer da o'u geiriau newydd eu rhan ddilys yn yr ymdrech i ymchwilio i natur iaith, ond y mae'n amheus gen i a oes pwrpas o'r fath i bob gair a gododd fel cwmwl jargon o ieithydda. At yr eirfa arbenigol y mae'n beth anffodus fod dull mynegiant nifer o'r bobl hyn, sy'n ymdroi cymaint efo iaith, fel cordeiddiau o niwl tywyll. Rhwng popeth fe all ysgrifeniadau rhai ohonyn nhw daro'r darllenydd lleyg fel pethau dyrys iawn.[62]

Er y cyfeirir y feirniadaeth hon at ieithyddion yn gyffredinol, gellid tybio bod llawer ohoni'n feirniadaeth a anelwyd yn benodol at Bobi Jones ei hun: sylwer ar y cyfeiriad penodol at 'eirfa arbenigol' a 'jargon', er enghraifft.[63] Rhaid gofyn hefyd pwy yw'r 'darllenydd lleyg' y mae Gwyn Thomas fel petai'n ei uniaethu ei hun ag ef? Go brin y gellid synio am Gwyn Thomas ei hun fel 'darllenydd lleyg', ac yntau'n ddarlithydd prifysgol. Os yw *Tafod y Llenor* y tu hwnt i ddirnadaeth ysgolhaig fel Gwyn Thomas mae rhywbeth sylfaenol o'i le. Ond gellid tybio mai rhagfarnau beirniadol Gwyn Thomas sydd i gyfrif am yr agwedd hon, yn hytrach na'i allu academaidd, oherwydd fel ei gyd-weithiwr yn Adran Gymraeg Coleg Prifysgol Gogledd Cymru, Bangor, Bedwyr Lewis Jones a drafodir yn y man, rhoddai gryn bwys ar symlrwydd a chyfathrebu syniadau yn eglur i'w gynulleidfa,[64] fel y tystia ei gyfrol *Dadansoddi 14*. Cyfrol a luniwyd ar gais Awdurdod Addysg Clwyd yw hon ac felly fe'i bwriadwyd fel trafodaeth seml, addysgol ar gyfer pobl ifainc, ond serch hynny mae'n datgelu llawer am ddulliau a delfrydau beirniadol Gwyn Thomas.[65] Ynddi mae'n trafod nifer o gerddi'r ugeinfed ganrif a ystyrir ganddo'n gerddi mawr, a'i ddull o gyflwyno pob cerdd yn ei thro yw cynnwys (i) pwt bywgraffyddol am yr awdur, (ii) llun o'r awdur, (iii) y gerdd ei hun, a (iv) esboniad ar y gerdd. Yn y rhagymadrodd i'r gyfrol noda mai'r 'nodweddion y mae dyn yn gobeithio eu bod i'w cael mewn dadansoddi llenyddol yw sylwgarwch – sylwgarwch o fywyd ac o lenyddiaeth'.[66] Prin y câi Gwyn Thomas hyd i'r nodweddion hynny yn nadansoddiad llenyddol seico-fecanaidd Bobi Jones.

Mae gweddill yr adolygiad ychydig yn fwy cytbwys ac mae Gwyn Thomas yn cynnig sylwadau beirniadol adeiladol am y llyfr gan gydnabod bod ynddo 'adrannau o dreiddgarwch ymdriniaeth' er bod y rhain yn dod ochr yn ochr 'â thudaleneidiau o fwrllwch'.[67] Cwyna fod yna 'orawydd i ddarganfod sylfeini gor-syml a chyntefig'[68] i lenyddiaeth yn y gyfrol, a'i ddyfarniad yw mai 'ymdrech lafurus, os uchelgeisiol ac arloesol, yn hytrach na llwyddiant ysgubol ydi'r llyfr hwn'.[69] Ac eto mae'n amodi hyn trwy atgoffa'r darllenydd nad yw ei farn yn gwbl ddibynadwy: 'Ond rhaid i chwi gofio nad barn ieithegydd mo hon.'[70] Gall mai enghraifft o ffug-wyleiddra yw hon ond dyma gyffwrdd â chwestiwn allweddol wrth geisio asesu gwaith Bobi Jones: a oes angen hyfforddiant neu gefndir ieithyddol er mwyn ei lawn werthfawrogi a'i ddeall?

Cyhuddiad arall a ddygir yn erbyn Bobi Jones yw bod ei ddull o gyflwyno'i syniadau newydd seico-fecanaidd am natur iaith a llenyddiaeth yn ddianghenraid o gymhleth. Dyma gyhuddiad pellach gan Gwyn Thomas: 'rhaid imi ddweud fod y dull y cyflwynwyd y myfyrdod drwodd a thro'n ddianghenraid o gymhleth'.[71] Yr awgrym yn y fan hon yw bod neges Bobi Jones yn y bôn yn symlach na'r hyn y mae'n llwyddo i'w gyfleu, a bod y dasg o'i ddarllen yn anos nag sy'n rhaid. Gellid priodoli peth o'r cymlethdod hwn i'r 'jargon' neu'r 'eirfa arbenigol' a grybwyllwyd uchod, ond mae'n debyg bod gan Gwyn Thomas gysyniad ehangach mewn golwg wrth sôn am ddull y cyflwyno. Yn un peth cyfeiria'n benodol at ddefnydd Bobi Jones o ddiagramau: 'I gymlethu pethau'n waeth y mae Bobi dan gamargraff dybryd fod deiagramau saethyddol ac algebraidd o

180 *Casglu Darnau'r Jig-so*

help i ddeall yr hyn y mae'n ceisio'i esbonio.'[72] Sylwodd Bedwyr Lewis Jones yntau ar y defnydd hwn o ddeiagramau wrth adolygu darlith gan Bobi Jones a gyhoeddwyd cyn *Tafod y Llenor*.[73] Efallai ei bod yn arwyddocaol bod Bedwyr Lewis Jones yn gyd-weithiwr ac yn gyfaill agos i Gwyn Thomas ac roeddynt ill dau yn rhannu'r un delfrydau ynghylch gwneud ysgolheictod yn hygyrch i'r 'werin'.[74] Fodd bynnag, mae cywair a geirfa Bedwyr Lewis Jones wrth gyfeirio at y deiagramau hyn yn amwys, ac anodd penderfynu ai canmoliaeth eithafol ynteu beirniadaeth goeglyd sydd ganddo:

> Yn lle penodau cyntaf naïf Syr John, mae Bobi Jones yn gweithio theori gynhwysfawr llawn diagramau i geisio diffinio'r caethiwo ar iaith sy'n digwydd mewn barddoniaeth ac yn tynnu ar ddamcaniaethau ieithyddiaeth ddiweddar wrth wneud hynny. Mae'n glyfar, yn glyfar iawn, yn gweithio ei bethau, ac fe fwynheais i fy hun yn ei ddilyn, ond rwy'n amau faint callach ydw i i werthfawrogi barddoniaeth.[75]

Mae'n bosibl y ceir goleuni pellach ar y mater o ystyried gyrfa a rhagfarnau academaidd Bedwyr Lewis Jones ei hun, ac yntau'n un a gyfrifid yn boblogeiddiwr llên ac yn 'Ysgolhaig y Bobl'.[76] Mae disgrifiad Gerwyn Wiliams o'i yrfa yn arwyddocaol iawn yn y cyd-destun hwn: 'Gwasanaeth cymdeithasol oedd ysgolheictod i'r Athro Bedwyr Lewis Jones (1933–92), crefft gyhoeddus yn hytrach na gweithgarwch ymylol a neilltuwyd ar gyfer unrhyw dŵr ifori academaidd.'[77] Ni fyddai'n rhyfedd, felly, petai gweithgarwch academaidd 'ymylol' Bobi Jones, sy'n perthyn yn sicr iawn (ym marn ei feirniaid) y tu ôl i ddrysau'r 'tŵr ifori', yn ennyn beirniadaeth ganddo.[78] Mae'n amlwg mai fel beirniadaeth negyddol ar ei ddeiagramau y deallodd Bobi Jones ei hun sylw Bedwyr Lewis Jones, oherwydd yng nghyfrol gyntaf *Seiliau Beirniadaeth* cyfeiria at yr adolygiad gan ddweud: 'Beirniadwyd fy neiagramau bondigrybwyll am eu bod yn "glyfar" gan yr Athro Bedwyr L. Jones (*Y Genhinen*, Hydref 1973).'[79] Er nad yw'n eglur o bell ffordd mai at y diagramau mae Bedwyr Lewis Jones yn cyfeirio wrth sôn am glyfrwch, defnyddia Bobi Jones y feirniadaeth honedig hon yn fan cychwyn i gyfiawnhau ei ddefnydd o ddiagramau. Dywed eu bod yn allweddol am fod ei ddehongliad o iaith wedi ei seilio ar '*ddelwedd* o gyferbyniad deinamig yn y meddwl' ac felly 'mae diriaethu a chynrychioli'r delweddau cyferbyniol hyn mewn diagramau bron yn anochel'.[80] Dywed ymhellach: 'Drwg gennyf os yw hyn yn ymddangos yn "glyfar". Dilynaf gyngor Leibniz i feddwl mewn ffigurau: er mwyn arddangos system o berthnasoedd, y mae ffigur yn crynhoi ac yn arddangos yn gywirach na llawer o eiriau.'[81]

Mae'r gŵyn driphlyg hon yn erbyn dull cyflwyno Bobi Jones – yr eirfa arbenigol, y deiagramau gwyddonol ac yn fwyaf penodol ei arddull ysgrifennu (fel y trafodir isod) – yn un sydd wedi parhau drwy gydol ei yrfa, er bod natur y cwynion wedi newid yn ystod y cyfnod hwn o ganlyniad i'r datblygiad yn ei arddull a drafodwyd ym mhennod 6. Pan ddechreuodd gyhoeddi yn y Gymraeg, daeth o dan y chwyddwydr fel un nad oedd yn ysgrifennu yn ei famiaith. Rhoddwyd clod nawddoglyd iddo am fod mor ddisglair o rugl yn y Gymraeg ar y naill law, a'i feirniadu am nad oedd ei gystrawen na'i ddewis o eirfa bob amser yn hollol naturiol neu'n 'Gymreig' ar y llall. Mae trin iaith 'newydd' yn gallu rhoi ffresni i awdur a'i gynorthwyo i dorri allan o'r rhigolau ystrydebol, a pheri iddo wrthod teithi traddodiadol a naturiol yr iaith.[82] Wrth drafod barddoniaeth Bobi Jones yn ystod y 1960au dywedodd Pennar Davies:[83]

> Er bod yng ngeirfa'r bardd ambell waith ôl astudio hen destunau, er bod gair neu ddau wedi neidio i'w gerddi o'r geiriadur, er bod ei feistrolaeth ramadegol heb gyrraedd anffaeledigrwydd hyd yn hyn . . . y mae llifeiriant ei awen yn llwyddo'n gyson i synnu ac i swyno.[84]

Dyma esbonio – a chyfiawnhau – rai o gyffyrddiadau ieithyddol anghyffredin Bobi Jones.[85] Trawiadol, felly, yw sylw gan Gareth Alban Davies bron ddeng mlynedd ar hugain yn ddiweddarach lle y disgrifia berthynas Bobi Jones â'r iaith Gymraeg fel hyn: 'Daw ati rywfodd o'r tu allan,'[86] a hynny nid am ei fod yn ddysgwr newydd; nid am nad yw'n gwybod yn well; ond yn syml iawn am ei fod yn dewis gwneud felly. Dywedodd J. E. Caerwyn Williams rywbeth tebyg am ei ddefnydd o'r iaith yng nghyd-destun ei waith creadigol: 'mae'n dwys chwilio'r iaith, yn ei chatrodi, yn ei chwipio a'i drilio i'w bwrpas ei hun'.[87] Mae'n anghydymffurfiwr cydwybodol yn y modd y mae'n trin yr iaith:

> Nid am nad yw e'n ei hadnabod, ei theithi a'i dyfnderoedd. Yn syml, nid ydyw'n fodlon ar ofyn iddo'i hun: 'Ai dyma sut y dywedem ni'r peth yn Gymraeg?' Yn hytrach, creadures i gydio ynddi wrth ei gwegil yw'r iaith anystywallt hon, ei hystwytho a'i phlygu, nes ei gorfodi i lefaru mewn ffordd gwbl unigryw a gwreiddiol. A thrwy'r cwbl deil yn y bardd ryfeddod y llencyn a gafodd yn yr iaith ddieithr hon hudoles o gariad.[88]

Dyma sylw craff gan Gareth Alban Davies sy'n cynnig dehongliad diddorol o ddefnydd Bobi Jones o iaith. Ymserchodd Bobi Jones ynddi yn fwy nag yn ei ddarllenwyr ar adegau; a ffolodd ar chwarae gemau ieithyddol yn hytrach nag oedi i ystyried pa fodd y gallai ei fynegi ei hun gliriaf. Nid eglurder yw ei amcan pennaf.

Fel y nodwyd eisoes, roedd peth o'r cwyno hwn ynghylch aneglurdeb ei weithiau beirniadol yn tarddu o'r rhagfarn gyffredin yn erbyn defnyddio termau ieithyddol neu theoretig: y 'cwmwl jargon', chwedl Gwyn Thomas. Fel y sylwodd Robin Llywelyn, mae 'angen termau arbenigol rhwng arbenigwyr at drafod unrhyw faes',[89] ond gall terminoleg ddieithr ddallu'r darllenydd os cyflwynir gormod ohoni ar yr un pryd. Diddorol yw nodi i Simon Brooks, pan gyhoeddodd fersiwn diwygiedig ei draethawd doethuriaeth, gynnwys adran yn esbonio 'Rhai Termau' ar y dechrau.[90] Dichon y byddai cymorth o'r fath wedi bod yn ddefnyddiol yng nghyfrolau theoretig cyntaf Bobi Jones, er mwyn lleihau ychydig ar y gagendor rhyngddo a'i gynulleidfa.

Gwelodd ambell feirniad hefyd fod gwerth ymgodymu â'r 'astrus' yng ngwaith Bobi Jones. Mewn adolygiadau mwy sylweddol na'r cyffredin cynigiodd J. E. Caerwyn Williams ac Ioan Williams ill dau ymatebion manwl a deallus i gyfres *Seiliau Beirniadaeth*.[91]

Rhybuddia Ioan Williams mai 'llawlyfr cwrs sy gennym o dan ystyriaeth yn hytrach nag astudiaeth wedi'i chynllunio fel llyfr'.[92] Dylai hynny, wrth reswm, effeithio'r modd y dynesir at y testun: nid rhywbeth i'w ddarllen yn ysgafn yw *Seiliau Beirniadaeth* ond cwrs i'w astudio.[93] Mae Ioan Williams – cyn-ddisgybl i Bobi Jones – yn ymwybodol y bydd ambell un yn 'troi i ffwrdd oddi wrth *Seiliau Beirniadaeth*, gan feddwl ei fod yn rhy astrus, academaidd'.[94] Anoga hwy i beidio â gwneud hynny a chynigia gyngor ymarferol i'r darllenydd ynghylch sut i ddechrau delio â'r gyfres hon o lyfrau: 'Dylid mynd ati gan ddefnyddio'r mynegai i ddarllen yr hyn sydd wedi'i ysgrifennu ar awduron unigol yn gyntaf; oddi yno i adrannau neilltuol; a dim ond yn raddol i ymrafael â chyfrolau cyfan.'[95] Pwysleisia J. E. Caerwyn Williams mai *seiliau* beirniadaeth yw pwnc astudiaeth Bobi Jones yn hytrach na *beirniadaeth lenyddol* ei hun. O'r herwydd, ni ddylid disgwyl trafodaeth syml a chyfarwydd, ac yn wir, dadleua mai dyma yw 'gogoniant ei ddull', sef ei fod yn 'ein gorfodi ni i edrych ar sylfeini llenyddiaeth ac i'w gweld mewn ffordd nas gwelsom erioed o'r blaen'.[96] Cymeradwyir y ffaith bod gwaith Bobi Jones yn gorfodi'r darllenydd i ofyn cwestiynau newydd ynghylch natur llenyddiaeth: 'nid peth bychan mo hynny'.[97] Ceir awgrym yn y ddau adolygiad mai peth gwerthfawr yw gorfodi pobl i estyn eu meddyliau, yn hytrach na dibynnu ar y cyfarwydd, a bod hynny'n her arbennig i hinsawdd dysg cenedl leiafrifol.

Diau mai yn y blynyddoedd diwethaf y derbyniodd Bobi Jones y feirniadaeth fwyaf hallt am iaith, arddull a diwyg ei lyfrau, fodd bynnag. Yn un peth, mae'r cyfrolau a gyhoeddodd ym mlynyddoedd ei ymddeoliad yn wahanol o ran cynnwys ac yn sicr o ran arddull i'w rhagflaenwyr, fel y trafodwyd eisoes. Yng nghyd-destun *Ysbryd y Cwlwm* yr ymddangosodd y mwyafrif o'r adolygiadau sy'n cwyno am y nodweddion hyn, ond gellid cymhwyso'r sylwadau ymhellach na hynny am fod y gyfrol honno'n nodweddiadol ar sawl ystyr o gyhoeddiadau cyfnod diweddar Bobi Jones.

Un o'r adolygiadau mwyaf arwyddocaol sy'n trafod iaith ac arddull Bobi Jones yw un Iestyn Daniel yn *Y Traethodydd*. Mae'n adolygiad cydymdeimladol sy'n llawn canmoliaeth a gwerthfawrogiad, a disgrifir y gyfrol ganddo fel un 'gyfoethog, gwybodus ac amlweddog'.[98] Ymddengys fod gan Iestyn Daniel (sy'n Babydd o ran ei argyhoeddiadau crefyddol ac yn genedlaetholwr o ran ei argyhoeddiadau gwleidyddol), gryn gydymdeimlad â'r darlun o genedlaetholdeb Cristnogol y ceisiwyd ei gyflwyno ('tueddaf i gytuno â'r thesis'),[99] er ei fod yn feirniadol o '[f]udandod'[100] Bobi Jones ynghylch Pabyddiaeth. Ar ddiwedd yr adolygiad mae'n diolch i'r 'awdur hynaws',[101] am ei 'dystiolaeth unplyg, wrol, ac iach mewn oes bur negyddol a gorsoffistigedig'.[102] Nid yw ymateb Iestyn Daniel yn rhyfedd mewn un ystyr gan ei fod yntau'n edmygydd mawr o waith Saunders Lewis, a hefyd, ac yn bwysicach efallai, yn fab i J. E. Daniel, dilynydd Karl Barth a diwinydd yr oedd gan Bobi Jones barch mawr tuag ato.[103] Yn wir, awgrymodd D. Densil Morgan fod Bobi Jones, R. Tudur Jones ac R. Geraint Gruffydd ill tri yn ddisgyblion o fath i J. E. Daniel.[104] Mae prif feirniadaeth Iestyn Daniel yn canoli ar ddull cyflwyno Bobi Jones yn hytrach na'i gynnwys. Beirniadodd arddull Bobi Jones am ei bod yn ychwanegu at 'astrusrwydd y llyfr', yn ei farn ef, a chais gynnig rhesymau posibl dros hynny:

> Un esboniad sy'n ymgynnig yw'r ffaith mai wedi dysgu Cymraeg y mae'r awdur, ac yn sicr ceir llawer o ymadroddi anghymreig ei naws yn y llyfr, fel pe bai'r awdur yn meddwl yn Saesneg heb ymdrafferthu neu arafu digon i feddwl am ffordd fwy Cymreig o fynegi'r mater dan sylw.[105]

Ond prin bod modd synio am yr Athro Emeritws Bobi Jones erbyn diwedd yr 1990au fel 'dysgwr' sy'n cyfieithu'n slafaidd o'r Saesneg. Mae'r ail ddehongliad a gynigia Iestyn Daniel yn dipyn mwy diddorol, er nad yw hwn yn gwbl argyhoeddiadol ychwaith:

> Y mae'n bosibl hefyd, fodd bynnag, fod a wnelo'r afrwyddineb rywbeth ag ymgais i ieuo ynghyd o fewn yr un gwaith ddwy ddisgyblaeth wahanol, os nad anghymharus, sef gwerthfawrogi a dadansoddi llenyddiaeth ar y naill law ac athronyddu amdani ar y llaw arall – sôn am neilltuolion gan geisio ar yr un pryd eu cyffredinoli a gweld arwyddocâd ehangach iddynt.[106]

Cefnoga'r ddadl hon drwy hawlio mai:

> Cwbl naturiol a Chymreig eu naws, ar y llaw arall, yw'r rheini a welais o ysgrifau cynharach yr awdur lle yr ymgyfynga i lenyddiaeth fel y cyfryw.[107]

Mae'r sylw am y tensiwn rhwng beirniadaeth 'ymarferol' a theori 'athronyddol' yn un gwreiddiol ac arwyddocaol. Bwria Iestyn Daniel ati wedyn i restru rhai o nodweddion arddull 'anffodus' Bobi Jones ac i amlinellu rhai o'i arferion ieithyddol anuniongred, megis 'camddewis arddodiaid' a llunio 'geiriau ac ymadroddion nad oes fel rheol mo'u hangen'. Cydnabu y gall fod 'rhywbeth bwriadol a throfaus' yn rhai o'r enghreifftiau hyn yn hytrach nag esgeulustod neu anwybodaeth bur, ond ni all eu cymeradwyo serch hynny: 'Mantais, er hynny, i awdur, os yw am i'w waith gael ei ddarllen yn helaeth, yw bod yn gyson ddarllenadwy.'[108] Cyfyd y gosodiad uchod gwestiwn sylfaenol ynghylch cymhelliant Bobi Jones fel beirniad. Os yw'n fantais i awdur sydd am i bobl ddarllen ei waith ysgrifennu mewn arddull ddarllenadwy, mae'r tywyllu deall sy'n nodweddu gweithiau Bobi Jones yn ein gorfodi i ofyn a oedd Bobi Jones yn dymuno cael darlleniad helaeth o gwbl: yn wir, gellid mynd mor bell ag awgrymu ei fod yn gwrthryfela yn erbyn poblogrwydd. Disgrifiodd Bobi Jones y duedd i boblogeiddio llenyddiaeth fel peth oedd yn 'wenwynllyd ac yn ddrwg i bob celfyddyd',[109] a dywedodd Robert Rhys am farddoniaeth Bobi Jones: '[It] shirks away from anything that could be called remotely popular',[110] sy'n awgrymu bod astrusi yn ddewis bwriadol ganddo. Bron nad yw Bobi Jones yn ymfalchïo yn y ffaith na dderbyniodd lawer o sylw gan lengarwyr Cymru yn gyffredinol. Roedd yn wrthwynebydd cydwybodol i'r symleiddio a'r twpeiddio a welai ar gerdded yn y sffêr lenyddol, a gellid tybio mai gwell ganddo gael darlleniad gan lond dwrn o ddarllenwyr 'deallus' na chyrraedd '[b]rig siart pop y *Cymro*'.[111]

Mae'n siŵr mai adolygiad y Marcsydd, Gareth Miles, yw'r un mwyaf beirniadol o *Ysbryd y Cwlwm*, os nad yr adolygiad mwyaf beirniadol o holl weithiau Bobi Jones. Fel Iestyn Daniel, mae yntau'n drwm ei feirniadaeth ar arddull Bobi Jones, ac ni wna unrhyw ymdrech i gymedroli ei safbwynt: 'Mae hi'n ddirythm, yn ddiruddin ac yn ddi-raen. Iaith lithrig, lom, dysgwr dysgedig ydyw.'[112] Eithr nid dyma'r cyhuddiad mwyaf sydd ganddo yn erbyn Bobi Jones. Ar ddechrau ei adolygiad cyffelyba'r Athro R. M. Jones i 'gyfrifiadur beirniadu' a fu'n bwydo 'disg galed ei enaid' â gwybodaeth am lên a hanes Cymru ynghyd â '[m]egabeitiau dirifedi o Ddiwinyddiaeth, Ieithyddiaeth, Athroniaeth, Beirniadaeth lenyddol a sawl –aeth arall.' Ac felly pan ddaw'r awydd i ysgrifennu llyfr arall drosto, awgryma nad oes rhaid i Bobi Jones, neu'r 'awdur-gyfrifiadur', wneud dim ond:

> dosrannu'r mater dan sylw yn benodau, teipio teitl y bennod gyntaf ar sgrîn yr ymennydd, cyffwrdd yr eicon 'argraffu' â blaen y pwyntydd a chlicio. Yna fe arllwysir ar bapur bob ffaith a chyfeiriad a dyfarna'r cyfrifiadur fod ganddynt gysylltiad, dyweder, â 'Chrud Cenedlaetholdeb Ewrop', gan gynnwys talpiau o'i gyhoeddiadau blaenorol, hyd nes y dihysbyddir y ffeil.[113]

Mae'r ddelwedd yn ddeifiol a chofiadwy, a hynny am fod elfen o wirionedd yn y darlun comig hwn. Efallai mai'r 'megabeitiau dirifedi' hyn, neu'r helaethrwydd gwybodaeth, sydd i gyfrif am '[l]acrwydd eithafol yr adeiladwaith',[114] sef prif wendid y llyfr yn ôl Iestyn Daniel. Ymddengys weithiau fod gan Bobi Jones ormod i'w ddweud, ac ni all grybwyll un peth heb sôn am rywbeth cysylltiedig ag ef nad yw o anghenraid yn berthnasol i'r drafodaeth. Hyn sydd yn peri bod gweithiau Bobi Jones yn aml yn ymddangos yn ddistrwythur, fel petai'n dilyn llif ei ymwybod yn hytrach na chynllun penodol. Canlyniad hyn yw bod y darllenydd yn aml iawn yn teimlo ar goll, fel y sylwodd Iestyn Daniel:

> Ond ceir hefyd lawer iawn o ailadrodd, gwyrir oddi ar y llwybr naill ai i esbonio ymhellach yr hyn sydd newydd ei dratod neu ynteu i gyflwyno thema iswasanaethgar neu gyfochrog newydd; diflanna syniadau o'r golwg gan ailgodi eu pennau yn ddiweddarach wedi eu hailgylchu nes y teimlir ar adegau fod yr awdur, yn hytrach nag ymbwyllo ychydig a chnoi cil ar ei ddeunydd, yn cyfansoddi'r llyfr wrth iddo fynd yn ei flaen neu hyd yn oed yn ymson mewn gwagle.[115]

Cydnabu Iestyn Daniel fod rhywbeth deinamig a chyffrous yn hyn i gyd, ond yr effaith derfynol yw nad yw thema ganolog y llyfr yn cael ei hargraffu'n ddigon eglur neu systemataidd ym meddwl y darllenydd. Teimla fod y darllenydd yn cael ei lwytho a bod y gyfrol yn 'boddi gan orffrwythlonder a diffyg disgyblaeth bensaernïol – a hefyd, efallai, gan ormod uchelgais', a'i gwestiwn yn y diwedd yw: 'Pa mor deg â'r darllenydd yw hyn?'[116]

Nodir sawl gwaith yn ystod yr adolygiadau o *Ysbryd y Cwlwm* pa mor ddymunol fyddai cael golygydd craff a manwl i ymgodymu â gwaith Bobi Jones cyn iddo gael ei gyhoeddi. Gwêl Jerry Hunter y byddai hynny'n ddefnyddiol o safbwynt ieithyddol: 'A byddai'n dda wrth gymorth golygydd ar lefel y frawddeg hefyd; ni cheir cysondeb ieithyddol-arddullol yn y gyfrol.'[117] Awgryma ymhellach y byddai mwy o hygrededd i waith Bobi Jones petai'n cael ei olygu'n fanylach, a bod llawer o finiogrwydd y gyfrol yn cael ei golli oherwydd y llacrwydd hwn: 'Mae'r difaterwch golygyddol yn drueni mawr yn achos y gyfrol hon, oherwydd mae'n ffrwyth blynyddoedd o ddamcaniaethu sydd o'r pwys mwyaf i hanes theori lenyddol Gymreig.'[118] Mae hyd yn oed Gareth Miles – er mor ffyrnig ei wrthwynebiad i waith Bobi Jones – yn rhwym o gydnabod y gallai *Ysbryd y Cwlwm* fod wedi bod yn her go-iawn i ddadleuon Marcsaidd petai ond wedi ei golygu'n fwy tyn:

> Credaf fod y Cyhoeddwyr i'w beio lawn cymaint â'r Awdur am rai o ddiffygion *Ysbryd y Cwlwm*. Petai'r gyfrol wedi ei golygu mor llym ag y dylid, buasai'n gyfraniad gwerthfawr i ysgolheictod a beirniadaeth lenyddol ac yn her bryfoclyd i ragdybiaethau rhyddfrydol a marcsaidd ynglŷn â Llenyddiaeth a Chenedlaetholdeb.[119]

Gellid mynd mor bell ag awgrymu mai nodweddion arddull Bobi Jones yn hytrach na'i safbwynt ideolegol sy'n peri tramgwydd i'w adolygwyr mewn gwirionedd. Pe bai ef wedi mynegi ei safbwynt mewn modd mwy gofalus a chymedrol, y mae'n bosibl na fyddai wedi ennyn yr un ymateb yn union.

Codwyd gwrychyn ambell adolygydd gan y ffaith bod Bobi Jones yn hoff o wneud gosodiadau eithafol. Wrth adolygu *Llenyddiaeth Gymraeg 1936–1972* mor gynnar ag 1975, beirniadodd Derec Llwyd Morgan ef am 'siarad peth nonsens'[120] ar gyfrif ei awydd i ymffrostio yn y traddodiad llenyddol Cymraeg.[121] Sylwodd Iestyn Daniel ar ei hoffter o ormodiaith:

> 'Gwent, o bosib, yw crud cenedlaetholdeb Ewrob' (t. 28), fel petai cenedlaetholdeb ym mhob gwlad arall yn Ewrob wedi tarddu yn ddiweddarach o Went; marwnad Gruffudd ab yr Ynad Coch i Lywelyn ap Gruffudd yw'r gerdd fwyaf yn y Gymraeg, Dafydd ap Gwilym yw bardd mwyaf Cymru, Dafydd Llwyd o Fathafarn yw'r cenedlaetholwr mwyaf rhwng oes Beirdd yr Uchelwyr a'r ganrif ddiwethaf, Saunders Lewis yw ein cenedlaetholwr galluocaf erioed, R. S. Thomas yw bardd Eingl-Gymreig mwyaf Cymru, ac yn y blaen.[122]

Gofynna Iestyn Daniel sut y gall Bobi Jones fod mor siŵr o'r holl osodiadau hyn; yn ei farn ef byddai'n llawer mwy teg â'r darllenydd petai'n gwneud datganiadau mwy cymedrol. Sylwodd Hywel Teifi Edwards yntau ar yr arfer hwn, a'i ddadansoddi'n ymgais sarhaus i addysgu darllenwyr na fedrent ond prosesu datganiadau symlaidd ac absoliwt: 'Gwaeth na dim yw bod awydd carlamus R. M. Jones i'n dysgu ac, mae'n debyg, ein hachub rhag twpdra (a bwrw bod hynny'n bosibl) yn arwain at orddweud chwerthinllyd a thywyllu deall.'[123] Ond mae'n gwestiwn a yw mor syml â hyn mewn gwirionedd. Gwir bod Bobi Jones yn ymateb i'r hyn a ystyria'n anallu'r Cymry i 'ddarllen yn ddethol mwyach',[124] chwedl Tudur Hallam. Ond gellid hefyd ddehongli arfer Bobi Jones o wneud datganiadau eithafol ynghylch rhagoriaeth llenyddweithiau neu lenorion arbennig yn ganlyniad i'w awydd i ganoneiddio ein llenyddiaeth – maes a drafododd Tudur Hallam yn ei draethawd doethuriaeth.[125]

Y brif broblem a wêl Jerry Hunter yng nghyhoeddiadau diweddar Bobi Jones yw'r 'modd y mae'n wfftio safbwyntiau, syniadau a mudiadau nad ydynt yn cydymffurfio â'i safbwynt ef'.[126] Gwylltia wrth y modd y mae Bobi Jones yn wfftio ffeminyddiaeth, Marcsiaeth ac Ôl-foderniaeth yn bennaf, a chyhudda Bobi Jones o gynnig darlun gor-syml o ddadleuon ei wrthwynebwyr deallusol cyn eu 'bychanu yn nawddoglyd o ffwrdd-â-hi'.[127] Dywed Jerry Hunter nad yw Bobi Jones yn mynd i'r afael o ddifrif â syniadau'r mudiadau hyn nac yn cydnabod y cymhlethdod a'r amrywiaeth sy'n eu nodweddu. Cyhudda Bobi Jones o roi darlun o'r mudiadau hyn sydd yn gweddu i '[d]rafodaethau newyddiadurol boblogaidd',[128] yn hytrach nag i waith ysgolhaig sy'n cymryd theori o ddifrif. Yn wir, fel y nodwyd ym mhennod 3, â Jerry Hunter mor bell ag awgrymu nad yw Bobi Jones wedi darllen gwaith Derrida o gwbl, neu os yw wedi ei ddarllen, 'nid yw wedi'i dreulio'n ddeallusol'.[129] Dylid pwysleisio, fodd bynnag, fel y gwnaethpwyd eisoes yn y bennod ar Gymhelliad, *natur* y cyhoeddiad y mae Jerry Hunter yn ei adolygu. Hunangofiant yw *O'r Bedd i'r Crud*, nid cyfrol theoretig academaidd, ac mae'n perthyn yn nes at ryddiaith greadigol nag at drafodaeth ffeithiol. Rhyd hyn gyfle i Bobi Jones drafod ei farn bersonol ar fudiadau a syniadau heb fod disgwyl iddo, yn ôl confensiwn y *genre*, gynnig dyfyniadau ysgolheigaidd. Gellid dadlau, felly, fod Jerry Hunter yn afresymol yn disgwyl i Bobi Jones brofi ei fod wedi darllen y theorïwyr hyn drwy ddyfynnu o'u gweithiau, ac nad yw'r cyhuddiad bod sylwadau Bobi Jones am theori yn ymdebygu i '[d]rafodaethau newyddiadurol boblogaidd'[130] yn cymryd i ystyriaeth mai dyna, o bosibl, oedd eu bwriad.

Fel y nodwyd, yr un oedd cŵyn Angharad Price wrth iddi adolygu *Beirniadaeth Gyfansawdd*. Teimlodd hithau ei bod yn anodd parchu dadansoddiad Bobi Jones gan ei fod yn parodïo syniadau'r ysgolion beirniadol eraill. Gwêl Angharad Price fod Marcsiaeth, ffeminyddiaeth ac Ôl-foderniaeth wedi 'rhoi bod i feirniadaethau llenyddol rhyfeddol o amrywiol ac amlhaenog', a bod y modd y gorsymleiddir eu safbwyntiau gan Bobi Jones yn gwneud ei drafodaeth yn 'chwerthinllyd os nad yn ddiwerth'.[131] Gresyna at y ffordd y mae Bobi Jones yn defnyddio triciau rhethregol ac yn grwpio ynghyd unigolion a mudiadau nad oeddynt yn perthyn i'w gilydd o gwbl mewn gwirionedd. Hawlia fod 'cymalau hwyliog yr ysgrifennu yn gwadu bodolaeth degawdau o newidiadau cymdeithasol a gwleidyddol yn y bwlch amseryddol rhwng y naill fudiad a'r llall'.[132] Dyma enghraifft dda o'r modd y mae arddull liwgar a charlamus Bobi Jones yn arwain at fethodoleg wan. Er mor ddifyr yw ei frawddegau rhethregol hwyliog, rhaid cwestiynu moeseg brawddegau o'r fath sy'n camarwain y darllenydd. Nododd Tudur Hallam fod arddull 'wthiol-chwareus' Bobi Jones a'i duedd 'ddiweddar i label-feirniadu fesul carfan syniadol'[133] wedi ei gwneud yn anos i Bobi Jones ganfod cynulleidfa gydymdeimladol. Ond dylid pwysleisio nad tuedd 'ddiweddar' mo hon fel y cyfryw oherwydd fe welwyd Bobi Jones yn defnyddio technegau tebyg wrth ymosod ar ryddfrydwyr diwinyddol yr 1970au yn *Llên Cymru a Chrefydd*, er enghraifft.[134]

Mae'n amlwg bod Angharad Price yn teimlo'n rhwystredig gydag anallu – neu wrthodiad – Bobi Jones i drin y mudiadau hyn yn senstitif ac yn ddadansoddol, a chanlyniad hyn yn y diwedd, yn ei barn hi, yw bod Bobi Jones yn gwneud cam ag ef ei hun:

> Ond bydd eraill yn teimlo siom a rhwystredigaeth wrth i'w amharodrwydd i drafod ac ymwneud o ddifrif â syniadau eraill wneud mwy o ddrwg nag o les i'r drafodaeth ar theori lenyddol yn y Gymraeg, a gwneud cam â gweithgarwch amhrisadwy Bobi Jones ei hun yn y maes hwnnw.[135]

Tebyg oedd beirniadaeth Gareth Miles yntau yn y bôn: dywed mai'r unig 'garfan ideolegol y dadleua R.M.J. â hi ben-ben' yw'r Calfiniaid pietistaidd. Honna mai dull arferol Bobi Jones o drin unigolion a mudiadau nad yw'n cyd-weld â'u safbwynt yw eu 'hysgubo o'r neilltu gydag ansoddair dilornus fel "anaeddfed", "naïf", "ffasiynol", neu'r mwyaf deifiol, "radicalaidd"'.[136] Cwyna ynghylch arfer Bobi Jones o greu darluniau cartwnaidd, rhwydd eu dymchwel, o'i wrthwynebwyr: 'Dro arall crea ddigriflun o ddaliadau'r trueiniaid a'i chwalu mor ddi-drafferth â phetai'n bwrw potel oddi ar wal gyda gordd.'[137] Rhaid bod arfer Bobi Jones o gartwneiddio safbwyntiau Marcsaidd yn cythruddo Gareth Miles yn arbennig gan ei fod yn perthyn i'r 'garfan ideolegol' honno. Mae'r arfer hwn o 'amharchu' safbwyntiau pobl eraill yn andwyo statws Bobi Jones fel beirniad, yng ngolwg Gareth Miles: 'Daliaf fod goddrycholdeb dybryd, ynghyd â'r amarch at safbwyntiau gwahanol i'w eiddo ei hun a ddeillia ohono, yn dirymio awdurdod yr Athro fel beirniad.'[138] Ond yn y frawddeg nesaf mae'n rhwym o gydnabod, yn barodocsaidd bron: 'Ni ellir amau gwybodaeth gynhwysfawr, aruthrol R.M.J. o'n llên, o'i dechreuadau cynharaf hyd heddiw, na'i ddawn i'w goleuo gyda dadansoddiadau treiddgar a dehongliadau ysbrydoledig.'[139]

Nid pob adolygydd a gythruddwyd gan y pethau hyn, fodd bynnag. Ychwanegodd arddull anghonfensiynol Bobi Jones at fwynhad ambell adolygydd ac fe'i hystyrir gan rai fel chwa o awyr iach, ac yn nodwedd sy'n rhoi bywiogrwydd a chyffro i gyfrolau a allai fod yn ysgolheigaidd sych. Cyfeiria Gruffydd Aled Williams, er enghraifft, at 'liwgarwch ffraeth ei ddawn dweud sy'n wedd mor amlwg ar ddiléit ei ysgrifennu beirniadol'.[140] Mae'n cydnabod na fydd dulliau ymadroddi Bobi Jones at chwaeth pob darllenydd ac eto mae'n fodlon canmol yr arferion ieithyddol anghonfensiynol hyn: 'Fe ddadleuwn i, fodd bynnag, fod ei duedd achlysurol i fod yn "stroclyd" yn wedd gadarnhaol ar arddull y beirniad llencynnaidd o afieithus hwn.'[141]

Calfiniaeth a'r adolygwyr

Yr adolygiadau hynny lle y mae'r adolygydd yn gwylltio â Bobi Jones ac yn ymateb yn chwyrn yn erbyn ei waith yw'r rhai mwyaf diddorol – a'r rhai mwyaf dadlennol o bosibl – o safbwynt olrhain yr ymateb i'w waith. Ac yn ddi-os, y gŵyn sy'n codi amlaf yn erbyn Bobi Jones yw bod y rhagdybiau diwinyddol y mae mor agored yn eu cylch yn llyffetheirio'i waith. Mae'r ffaith bod Bobi Jones yn Gristion efengylaidd a Chalfinaidd sy'n datgan hynny'n agored wedi codi gwrychyn amryw o'i ddarllenwyr a'i wneud yn gwbl annerbyniol fel beirniad llenyddol yng ngolwg rhai;[142] mae'n anorfod bron y bydd ei safbwynt yn wrthun ac yn ddieithr gan y sawl nad yw'n gyfrannog ohono. Yn ei gyflwyniad i *Hunllef Arthur*, sylwodd J. E. Caerwyn Williams ar y ffaith bod argyhoeddiadau crefyddol Bobi Jones 'gymaint â hynny'n fwy hysbys' am ei fod yn ei uniaethu ei hun mor agos â Mudiad Efengylaidd Cymru. Yng nghyd-destun gwaith creadigol Bobi Jones, dywedodd:

> Yn bersonol nid wyf yn credu fod y cyfryw argyhoeddiadau'n rhwystro i fardd fod yn fardd da. Wedi'r cwbl ni rwystrasant Williams Pantycelyn. Ond fe all y cyfryw argyhoeddiadau wneud y farddoniaeth yn llai hygyrch i'r darllenydd anghredadun.[143]

Gellir cymhwyso'r dyfyniad uchod at waith beirniadol Bobi Jones yn ogystal, er bod y ddau *genre* yn wahanol yn eu hanfod. Os nad yw'r safbwynt efengylaidd hwn yn ysgogi gwrthwynebiad amlwg, yn sicr mae'n achosi annealltwriaeth am ei fod braidd yn ddieithr ac anghyffredin yn y Gymru gyfoes.[144] Mae'n safbwynt sy'n gosod Bobi Jones ar wahân fel beirniad yn syth, ac o bosibl yn un sy'n codi mur rhyngddo a'r mwyafrif o'i ddarllenwyr, boed hwy'n anghredinwyr o argyhoeddiad neu'n Gristnogion rhyddfrydol. Yn wir, â Simon Brooks mor bell â hawlio mai'r 'safbwynt efengylaidd hwn sydd wedi arwain at ddiraddio gwaith R. M. Jones yn y Gymru seciwlar'.[145]

Gellir ystyried *Llên Cymru a Chrefydd* fel y cyntaf o'i gyhoeddiadau beirniadol sy'n gosod allan y rhagdybiau crefyddol hyn yn ddi-flewyn-ardafod gan eu defnyddio er llunio thesis. Enynnodd hyn ymateb ffyrnig gan Euros Bowen ar dudalennau *Y Faner*; yn wir, cymaint oedd gwrthwynebiad Euros Bowen i rai agweddau ar y gyfrol hon fel y neilltuodd nid un, ond dau adolygiad i'w thrafod. Bu'r ymateb hwn yn arbennig o werthfawr am iddo ysgogi ymateb yn ei dro gan Bobi Jones a estynnodd hefyd dros ddau rifyn.

Prif wrthwynebiad Euros Bowen i'r gyfrol oedd ei fod yn teimlo nad oedd Bobi Jones yn 'dadlau'n anwythol' er mwyn sefydlu a chadarnhau ei thesis ynghylch 'profiad llenyddiaeth Gymraeg o grefydd',[146] ond yn hytrach ei fod yn dadlau'n 'ddidwythol oddi wrth awdurdod diamod penarglwyddiaeth Duw ar fywyd, ac yn arbennig o safbwynt cyfystyru Cristnogaeth â Chalfiniaeth'.[147] Mae'r cymal olaf hwn yn arwyddocaol am ei fod yn dangos safbwynt crefyddol Euros Bowen ei hun. Roedd yn offeiriad plwyf gyda'r Eglwys yng Nghymru, ac mae ei argyhoeddiadau Cristnogol yntau'n britho ei farddoniaeth. Felly, nid gwrthwynebu dehongliad Cristnogol o'n llenyddiaeth a wnâi, ond yn hytrach y dehongliad arbennig o Gristnogaeth a arddelai Bobi Jones. Trwy gydol ei adolygiadau, gwelir Euros Bowen yn herio argyhoeddiadau crefyddol Bobi Jones. Fe'i gwelir yn cwestiynu sicrwydd Bobi Jones ynghylch y Creu, er enghraifft: 'Sut y gŵyr ef hyn, tybed?'[148] Dro arall fe'i gwelir yn cwestiynu hyder Bobi Jones yng ngeirwiredd y Beibl: 'Gyda llaw dydi bod yn Gristion ddim yn rhagdybio fod yn rhaid derbyn y Beibl fel "ysgrythurau anffaeledig" – Nid y geiriau yw'r Gair.'[149] Mae'n ddiddorol nodi bod Euros Bowen yn gwrthwynebu'n benodol ragymadrodd y gyfrol, lle y cyflwynir ei thesis, a cheir awgrym eglur y gallai fod wedi cydsynio â llawer o gynnwys y gyfrol oni bai am hynny: 'Ceir olion amlwg o ysgolheictod ar y gyfrol, ond nid dull yr ysgolhaig sydd wrthi wrth drafod thesis y gyfrol, ond dull y pregethwr dogmatig a phedantig.'[150] Mae'n debyg y gellid synied yr un modd am ragymadroddion pob un o gyfrolau Bobi Jones. Hwy sydd gan amlaf yn procio ymateb gan eu bod yn gosod allan ei ddadleuon a'i amcanion yn glir ac agored. Gan amlaf mae sylwedd ei gyfrolau yn weddol hawdd ei dderbyn, gan mai enghreifftiau o ddarllen clòs o weithiau llenyddol yw cynnwys y mwyafrif o'r penodau. Mewn ymateb i'r math hwn o feirniadaeth, pwysleisiodd Bobi Jones:

> *Yr hyn sy'n dramgwydd, gadewch inni fod yn gwbl blaen, yw* [nid?] *fy mod yn gwneud rhagdybiaeth chwaith, ond y math o ddogma sydd gennyf, a'r ffaith fy mod yn cydnabod fy rhagdybiaeth yn ymwybodol agored heb ei chuddio dan len o dwyll 'di-ragdybiaeth'.*[151]

Mewn geiriau eraill, pe bai'r dogma yr oedd yn ei draethu mor ddogmatig o bregethwrol wrth fodd Euros Bowen, ni fyddai gwrthwynebiad ganddo. A phe na bai'n datgan ei ragdybiau mor agored yn ei ragymadroddion, ond yn ceisio eu cyflwyno fesul tipyn ym mhrif gorff ei gyfrolau, gellid synio y byddent yn fwy derbyniol gan y mwyafrif.

Ffrwythlon yw cymharu adolygiad Euros Bowen ag eiddo R. Tudur Jones o'r un gyfrol. Mae adolygiad R. Tudur Jones yn gadarnhaol tu hwnt, mor gadarnhaol fel y dyfynnir rhannau ohono ar glawr y gyfrol ddiweddarach, *Mawl a Gelynion ei Elynion*. Yng ngolwg R. Tudur Jones, dyma'r 'llyfr pwysicaf ar ddiwylliant Cymru a gyhoeddwyd oddi ar ddiwedd yr Ail Ryfel Byd'.[152] Fe'i gwêl yn gyfraniad cyffrous ac unigryw i'n traddodiad beirniadol yn ogystal ag yn gyfraniad pwysig i drafodaeth y sawl sy'n arddel diwinyddiaeth Prifysgol Rydd Amsterdam, gan mai dyma'r tro cyntaf 'i lenyddiaeth unrhyw genedl gael ei thrafod o ben bwy'i gilydd gan aelod o'r ysgol'.[153] Mewn gwrthgyferbyniad llwyr ag adolygiad Euros Bowen, ni cheir unrhyw awgrym bod Bobi Jones yn dadlau'n 'ddidwythol' oddi wrth thesis rhagweladwy. Yn hytrach, awgrymir yn eglur bod 'casgliad'[154] Bobi Jones yn ganlyniad cyfnod o '[d]yrchu'[155] yng ngweithiau llenyddol y gorffennol cyn darganfod mai'r 'ffydd Gristionogol yw ffynnon ddirgel ein llenyddiaeth'.[156]

Mae'r adolygiad yn cydymdeimlo'n llwyr â safbwynt Calfinaidd Bobi Jones; fe'i canmolir am 'ymwrthod yn llwyr â'r snobyddiaeth (anwybodus yn aml) sy'n dirmygu argyhoeddiadau gwaelodol y gorffennol'.[157] Mae'n hysbys bod R. Tudur Jones yntau'n hanesydd eglwysig a arddelai syniadaeth Galfinaidd Kuyper a'i ddilynwyr, fel y nodwyd ym mhennod 3. Mae hefyd yn hysbys ei fod yn ysgolhaig y mae Bobi Jones yn ei edmygu ac yn dyfynnu'n helaeth o'i weithiau fel trafodaethau awdurdodol. Fe'i coleddwyd gan Bobi Jones fel yr un cyfaill arall yn y byd academaidd Cymraeg a roddodd sylw i'r ysgol arbennig honno o ddiwyddion yr Iseldiroedd: 'Ganddo ef hefyd y ceir y cymhwysiad gorau o egwyddorion y ffydd i genedlaetholdeb Cymreig, a cheisiais restru'i ymdriniaethau yn llyfryddiaeth *Crist a Chenedlaetholdeb*'.[158] Ysgrifennwyd yr adolygiad â chynulleidfa gydymdeimladol mewn golwg: fe'i cyhoeddwyd yn y *Bwletin Diwinyddol*, cylchgrawn a olygwyd gan dri gweinidog efengylaidd (Cecil Jenkins, Gwynn Williams a Noel Gibbard), ac R. Tudur Jones ei hun yn 'Olygydd

Ymgynghorol' arno. Gwelir bod R. Tudur Jones yn rhagdybio natur ei gynulleidfa pan awgryma ddefnyddio'r llyfr fel un defosiynol: 'Ac fel sy'n gwbl gymwys mewn llyfr ymosodol Gristionogol, mae'n llyfr y gall y crediniwr nad yw wedi cymryd llawer o ddiddordeb mewn cwestiynau llenyddol ei ddarllen gyda budd.'[159] Sylwer ar y modd y cydnabyddir natur 'ymosodol' y genadwri Gristnogol sydd yn y gyfrol, ond i hynny gael ei gyfrif yn gryfder, yn hytrach nag yn wendid.

Ymatebodd Hywel Teifi Edwards yn chwyrn i Bobi Jones ar gyfrif ei ddaliadau crefyddol adeg cyhoeddi *Blodeugerdd Barddas o'r Bedwaredd Ganrif ar Bymtheg* yn 1988. Trafodir y ddadl lenyddol a darddodd o'r adolygiad hwnnw'n fanwl yn y bennod nesaf, ond mae'n werth sylwi am y tro fod Hywel Teifi yn honni bod rhagdybiau crefyddol Bobi Jones yn peri iddo ffafrio rhai llenorion oherwydd eu rhagdybiau crefyddol, a bod hyn wedi arwain at flodeugerdd anghytbwys. Beirniedir Bobi Jones yn hallt am gynnig golwg or-syml ar y meddylfryd anghrediniol: 'Ym myd bach R. M. Jones ni all fod i anghrediniaeth na dwyster nac angerdd na dewrder na chywirdeb. Dim ond dylni.'[160] Mae'n gwawdio Bobi Jones am honni ei fod yn ymwrthod â cherddi arwynebol a phoblogaidd gan honni mai'r hyn y mae'n ei wrthwynebu mewn gwirionedd yw'r 'seciwlar-boblogaidd':

> 'Gwae, gwae boblogrwydd'. Hynny yw, gwae y seciwlar-boblogaidd. Y mae'r crefyddol-boblogaidd, y 'Songs for Swinging Calvins', yn ffrwyth yr emosiynau dwysaf, y deallusrwydd disgleiriaf a'r crebwyll mwyaf syfrdanol – ac wrth reswm, dim ond cynulleidfa o uwchfodau a all eu gwerthfawrogi.[161]

Gellid tybio bod elfen o bryfocio yn y datganiad uchod. Rhan o'r broblem o ddibynnu ar adolygiadau printiedig (yn enwedig rhai a gyhoeddwyd flynyddoedd yn ôl) yw ei bod yn anodd weithiau wybod ym mha ysbryd y'u bwriadwyd, oherwydd gall y berthynas rhwng yr adolygydd a'r awdur fynd yn angof. Mae hiwmor Hywel Teifi Edwards yn dra hysbys: fe'i darlunnir gan John Rowlands fel un sy'n hoff o bryfocio, a noda rhwng cromfachau fod ei 'bryfôc arferol' yn gallu 'swnio weithiau fel aruthr dwlc'.[162] A gellid disgrifio Bobi Jones mewn termau cyffelyb. Wrth drafod yr adolygiad hwn yn *Llên Cymru*, cyfeiriodd E. Wyn James at Bobi Jones a Hywel Teifi Edwards fel 'dau o benpaffwyr ein llên',[163] dau 'baffiwr pwysau-trwm' sydd fel petaent yn mwynhau ymryson â'i gilydd gan wybod yn y pen draw mai ychydig o sbort yw'r cyfan. Serch hynny, mae Hywel Teifi Edwards yn gwrthod y Flodeugerdd fel un ddibynadwy a chynrychioladol deg o'r cyfnod. Awgryma nad oes iddi werth ond fel enghraifft o sut y gall rhagdybiau lygru gwaith pan lywir awdur neu olygydd yn ormodol ganddynt: 'Yr unig beth i'w wneud â'r Flodeugerdd hon yw ei derbyn fel cais gan groesgadwr o Galfin i'n gorfodi i weld barddoniaeth y ganrif ddiwethaf yn nrych ei ragfarnau llachar ef.'[164] Yn wir, â Hywel Teifi mor bell â dweud bod traethu Bobi Jones am lenyddiaeth ers tua 1974, pan draddododd y ddarlith 'anffodus' honno yn Eisteddfod Genedlaethol Caerfyrddin, 'Beth yw Pwrpas Llenydda?', 'yn prysur ddirywio'n *Rhodd Mam* o beth'.[165] Fel y gwelwyd mae'r ddarlith honno'n ffurfio rhan helaeth o ragymadrodd *Llên Cymru a Chrefydd* ac mae'n cynnwys, yng ngeiriau Hywel Teifi, faniffesto Bobi Jones bod 'gwerth, ystyr a phwrpas llenydda i'w prisio yn nhermau cred a fwriwyd ym mowld Calfiniaeth anffaeledig'.[166] Drwy wneud datganiadau o'r fath y mae Hywel Teifi Edwards yn cwestiynu gwerth holl gyhoeddiadau Bobi Jones wedi'r dyddiad hwn, sef bron y cyfan o'r gweithiau beirniadol a drafodir yn y gyfrol hon.

Gwrthwynebodd Derec Llwyd Morgan – 'hen Annibynnwr amheus' yn ôl ei gyfaddefiad ei hun[167] – draethiadau Bobi Jones am y sefyllfa grefyddol yng Nghymru mewn cyhoeddiad a ymddangosodd cyn *Llên Cymru a Chrefydd* hyd yn oed. Myn nad cynnwys y traethiadau hyn fel y cyfryw sy'n broblem iddo, ond yn hytrach eu hamlder:

> A bod yn onest, mae lle a gwerth i feirniadaeth y Dr. Jones ar ethos y capeli yn y fan hon; ond go drapia, tybed a oes raid wrth y feirniadaeth o hyd ac o hyd? . . . Go drapia, meddaf, am fod y gwir a ddwedir mor amlwg. Pwy all wadu fod rhywbeth egr wedi digwydd i grefydd Crist yng Nghymru? Eithr nid datganiadau drastig o'r Eglwys Efengylaidd yn North Parade sy'n mynd i adfer y ffydd chwaith, rwy'n siŵr o hynny. Mae'i Galfiniaeth yn gadael R. M. Jones i lawr weithiau . . .[168]

Ond mae'r dyfyniad uchod yn dangos gwrthwynebiad penodol i safbwynt efengylaidd a Chalfinaidd Bobi Jones, testun yr oedd Derec Llwyd Morgan 'yn fy elfen'[169] yn dadlau yn ei gylch â Bobi Jones pan oeddynt yn cydweithio yn Adran Gymraeg Coleg Prifysgol Cymru, Aberystwyth, yn nechrau'r 1970au.

Nid yw rhagdybiau diwinyddol hysbys Bobi Jones yn faen tramgwydd i bob adolygydd ychwaith. Nid oeddynt yn broblem i Gwyn Thomas, er enghraifft, wrth iddo ef adolygu *Blodeugerdd Barddas o'r Bedwaredd Ganrif ar Bymtheg*. Er nad yw'r adolygiad yn arbennig o gadarnhaol ac er ei fod yn feirniadol iawn o ddewis Bobi Jones o gerddi, mae'n fodlon addef: 'Ni cheisiodd R. M. Jones erioed guddio ei argyhoeddiadau llenyddol. Fel yr wyf wedi nodi mewn man arall, ni allaf weld fod gweithredu ar safbwyntiau Calfinaidd mewn llenyddiaeth yn llai derbyniol na gweithredu ar rai Marxaidd.'[170] Mae hyd yn oed yn cydnabod y gall credoau Bobi Jones fod o fantais iddo wrth geisio deall meddylfryd a barddoniaeth y bedwaredd ganrif ar bymtheg: 'O ran credo ei llenyddiaeth yr oedd y ganrif ddiwethaf yng Nghymru – i raddau helaeth – yn un gydnaws â daliadau crefyddol R. M. Jones.'[171] Ond gellid tybio bod Gwyn Thomas yn lled gydymdeimladol â Christnogaeth efengylaidd, yn rhannol dan ddylanwad ei berthnasau Geoff ac Iola Thomas (gweler n. 60).

Ac os yw'r modd y mae Bobi Jones yn datgan ei agenda grefyddol mor agored yn annymunol gan rai y mae'n ganmoladwy iawn gan eraill. Mae Jerry Hunter, er enghraifft, yn canmol Bobi Jones am fod yn agored ynghylch ei ragdybiau, gan fod hyn yn agor yr arena i drafodaeth agored a threiddgar: 'dyma gyfrol academaidd sydd yn datgan "gwleidyddiaeth" yr awdur yn ddi-flewyn-ar-dafod ac sydd yn wefreiddiol heriol o'r herwydd'.[172] Pan fo hynny'n digwydd does dim ceisio celu safbwynt er mwyn bod yn 'foesgar', neu beidio â dweud er mwyn peidio â chodi gwrychyn. Mae'r ffaith bod Bobi Jones mor agored am ei ragdybiau hefyd wedi annog rhai eraill i archwilio pa ragfarnau sydd ganddynt hwythau wrth ddod at destun. Er enghraifft, wrth adolygu *Hunllef Arthur*, nododd Derec Llwyd Morgan ei ragfarnau ei hun a'r modd y gallent effeithio ar ei ddarlleniad o'r testun: 'Ond dealled y darllenydd hyn, sef mai beirniad o ddyneiddiwr rhyddfrydol wyf i yn ceisio ymateb i wrth-arwrgerdd a luniwyd gan fardd Calfinaidd y mae ei olwg ar bethau yn herfeiddiol wahanol i olwg y rhan fwyaf ohonom.'[173] Prif gŵyn Bobi Jones, fodd bynnag, yw nad yw pobl yn ddigon parod i wneud hyn, a'u bod yn rhy aml yn nesáu at destun gan honni math o niwtraliaeth am nad ydynt yn meddu ar ddaliadau crefyddol a ystyrir mor 'eithafol'.

Mae'n bwysig nodi na dderbyniodd Bobi Jones feirniadaeth hallt gan bob Cristion nad oedd yn cydymdeimlo ag efengylyddiaeth ychwaith; mewn adolygiad o *Cyfriniaeth Gymraeg*, mae D. Ben Rees, gweinidog gyda'r Presbyteriaid yn Lerpwl, yn filain ei feirniadaeth ar Fudiad Efengylaidd Cymru ond yn gweld agwedd Bobi Jones yn llawer mwy eangfrydig a derbyniol:

> In the past the Evangelical Movement of Wales has been brutally scathing towards those of us outside its field, critical of ecumenism and unfair to Catholicism... Bobi Jones takes a different line altogether, which I welcome. On page 298, he welcomes all the saints who have believed that we approach God through the work of Jesus on the cross.[174]

Ymateb i waith Bobi Jones 195

Mae'n llawn canmoliaeth i'r gyfrol dan sylw a cheir awgrym ei fod yn ei derbyn fel rhagarweiniad safonol i'r maes a'i fod yn dymuno gweld ei darllen ochr yn ochr â gweithiau Calfinaidd dylanwadol eraill: 'I hope that this book will soon be translated into English and published by the University of Wales Press, to be read with the works of Kuyper and Warfield in the Calvinist library.'[175]

Dylid cofio hefyd fod modd mwynhau gwaith Bobi Jones *er gwaethaf* ei ragdybiau crefyddol hysbys. Nid oes gofyn i unigolyn gytuno â phob agwedd ar ei waith er mwyn ei werthfawrogi; yn wir, gellir bod yn feirniadol hallt am rai agweddau ar ei waith a dal i elwa o'r cyfoeth sydd yn ei gyfrolau, fel y nododd Gruffydd Aled Williams wrth adolygu *Llenyddiaeth Gymraeg 1902–1936*:

> Y mae hon yn gyfrol flasus a goludog odiaeth sy'n maethu ac yn procio'r meddwl. Prin, mi dybiaf, fydd y darllenwyr a fydd yn cytuno â phob un o ddyfarniadau'r Athro R. M. Jones. Ond prin hefyd fydd y darllenwyr na fydd yn rhyfeddu at ei ymroddiad gwiw ac at loywder ei ddoniau beirniadol.[176]

Ochr arall y geiniog, wrth gwrs, yw y gall darllenwyr glosio at feirniadaeth Bobi Jones a derbyn ei safbwynt yn ddigwestiwn am eu bod yn cyfrannu o'r un profiadau ysbrydol ag ef, gall fod ambell un yn derbyn ei ddehongliad o lenyddiaeth Cymru am eu bod yn teimlo bod stamp awdurdod Calfinaidd arno. Awgrymir hyn gan John Emyr wrth iddo sôn am y golofn reolaidd a fu gan Bobi Jones yn *Y Cylchgrawn Efengylaidd*, cyfnodolyn Mudiad Efengylaidd Cymru:

> The readers of Y CYLCHGRAWN EFENGYLAIDD (*The Evangelical Magazine*) found his numerous articles published in that magazine helpful as guidelines to face up to, on the one hand, an increasingly agnostic and secularized Wales, and, on the other, a pietistic tradition which looked askance at all vigorous and industrious cultural and political activities.[177]

Mae bron yn awgrymu bod Cristnogion efengylaidd yn derbyn ei safbwynt fel yr un awdurdodedig i Gristnogion. Awgrymir rhywbeth tebyg gan Angharad Price ar ddiwedd ei hadolygiad o *Beirniadaeth Gyfansawdd*: 'I'r sawl sy'n rhannu'r un safbwyntiau crefyddol absoliwtaidd â Bobi Jones, diau y bydd *Beirniadaeth Gyfansawdd* yn destament gwerthfawr.'[178] Ceir awgrym clir yn y geiriau hyn y bydd Cristnogion efengylaidd yn derbyn darlun Bobi Jones o natur llenyddiaeth yn ei grynswth heb ei herio. Ond wrth graffu ar adolygiadau gan academyddion eraill sy'n rhannu'r un tueddiadau efengylaidd â Bobi Jones, buan y gwelir nad yw'r sefyllfa mor syml â hynny, mewn gwirionedd. Er bod eu hymateb yn tueddu i fod yn gadarnhaol ar y cyfan, nid ydynt yn ddall i'r problemau sy'n codi yn ei waith. Mae Robert Rhys yn ddigon parod i anghytuno ag ef ac i amlinellu anghysondebau yn *Mawl a Gelynion ei Elynion*, er enghraifft:

> Mae agweddau ar y byd efengylaidd diwygiedig y mae ef a mi yn rhan ohono yn amlwg yn ei flino ef mewn modd nad ydynt yn fy mlino i – ac 'alla 'i ddim peidio â gwenu pan mae awdur yr astudiaeth uchelgeisiol ddwy-gyfrol hon (dros 650 tudalen) yn dannod i ambell bregethwr cyfoes ei feithder a'i ansensitifrwydd i alluoedd canolbwyntio'r werin! Diau y dewch chi ar draws pethau a fydd yn eich cyfareddu a'ch cynhyrfu yn eu tro.[179]

Ni ellir ei gyhuddo ef o adolygu'n anghytbwys, er mae'n bosibl ei fod yn fwy tyner wrth feirniadu nag y byddai'r sawl nad yw'n adnabod Bobi Jones yn bersonol nac yn perthyn i'r un gymuned Gristnogol ag ef. Bu Tudur Hallam yntau'n barod iawn i brocio ac i herio, ac yn gynyddol felly. Er y gellid synio am ei adolygiad o *Mawl a'i Gyfeillion* fel mwy o sylwebaeth nag o feirniadaeth, yn ôl ei gyfaddefiad ei hun ('Dyma adolygiad o lyfr, neu grynodeb llyfr, o leiaf'),[180] mae'n fodlon cwestiynu holl thesis cyfrol Bobi Jones:

> Ond ar wahân i'r negyddwyr amlwg yn ein plith, nodwn hefyd y byddai ambell Gristion, neu Galfiniad hyd yn oed, yn fwy parod i gytuno â Richard Dawkins, awdur *The Selfish Gene*, mai hunanol, ac nid dyrchafol yw natur dyn. Pechod gwreiddiol, onid e? Ond dyma Galfiniad yn gweld pobl yn siopa ar y stryd ac yn gorfoleddu. Nawr, y mae lle i amau bod angen cymedroli'r pwyslais.[181]

Ac yn ei adolygiad o *Beirniadaeth Gyfansawdd*, er iddo gynnwys teyrnged fach bersonol ('Ond cyn tewi, dyma un gair arall wrth imi glywed drws siop R. M. Jones yn cau: diolch. Cau siop, ond nid cau meddwl. Procio, procio o hyd.'),[182] nid yw'n ofni cwestiynu theori Bobi Jones, er mor barchus yw ohono:

> Ond i mi, a bydd yn rhaid i'r Athro faddau imi yma am wyro o'r strwythurol i'r cymdeithasol, y mae'r cyfryw addefiad yn codi'r cwestiwn, ai'r un Tafod sydd gan bawb. Nodir, er enghraifft, fod 'pob traddodiad unigol, fel y Gymraeg, yn medru meithrin Tafod sy'n unigol.' (224) Ond ai un Tafod yw gwahanol dafodau'r Gymraeg? Ie, o bosibl, ond pam? . . . Cytunaf yn llwyr â'r theori, ond hwyrach fod angen dadansoddi cymdeithasol neu sosioieithyddol arnom er mwyn ei hesbonio.[183]

Fel y nodwyd ar ddechrau'r bennod hon, mae carfan o adolygwyr sy'n frwd o blaid gwaith Bobi Jones. Ystyrir gan rai fod llawer o Gristnogion efengylaidd yn perthyn i'r garfan honno, er nad yw'r sefyllfa mor syml â hynny fel yr amlinellwyd uchod. Gellid awgrymu bod cyfrol John Emyr yng nghyfres 'Writers of Wales' wedi gwneud llawer i ledaenu'r ddelwedd o Bobi Jones fel un sy'n cael ei eilunaddoli gan bobl o'r un safbwynt crefyddol ag ef. Astudiaeth John Emyr, sy'n gyn-fyfyriwr ymchwil i Bobi Jones, ac un sy'n cofleidio'r un safbwynt diwinyddol efengylaidd a Chalfinaidd ag ef, yw'r unig drafodaeth estynedig o'i waith yn ei grynswth a gyhoeddwyd hyd yn hyn, ac mae'n anorfod felly ei osod o dan y chwyddwydr fel enghraifft o feirniadaeth gydymdeimladol.

Mae'n gyfrol sy'n gyforiog o ganmoliaeth i waith Bobi Jones. Fe'i cyflwynir fel 'versatile master',[184] a cheir yr argraff gyffredinol bod John Emyr yn rhyfeddu ato ac yn ei ystyried y mwyaf dawnus, cynhyrchiol a chyffrous o holl lenorion Cymraeg yr oesoedd. Teg yw cadw mewn golwg fod natur cyfres 'Writers of Wales' yn rhannol gyfrifol am osgo'r awdur; rhan o fwriad y gyfres yw arddangos cyfoeth llenyddiaeth Gymraeg i'r sawl nad yw'n medru'r iaith, fel y nododd Dafydd Johnston wrth iddo adolygu'r gyfrol: 'Yn unol â natur y gyfres "Writers of Wales", ar gyfleu rhinweddau a dangos mawredd y mae'r pwyslais yma, ac y mae edmygedd diffuant John Emyr at wrthrych ei astudiaeth yn amlwg ar bob tudalen.'[185] Roedd hyn yn nodwedd gyffredin i'r cyfrolau cynnar yn y gyfres hon. Ar dudalen gyntaf cyfrol Bruce Griffiths am Saunders Lewis, er enghraifft, disgrifir Saunders fel 'the most important living author in the Welsh language' ac 'our foremost playwright, literary critic, and academic scholar'.[186] Nid anodd fyddai dychmygu'r un geiriau yn dod o ysgrifbin John Emyr am ei arwr llenyddol ef; ac eto mae cyfrol John Emyr yn fwy hael ei chanmoliaeth o'i gwrthrych na chyfrolau eraill y gyfres hon, ac yn enwedig y cyfrolau hynny a gyhoeddwyd yn ddiweddarach na hi. Ceir naws lawer llai amddiffynnol i drafodaeth T. Robin Chapman ar fywyd a gwaith Islwyn Ffowc Elis (2000), er enghraifft: mae'n mesur cyfraniad Islwyn Ffowc Elis drwy ei roi yng nghyd-destun ei gefndir hanesyddol ac nid yw'n ddall i'w 'faults'.[187] Mae ymdriniaeth M. Wynn Thomas â bywyd James Kitchener Davies yn yr un gyfres (2002) yn ymddangos yn llawer mwy diduedd hefyd: nid yw'r brolio ar ei waith yn gyfoglyd, ac nid yw ychwaith yn ddall i wendidau llenyddol Kitchener, fel y tystia'r dyfyniad isod: 'He is shooting from the hip – the comments do not add up to a fully coherent, internally consistent, set of theoretical objections.'[188] Haws rywsut yw ysgrifennu astudiaeth ddiduedd am lenor sydd wedi marw ers dros hanner canrif a dyn nad ydych erioed wedi cwrdd ag ef yn bersonol.

Gellid cydymdeimlo â John Emyr a oedd yn ysgrifennu am gyngyfarwyddwr ymchwil iddo ac un y mae ganddo berthynas bersonol gynnes ag ef.

Mae'r adolygiadau o gyfrol John Emyr yn bur ddiddorol am eu bod yn dangos pa mor effro yw'r adolygwyr i duedd John Emyr o blaid yr awdur. Mae pob un ohonynt yn tynnu sylw at y ffaith bod John Emyr a Bobi Jones yn rhannu'r un daliadau crefyddol.[189] I Dafydd Johnston, hyn sy'n esbonio brwdfrydedd John Emyr o blaid gwaith Bobi Jones: 'Fe ymddengys i mi fod edmygedd brwdfrydig John Emyr yn tarddu yn y bôn o'r ffaith ei fod yn cyfranogi o ddaliadau crefyddol Bobi Jones.'[190] Gwêl Dafydd Johnston hyn fel gwendid yn y gyfrol o safbwynt dadansoddi. Sonia am y modd y mae John Emyr yn tueddu i 'gyfleu barn neu weledigaeth Bobi Jones fel ffaith bendant' – er enghraifft, pan honnir bod ganddo 'an inside knowledge of the reality of grace',[191] sylw sydd hefyd yn dangos rhagdybiau Dafydd Johnston fel un sy'n cymryd yn ganiataol nad yw gras yn wirionedd absoliwt. Ond mae'r sefyllfa'n llawer mwy cymhleth nag yr awgrymodd Dafydd Johnston hyd yn oed, oherwydd nid cyfleu barn neu weledigaeth *Bobi Jones* yn unig fel ffaith bendant a wna John Emyr yn y fan hon, ond hefyd gyfleu ei farn *ei hun*. Derbyniodd y ddau ohonynt yr un dehongliad Cristnogol am natur y bydysawd yn annibynnol ar ei gilydd, ac felly nid dynwarediad syml o safbwynt Bobi Jones gan John Emyr sydd yma. Gan fod y dehongliad Cristnogol efengylaidd mor ddieithr heddiw, gellid tybio y byddai wedi bod yn ddoeth i John Emyr esbonio neu gyfiawnhau ei safbwynt ryw ychydig. Er mwyn cynnig sylwebaeth fwy academaidd neu ysgolheigaidd, dylai fod wedi nodi'n eglur mai safbwynt Bobi Jones yw hwn, hyd yn oed pe byddai wedyn yn dymuno ychwanegu ei fod yntau'n cyfranogi o'r un safbwynt. Eto prin y disgwylid i awdur neu feirniad seciwlar ddatgan ei ganfyddiad ef o fydysawd 'di-ras' fel dehongliad yn unig, yn hytrach nag fel ffaith, cyn dechrau traethu.

Wrth drafod holl gwestiwn tuedd John Emyr, dywedodd Gareth Alban Davies mai'r cwestiwn hanfodol y mae'n rhaid ei ystyried yw hwn: 'a yw John Emyr wedi cau allan bosibilrwydd dadansoddiad gwahanol i'w eiddo ei hun?' Daw i'r canlyniad nad ydyw oherwydd: 'Hyd y medraf weld, y mae ei bolemig o blaid y gwirionedd arbennig y mae ef a'i wrthrych fel ei gilydd yn ei goleddu yn caniatáu – yn nawddogol oddefgar efallai – bodolaeth ddilys safbwyntiau gwahanol.'[192]

Mae Robert Owen Jones ar y llaw arall yn dadlau bod y ffaith bod John Emyr a Bobi Jones yn rhannu'r un safbwynt diwinyddol yn 'asset rather than a bias in this instance'.[193] Dyma academydd arall sy'n perthyn i'r un cylchoedd efengylaidd ac mae tôn amddiffynnol y dyfyniad isod yn dangos yn eglur ei fod o'r farn bod Bobi Jones wedi cael cam yn y gorffennol gan feirniaid na ddeallent ei syniadaeth grefyddol. Dadl Robert Owen Jones yw bod gwybodaeth John Emyr o ddiwinyddiaeth Galfinaidd yn caniatáu iddo gyflwyno a dadansoddi gwaith Bobi Jones mewn modd hyddysg a chydymdeimladol, gan roi golwg newydd i ni ar waith Bobi Jones:

> This is quite refreshing in view of the fact that over the years Bobi Jones has been grossly misunderstood and misrepresented by critics and scholars who have failed to understand fully the religious theme which so thoroughly pervades his work.[194]

Mae bod yn effro i ragdybiau yn y modd hwn yn beth da, ond y perygl yw bod pobl yn effro i ragbybiau mwy eithafol ac amlwg yn unig, boed hwy'n rhai crefyddol, gwleidyddol neu gymdeithasegol. Dylid ystyried pob un o'r adolygwyr a drafodir yn y bennod hon gan fesur eu sylwadau yn erbyn eu rhagdybiau eu hunain. Fel y dywedodd Bobi Jones ei hun: 'Peth dadlennol yw agolygiad: dywed fwy am yr adolygydd nag am y llyfr a adolygir.'[195] Daeth yn ffasiwn cyhuddo adolygwyr efengylaidd o feirniadu â thuedd, tra anwybyddir rhagdybiau'r beirniaid eraill, a hynny efallai am fod rhagdybiau'r Cristnogion efengylaidd yn fwy hysbys.[196] Nid yw rhagdyb yn gwneud unrhyw sylw yn llai dilys, ond mae'n bwysig bod yn ymwybodol ym mha gyd-destun y gwneir pob sylw. Fel y sylwodd Roland Barthes: 'It follows that the major sin in criticism is not to have an ideology but to keep quiet about it. There is a name for this kind of guilty silence; it is self-deception or bad faith.'[197]

Edmygwyr eraill

Nid efengyleiddwyr o argyhoeddiad yw'r unig rai sy'n canmol gwaith Bobi Jones, na'r unig rai sydd â rheswm amlwg dros fod o'i blaid ychwaith. Gellid ystyried J. E. Caerwyn Williams yn un o brif amddiffynwyr Bobi Jones ac yn un o'r ysgolheigion mwyaf brwd dros ei waith. Nid oedd arno ofn yr agweddau theoretig ar waith Bobi Jones; yn wir, ef oedd un o'r ychydig o'i genhedlaeth a gofleidiai'r diddordeb mewn theori lenyddol (fel y tystia'i ysgrif arloesol am Ffurfiolwyr Rwsia).[198] Ei ddyfarniad ar gyfres *Seiliau Beirniadaeth* oedd: 'dyma'r cyfrolau pwysicaf i ymddangos yn Gymraeg ar feirniadaeth lenyddol er pan gyhoeddwyd *Cerdd Dafod* John Morris-Jones'.[199] Roedd Caerwyn Williams yn gydweithiwr â Bobi Jones ac yn gyfaill agos iddo ac mae'n bwysig cofio hynny wrth ystyried ei ymateb. Dywedodd Bobi Jones am J. E. Caerwyn Williams ac R. Geraint

Gruffydd yn ei hunangofiant, er enghraifft: 'Hwy fu'r prif ysgolheigion yn fy mywyd i, a'm hesiamplau academaidd, yn bennaf oherwydd ehangder eu diwylliant, eu haelfrydedd, eu gallu mawr, a'u medr i ganfod diwylliant o fewn cyd-destun ysbrydol.'[200] Roedd Caerwyn Williams ei hun yn hollol ymwybodol o'i anallu i ysgrifennu'n ddiduedd am waith Bobi Jones: 'Yr oedd gennyf ragfarn fawr o blaid yr awdur. Mae ganddo un o'r meddyliau mwyaf bywiog, treiddgar, a meistraidd sydd yng Nghymru heddiw.'[201] Mae Gareth Alban Davies yn un arall sy'n dyrchafu gwaith Bobi Jones: 'Ydyw, mae Bobi'n dipyn o ryfeddod. Fel yn achos y Pêr-Ganiedydd a'i hysbrydolodd gymaint, ni pheidiodd ei egni na'i greadigrwydd anhygoel. Ac os sgrifennodd ormod weithiau, ni sgrifennodd erioed air anniddorol.'[202] Er na ddylid bod yn ddrwgdybus o bob canmoliaeth, dylid cofio bod Gareth Alban Davies yn perthyn i gylch o feirdd a fawrygwyd gan Bobi Jones.[203]

Ceir hefyd sawl adolygydd sy'n gorfod cydnabod bod gan Bobi Jones feddwl disglair, er na allant gydsynio â'u holl syniadau o bell ffordd. Mae Jerry Hunter yn enghraifft o un sy'n gallu edmygu doniau pryfocio Bobi Jones a llymder ei feddwl, er ei fod yn cael ei wylltio gan gyfeiriad y meddwl hwnnw ar adegau:

> Ni ellir darllen y llyfr hwn ond â meddwl cwbl effro; fe ddaw ysgydwad, gwefr, jôc neu bryfoc ar bron bob tudalen. A phrofocio a wna'r Athro Jones yn anad dim. Pryfocio'r meddwl a hynny mewn modd dysgedig a ffraeth.[204]

Mae'n cyfaddef bod Bobi Jones wedi gwneud cyfraniad aruthrol i'r traddodiad llenyddol, hyd yn oed os bod yn gymeriad dadleuol a phrocio ymateb yw'r cyfraniad hwnnw. Perchir Bobi Jones ganddo am iddo gymryd Cymru a'i diwylliant o 'ddifrif'[205] ac mae'n annog pob darllenydd Cymraeg i fwrw ati i ymgyfarwyddo â'i waith. Er nad yw Jerry Hunter yn cytuno â theorïau Bobi Jones, mae'n gorfod cydnabod mai ef 'yw un o'r theorïwyr pwysicaf a gafodd beirniadaeth lenyddol Gymreig yn yr ugeinfed ganrif'.[206]

Mae Simon Brooks yn enghraifft arall o feirniad na all gymeradwyo'r agweddau Calfinaidd ar waith Bobi Jones, er mor gymedrol y mynegir yr anniddigrwydd hwnnw yn *O Dan Lygaid y Gestapo*. Gellid teimlo ei rwystredigaeth â safbwynt 'an-oleuedig' Bobi Jones yma ac acw ar hyd y gyfrol: 'Fe'i cymhellwyd gan ei ideoleg Galfinaidd gyn-oleuedig ynghylch crefydd a gwirionedd i fabwysiadu safbwyntiau an-oleuedig mewn meysydd disgyblaethol eraill. Er hynny, bu ei sylwadau am genedlaetholdeb yn eithriadol o oleuedig.'[207]

Serch hynny, mae'n barod i alw Bobi Jones yn un o'r 'meddylwyr mwyaf diddorol yng Nghymru',²⁰⁸ ac i roi statws iddo fel meddyliwr adeileddol 'sydd wedi gwneud cyfraniad unigryw i astudiaethau adeileddol rhyngwladol'.²⁰⁹

Ymateb y genhedlaeth nesaf

Wrth adolygu *Seiliau Beirniadaeth* yn 1989 mynegodd J. E. Caerwyn Williams ei obaith y byddai'r gynulleidfa yr ysgrifennodd Bobi Jones y gyfres ar ei chyfer, sef ei fyfyrwyr yn fwyaf penodol, yn ei gwerthfawrogi. Mae'n gresynu nad yw llenorion a llengarwyr Cymru wedi 'gwerthfawrogi eu braint'²¹⁰ o gael gweithiau Bobi Jones yn eu hiaith ac yn galaru ynghylch y ffaith bod *System in Child Language* wedi cael croeso llawer mwy gwresog gan y gynulleidfa ryngwladol nag a gafodd *Tafod y Llenor* gan y gynulleidfa Gymraeg. Ond nid yw'n gorffen yn y fan isel hon: mae tinc proffwydol, mwy gobeithiol yn y datganiad sy'n dilyn:

> Ond mae mwy a mwy o Gymry ifainc yn gwerthfawrogi camp *Tafod y Llenor* a gellir bod yn sicr y bydd mwy a mwy ohonynt yn dod i werthfawrogi *Seiliau Beirniadaeth*. Fe ddylai agor cyfnod newydd ar feirniadaeth lenyddol yng Nghymru.²¹¹

Ugain mlynedd yn ddiweddarach, yn 2009, efallai y gellid asesu i ba raddau y gwireddwyd y gobeithion hyn. Yn gyffredinol gellid dadlau bod Bobi Jones wedi cael mwy o sylw manwl ac ystyrlon gan 'Gymry ifainc' nag a gafodd gan ei genhedlaeth ei hun. Soniodd Angharad Price am y cyffro a brofodd o ddarganfod y gyfres *Seiliau Beirniadaeth* wrth iddi ddechrau astudio theori lenyddol o ddifrif ar gyfer ei thraethawd ymchwil:

> Nid anghofiaf byth y wefr o ganfod *Seiliau Beirniadaeth* (1984–8) yn llyfrgell y coleg sawl blwyddyn yn ôl – ar ôl bod yn ymlafnio â damcaniaethau ieithegol Saussure a syniadaeth Ffurfiolwyr Rwsia trwy gyfieithiadau Saesneg – a chael gan Bobi Jones drafodaethau aeddfed yn yr un maes, a'r rheiny nid yn unig yn y Gymraeg, ond yn ymdrin â llenyddiaeth y Gymraeg hefyd.²¹²

Ystyria fod ei waith yn 'arloesol a pharhaol',²¹³ er ei bod yn gweld gwendidau methodolegol mawr yn ei weithiau diweddar. Ond mae gweld y beiau hyn yn arwydd iddi gymryd ei waith ef o ddifrif a mynd i'r afael â'r elfennau problematig sydd ynddo. Gellid dweud yr un peth am Jerry

Hunter a Tudur Hallam, dau a neilltuodd amser i ysgrifennu'n estynedig am weithiau Bobi Jones ac sy'n gallu canmol agweddau arnynt yn ogystal â chodi cwestiynau sylfaenol a dilys am agweddau eraill yr un pryd. Mae Simon Brooks hefyd yn enghraifft o feirniad sy'n perthyn i genhedlaeth dipyn yn iau na Bobi Jones a roddodd sylw ystyrlon – os nad ychydig yn annisgwyl – i'w waith, fel y sylwodd John Rowlands wrth ei gyfweld ar gyfer cylchgrawn *Taliesin* yn 1995. Dywedodd: 'Fe ŵyr llawer eich bod wedi'ch atynnu gan R. M. Jones fel yr unig theoriwr ôl-oleuedig a gawsom yn Gymraeg, ond mae'ch edmygedd diflino o'i gyfraniad ef yn ymddangos yn baradocsaidd rywsut.'[214] Amddiffynnodd Simon Brooks ei edmygedd o Bobi Jones gan nodi nad yw'n synio am Bobi Jones fel meddyliwr ôl-oleuedig, ond yn hytrach fel un sy'n sefyll y tu allan i syniadau goleuedig. Honna hefyd fod y dull o ddarllen y mae ef ei hun yn ei arddel yn golygu 'mai yn ôl dehongliad cychwynnol ac amrywiol y dylid tafoli gwaith unrhyw un, ac nid yn ôl dehongliad terfynol',[215] ac nid oes gofyn iddo ddilyn 'camre ei syniadau [Bobi Jones] i'r pen draw rhesymegol'[216] os nad yw'n dymuno gwneud felly. Dywed fod eu 'bwriadaeth' fel beirniaid yn gwbl wahanol i'w gilydd, gan ychwanegu yn bryfoclyd nad yw'n credu mewn bwriadaeth, beth bynnag!

Yn sicr, fe agorwyd 'cyfnod newydd ar feirniadaeth lenyddol yng Nghymru', fel y proffwydodd J. E. Caerwyn Williams yn yr ail frawddeg a ddyfynnwyd uchod. Sylwodd Simon Brooks fod theori, erbyn diwedd yr 1990au, wedi dod yn rhan 'fwy derbyniol, a llai dadleuol'[217] o fyd llenyddiaeth Gymraeg. Efallai y gallwn synio am lansiad y cyfnodolyn a'r gynhadledd newydd *Llenyddiaeth mewn Theori* yn 2005 (dan nawdd Prifysgol Cymru Llanbedr Pont Steffan) yn arwydd o'r newid hwn. Mewn rhagymadrodd i'r gyfrol sy'n ffrwyth uniongyrchol y gynhadledd gyntaf a gynhaliwyd ym mis Ebrill 2005, soniodd Owen Thomas am barodrwydd y cyfranwyr i ddarparu copïau printiedig o'u papurau heb iddo orfod ofyn eilwaith:

> Dyna arwydd o'u brwdfrydedd a'u diddordeb mewn maes sydd yn berthnasol iawn i Gymru ac i'r Gymraeg y dwthwn hwn. Mae'n arwydd hefyd, dybiwn i, o'r awydd i estyn y drafodaeth Gymraeg a gychwynnwyd pan gyhoeddwyd *Sglefrio ar Eiriau* yn 1992.[218]

Ond prin y gellid ystyried gwaith Bobi Jones yn rhan ganolog neu'n impetws ar gyfer y cyfnod newydd hwn. O'r tu allan i Gymru y daeth y dylanwadau theoretig a roddodd fod i gyfrolau megis *Sglefrio ar Eiriau*. Fe adawyd *Seiliau Beirniadaeth* a'r gweithiau eraill a berthyn iddo ar yr ymylon i bob pwrpas, mewn math o dir neb llenyddol. Roeddynt o flaen eu hoes, yn yr ystyr eu bod wedi ymddangos mewn cyfnod pan oedd y Cymry'n fwy caeedig yn erbyn theori, ac erbyn i'r symudiad o blaid theori gydio yn nychymyg y Cymry Cymraeg roedd y gweithiau strwythurol hyn â'u harlliw Calfinaidd yn rhy hen ffasiwn i apelio mewn gwirionedd at y to ifanc. Dadleuodd Tudur Hallam, yn ogystal, fod rhagfarn Bobi Jones o blaid 'y Traddodiad' yn ei wneud yn amhoblogaidd gyda'r 'beirniaid llenyddol hynny a fu wrthi'n datgymalu'r traddodiad llenyddol Cymraeg yn enw Theori, gan naill ai cynnig deongliadau newydd ohono neu herio'r cysyniad o draddodiad yn ei grynswth'.[219]

Ond efallai fod rheswm pellach dros y tawelwch sydd wedi amgylchynu gwaith Bobi Jones. Gallai fod yn adlewyrchiad o'r ffaith mai ychydig oedd ac yw'r gynulleidfa yng Nghymru sydd â'r adnoddau meddyliol neu'r cefndir priodol i werthfawrogi a dadansoddi'n feirniadol waith Bobi Jones, yn enwedig y rhannau hynny sy'n ymwneud yn benodol â theori adeileddol neu ieithyddiaeth bur. Fel y soniwyd eisoes, mynnodd Bobi Jones ei gyfyngu ei hun i ysgrifennu yn y Gymraeg yn unig i bob pwrpas ac, o ganlyniad, cynulleidfa gyfyng oedd ganddo yn ei hanfod. Ni chyfieithwyd hyd yma ond ei farddoniaeth, ac felly dim ond y sawl sy'n medru'r Gymraeg sydd â mynediad i'w weithiau beirniadol a theoretig. Ni ddylai beri rhyfeddod, felly, na dderbyniodd Bobi Jones unrhyw gydnabyddiaeth 'ryngwladol' am ei ddadansoddiad Guillaumaidd o natur llenyddiaeth, fel y sylwodd Simon Brooks: 'Nid yw'n syndod felly mai prin iawn fu'r drafodaeth feirniadol am waith y meddyliwr adeileddol pwysig hwn.'[220] Mawr o beth fyddai i rywun gyfieithu *Tafod y Llenor* neu *Seiliau Beirniadaeth* i'r Ffrangeg neu'r Saesneg[221] er mwyn cael atborth cymuned ehangach o ieithyddion a theorïwyr a drwythwyd mewn adeileddeg a seico-fecaneg. Gellid tybio y byddai hyn yn caniatáu dadansoddiad mwy diduedd o waith Bobi Jones ac y byddai'n fodd i fesur yn fwy gwrthrychol wreiddioldeb a chywirdeb ei syniadau, yn ogystal â'i safon a'i statws fel beirniad yng nghyd-destun ysgolheictod Ewrop. Dylid cofio i'r gyfrol gyntaf a gyhoeddodd ar y testun hwn, sef *System in Child Language*, dderbyn sylw rhyngwladol. Yn wir, dewisodd ysgrifennu'r gyfrol honno yn Saesneg er mwyn cael atborth a chyfarwyddyd gan academyddion a chanddynt ddigon o gefndir yn y maes i'w gywiro a'i osod ar y trywydd cywir. Ac er nad yw'r adolygiadau o'r gyfrol honno'n niferus nac yn ddiduedd o bell ffordd (cyhoeddiad gan wasg cenedl leiafrifol ydoedd, os nad mewn iaith leiafrifol), o leiaf ceir ynddynt ymateb deallusol gan bobl a oedd wedi eu hyfforddi a'u trwytho yn y maes. Gresyn na wnaeth yr un fath yn achos y cyfrolau nesaf, achos drwy beidio â gwneud fe adawodd Bobi Jones farc cwestiwn parhaol ym meddwl y

Cymry Cymraeg ynghylch dilysrwydd ei syniadau a'u cyfraniad a'u statws yn nisgwrs deallusol Ewrop a'r byd. A gyhoeddodd Bobi Jones yn y Gymraeg yn unig am ei fod yn ymwybodol o'r her a'i hwynebasai gan feddylwyr 'mawr' pe gwnaethai fel arall? Ai ofn a'i rhwystrodd am ei fod yn ymwybodol na fyddai ei ddamcaniaethau yn dal dŵr o dan y chwyddwydr rhyngwladol? Ynteu a yw prosiect beirniadol Bobi Jones yn em werthfawr na roddwyd eto ddigon o bris arni yn hanes meddyliol y Gorllewin?

Nodiadau

1. A. M. Allchin, 'Question Marks', adolygiad o *Crist a Chenedlaetholdeb*, *Planet*, 112 (August/September 1995), t. 97.
2. John Rowlands, *Ysgrifau ar y Nofel* (Caerdydd, 1992), t. 208.
3. Bobi Jones, 'Bobi Jones ganddo ef ei hun', *Y Crynhoad*, 10 (Hydref 1951), t. 45.
4. Jerry Hunter, 'Y Trafod sy'n Gwneud Cenedl', *Taliesin*, 104 (Rhagfyr/Ionawr 1999), t. 139.
5. Simon Brooks, *O Dan Lygaid y Gestapo: Yr Oleuedigaeth Gymraeg a Theori Lenyddol yng Nghymru* (Caerydd, 2004), t. 89
6. John Rowlands (gol.), 'Rhagymadrodd', *Sglefrio ar Eiriau* (Llandysul, 1992), t. ix.
7. Simon Brooks, *O Dan Lygaid y Gestapo*, t. 95.
8. Am ymdriniaeth fanwl â'r gwrthdaro hwn gweler Angharad Price, *Rhwng Gwyn a Du: Agweddau ar Ryddiaith Gymraeg y 1990au*, Cyfres 'Y Meddwl a'r Dychymyg Cymreig' (Caerdydd, 2000).
9. John Rowlands, 'Rhagymadrodd', *Sglefrio ar Eiriau*, t. xi.
10. John Rowlands a Simon Brooks, 'Holi Simon Brooks: Y Dull Hwn o Ysgrifennu', *Taliesin*, 92 (Gaeaf 1995), t. 34.
11. Ibid.
12. John Rowlands, 'Nodiadau Golygyddol', *Taliesin*, 92 (Gaeaf 1995), t. 4.
13. Simon Brooks, '"Yr Hil": Ydy'r Canu Caeth Diweddar yn Hiliol?', yn Owen Thomas (gol.), *Llenyddiaeth Mewn Theori* (Caerdydd, 2006), t. 3.
14. John Rowlands, 'Rhagymadrodd', *Sglefrio ar Eiriau*, t. x.
15. Hugh Bevan a D. Myrddin Lloyd, *Beirniadaeth Lenyddol* (Llandybïe, 1962), t. 3. Fy italeiddio i.
16. Ibid., t. 8.
17. Simon Brooks, '"Yr Hil": Ydy'r Canu Caeth Diweddar yn Hiliol?', t. 9.
18. R. M. Jones, *Ysbryd y Cwlwm: Delwedd y Genedl yn ein Llenyddiaeth* (Caerdydd, 1998), t. 419.
19. Ibid.
20. J. E. Caerwyn Williams, 'Cyfres Chwyldroadol', *Barddas*, 142 (Chwefror 1989), t. 16
21. Alan Llwyd, 'Golygyddol', *Barddas*, 183–4 (Gorffennaf/Awst 1992), t. 11.
22. R. Gerallt Jones, 'Golygyddol', *Llais Llyfrau* (Gaeaf 1994), t. 3.

²³ Donald Evans, 'Nithio'r Holl Ddamcaniaethau', adolygiad o *Sglefrio ar Eiriau*, *Barddas*, 183–4 (Gorffennaf/Awst 1992), t. 41.
²⁴ Tudur Hallam, 'Camfarnu neu Garfanu Beirniad Llenyddol?', *Taliesin*, 114 (Gwanwyn 2002), tt. 16–31.
²⁵ Alan Llwyd, 'Golygyddol', *Barddas*, 248 (Medi/Hydref 1998), t. 4.
²⁶ Tudur Hallam, 'Camfarnu neu Garfanu Beirniad Llenyddol?', t. 16.
²⁷ Peter Barry, *Beginning Theory: An Introduction to Literary and Cultural Theory* (Manchester, 1995), tt. 3–4.
²⁸ R. Gerallt Jones, 'Golygyddol', t. 3.
²⁹ Glyn Evans, 'Troi'r Hawdd yn Astrus', adolygiad o *Mawl a'i Gyfeillion*, *Llais Llên*, BBC Cymru'r Byd, 15 Chwefror 2000 (*http://www.bbc.co.uk/cymru/adloniant/llyfrau/straeon/010215bobi.shtml*).
³⁰ Ibid.
³¹ R. Gerallt Jones, 'Golygyddol', t. 3.
³² Alan Llwyd, 'Golygyddol', *Barddas*, 195–6 (Gorffennaf/Awst 1993), t. 10.
³³ Ibid.
³⁴ Angharad Price, *Rhwng Gwyn a Du*, t. 18.
³⁵ Ibid., t. 19.
³⁶ Ibid., t. 21.
³⁷ Glyn Evans, 'Creu Dryswch wrth Egluro Dryswch', adolygiad o Angharad Price, *Robin Llywelyn*, *Llais Llên*, BBC Cymru'r Byd, 12 Ebrill 2001. (*http://www.bbc.co.uk/cymru/adloniant/straeon010412angharad.shtml*).
³⁸ Alan Llwyd, 'Golygyddol', *Barddas* 195–6, t. 8.
³⁹ Meleri Wyn James, 'Plesio'r Sglyfas a'r Siwds', *Golwg*, 1 Rhagfyr 1994, tt. 19–21.
⁴⁰ Angharad Tomos yn 'Pen ôl-foderniaeth?', *Golwg* (25 Ionawr 1996), t. 16.
⁴¹ Robat Gruffudd, ibid.
⁴² Alan Llwyd, 'Golygyddol', *Barddas*, 135–7 (Gorffennaf/Awst/Medi 1988), t. 14.
⁴³ [Eirug Wyn], 'Mega Cachu', *Lol*, 33 (1994).
⁴⁴ Owen Thomas, 'Rhagymadrodd', *Llenyddiaeth Mewn Theori*, t. xii.
⁴⁵ Ibid.
⁴⁶ Angharad Price, *Rhwng Gwyn a Du*, t. 23.
⁴⁷ Ibid., t. 44.
⁴⁸ Simon Brooks, '"Yr Hil": Ydy'r Canu Caeth Diweddar yn Hiliol', tt. 7–8.
⁴⁹ Eironig a dweud y lleiaf yw honiad Bobi Jones yn R. M. Jones, *Meddwl y Gynghanedd* (2005) mai 'strwythurwyr mwyaf ffenedig Ewrob yw tanysgrifwyr *Barddas*', t. 13.
⁵⁰ Alan Llwyd, 'Golygyddol', *Barddas*, 183–4, t. 7.
⁵¹ Alan Llwyd, 'Golygyddol', *Barddas*, 195–6, t. 10.
⁵² Ibid., t. 9.
⁵³ Ibid., t. 8.
⁵⁴ Alan Llwyd, 'Golygyddol', *Barddas* 183–4, t. 6.
⁵⁵ Tudur Hallam, 'Camfarnu neu Garfanu Beirniad Llenyddol?', t. 18.
⁵⁶ Mae eu cyfeillgarwch a'u cydweithio agos yn annisgwyl ar un wedd, ond diau eu bod yn gweld ei gilydd yn gyd-filwyr yn y 'frwydr' yn erbyn Ôl-foderniaeth. Gweler, er enghraifft, R. M. Jones, *Mawl a Gelynion ei Elynion: Cyfrol 2: Amddiffyn Mawl* (Cyhoeddiadau Barddas, 2002), tt. 315–17.
⁵⁷ Angharad Price, *Rhwng Gwyn a Du*, t. 8.

58 Ibid.
59 Tudur Hallam, 'R. M. Jones a'r "Gelyn Parchus"', *Llên Cymru*, 29 (2006), t. 142.
60 Dylid nodi bod hyn yn mynd yn groes i'r awgrym a wnaethpwyd ar d. 171 nad yw pobl yn barod i feirniadu'n agored am fod Cymru'n fach, oherwydd bod Gwyn Thomas yn perthyn drwy briodas i Bobi Jones gan ei fod yn gefnder cyntaf i Iola, gwraig Geoff Thomas y cyflwynodd Bobi Jones *Llên Cymru a Chrefydd* iddynt.
61 Gwyn Thomas, 'Iaith o fewn Iaith', adolygiad o R. M. Jones, *Tafod y Llenor*, *Y Faner* (21 Chwefror 1975), t. 3.
62 Ibid.
63 Gwnaeth Gwyn Thomas sylwadau tebyg am fudiadau beirniadol yr ugeinfed ganrif yn gyffredinol: 'Y maent yn eu clymu eu hunain mewn jargon, yn defnyddio deg gair hir lle byddai tri gair byr yn gwneud y tro'n well, ac yn gorffen eu taith trwy ddiflannu yn niwloedd a mwg eu geiriau tywyll eu hunain.' Gwyn Thomas, 'Hugh Bevan 1911–1979', *Trafodion Anrhydeddus Gymdeithas y Cymmrodorion* (1993), t. 106.
64 Sylwodd Simon Brooks mai 'Y syniad mai cenedl "synnwyr cyffredin" yw Cymru ac y dylai ei hysgolheictod fod yn ddi-lol yw un o gymhellion craidd y mudiad gwrth-theoretig.' Simon Brooks, '"Yr Hil": Ydy'r Canu Caeth Diweddar yn Hiliol?', t. 5.
65 Sylwodd Delyth Morgans fod 'Gwyn Thomas yn gyfathrebwr, ac yn gosod pwys mawr ar gyflwyno gwybodaeth mewn modd difyr a dealladwy'. Delyth Morgans, *Cydymaith Caneuon Ffydd* (Pwyllgor y Llyfr Emynau Cydenwadol, 2006), t. 687.
66 Gwyn Thomas, *Dadansoddi 14* (Llandysul, 1984), Rhagair.
67 Gwyn Thomas, 'Iaith o fewn Iaith', t. 3.
68 Ibid.
69 Ibid.
70 Ibid.
71 Ibid.
72 Ibid.
73 Bedwyr Lewis Jones, adolygiad o Geraint Bowen (gol.), *Ysgrifennu Creadigol*, *Y Genhinen*, 23 (Hydref 1973), t. 195.
74 Gweler Rhagymadrodd, Gerwyn Wiliams (gol.), *Gorau Cyfarwydd: Detholiad o Ddarlithoedd ac Ysgrifau Bedwyr Lewis Jones* (Cyhoeddiadau Barddas, 2002), tt. 15–29.
75 Ibid., t. 195.
76 Teitl y rhaglen goffa iddo ddarlledwyd ar BBC Radio Cymru ar 18 a 20 Medi 1992.
77 Gerwyn Williams (gol.), *Gorau Cyfarwydd*, t. 15.
78 Gwnaeth Gruffydd Aled Williams sylw arwyddocaol iawn yn y cyd-destun hwn pan ddywedodd fod Bedwyr Lewis Jones yn 'ddrwg-dybus o unrhyw ymgais i ddarostwng llenyddiaeth i fformiwlâu. Cynnyrch pobl oedd llenyddiaeth iddo ef; anghydnaws â'i dynoldeb hanfodol oedd haniaethu yn ei chylch neu ei chaethiwo yn hualau damcaniaeth.' Gruffydd Aled Williams, 'Cofio Bedwyr Lewis Jones', *Barddas*, 187 (Tachwedd 1992), t. 14.
79 R. M. Jones, *Seiliau Beirniadaeth: Cyfrol 1: Rhagarweiniad* (Aberystwyth, 1984), t. 28.

⁸⁰ Ibid.
⁸¹ Ibid.
⁸² Diddorol nodi, fodd bynnag, fod Bobi Jones ei hun fel petai'n gwrthod y farn hon: 'Nid wyf yn meddwl fod hynny'n gywir ond ar y dechrau. Fe all bardd effro yn ei iaith gyntaf ddod yr un mor ymwybodol o ffresni a chyhyrau ei ddefnyddiau. Wedi'r cyfan, iaith gyntaf yw unrhyw iaith i lenor sy'n gwybod ei fusnes.' Bobi Jones, 'Bobi Jones yn Ateb Cwestiynau'r Golygydd', *Ysgrifau Beirniadol IX*, gol. J. E. Caerwyn Williams (Dinbych, 1976), t. 390.
⁸³ Sylw sy'n eironig braidd gan fod Pennar Davies yn llenor Cymraeg 'ail iaith' ei hun a diddorol nodi bod John Rowlands yn *Ysgrifau ar y Nofel*, t. 251, yn cwyno am fynegiant afrwydd Pennar Davies a Bobi Jones yn eu nofelau (o gymharu â 'sgrifennu naturiolach Cymraeg' Jane Edwards ac Eigra Lewis Roberts).
⁸⁴ Pennar Davies, 'Cerddi diweddar y Dr Bobi Jones', *Y Genhinen*, 17 (Gaeaf 1966–67), t. 17.
⁸⁵ Eto, byddai Bobi Jones yn gwrthod y dehongliad hwn ar ei arddull: 'Dywedodd ambell un fod y ffaith i mi ddysgu'r Gymraeg yn ail iaith wedi dylanwadu ar fy nefnydd i o'r iaith honno. Prin bod hynny'n wir ond yn arwynebol iawn, o leiaf ar ôl imi ddechrau llenydda o ddifri ynddi.' Bobi Jones, 'Bobi Jones yn Ateb Cwestiynau'r Golygydd', *Ysgrifau Beirniadol IX*, t. 392.
⁸⁶ Gareth Alban Davies, 'Dysgwr y Ganrif?', *Barddas*, 171–2 (1991), t. 45.
⁸⁷ J. E. Caerwyn Williams, 'Golygyddol', *Ysgrifau Beirniadol XXI* (Dinbych, 1996), t. 13.
⁸⁸ Gareth Alban Davies, 'Dysgwr y Ganrif?', t. 45.
⁸⁹ Robin Llywelyn, 'Diffinio'r nofel?', *Llais Llyfrau* (Gaeaf 1995), t. 9.
⁹⁰ Simon Brooks, *O Dan Lygaid y Gestapo*, tt. xiii–xv.
⁹¹ Diddorol nodi i Bobi Jones ymateb i adolygiad Ioan Williams yn 'Ffurf! Ust!', *Barddas*, 152–3 (Rhagfyr 1989/Ionawr 1990), tt. 22–6.
⁹² Ioan Williams, adolygiad o *Seiliau Beirniadaeth* (1984–8), *Llais Llyfrau* (Hydref 1989), t. 14.
⁹³ Ni cheir beirniadaeth yn y fan hon ar arddull astrus Bobi Jones fel y cyfryw, a hynny o bosibl am fod arddull theoretig, athronyddol a chymhleth yn nodweddiadol o waith Ioan Williams ei hun.
⁹⁴ Ioan Williams, adolygiad o *Seiliau Beirniadaeth* (1984–8), t. 14.
⁹⁵ Ibid.
⁹⁶ J. E. Caerwyn Williams, 'Cyfres Chwyldroadol', t. 15.
⁹⁷ Ibid.
⁹⁸ Iestyn Daniel, adolygiad o *Ysbryd y Cwlwm*, *Y Traethodydd* (Ebrill 1999), t. 121.
⁹⁹ Ibid., t. 123.
¹⁰⁰ Ibid., t. 122.
¹⁰¹ Ibid., t. 123.
¹⁰² Ibid.
¹⁰³ R. M. Jones, *Llenyddiaeth Gymraeg 1902–1936* (Llandybïe, 1987), t. 504.
¹⁰⁴ D. Densil Morgan (gol.), 'Rhagymadrodd', yn J. E. Daniel, *Torri'r Seiliau Sicr* (Llandysul, 1993), t. 82.
¹⁰⁵ Iestyn Daniel, adolygiad o *Ysbryd y Cwlwm*, t. 121.
¹⁰⁶ Ibid.
¹⁰⁷ Ibid., t. 122.

108 Ibid.
109 R. M. Jones, 'Llenyddiaeth-i ble?', *Golwg* (6 Chwefror 1992), t. 23.
110 Robert Rhys, 'Poetry 1939–1970', *A Guide to Welsh Literature c.1900–1996*, gol. Dafydd Johnston (Caerdydd, 1998), t. 109.
111 Bobi Jones, *O'r Bedd i'r Crud: Hunangofiant Tafod* (Llandysul, 2000), t. 225.
112 Gareth Miles, 'Pa Beth yw Cenedl?', *Barn*, 426–7 (Gorffennaf/Awst 1998), t. 66.
113 Ibid., tt. 65–6.
114 Iestyn Daniel, adolygiad o *Ysbryd y Cwlwm*, t. 121.
115 Ibid.
116 Ibid.
117 Jerry Hunter, 'Y Trafod sy'n Gwneud Cenedl', t. 137.
118 Ibid.
119 Gareth Miles, 'Pa Beth yw Cenedl?', t. 67.
120 Derec Llwyd Morgan, 'R. M. Jones (Bobi Jones)', erthygl-adolygiad ar *Llenyddiaeth Gymraeg 1936–1972*, *Barn*, 148 (Mai 1975), t. 649.
121 Teg nodi, fodd bynnag, ei fod yn cyfrif yr 'elfen ormodi' hon yn 'un o ddwy brif elfen athrylith y Dr Jones', ibid.
122 Iestyn Daniel, adolygiad o *Ysbryd y Cwlwm*, t. 122.
123 Hywel Teifi Edwards, 'Blodeugerdd y Cyfle a Gollwyd', *Barn*, 312 (Ionawr 1989), t. 38.
124 Tudur Hallam, 'Y Cysyniad o Ganon Llenyddol Cymraeg' (traethawd PhD anghyhoeddedig Prifysgol Cymru [Abertawe], 2005), t. 246.
125 Ibid., t. 198.
126 Jerry Hunter, 'Chwarae â Thafodau Tân', adolygiad o *O'r Bedd i'r Crud*, *Y Traethodydd* (Ebrill 2002), t. 79.
127 Ibid.
128 Ibid., t. 80.
129 Ibid.
130 Ibid.
131 Angharad Price, '"Tyst i Gyfraniad Rhyfeddol . . ."', adolygiad o *Beirniadaeth Gyfansawdd*, *Barddas*, 275 (Rhagfyr/Ionawr 2003), t. 56.
132 Ibid.
133 Tudur Hallam, 'R. M. Jones a'r "Gelyn" Parchus', *Llên Cymru*, 29 (2006), t. 164.
134 'Nid pawb sy'n sylweddoli cynifer o Hindŵaid sy'n llenwi pulpudau Cymru erbyn hyn . . .', R. M. Jones, *Llên Cymru a Chrefydd: Diben y Llenor* (Abertawe, 1977), t. 470.
135 Angharad Price, 'Tyst i Gyfraniad Rhyfeddol . . .', t. 57.
136 Gareth Miles, 'Pa Beth yw Cenedl?', t. 67.
137 Ibid.
138 Ibid.
139 Ibid.
140 Gruffydd Aled Williams, 'Maethu'r Meddwl', adolygiad o *Llenyddiaeth Gymraeg 1902–1936*, *Barn*, 300 (Ionawr 1988), t. 25.
141 Ibid., t. 26.
142 Dylid nodi bod hinsawdd grefyddol cyfnod cyhoeddi *Llên Cymru a Chrefydd*, sef canol yr 1970au, pryd y gwelwyd tensiynau amlwg rhwng Cristnogion efengylaidd a Christnogion rhyddfrydol yn llawer mwy pegynnol nag ydyw heddiw.

Am ddisgrifiad R. Tudur Jones o densiynau'r cyfnod hwn, gweler Dafydd Densil Morgan yn holi R. Tudur Jones, 'Trem ar Ddiwinydd a Chwarter Canrif', *Barn*, 314 (Mawrth 1989), tt. 7–10.

[143] J. E. Caerwyn Williams, 'Cyflwyniad i *Hunllef Arthur*', *Barddas*, 111–12 (Gorffennaf/Awst 1986), t. 12.

[144] Er y dylid nodi nad yw mor ddieithr â hynny yn y byd academaidd fel y sylwyd yn Meic Stephens (gol.), *Cydymaith i Lenyddiaeth Cymru* (arg. newydd Caerdydd, 1997), t. 81: 'Diddorol sylwi, gan ddechrau gyda'r Gwenallt (D. Gwenallt Jones) diweddar, fel y ceid o'r newydd gynrychiolaeth annisgwyl gryf o Galfiniaid yn Adrannau Cymraeg y Brifysgol yn yr ugeinfed ganrif: R. Geraint Gruffydd, R. M. Jones, Robert Owen Jones, Robert Rhys, E. Wyn James a Christine James, megis y tu allan i'r adrannau hynny wrth gwrs gydag R. Tudur Jones ac eraill.'

[145] Simon Brooks, *O Dan Lygaid y Gestapo*, t. 111.

[146] Diddorol nodi i bobl feirniadu arwr llenyddol Bobi Jones, Saunders Lewis, am ddadlau'n 'ddidwythol' yn ogystal. Gweler, er enghraifft, D. Tecwyn Lloyd, *John Saunders Lewis: Y Gyfrol Gyntaf* (Dinbych, 1988), t. 179.

[147] Euros Bowen, 'Beirniadaeth Lenyddol Homiletig – (1)', *Y Faner* (4 Awst 1978), t. 12.

[148] Ibid., t. 11.

[149] Euros Bowen, 'Beirniadaeth Lenyddol Homiletig – (2)', *Y Faner* (11 Awst 1978), t. 16.

[150] Euros Bowen, 'Beirniadaeth Lenyddol Homiletig – (1)', t. 12.

[151] Bobi Jones, 'Beirniadaeth lenyddol bolemig – (1)', *Y Faner* (1 Medi 1978), t. 7. Italeiddiwyd yn y gwreiddiol.

[152] R. Tudur Jones, 'Adolygiad ar *Llên Cymru a Chrefydd*', *Bwletin Diwinyddol*, 2 (Awst 1978), t. 19.

[153] Ibid., t. 20.

[154] Ibid., t. 19.

[155] Ibid.

[156] Ibid.

[157] Ibid.

[158] R. M. Jones, *Mawl a Gelynion ei Elynion*, t. 74.

[159] R. Tudur Jones, 'Adolygiad', t. 21.

[160] Hywel Teifi Edwards, 'Blodeugerdd y Cyfle a Gollwyd', *Barn*, 312 (Ionawr 1989), t. 39.

[161] Ibid.

[162] John Rowlands, 'Golygyddol', *Taliesin*, 92 (Gaeaf 1995), t. 4.

[163] E. Wyn James, 'Thomas William: Bardd ac Emynydd Bethesda'r Fro', *Llên Cymru*, 27 (2004), t. 130.

[164] Hywel Teifi Edwards, 'Blodeugerdd y Cyfle a Gollwyd', t. 39.

[165] Ibid., t. 38.

[166] Ibid.

[167] Derec Llwyd Morgan, adolygiad o John Emyr, *Enaid Clwyfus*, *Y Genhinen*, 27:3 (1977), t. 164.

[168] Derec Llwyd Morgan, 'R. M. Jones (Bobi Jones)', erthygl-adolygiad ar *Llenyddiaeth Gymraeg 1936–1972*), *Barn*, 148 (Mai 1975), t. 650.

[169] Derec Llwyd Morgan, adolygiad o John Emyr, *Enaid Clwyfus*, t. 163.

170 Gwyn Thomas, 'Gormod o Rwdins', adolygiad o *Blodeugerdd Barddas o'r Bedwaredd Ganrif ar Bymtheg* (gol. R. M. Jones), *Barddas*, 144 (Ebrill 1989), t. 15.
171 Ibid.
172 Jerry Hunter, 'Y Trafod sy'n Gwneud Cenedl', t. 134.
173 Derec Llwyd Morgan, adolygiad o *Hunllef Arthur, Llais Llyfrau* (Gwanwyn 1987), t. 9.
174 D. Ben Rees, adolygiad o *Cyfriniaeth Gymraeg*, *The New Welsh Review*, 28 (Spring 1995), t. 97.
175 Ibid.
176 Gruffydd Aled Williams, 'Maethu'r Meddwl', adolygiad o *Llenyddiaeth Gymraeg 1902–1936*, t. 26.
177 John Emyr, *Bobi Jones*, Cyfres 'Writers of Wales' (Caerdydd, 1991), tt. 105–6.
178 Angharad Price, 'Tyst i Gyfraniad Rhyfeddol . . .', t. 57.
179 Robert Rhys, 'Menter feirniadol o bwys', adolygiad o *Mawl a Gelynion ei Elynion*, *Barddas*, 271 (Chwefror/Mawrth 2003), t. 46.
180 Tudur Hallam, 'Ymhél â Hanfod Moliant', adolygiad o *Mawl a'i Gyfeillion*, *Barddas*, 262 (Ebrill/Mai 2001), t. 46.
181 Ibid., t. 48.
182 Tudur Hallam, adolygiad o *Beirniadaeth Gyfansawdd*, www.gwales.com.
183 Ibid.
184 John Emyr, *Bobi Jones*, t. 1.
185 Dafydd Johnston, adolygiad o John Emyr, *Bobi Jones*, *Llên Cymru*, 17 (Ionor–Gorffennaf 1993), t. 341.
186 Bruce Griffiths, *Saunders Lewis*, Cyfres 'Writers of Wales' (Cardiff, 1979), t. 1.
187 T. Robin Chapman, *Islwyn Ffowc Elis*, Cyfres 'Writers of Wales' (Cardiff, 2000), t. 81.
188 M. Wynn Thomas, *James Kitchener Davies*, Cyfres 'Writers of Wales' (Cardiff, 2002), t. 39.
189 Tynnodd Derec Llwyd Morgan sylw at y ffaith bod John Emyr yn ysgrifennu o 'gynteddau'r eglwys Efengylaidd' mewn adolygiad o gyfrol gynharach. Gweler Derec Llwyd Morgan, adolygiad o *Enaid Clwyfus*, t. 162.
190 Dafydd Johnston, adolygiad John Emyr o *Bobi Jones*, t. 341
191 Ibid.
192 Gareth Alban Davies, 'Dysgwr y Ganrif?', t. 44.
193 R. O. Jones, adolygiad o John Emyr, *Bobi Jones*, *Welsh History Review*, 16 (December, 1992), t. 272.
194 Ibid.
195 Bobi Jones, 'Bobi Jones yn Ateb Cwestiynau'r Golygydd', *Ysgrifau Beirniadol IX*, t. 405.
196 Gweler Alun Gibbard, 'Troeon yr Yrfa', *Barn*, 326 (Mawrth, 1990), tt. 10–12.
197 Roland Barthes, 'Criticism as Language', yn David Lodge (gol.), *Twentieth Century Literary Criticism: A Reader* (Llundain a Efrog Newydd, 1972, arg. 1995), tt. 648–9.
198 J. E. Caerwyn Williams, 'Ardduleg Ffurfiolwyr Rwsia', *Ysgrifau Beirniadol V*, gol. J. E. Caerwyn Williams (Dinbych, 1970), tt. 276–96.
199 J. E. Caerwyn Williams, 'Cyfres Chwyldroadol', *Barddas*, 142 (Chwefror 1989), t. 14.
200 Bobi Jones, *O'r Bedd i'r Crud*, t. 163.

[201] J. E. Caerwyn Williams, 'Cyflwyniad i *Hunllef Arthur*', t. 11.
[202] Gareth Alban Davies, 'Dysgwr y Ganrif?', t. 46.
[203] R. M. Jones, *Mawl a Gelynion ei Elynion*, tt. 236–44.
[204] Jerry Hunter, 'Y Trafod sy'n Gwneud Cenedl', t. 136.
[205] Jerry Hunter, 'Chwarae â Thafodau Tân', adolygiad o *O'r Bedd i'r Crud*, *Y Traethodydd*, Ebrill 2002, tt. 76–93.
[206] Jerry Hunter, 'Y Trafod sy'n Gwneud Cenedl', t. 137.
[207] Simon Brooks, *O Dan Lygaid y Gestapo*, t. 29.
[208] Ibid.
[209] Ibid., t. 89.
[210] J. E. Caerwyn Williams, 'Cyfres Chwyldroadol', t. 16.
[211] Ibid.
[212] Angharad Price, 'Tyst i Gyfraniad Rhyfeddol . . .', t. 55.
[213] Ibid.
[214] John Rowlands a Simon Brooks, 'Holi Simon Brooks: Y Dull Hwn o Ysgrifennu', t. 39.
[215] Ibid.
[216] Ibid.
[217] Simon Brooks, '"Yr Hil" Ydy'r Canu Caeth Diweddar yn Hiliol', t. 4.
[218] Owen Thomas, 'Rhagymadrodd', *Llenyddiaeth mewn Theori*, t. vi.
[219] Tudur Hallam, 'Y Cysyniad o Ganon Llenyddol Cymraeg', t. 201.
[220] Simon Brooks, *O Dan Lygaid y Gestapo*, t. 90.
[221] Awgrymodd Tudur Hallam y byddai cyfieithu i'r Saesneg hefyd yn 'ffordd o feirniadu logoganolrwydd y diwylliant Eingl-Americanaidd'. Gweler Tudur Hallam, 'R. M. Jones a'r "Gelyn" Parchus', t. 162.

8

Ymateb yn ennyn ymateb

Sylwyd yn y bennod ddiwethaf ar y diffyg deialog a'r distawrwydd sydd wedi amgylchynu llawer o waith Bobi Jones. Eironig braidd yw'r tawelwch hwn o ystyried ymdrechion diwyd Bobi Jones ei hun i brocio trafodaeth neu ddadl gyhoeddus â'r sawl a wrthwyneba ei theorïau. Mae parodrwydd i gynnal deialog â'i feirniaid yn nodwedd ar ei yrfa o'r dechreuadau. Cymerer ei ddadl gyhoeddus, os cellweirus, â Pennar Davies ar dudalennau *Y Faner* pan oedd yn ddyn ifanc, er enghraifft:

> Annwyl Pennar,
> Hynaws oedd dy lythyr, a diolch amdano; ond 'rwy'n ofni nad hynaws fydd yr ateb hwn.[1]

Dywedodd Pennar yng nghanol yr ymryson hwnnw 'y dylai llenorion Cymru gyfnewid barn yn amlach' gan mai 'ychydig iawn o drafod sydd yn ein plith mewn print, a gwelaf fai ar rai o lenorion amlycaf y to hynaf am anwybyddu'r rhai ieuainc mor llwyr'.[2] Efallai i'r sylw hwn gael effaith ar y Bobi Jones ifanc, achos prin y gellid ei gyhuddo ef o'r bai hwn, fel y tystia'i ddadl ag Euros Bowen a drafodwyd yn y bennod ddiwethaf; mae Bobi Jones bob tro yn annog deialog:

> Buwyd yn achwyn yn fynych nad oes digon o gyd-drafod a gwrth-ddadlau llenyddol yn ein cyfnodolion; ac er mwyn gwneud peth iawn am y diffyg hwnnw y ceisiaf barhau i ymateb yn barchus i rai o'r materion a gododd Mr Bowen yn ei ymdriniaeth lawer rhy haelionus â'r rhannau a ddarllenodd o *Llên Cymru a Chrefydd*.[3]

Ceir sawl enghraifft ohono'n ymateb yn gyhoeddus i feirniadaeth ac yn cynnal dadleuon mewn llythyrau estynedig yn y wasg.[4] Dewiswyd canoli sylw yn y bennod hon ar ddadleuon a gododd o ganol y 1970au ymlaen gan eu bod yn cyd-daro â chyfnod 'prosiect' beirniadol Bobi Jones. Dylid cofio ei bod yn gonfensiwn cyffredinol i beidio ag ymateb yn gyhoeddus i adolygiad printiedig oni bai fod awdur am gywiro rhyw osodiad neu'i gilydd: oni bai am hyn mae'n debyg y gwelid Bobi Jones yn ymateb yn egnïol i rai o'r adolygiadau y cyfeiriwyd atynt yn y bennod ddiwethaf.

Bobi Jones a Dewi Z. Phillips

Yr enghraifft glasurol o ymryson yn y wasg fel hyn yw'r ddadl a ymestynnodd dros ddegawd ar dudalennau *Y Traethodydd* rhwng Bobi Jones a Dewi Z. Phillips, Athro Athroniaeth yng Ngholeg Prifysgol Cymru, Abertawe. Hwyrach ei bod yn arwyddocaol mai J. E. Caerwyn Williams oedd golygydd *Y Traethodydd* ar y pryd, un a oedd bob amser yn awyddus i Bobi Jones gael llais, fel y sylwyd eisoes. Dechreuodd y ddadl yn 1975 pan luniodd Dewi Z. Phillips gyfres o ddeuddeg cwestiwn i Bobi Jones eu hateb. Ysgogwyd Dewi Z. Phillips i lunio'r cwestiynau hyn wedi iddo ddarllen 'Beth yw Pwrpas Llenydda?', y ddarlith ddadleuol honno a draddodwyd gyntaf fel y Ddarlith Lenyddol Flynyddol yn Eisteddfod Bro Myrddin, 1974, ac a ailgyhoeddwyd yn rhan o ragymadrodd *Llên Cymru a Chrefydd* (1977). Ynddi crynhodd Bobi Jones ei safbwynt am berthynas Cristnogaeth â llenyddiaeth. Yn y ddarlith, honnir ganddo, os niwlog ac annelwig ydym ynghylch pwrpas bywyd dyn, yna byddwn yn niwlog ac annelwig ynghylch pwrpas llenyddiaeth hefyd. Os collwn olwg ar ddyn fel creadur wedi ei greu ar lun a delw Duw, gan dderbyn nad yw dyn yn fwy na chasgliad damweiniol o atomau, 'yna y mae sail hanfodol ein diwylliant wedi diflannu a hurt yw gwareiddiad'.[5] Nid rhyfedd i osodiadau o'r fath brocio ymateb. Mae'r cwestiynau a osodwyd gan Dewi Z. Phillips yn drafodaethau manwl ar y testun hwn ynddynt eu hunain a gwelir ef yn ymdrechu i amlinellu ei safbwynt ei hun ac ymateb i'r problemau a godir ganddo, gan ragdybio rhai o atebion Bobi Jones. Gellid eu darllen fel adolygiad o'r ddarlith yn ogystal â chyfrwng i ennyn trafodaeth.

Dylid nodi yn y fan hon fod anhawster ymarferol ynghylch y modd y lluniwyd y ddadl gychwynnol hon, a chynigir gair o esboniad yn ei gylch ar ddiwedd yr erthygl gan y golygydd. Lluniodd Dewi Z. Phillips ei ddeuddeg cwestiwn i gyd cyn eu rhoi i Bobi Jones, ac atebir y cwestiynau yn y drefn y gofynnwyd hwy. O ganlyniad, nid yw cwestiynau'r naill yn codi'n naturiol ac yn arwain ymlaen oddi wrth atebion y llall, ac nid oes modd i Dewi Z. Phillips ymateb i atebion Bobi Jones na'i herio a'i groesholi ymhellach. Gellid dweud, felly, fod gan Bobi Jones fantais ar Dewi Z. Phillips yn yr ystyr hwn, gan iddo weld y cwestiynau i gyd o flaen llaw a strwythuro ei ddadleuon o'u hamgylch. Cyfeiria Bobi Jones yn ei ateb i gwestiwn dau, er enghraifft, at y ffaith bod Dewi Z. Phillips yn rhoi bri ar Wallace Stevens fel bardd (un sydd yn perthyn i'r 'hiwmanistiaid rhamantaidd a chymedrol a sentimental')[6] er nad yw Dewi Z. Phillips yn cyfeirio at waith Stevens tan gwestiwn pedwar: o'r herwydd, y mae bron fel petai Bobi Jones yn cael cyfle i danseilio dadleuon Dewi Z. Phillips cyn iddo eu cyflwyno hyd yn oed. Rhydd hefyd gyfle iddo ddehongli cwestiynau Dewi Z. Phillips fel y myn, heb iddo yntau gael cyfle i'w gywiro. Er gwaethaf y diffygion hyn honnodd y golygydd: 'fe welir y gwahaniaethau sydd rhwng safbwyntiau'r ddau ddadleuydd yn ddigon eglur'.[7] Hyn oedd o ddiddordeb iddo ef ac i'r darllenwyr wedi'r cyfan.

Daw'n amlwg o gwestiwn cyntaf Dewi Z. Phillips mai safbwynt crefyddol Bobi Jones sy'n achosi problem iddo. Cyfaddefa hyn yn blwmp ac yn blaen yng nghwestiwn pump:

> 'Rwy'n tybio eich bod chi pan ydych yn siarad fel beirniad llenyddol, yn cymryd y gellir cyfystyru credu yn Nuw ag ystyr bywyd (a dyna asgwrn y gynnen rhyngom).[8]

Gwrthwyneba'r modd y mae Bobi Jones yn caniatáu i'w ragdybiau Calfinaidd lywio ei ymateb i lenyddiaeth yn gyfan gwbl. Yn ei gwestiwn cyntaf mae'n cyhuddo Bobi Jones o theoreiddio ynghylch dirywiad crefydd ar draul rhoi sylw uniongyrchol i lenyddiaeth:

> D. Z. P., 1. A ddywedech fod a wnelo eich darlith yn arbennig â llenyddiaeth? Y rheswm am ofyn y cwestiwn hwn yw ei bod yn ymddangos i mi mai pryder ynghylch dirywiad credo grefyddol sydd bennaf dan sylw gennych.[9]

Honnodd Dewi Z. Phillips fod Bobi Jones yn cymryd ei enghreifftiau o fyd llenyddiaeth ond bod y ddamcaniaeth a gynigia am bwrpas llenyddiaeth 'yn rhesymegol annibynnol ar lenyddiaeth'.[10]

Dechreua Bobi Jones ei ateb cyntaf ef drwy ddiolch i Dewi Z. Phillips am drafferthu trafod ei ddarlith o gwbl.

> B. J., 1. Carwn ddweud ar y dechrau mor hyfryd oedd derbyn eich cwestiynau gogleisiol, a mawrygaf eich caredigrwydd yn myfyrio mor fywiog uwchben f'ychydig sylwadau yng Nghaerfyrddin.[11]

Anodd penderfynu a yw'r diymhongarwch a fynegir ganddo yma'n gwbl ddidwyll neu a oes yna fymryn o'r tafod yn y boch. Diau ei fod yn dilyn confensiwn i ryw raddau wrth ddiolch fel hyn ac ni ddylid cymryd popeth y mae'n ei ddweud yn gwbl lythrennol; y mae'n amlwg, er enghraifft, fod Bobi Jones yn prisio'r 'ychydig sylwadau' a wnaeth yng Nghaerfyrddin gan ei fod yn eu hamddiffyn i'r carn yn y drafodaeth hon ac mewn cyhoeddiadau diweddarach. Yna, â ati i bryfocio Dewi Z. Phillips gan honni nad y cwestiwn a ofynnodd yw'r cwestiwn y bwriadai ei ofyn mewn gwirionedd:

> Mae'ch cwestiwn cyntaf, y mae'n amlwg, ar ffurf pôs neu wedi'i eirio'n ffansïol gan na ellid dangos tudalen o'm darlith nad oedd yn ymwneud yn uniongyrchol â llenyddiaeth. Rhaid chwilio, felly, pam y gofynnwch y fath gwestiwn. A pha gwestiwn yn union y bwriadasoch ei ofyn.[12]

Mae'r dechneg hon yn un a ddefnyddir yn aml ganddo, sef troi cwestiynau ei wrthwynebwyr i'w ddibenion ei hun ac ateb y cwestiwn y mae'n dymuno ei ateb yn hytrach na'r un y gofynnwyd iddo mewn gwirionedd. Mae ymateb fel hyn yn bryfoclyd, a braidd yn haerllug, a byddai wedi bod yn ddiddorol gweld sut y byddai Dewi Z. Phillips wedi ymateb i'r ateb hwn petai hon yn ddadl 'fyw'. Honna Bobi Jones iddo ateb y cwestiwn y bwriadai ei ateb yn y ddarlith, sef 'beth yw pwrpas llenyddiaeth?' ond bod yr ateb i'r cwestiwn hwnnw i'r Cristion yn dod o'r tu allan i lenyddiaeth: 'Fel y gwyddoch yn burion (ac efallai mai dyna'n dadleufan), yr un pwrpas yn y pen draw (ym mryd Cristion) sydd i gymdeithaseg, anthropoleg, llenyddiaeth, athroniaeth, ac yn y blaen, sef adnabod, gwasanaethu a gogoneddu Duw.'[13] Cytuna â Dewi Z. Phillips fod y ddadl a gyflwynodd yn rhesymegol annibynnol ar lenyddiaeth ond dywed nad yw'n 'ddigyswllt'[14] gan fod llenyddiaeth, fel popeth arall, yn gwbl ddibynnol ar Dduw. Awgryma mai'r cwestiwn y dymunai Dewi Z. Phillips gael yr ateb iddo mewn gwirionedd yw 'beth yw llenyddiaeth?', a defnyddia'r cwestiwn hwn fel man cychwyn i gyflwyno'i theori ynghylch yr hyn a eilw'n 'Feirniadaeth Lenyddol Gyflawn':

> Gan eich bod, y mae'n amlwg, yn cael trafferth i ddeall neu am fy mod i wedi esgeuluso dehongli'r berthynas rhwng natur unigolyddol llenyddiaeth a materion sy'n fwy cyffredinol ac o ddiddordeb i feysydd eraill, efallai y caniatewch i mi esbonio mor gryno ag y medraf beth yw'r agweddau gwahanol sydd yn adeiladwaith beirniadaeth lenyddol [. . .].[15]

Treulia weddill ei ateb i'r cwestiwn cyntaf yn trafod ei ddamcaniaeth ynghylch adeiledd cyflawn beirniadaeth lenyddol – gan gynnwys tabl a'r cwbl! Dyma ef, mor gynnar â 1975 – blwyddyn wedi cyhoeddi *Tafod y Llenor* – yn bachu ar bob cyfle i gyflwyno'i ddamcaniaeth am holl baramedrau beirniadaeth lenyddol. Canolbwyntia ar adran C ei dabl, fodd bynnag, sef y 'Rhagdybiau neu ragosodiadau diwinyddol-lenyddol' a drafododd yn y ddarlith dan sylw ac a drafodir mewn manylder ganddo'n ddiweddarach yn *Llên Cymru a Chrefydd*. Prif wth ei ddadl yw mai '[m]ath o ddiwinyddiaeth anymwybodol neu naïf yw ymhonni bod yn ddiduedd'.[16] Sylwadau fel hyn sy'n cythruddo Dewi Z. Phillips, er na chaiff gyfle i ymateb iddynt yn y fan hon.

Â'r ddadl yn ei blaen wedyn am bron i ddeg tudalen ar hugain gan gyffwrdd â sawl pwnc – o anobaith ac atheistiaeth i werth llenyddol a sicrwydd y Cristion. Amlinellir isod graidd y ddadl sydd rhyngddynt, sef y modd y mae rhagdybiau crefyddol Bobi Jones yn llywodraethu ei ymateb i lenyddiaeth, gan mai hynny a gâi'r sylw mewn trafodaethau pellach ganddynt.

I Bobi Jones mae rhagdybiau diwinyddol-lenyddol yn gwbl ganolog i bob beirniadaeth lenyddol. Dywed na fyddai modd i neb 'sgrifennu un frawddeg ystyrlon, sef un tamaid o iaith neu o lenyddiaeth, heb fod ganddo yn gyntaf ragdybiaeth o bwrpas y tu hwnt i lenyddiaeth, cyfres o werthoedd, ac ymagwedd at drefn neu anhrefn.'[17] Cyhudda Dewi Z. Phillips o geisio 'cyfyngu' ar amrywiaeth beirniadaeth lenyddol drwy '[w]arafun iddi'r hawl i drafod y rhagdybiau diwinyddol-lenyddol hyn sy'n effeithio ar natur a hyd yn oed bodolaeth llenyddiaeth'.[18] Dadl Dewi Z. Phillips, fodd bynnag, yw mai Bobi Jones sy'n cyfyngu ar drafodaethau llenyddol gan nad yw'n rhoi lle i ddadansoddiadau eraill o lenyddiaeth sy'n sefyll y tu allan i'r esboniad Calfinaidd. Dywed nad yw Bobi Jones yn fodlon cyfaddef y gall fod deongliadau eraill dilys ynghylch natur realiti a natur llenyddiaeth, ac o'r herwydd nid yw'n trin a thrafod gwaith llenorion anghristnogol mewn modd teg a chytbwys: 'A ystyriwch chi bosibilrwydd ystyr ac urddas mewn gwaith sy'n derbyn amherffeithrwydd a chymeriad hap-a-damwain y bywyd dynol?'[19] Yr awgrym yw bod Bobi Jones yn cael ei gyflyru'n ormodol gan ei ragdybiau crefyddol iddo fod yn ddibynadwy fel beirniad llenyddol: 'Ar brydiau yn ystod eich darlith 'roeddwn i yn amau tybed a oedd eich ymlyniad crefyddol yn ymyrryd yn annheg wrth ichi ddehongli llenorion.'[20] Diolcha Bobi Jones iddo am ei 'gonsarn' caredig ynghylch culni golwg y Cristion o lenyddiaeth, ond dywed mai fel arall y mae mewn gwirionedd, gan y gall y beirniad o Gristion werthfawrogi llenyddiaeth seciwlar, ond ni all yr anghredadun werthfawrogi llenyddiaeth Gristnogol yn llawn 'oherwydd pe bai'n amgyffred yn yr ystyr ymarferol o gydymdeimlo, fe fyddai wedi peidio â bod yn feirniad seciwlar'.[21] Awgryma felly mai'r anghredadun sydd yn cael ei gyflyru'r ormodol gan ei ragdybiau gwrth-grefyddol i fod yn ddibynadwy fel beirniad llenyddol: 'Tybed onid oes angen i feirniad Cristnogol fynegi a gweithredu consarn efengylaidd ynghylch culni'r beirniad Anghristnogol?'[22]

Heb iddo dderbyn ymatebion Bobi Jones i'w gwestiynau, hyd yn oed, mae Dewi Z. Phillips yn cymryd arno ei fod yn gwybod beth fydd ymateb Bobi Jones iddynt: ni fyddant yn ei siglo, neu o leiaf mi fydd yn cymryd arno nad ydynt yn ei siglo: 'Yn yr un cwestiwn ar ddeg a gyfeiriais atoch, bûm yn dadlau â chi, ond trwy'r amser 'rwy'n rhyw amau nad yw hyn, o'ch safbwynt chi, o bwys yn y byd.'[23] Yr awgrym yw bod Bobi Jones wedi cau ei feddwl i drafod y materion hyn yn rhesymegol, ac na fydd yn caniatáu iddo'i hun gael ei symud gan wrthddadleuon, pa mor argyhoeddiadol bynnag y bônt. Techneg rethregol yw hon wrth gwrs a gellid troi'r sylw ar ei ben a holi Dewi Z. Phillips a fydd ymatebion a dadleuon Bobi Jones o 'bwys yn y byd' iddo yntau, neu a yw eisoes wedi penderfynu'n derfynol ar y materion hyn. Cyhudda Bobi Jones o fod yn amharod i drafod mewn gwirionedd: 'A ydych am drafodaeth o ddifri â phobl eraill, ai peidio?'[24] Mae ateb deublyg Bobi Jones i'r cwestiwn hwn yn arwyddocaol tu hwnt: yn gyntaf, dywed mai swydd y Cristion yw 'cyhoeddi'r Gwirionedd rhoddedig mewn ofn a dychryn, yn ostyngedig, ond heb ei "drafod" yn yr ystyr seciwlar'[25] gan nad ei wirionedd ef ydyw fel y cyfryw, ond yn hytrach wirionedd sydd wedi ei ddatguddio iddo. Yn ail, noda fod lle i fath o ' "drafod" '[26] ymysg Cristnogion ac ymhlith pobl yn gyffredinol: gellid 'trafod' cwestiynau megis 'beth sydd y tu hwnt i farwolaeth?',[27] ond nid 'trafod' yn yr ystyr bod dwy blaid yn cyfrannu atebion a olygir gan fod Bobi Jones yn glynu wrth y rhagdybiaeth na all fod 'gan ddynion anianol . . . ddim cyfraniad defnyddiol o gwbl ar y pennau hyn; rhaid yw dweud y cwbl wrthynt'.[28] Os dyma'r rhagdyb sy'n llywio'r drafodaeth, hawdd gweld sut y byddai 'dyn anianol' yn dyfarnu mai ymarferiad digon diffrwyth fyddai ymuno mewn 'deialog' o'r fath. Rhaid holi felly ar sail datganiad o'r fath i ba raddau y mae'n *bosibl* i Bobi Jones gynnal 'deialog' â neb, yn ôl ein dealltwriaeth ni o ystyr 'trafodaeth'. Ai chwilio am gyfleon i 'gyhoeddi' y mae yn hytrach nag ymroi i 'drafod' mewn gwirionedd? Ai cyfleon i ymhelaethu ar ei theorïau yn hytrach nag ateb cwestiynau ei holwyr yw dadleuon cyhoeddedig o'r math hwn? Yn sicr mae'n falch o'r cyfle i gael ailgyflwyno ei safbwyntiau a cheisio sicrhau bod yr hyn y mae'n ei ddweud mor ddealladwy ag sy'n bosibl: 'buoch o gymorth mawr, felly, wrth imi geisio cyflwyno'r achos yn fwy dealladwy, mi obeithiaf, a thrwy'ch crafftter adnabyddus a'ch boneddigeiddrwydd dadleugar yn ysgogiad imi lenwi bylchau yn y dehongliad, ac yr wyf yn wir ddiolchgar.'[29]

Bu'n rhaid i Bobi Jones ddisgwyl sawl blwyddyn cyn derbyn ymateb cyhoeddus i rai o'r materion a godwyd ganddo yn y drafodaeth hon, fodd bynnag. A phan ddaeth yr ymateb, daeth ar ffurf darlith fer a draddodwyd i aelodau a chyn-aelodau Cymdeithas Dafydd ap Gwilym yn Eisteddfod Genedlaethol Abertawe, 1982, ac a gyhoeddwyd wedyn yn *Y Traethodydd* yn 1983. 'Ai bod yn naïf yw ceisio bod yn ddi-duedd?' oedd teitl y ddarlith bryfoclyd hon, a geiriad y cwestiwn wedi ei godi'n uniongyrchol bron o gyhuddiad a wnaeth Bobi Jones yn 1975 pan ddywedodd mai '[m]ath o ddiwinyddiaeth anymwybodol neu naïf yw ymhonni bod yn ddiduedd'.[30] Mae'n amlwg bod y gosodiad hwn wedi corddi Dewi Z. Phillips yn ddigonol iddo fwrw ati i fyfyrio arno a llunio darlith yn ei gylch.

Dewisodd Dewi Z. Phillips draethu ar y testun hwn wedi iddo sylwi ar 'rai tueddiadau crefyddol a gwleidyddol yng Nghymru heddiw'.[31] Dywedodd fod rhai'n awgrymu ei bod yn amlwg mai ateb cadarnhaol y dylid ei gynnig i'r cwestiwn hwn, ond cred yntau fod gan hyn oblygiadau '[d]ifrifol iawn i fywyd a gwaith unrhyw brifysgol'.[32] Esbonia fod yna bobl yng Nghymru sy'n dweud 'fod pawb yn dadlau o'i dueddiad ei hun',[33] ac os yw unrhyw un yn honni eu bod yn cyflwyno dadl ddiduedd, yna maent 'yng ngafael hunan-dwyll'.[34] Yr enwau a rydd ar gynrychiolwyr y safbwynt hwn yw'r 'Calfinydd' a'r 'Marcsydd', ac er ei fod yn ceisio cadw'r drafodaeth ar lefel amhersonol, hawdd fyddai wedi bod iddo hepgor y teitl 'Calfinydd' a galw Bobi Jones wrth ei enw priod. Gwrthwyneba Dewi Z. Phillips y safbwynt hwn yn gyfan gwbl gan hawlio bod 'y fath ddadleuon yn ffrwyth dryswch meddyliol'.[35]

Cred Dewi Z. Phillips fod y Calfiniaid a'r Marcsiaid yn dadlau bod ymchwil ddiduedd yn amhosibl dim ond er mwyn iddynt amddiffyn eu buddiannau eu hunain. Honna ei bod yn angenrheidiol, os ydynt yn aelodau o brifysgol, iddynt ddadlau bod y fath ymchwil yn amhosibl oherwydd pe na wnaent hynny byddai 'tyndra rhwng eu ffyddlondeb i ddamcaniaethau Calfinaidd neu ddamcaniaethau Marcsaidd ac ymchwil o'r fath',[36] ac yn y pen draw eu haelodaeth o brifysgol. Mae'n cydnabod bod modd '[p]enderfynu dadlau o ragdybiaethau arbennig'[37] ond mai 'bwriad amddiffynnol'[38] sydd i'r fath weithred.

Prif ddadleuon Dewi Z. Phillips yw bod y 'sgeptig', sef y sawl sy'n dadlau bod ymchwil ddiduedd yn amhosibl, yn 'cyfeirio at ragdybiaethau yn y lluosog'.[39] Dadleua'r 'sgeptig' fod gan safbwyntiau gwahanol eu rhagdybiaethau gwahanol, ond cwestiyna Dewi Z. Phillips sut y mae'r sgeptig yn gwybod hyn. Dadleua ei bod yn 'rhesymegol amhosibl'[40] iddo ddod i'r fath gasgliad oherwydd: 'Os yw'r unigolyn yn gaeëdig y tu mewn i'w safbwynt ei hun, ym mha fodd y mae'n gwybod bod y fath beth â safbwyntiau eraill yn bod?'⁴¹ Cyfeiria ymhellach at y ffaith bod pobl yn llwyddo i anghytuno â'i gilydd ynghylch materion crefyddol, gwleidyddol ac yn y blaen, a honna ei bod yn amhosibl i'r 'sgeptig' gydnabod y fath anghytundebau os yw'n gwadu posibilrwydd ymchwil ddiduedd. Honna y byddai'n amhosibl i rywun anghytuno â safbwynt neb arall os amhosibl yw rhoi disgrifiad diduedd o safbwynt ar wahân i'n safbwynt ni ein hunain.

O ddilyn y ddadl hon i'w heithaf, dywed y byddai'n 'rhesymegol amhosibl' – ymadrodd hoff iawn ganddo – wybod a yw'r unigolyn yn siarad am yr un peth â'r un y mae'n dadlau ag ef. Daw i'r casgliad:

> Ond wrth i ni ddweud ein bod yn anghytuno â'r hyn a ddywed rhywun arall, rhaid ein bod yn cyfeirio'n llwyddiannus *at yr hyn a ddywed* y llall. Y mae anghytundeb ynddo'i hun, felly, yn dangos posibilrwydd cyfeirio'n llwyddiannus at safbwyntiau sydd yn wahanol i'n safbwynt ein hunain.⁴²

Try wedyn i drafod dadleuon y Calfinydd yn benodol; yn wir prin yw'r sylw a rydd i'r Marcsydd mewn gwirionedd, o bosibl am nad oedd safbwynt y Marcsydd yn gymaint o fygythiad yn y cyfnod hwn. Noda fod gan y Calfinydd 'un awgrym cywrain'⁴³ yn ymgais i oresgyn yr anawsterau hyn, sef y ffaith ei fod yn gwahaniaethu rhwng y 'dyn naturiol' a'r sawl sydd wedi ei aileni. Dadl y Calfinydd, fel y'i cyflwynir gan Dewi Z. Phillips, yw bod modd i'r sawl sydd wedi ei aileni gyfeirio'n llwyddiannus at safbwyntiau nas coleddir ganddo mwyach, am iddo unwaith gyfranogi o'r un cyflwr â'r dyn naturiol. Er cydnabod bod y ddadl hon yn un 'gywrain' os braidd yn 'eithafol', gwêl Dewi Z. Phillips broblemau amlwg yn ymhlyg ynddi. Ei brif wrthwynebiad yw nad oes modd i neb brofi pob safbwynt anghrediniol cyn dod i gredu ac, wedi dod i gredu, mae profiadau'r anghredadun yn waharddedig iddo: 'Ond a oes unrhyw un am ddadlau fod y dyn sydd wedi ei ail-eni wedi profi *pob* safbwynt sydd yn bosibl ei arddel cyn ei ail-enedigaeth? Go brin.'⁴⁴ Yr anhawster â'r ddadl hon, fodd bynnag, yw bod Dewi Z. Phillips fel petai'n cydnabod bodolaeth amrywiaeth o safbwyntiau, ac felly'n dadwneud ei ddadleuon ei hun ynghylch didueddrwydd.

Yr ail wrthwynebiad sydd ganddo yw nad yw dadl y Calfinydd yn cydnabod y gall fod symudiad hefyd o gyflwr ailenedigaeth yn ôl i gyflwr di-gred. Dywed os yw'r rhai sydd wedi eu haileni'n cofio dyddiau eu hanghrediniaeth, y dylai ddilyn yn rhesymegol fod y sawl sydd yn awr wedi dychwelyd at eu 'cyflwr naturiol' yn gallu cofio eu dyddiau cred. Ond noda fod y Calfiniaid, 'er mwyn amddiffyn rhagoriaeth y Calfinydd o agwedd deall safbwyntiau eraill, yn honni, os yw dyn yn dweud ei fod wedi colli ei ffydd, nad oedd yn credu yn y lle cyntaf!'[45] '[C]am gwag er mwyn ennill dadl'[46] yw dysgeidiaeth o'r fath yn ei olwg ef.

Ond y prif beth y mae'n ei wrthwynebu yn safbwynt y Calfinydd yw 'rhagdybiaeth y Calfinydd fod rhaid arddel safbwynt er mwyn ei ddeall'.[47] Dywed mai canlyniad camddealltwriaeth ynghylch natur dealltwriaeth a diffyg sensitifrwydd i wahanol ystyron y gair 'dealltwriaeth' sydd i gyfrif am hyn. Defnyddia'r stad briodasol fel darlun:

> Mewn un ystyr, dim ond gŵr a gwraig sy'n rhannu'r ddealltwriaeth neu ddiffyg dealltwriaeth a ddaw yn y briodas. Bron nad yw'r defnydd yma o ddealltwriaeth yn gyfystyr â byw y berthynas. Ond nid yw'n dilyn fod cynnwys y berthynas yn unigryw. I'r gwrthwyneb, efallai fod cynnwys y berthynas yn ddigon banal. Felly, mae modd deall y tu allan i briodas y math o ddealltwriaeth sydd y tu mewn i briodas.[48]

Yn ôl Dewi Z. Phillips, felly y mae ym myd crefydd hefyd. Dywed fod ystyr i'r gair 'dealltwriaeth' sy'n cyfeirio at y berthynas sy'n cael ei gweithio allan rhwng y credadun a'i Dduw, ond y mae hefyd yn bosibl i rywun y tu allan i'r berthynas ddeall natur y berthynas honno. Yr hyn sydd ganddo mewn golwg, mae'n debyg, er nad yw'n defnyddio'r term yn uniongyrchol, yw 'empathi'.

Dywed Dewi Z. Phillips ei bod yn 'bwysig gwybod yn gywir mewn anghytundeb beth yw safbwynt ein gwrthwynebydd'.[49] Gellir casglu felly ei bod yn bwysig yng nghyd-destun y ddadl hon fod Bobi Jones yn deall yn union beth yw safbwynt ei heriwr. Gwêl Dewi Z. Phillips ei hun, dan ddylanwad Wittgenstein, fel athronydd sy'n annibynnol ar unrhyw gymuned ideolegol. Iddo ef, mae'r Calfinydd a'r Marcsydd wedi eu rhwymo wrth eu cymunedau syniadol, ond nid felly'r athronydd: 'Nid safbwynt ymhlith safbwyntiau yw safbwynt yr athronydd, ond golwg ddi-duedd ar y byd yn ei holl amrywiaeth.'[50] Y rhagdyb hon sy'n peri iddo synio ei bod yn bosibl iddo drosgynnu'r holl safbwyntiau eraill sydd yn y byd gan ddod i gasgliadau diduedd yn eu cylch. Nid yw'n synied bod safbwynt yr athronydd yn un 'pleidiol',[51] fel mae Calfiniaeth neu Farcsiaeth yn safbwyntiau 'pleidiol': yn hytrach, rôl yr athronydd yw cynnig darlun eglur a diduedd o'r byd: 'Dengys y byd fel y mae yn ei holl amrywiaeth.'[52]

Roedd datganiad o'r fath yn dân ar groen Bobi Jones, a lluniodd erthygl yn dwyn y teitl 'Myth y Diduedd' yn ymateb iddo, a gyhoeddwyd yn *Y Traethodydd* yn Ionawr 1984. Dadl Bobi Jones yw bod Dewi Z. Phillips, yn y weithred o lunio erthygl yn pleidio'r 'diduedd', yn ei garfanu ei hun yn syth â'r sawl sy'n coleddu'r safbwynt bod modd bod yn ddiduedd, er y byddai ef ei hun yn gwadu hynny: 'Fe'i gwrth-ddwedodd ei hun yn ddiarwybod wrth roi pin ar bapur.'⁵³

Honna'r Athro (a'i dafod yn ei foch, mi obeithiaf) nad safbwynt pleidiol mo'r myth o fod yn 'ddiduedd'. Ac eto, wedi'r cyfan, ple ydyw ei holl lith yn amlwg dros ymddwyn fel pe bai bod yn ddiduedd yn bosibl, a hynny ei hun wrth gwrs yn *duedd* athronyddol ddigon cyffredin.⁵⁴

Dadl Bobi Jones yw bod gan bawb o leiaf un rhagdyb sylfaenol ynghylch natur bodolaeth: 'Gwyddom oll mai naill ai Duw neu ddyn yw ein cyfeirbwynt eithaf.'⁵⁵ Wedi dod i gredu, ac wedi cael profiad personol o Dduw, mae'r Cristion yn dadansoddi bodolaeth yn ôl ei ran yng nghynllun Duw. Dywed Bobi Jones yng ngoleuni hyn mai amhosibl yw i'r Cristion fod yn ddiduedd ynghylch dim bellach: amhosibl yw iddo 'ymddwyn fel pe na bai'r ysbryd wedi'i fywhau ef, ac nad yw'i enaid, sy wedi dod i berthynas fywiol â Duw yn gorfod bod â thuedd tuag at Dduw o gwbl'.⁵⁶

Â yn ei flaen i dynnu sylw at osodiad a wnaed gan Dewi Z. Phillips yn ei ddarlith ynghylch diffyg gallu'r Cristion i brofi *holl* safbwyntiau'r anghredadun gan nad oedd wedi profi *pob* safbwynt anghrediniol cyn ei dröedigaeth. Cydsynia Bobi Jones yn llwyr â'r sylw hwn: mae rhychwant anfesuradwy i brofiadau pob anghredadun, ym mhob rhan o'r byd, sydd wedi byw erioed. 'Bydd gan bob ci ei bostyn ei hun, ac ni all neb eu rowndio hwy i gyd.'⁵⁷ Ond maentumia fod profiadau sylfaenol a berthyn i'r anghredadun sydd yn gyffredin i bawb yn ddiwahân:

> Y cwbl a honnwn i, serch hynny, yw bod y sawl sydd wedi'i ail-eni yn deall yn burion ddull y sawl nas ganwyd namyn unwaith cyn belled ag y mae hwnnw'n ymbincio â'i feddwl ei hun yn hunanlywodraethol, neu pan fo'n ymddwyn fel pe bai ar wahân i Grist a heb fod dan ei awdurdod ef. Fe ddealla'n burion ryw ragdybiau neu rag-safbwyntiau bach felly: dyna i gyd.⁵⁸

Amrywiadau ar y rhagdybiaeth sylfaenol hon yn unig yw'r '[m]ynegiant'⁵⁹ diderfyn o bosibiliadau yn safbwyntiau anghredinwyr ym meddwl Bobi Jones.

Sylwodd Bobi Jones ar y ffaith i Dewi Z. Phillips ganolbwyntio yn ei ddarlith ar Galfiniaeth 'fel y'i cenfydd ef',⁶⁰ ac mae'n bwrw ati yng ngweddill yr erthygl i gywiro ac i drafod nifer o sylwadau Dewi Z. Phillips am y gred hon. Y ddadl gyntaf sy'n cael sylw ganddo yw'r un a wnaeth Dewi Z. Phillips ynghylch y posibilrwydd y gall y credadun lithro'n ôl i gyflwr o anghrediniaeth. 'Arminaidd'⁶¹ yw diwinyddiaeth o'r fath ym meddwl Bobi Jones (sef diwinyddiaeth sy'n dilyn athrawiaeth Jacobus Arminius (1560–1609) o'r Iseldiroedd a wrthwynebodd Galfiniaeth ynghylch athrawiaeth rhagarfaeth ac ewyllys rydd) ac nid yw'n adlewyrchu'r gredo Galfinaidd na all y Cristion lithro oddi wrth ras Duw. Cyfeiria at Bum Pwynt Calvin ac at adnodau yn y Beibl er mwyn cefnogi ei ddadl. Beirniada Dewi Z. Phillips am beidio ag esbonio'r datganiad hwn na datguddio ar ba sail y mae'n gwneud y fath ragdybiaeth: 'Nis esbonia: fe'i rhagdybia.'[62] Dyfala Bobi Jones mai ystyr 'crediniaeth' i Dewi Z. Phillips yw '"[c]redu" yn y dull rhyddfrydol capelig Cymreig'.[63] Gwêl Bobi Jones sut y gall rhywun lithro o'r math hwn o gredu, ond ni ddylid ei ddefnyddio i ddynodi credu yn yr ystyr Galfinaidd.

Yr ail sylw am Galfiniaeth y mae'n ymroi i'w gywiro yw honiad Dewi Z. Phillips nad oes modd i'r Calfinydd gydnabod amrywiaeth. Y mae'n amlwg i'r cyhuddiad hwn ei gythruddo, oherwydd dywed: 'Ai'r gŵr ar ei focs sebon sy'n taflu pob rhesymeg yn gafalîr i'r gwynt, ac nad yw am wneud fawr heddiw diolch ond fflipian sen ar ei wrthwynebydd heb wrando arno; ai dyna sydd yma? Os felly, eled rhagddi.'[64] Cyflwyna Bobi Jones athrawiaeth Sofraniaeth y Sfferau a'r delfryd o amrywiaeth mewn undod sydd â'i wreiddiau yn y Drindod (y tri-yn-un) er mwyn ateb honiad Dewi Z. Phillips. Dywed ymhellach fod Gras Cyffredinol Duw yn galluogi'r Calfinydd i werthfawrogi safbwyntiau a doniau'r sawl nad ydynt yn credu; er nad yw'n cytuno â'u hathrawiaeth. Diddorol yw nodi bod yma adlais o honiadau Dewi Z. Phillips ynghylch catholigrwydd dealltwriaeth yr athronydd.

Mae hefyd yn gwrthod dadl Dewi Z. Phillips bod modd i rywun y tu allan i berthynas y credadun â'i Dduw ddeall hanfod y berthynas honno. Mae hyn yn amhosibl, yn ôl Bobi Jones, gan nad yw'r berthynas hon yn perthyn i fyd Gras Cyffredinol ond i faes Gras Arbennig; rhodd oruwchnaturiol ydyw. Dadleua nad yw'r darlun a gynigiodd Dewi Z. Phillips o briodas yn gwneud y tro felly gan fod priodas yn perthyn i'r byd naturiol.

Y gosodiad olaf ynghylch Calfiniaeth y mae'n ymdrin ag ef yw'r cyhuddiad o gulni a wnaeth Dewi Z. Phillips yn erbyn Calfiniaid pan ddywed nad oes rhaid *'iddynt wrthod disgrifiadau o safbwyntiau eraill sydd wrth fodd y rhai sy'n arddel y fath safbwyntiau'*.[65] Drwy wneud sylw o'r fath dywed Bobi Jones fod Dewi Z. Phillips yn gwrthod safbwynt y Calfinydd drwy gofleidio 'rhagdybiaeth eciwmenaidd braf'.[66] Esbonia Bobi Jones mai anhawster y Cristion yn y mater hwn yw ei fod wedi cael 'prawf' o Dduw, ac felly ni all gydsynio â syniadau eraill ynghylch Duw neu syniadau sy'n gwrthryfela yn erbyn Duw. Ffug fyddai peth felly. Rhaid iddo ymwrthod â'r safbwyntiau hyn gan na fyddai'n dangos cariad pe nas cyhoeddai'r hyn a ystyria'n wirionedd. Gall, fodd bynnag, 'barchu pawb fel personau'[67] ac 'amddiffyn yr hawl a'r rhyddid'[68] iddynt arddel eu safbwyntiau eu hunain, hyd yn oed os yw'n eu hystyried yn gyfeiliornus. Hawdd dychmygu sut y gallai'r sawl nad yw'n arddel y safbwynt Calfinaidd ganfod naws nawddoglyd mewn datganiadau o'r fath.

Prif ergyd yr erthygl hon yw y dylid '[d]inoethi rhagdybiau'r anghredadun'[69] oherwydd 'rhwystr i ymchwil'[70] yn y pen draw yw esgus nad oes unrhyw ragdybiau ar waith mewn gwaith unigolyn. Dywed mai 'ple'[71] am onestrwydd yw'r ysgrif hon. Ei thesis yw, os deallwn y rhagdybiau sydd ar waith, mae modd deall rhagor am y gwaith dan sylw. Â Bobi Jones mor bell â dweud nad 'naïf' yn unig yw'r sawl sy'n honni nad oes rhagdybiau ganddo, ond bod hyn yn gallu bod yn '[b]eryglus'[72] am na fu'n ddigon hunanddadansoddol i sylweddoli'r pla o ragdybiau sy'n llechu o dan ei groen: 'Ni bu ef yn ddigon o ymofynnydd.'[73] Ym meddwl Bobi Jones daeth yn hen bryd i'r 'ymchwilwyr diduedd' ymchwilio i'w tueddiadau eu hunain: 'Pan fo athronydd yn hawlio nad yw am gymryd ond rheswm pur a diragdyb yn fan cychwyn i'w athroniaeth am fywyd, y mae ef eisoes wedi dechrau gyda dogma a rhagdyb sy'n gyn-resymol. Yn haerllug felly.'[74] Gresyna Bobi Jones fod 'didueddrwydd' yn cael ei gyfrif yn ddelfryd gan rai, ac fel man i ymgyrraedd ato yn hytrach nag fel honiad i'w archwilio'n feirniadol. Yn yr ystyr hwn dywed yn grechwen i gyd y mae'n ddiolchgar i Dewi Z. Phillips am gasglu ynghyd ragdybiau'r diduedd i un erthygl er mwyn hwyluso'r dasg o'u dadansoddi:

> Cymwynas â ni, serch hynny, oedd bod un o'r didueddwyr haelfrydig hyn wedi mentro geirio ar bapur natur y rhagfarnau hynny sy'n eu llyffetheirio; ac er bod modd gyrru ceffyl a chert drwy'r dadleuon hyn oll, y mae'r safbwynt mor boblogaidd, ac os caf ddweud gyda pharch mor benbwl ddogmatig ac mor ddiddychymyg o ystrydebol led ein cymdeithas gyfoes, fel y gallwn fod yn ddiolchgar fod athronydd mor alluog â'r Athro Phillips wedi eistedd i lawr i gydwybodol gasglu at ei gilydd y dadleuon hynny a 'dueddai' i fod o'u plaid.[75]

Dyna'r tro olaf i Dewi Z. Phillips wneud 'cymwynas' â Bobi Jones drwy gofnodi ar bapur y ddadl o blaid didueddrwydd fodd bynnag, oherwydd nid ymatebodd i ysgrif Bobi Jones. Wedi'r erthygl hon bu 'tawelwch mawr',[76] chwedl Bobi Jones, a ddehonglodd ei ddiffyg ymateb fel ymgais i ffoi o'r ymryson: 'Osgowyd dadl.'[77] Nid oedd Bobi Jones yn fodlon gadael y mater yn y fan hon, fodd bynnag, a phenderfynodd '[dd]ychwelyd at y Diduedd' mewn erthygl arall a gyhoeddwyd flwyddyn union yn ddiweddarach yn rhifyn Ionawr 1985 o *Y Traethodydd*. Honna nad dychwelyd at y testun er mwyn 'rhwbio trwyn yr Athro hyglod yn fy nhipyn ateb'[78] y mae, ond yn hytrach dychwelyd gan ei fod yn tybio bod y mater yn sylfaenol i unrhyw fath o drafodaeth ynghylch dysg. Mae'n amlwg ei fod yn gobeithio y byddai Dewi Z. Phillips yn cymryd yr abwyd ac yn ymateb eto i'r drafodaeth er mwyn ymestyn y ddadl a dwyn rhagor o sylw i'r mater. Pwysleisia nad yw ef wedi ceisio dianc rhag y ddadl a dywed nad yw am 'awgrymu (eto) fod ei ochor ef [Dewi Z. Phillips] yn ceisio dianc bid siŵr'.[79] Mae'r 'eto' hwn rhwng cromfachau yn arwyddocaol: er iddo obeithio y deuai Dewi Z. Phillips yn 'ôl i'r gad mewn iawn bryd, yn ddigon tebyg',[80] mae'r 'eto' hwnnw'n awgrymu ei fod yn rhagdybio na ddigwydd hynny mewn gwirionedd, ac mai ef sydd wedi cael y gorau ar y ddadl. Dyma Bobi Jones yn ceisio cael y gair olaf ar y mater, felly, gan awgrymu i'w gynulleidfa ei fod wedi bod yn fuddugol yn yr ornest eiriol.

Prin yw'r ymateb uniongyrchol i sylwadau'r Athro Phillips yn yr erthygl hon. Yr hyn a wneir, yn hytrach, yw agor y drafodaeth i ystyried y cysyniad o ragdybiau yn fwy cyffredinol. Rhybuddia Bobi Jones unwaith yn rhagor yn erbyn ymddiried yn y sawl sy'n honni ei fod yn ddiduedd: 'Ond pan wada rhywun nad oes ganddo yr un duedd, ei fod ef y tu hwnt i bob rhagdybiaeth fel petai, yna mae'n rhaid ei wylied yn garcus. Dyma'r un sy'n ceisio dianc rhag ymholiad. Yr un sinistr.'[81] Ychwanega nad 'naïf' a 'ffôl' yn unig yw honiad o'r fath, ond mae hefyd yn '[b]eryglus'[82] am ei fod yn dwyllodrus. Honna fod yr 'ymhonni hwn ynghylch bod yn ddiduedd'[83] wedi cael y monopoli yn adrannau athroniaeth a hyd yn oed colegau diwinyddol ein gwlad. Cred y dylid bod wedi 'taclo'r anghredinwyr neu'r seciwlarwyr'[84] hyn ers talwm ynghylch eu rhagdybiau a'u gorfodi i'w hystyried o'r newydd.

Manteisia ar y cyfle hwn hefyd i esbonio unwaith yn rhagor y ddwy ragdyb sylfaenol a chyferbyniol yr haera sydd gan y ddynoliaeth: y gyntaf yn tueddu at anghrediniaeth a dyn fel y cyfeirbwynt eithaf, a'r ail yn tueddu at Grist fel canolbwynt pob ystyr: 'Y mae *pob* method, gan gynnwys yr un honedig ddiduedd, yn rhagdybio gwirionedd neu eudeb theistiaeth Gristnogol.'[85] Mae'n cydnabod y bydd y 'seciwlarwr' yn anghydweld â'r dadansoddiad hwn gan na fydd yn ystyried bod gwadu bodolaeth Duw yn rhagdyb: 'Nid rhagdybiaeth iddo ef yw'r rhagdybiaeth i gymryd ei feddwl ei hun yn fesur i farnu.'[86] Try at ysgolheigion Cristnogol megis Van Til, Schaeffer a Kuyper er mwyn cefnogi ei farn, a mawryga eu cyfraniad i'r maes oherwydd ei dyb yw y byddai 'llawer o Gristnogion Cymru efallai wedi llyncu'n ddiddadansoddiad bropaganda'r dyneiddwyr eu bod hwy'n "ddiduedd"'[87] oni bai am waith y meddylwyr hyn.

Cyfaddefa nad oes modd i'r crediniwr na'r anghrediniwr brofi'n rhesymegol p'un o'r rhagdybiau hyn sy'n gywir gan fod y ddau'n pwyso ar sylfeini sydd y tu allan i faes reswm. Dywed fod y Cristion 'megis yr Athro Phillips yntau, wedi gwneud rhagdybiaeth sy'n uwch-resymol'.[88] Honna fod yr Athro Phillips 'yng nghwmni Kant a Husserl, wedi gwneud hunanlywodraeth y meddwl theoretig yn acsiomatig heb ofyn am ragor o gyfiawnhad'.[89] Hynny yw, nid oes prawf allanol ganddynt fod hyn yn gam cywir:

> Ni ellir y tu mewn i reswm theoretig ei hun ddod o hyd i gyfiawnhad dros ddyrchafu'r ego (yn ei holl gymhlethdod a'i wacter) yn y fath fodd. A rhaid mynd y tu allan i reswm, i'r gwastad crefyddol, i ddod o hyd i sylfaen mor absoliwt.[90]

Drwy wneud hyn mae'r Athro Phillips, fel y Calfinydd yntau, yn ei *'osod ei hun y tu hwnt i ddadl'*.[91]

Fel y disgwylid efallai, ni chafwyd ymateb i'r erthygl hon ychwaith a bu Bobi Jones unwaith eto'n ymryson mewn gwagle. Ond fel yr awgrymodd Dewi Z. Phillips ar ddechrau'r ddadl, mae'n debyg nad oedd hynny 'o bwys yn y byd'[92] iddo; yr hyn a drysorai ef oedd y cyfle i draethu'n gyhoeddus ar fater a oedd yn agos at ei galon.

Bobi Jones a Hywel Teifi Edwards

Athro arall o Abertawe y bu Bobi Jones yn ymryson yn gyhoeddus ag ef yw Hywel Teifi Edwards. Dechreuodd y ddadl hon ddiwedd yr 1980au pan gyhoeddodd Hywel Teifi Edwards adolygiad damniol o *Blodeugerdd Barddas o'r Bedwaredd Ganrif ar Bymtheg* yn rhifyn Ionawr 1989 o *Barn* – adolygiad a drafodwyd yn fras eisoes ym mhennod 7. 'Blodeugerdd y Cyfle a Gollwyd' yw'r Flodeugerdd hon i Hywel Teifi Edwards; cred fod rhagdybiau crefyddol Bobi Jones wedi peri iddo anwybyddu cerddi nad oeddynt yn ffitio'n dwt i'w fydolwg Calfinaidd a bod y gyfrol o'r herwydd yn anwastad ac yn anghynrychioladol. Rhagdybiau crefyddol Bobi Jones sy'n dod dan y lach unwaith yn rhagor yn y fan hon, felly, a diddorol yw nodi bod Hywel Teifi Edwards yntau'n cyfeirio at y ddarlith 'Beth yw Pwrpas Llenydda?' fel dechreubwynt tranc Bobi Jones fel beirniad llenyddol. Dichon fod modd synied am y ddarlith honno'n fath o drobwynt yng ngyrfa Bobi Jones, yn sicr o safbwynt y modd y gwelid ef gan y gymuned lenyddol.

Cyfeiria Hywel Teifi Edwards at un arall o ragdybiau Bobi Jones, sef ei anhoffter o'r poblogaidd: 'Mae'n gas gan R. M. Jones yr "hanesyddol" – a'r poblogaidd.'[93] Sylwodd Angharad Price, ymhlith eraill, ei fod yn feirniad sy'n ymwrthod â phoblogrwydd er ei fwyn ei hun, fel y nodwyd ym mhennod 7. Cyfeiria Hywel Teifi Edwards yn ddychanol at y sylw, 'Gwae, gwae, boblogrwydd' a wneir gan Bobi Jones yn ei ragymadrodd i'r Flodeugerdd, a chynigia ymhelaethiad ar natur gwrthrych y canu gwae hwn: 'Hynny yw, gwae y seciwlar-boblogaidd.'[94] Nid yw Hywel Teifi Edwards yn gwadu bod gan emynau le haeddiannol bwysig yn hanes ein llenyddiaeth ond mae'n anghymeradwyo'r modd y mae Bobi Jones yn gorawenu, yn ei dyb ef, ynghylch campau llenyddol emynwyr y ganrif dan sylw. Ym marn Hywel Teifi Edwards ni raid wrth feirniad ond '[p]âr o glustiau da a synnwyr priodoldeb i sylweddoli nad yw'r emynau yn y Flodeugerdd hon yn haeddu'r fath eithafieithu orgasmig'.[95]

Prif gŵyn Hywel Teifi Edwards yn erbyn y Flodeugerdd yw bod Bobi Jones wedi rhoi cymaint o le i emynwyr canol-y-ffordd fel nad oedd modd iddo gynnwys barddoniaeth arall arwyddocaol o'r ganrif gan roi arolwg teg o gynnyrch llenyddol y cyfnod. Mae'n bwrw ati i restru rhai o'r bylchau yn y gyfrol:

> Beth am gerddi i'r Gymraeg y lluniwyd ugeiniau ohonynt gan feirdd a boenai am ei diraddiad? Dim. Beth am gerddi gwladgarol? Dim. Beth am awdlau a phryddestau eisteddfodol a geisiai borthi ymwybyddiaeth lesg y Cymry o'u hanes? Dim. Beth am gerddi alltudiaeth o gofio'r miloedd ar filoedd a ymfudodd o Gymru Oes Victoria? Dim. Beth am gerddi i'r bywyd diwydiannol? Dim. Beth am gerddi tafarn, e.e. Talhaiarn? Dim. Beth am gerddi digri (ac eithrio cwpwl o englynion diniwed Gwydderig)? Dim. Beth am ddychan? Dim (ac eithrio un gerdd gan Galedfryn yn erbyn rhyfel). Beth am gerddi tafodiaith? Dim. Beth am faledi? Dim (beier Tegwyn Jones). Y mae'r gwrthodedigion yn lleng.[96]

Ychwanega Elfed at y rhestr diffygion hon gan honni nad yw Bobi Jones yn rhoi sylw iddo am ei fod yn 'ddiwinyddol anghymeradwy'[97] ganddo.[98] Barn Hywel Teifi Edwards yw na allwn fel Cymry fforddio cael blodeugerddi 'cwirclyd'[99] o'r math hwn. Yr hyn y dymunai ei weld, yn hytrach, yw: 'Nid defnyddio llên cyfnod i faldota daliadau personol, ond defnyddio blodeugerdd i arddangos natur ymdrech beirdd yn y cyfnod dan sylw.'[100] Ei ddyfarniad yw mai'r unig ddefnydd sydd i'r Flodeugerdd hon yw ei gweld yn enghraifft o sut y mae awydd unigolyn i gynnal achos a chwifio baner credo penodol yn gallu gwyrdroi a chamystumio llenyddiaeth.[101]

Ceir ymateb byr iawn – a syndod o ymataliol – i'r adolygiad hwn gan Bobi Jones yn y rhifyn nesaf o *Barn*. Esbonia mai ymateb ar 'wahoddiad caredig gan y Golygydd'[102] y mae, ac nid anarwyddocaol yw'r ffaith mai un arall o staff Coleg Prifysgol Abertawe, Robert Rhys, oedd golygydd *Barn* yn y cyfnod hwn – cyfaill i Bobi Jones ac un y gellid tybio y byddai'n awyddus iddo gael cyfle i ymateb i gyhuddiadau ynghylch ei ragdybiau Calfinaidd gan ei fod yntau'n rhannu'r un credoau sylfaenol. Cyfeiriodd Bobi Jones at natur ymfflamychol adolygiad Hywel Teifi Edwards mewn modd digon pryfoclyd: 'Rhaid bod rhai pwyntiau yn yr adolygiad hwnnw wedi bod yn corddi Mr Edwards ers cryn amser, a'r cwbl y gallaf i ei ddweud yw nas gwyddwn i ac y mae'n dda gennyf iddo gael gollyngdod.'[103] Ond ar wahân i'r sylw hwn, prin y mae'n codi i'r ddadl. Tyn sylw at yr hyn a ystyria'n brif bwynt Hywel Teifi Edwards, sef bod modd cael dau fath o flodeugerdd: y naill yn derbyn popeth, a'r llall yn derbyn pethau ar sail ystyriaethau celfyddydol a rhagoriaeth crefft yn unig. Dywed ei fod yn cefnogi'n 'selog' y ddau fath o flodeugerdd er mai'r ail ffurf a ddewiswyd at ddibenion y gyfres arbennig hon. Mae fel petai'n cytuno â Hywel Teifi Edwards fod angen cyfres arall o flodeugerddi i wneud yr hyn a ddymuna Hywel Teifi Edwards, sef cynnig darlun hanesyddol o natur llenyddiaeth mewn cyfnodau arbennig:

> Y gwir yw, fel y lled awgryma Mr Edwards, fod angen cyfres gyfredol o flodeugerddi sy'n ymgysegru i ddethol darnau sy'n dra arwyddocaol yn hanesyddol. Byddai cyfres felly, nas llethir gan gyfyngiadau esthetig, yn amhrisiadwy wrth astudio hanes llenyddiaeth a hanes Cymru'n gyffredinol.[104]

Gallwn ddyfalu mai cyfyngiadau amser oedd i gyfrif am yr ymateb cwta hwn a oedd prin yn ymestyn i bedwar paragraff byr. Wrth gyfeirio at bwynt Hywel Teifi Edwards ynghylch natur y flodeugerdd dywed 'dichon y cawn gyfle eto rywdro i drafod ei sylfeini yn helaethach'[105] sy'n fath o addewid am drafodaeth fwy estynedig pan fyddai'r sefyllfa yn caniatáu.

Cafwyd dau rifyn o dawelwch cyn i Bobi Jones ymateb eto i feirniadaeth Hywel Teifi Edwards, ond wedyn agorodd y llifddorau a dechreuwyd ar gyfres dair-rhan yn ateb y cyhuddiadau yn erbyn ei flodeugerdd. Noda Bobi Jones fod Hywel Teifi Edwards wedi dweud '(ac yntau'n sbecto fod gen i ryw fath o argyhoeddiadau esgymun) fy mod yn rhagfarnllyd wrth ddethol cerddi yn ôl cymwysterau Calfinaidd'.[106] Mae'n gwrthod y feirniadaeth hon gan fynnu bod nifer yr awduron Calfinaidd a gynhwysir ganddo yn gynrychioladol o'r cyfnod:

Wel, efallai fy mod i'n cam-weld, ond rwy'n tybied fy mod i rywfodd wedi cynnwys yn y Flodeugerdd yn agos i 100% o'r anghredinwyr a oedd yn barddoni yn y Gymraeg yn y ganrif ddiwethaf, a rhywbeth tebyg i 1% o'r Calfiniaid. Os rhagfarn o blaid Calfiniaeth yw peth felly, yna gogleisiol yw'r fath ragfarn drofaus.[107]

Dyma enghraifft wych o Bobi Jones yn defnyddio technegau rhethregol yn effeithiol er mwyn cefnogi ei safbwynt. Cyfuna dermau niwlog ag ystadegau caled sydd yn camarwain y darllenydd. Myn nad oes diddordeb ganddo mewn daliadau crefyddol rhywun wrth ystyried safon ei waith, ond ni olyga hyn fod argyhoeddiadau crefyddol yn hollol amherthnasol ychwaith oherwydd mae rhagdybiau crefyddol rhywun yn effeithio ar y cyfan o fywyd. Dywed fod diffyg ffydd yn gallu arwain at 'ymwybod â diffyg pwrpas a diffyg gwerth' ond mai 'naïfder' fyddai honni bod hynny'n digwydd bob tro, oherwydd fe all y diffyg ystyr hwnnw hefyd 'ysgogi egnïon mynegiant' a '[ch]ynhyrfu'r gwrthryfel mwyaf bywydol'.[108]

Tyn sylw wedyn at y ffaith i Hywel Teifi Edwards ddweud: 'Ym myd bach R. M. Jones ni all fod i anghrediniaeth na *dwyster* nac angerdd na dewrder na *chywirdeb*. Dim ond dylni.' (Bobi Jones biau'r pwyslais.) Fel amddiffyniad yn erbyn y cyhuddiad hwn, dyfynna Bobi Jones sylwadau a wnaeth am Beckett o'r ddarlith a gollfarnwyd gan Hywel Teifi Edwards, 'Beth yw Pwrpas Llenydda?': 'Y mae ei nofelau a'i ddramâu yn rhoi mynegiant manwl a *dwys* i'r ing sydd ynghlwm wrth wacter bywyd . . . Does dim amheuaeth nad yw Beckett yn dweud rhywbeth tra *chywir* am ei gyfnod'.[109] Mae'n cyfaddef mai 'byd bach R. M. Jones' yw ei fyd ef ac nad oes dim y gall ef ei wneud i newid hynny, ond ei '[o]baith brau yw nad yw'n brin o gydnabod camp rhai nad ydynt o'r un gorlan grediniol â mi',[110] a brysia i bwysleisio unwaith yn rhagor ei farn nad anallu Cristnogion i werthfawrogi llenorion anghrediniol yw gofid pennaf ein dydd, ond yn hytrach y 'rhai anghrediniol sy'n gynddeiriog gul bellach yn erbyn llenorion Cristnogol'.[111]

Treulia weddill yr erthygl yn cyfeirio at feiau a wêl Hywel Teifi Edwards yn ei waith y mae ef wedi chwilio'n 'ofer'[112] amdanynt. Esbonia, er enghraifft, nad oedd wedi cynnwys Elfed (1860-1953) yn y Flodeugerdd, nid am unrhyw resymau diwinyddol, ond oherwydd ei fod yn perthyn i'r ganrif nesaf yn ôl y criteria dosbarthu a fabwysiadwyd yn y Flodeugerdd, ac iddo esbonio yn y rhagymadrodd mai 1853 fyddai llinell derbyn geni awduron i'r gyfrol. Cyhudda Hywel Teifi Edwards o wneud 'gosodiadau dychmygol'[113] yn ei adolygiad a'r awgrym yw na fu Hywel Teifi yn 'barchus at y gwirionedd'.[114] Dywedodd Hywel Teifi Edwards, er enghraifft, na chynhwysodd Bobi Jones yr un o gerddi *Ceinion y Gân* yn ei Flodeugerdd ond rhestra Bobi Jones saith o'r cyfryw gerddi yn ei Flodeugerdd. Wedyn â ati i nodi enghreifftiau o gerddi y dywedodd Hywel Teifi Edwards nad oedd 'dim' ohonynt yn y Flodeugerdd:

> Dywed eto: 'Beth am gerddi alltudiaeth? . . . Dim.' Dyma, sut bynnag, a welaf i: 'Hiraeth Cymro am ei wlad', Cawrdaf; 'Er cof am John Griffith Kemp', Eben Fardd; 'Cerdd yr Arglwydd mewn Gwlad Ddieithr', Eryron Gwyllt Walia (dau dudalen llawn); 'Atgof o'r Brithdir', Ieuan Gwynedd, a hyd yn oed 'Nant y Mynydd', Ceiriog bondigrybwyll. Onid dim yw 'dim'?[115]

Ac ymlaen ag ef gan restru enghreifftiau ar gyfer pob un o'r categorïau y gwelodd Hywel Teifi Edwards ddiffyg ynddynt.

Ceisio archwilio'r gwahaniaethau rhwng 'yr hyn y gwêl Mr Edwards fi'n ei wneud a'r hyn a welaf i'[116] oedd prif fyrdwn yr erthygl gyntaf, ond pwysleisia Bobi Jones fod natur yr anghytundeb rhyngddynt yn 'fwy angerddol ddwfn na hynny',[117] ac felly yn yr ail erthygl yn y gyfres hon gosododd i'r naill ochr 'ansawdd ffeithiol'[118] ymdriniaeth Hywel Teifi Edwards gan roi sylw yn hytrach i'w '*farn* a'i *chwaeth*'[119] lenyddol. Dywed ei fod yn gwneud hyn, nid yn unig am mai Hywel Teifi Edwards 'yw un o'n pennaf awdurdodau ar y ganrif nac am mai ef yw'r difyrraf oll o'n darlithwyr, ond am ei fod hefyd yn cynrychioli tuedd go gref yn yr hinsawdd academaidd yn ddiweddar'.[120]

Dywed Bobi Jones fod Hywel Teifi Edwards, mewn awydd i ddifrïo safon a phwysigrwydd cerddi crefyddol y bedwaredd ganrif ar bymtheg, wedi pwysleisio '[c]yffredinedd barddoniaeth yr emynau'.[121] Dull Bobi Jones o ateb y cyhuddiad hwn yw dyfynnu talpiau o waith Thomas Lewis, Pedr Fardd, David Charles, Robert ap Gwilym Ddu ac Ann Griffiths gan dynnu sylw at y ddelweddaeth a'r defnydd arbennig o eiriau a geir ynddynt. Pwysleisia'r modd y mae Thomas Lewis, er enghraifft, wedi 'ymgodymu â thema ysbrydol anferth, a'i chorffori mewn penillion gyda'r fath gynildeb urddasol a difrifoldeb a "phurdeb ieithwedd"'.[122] Dyfynna hefyd o waith ysgolheigion eraill megis Thomas Parry, A. M. Allchin a Saunders Lewis er mwyn cefnogi ei ddadl bod yr emynau a gynhwysir yn y Flodeugerdd yn rhai y gellid rhyfeddu atynt.

Yn y drydedd erthygl yn y gyfres try Bobi Jones at y thema y bu'n awchu am gael ymdrin â hi ar hyd yr amser: rhagdybiau crefyddol. Dyma graidd y ddadl rhyngddynt, yn ôl Bobi Jones. Nid yw'r 'ugain o wallau ffeithiol' yn adolygiad Hywel Teifi Edwards, nac ychwaith unrhyw amheuaeth ynghylch ei ddiffyg chwaeth beirniadol, nac yma nac acw. Yr hyn a boenai Hywel Teifi Edwards yn y bôn ym marn Bobi Jones oedd 'bwgan mawr Calfiniaeth':[123] dyna oedd yn 'corddi y sylwedydd', hwn oedd y '[d]rwg sy yn y caws'.[124] Yn yr erthygl olaf hon mae Bobi Jones yn ceisio bwrw'r rhwyd yn ehangach na sylwadau Hywel Teifi Edwards a chynnal trafodaeth fwy cyffredinol ynghylch rhagdybiau crefyddol: 'Ac yn y fan yna, efallai mai sefyll yn ôl, a pheidio â syllu'n uniongyrchol ar yr hyn sy gan Mr Edwards i'w ddatgan sy orau, eithr ceisio bwrw golwg ar yr hyn sy o'r golwg.'[125]

Cynnwys y drydedd ysgrif felly yw asesiad gan Bobi Jones o gyfraniad diwylliannol Calfiniaeth i fywyd a llenyddiaeth y bedwaredd ganrif ar bymtheg. Brysia i wahaniaethu rhwng Calfiniaeth a'i 'harch elyn'[126] pietistiaeth. Diffinia 'bietistiaeth' fel a ganlyn:

> Label yw'r gair hwn, label anfoddhaol, annheg hyd yn oed, sy'n gorfod gwneud y tro i gynrychioli'r duedd anffodus tuag at barchusrwydd a diffyg synwyrusrwydd, tuag at gulhau crefydd i faterion defosiynol a materion yn ymwneud â'r sefydliad eglwysig, a thuag at ddiarddel hwyl a sbort ac 'amherthnasoldeb' a'r corff.[127]

Honna fod Calfiniaeth wedi cyfrannu 'llydanrwydd a dyfnder meddyliol ynghyd â serchiadau' i lenyddiaeth Gymraeg ond bod pietistiaeth, drwy wahanu crefydd oddi wrth weddill bywyd, wedi peryglu 'hiwmor a dychymyg a llydanrwydd testunol'.[128] Mae gwahaniaethu rhwng y safbwyntiau hyn yn hanfodol felly.

Neilltua Bobi Jones ail hanner yr erthygl i drafod anallu'r anghredadun i werthfawrogi llenyddiaeth sy'n ymwneud â phrofiadau'r ailenedigaeth gan ei fod yn 'meddu ar ysbryd sydd heb fod (eto o leiaf) yn effro i'r byd goruwchnaturiol'.[129] Mae'n ailadrodd yr athrawiaeth ynghylch Gras Cyffredinol a Gras Arbennig a phwysleisia bwysigrwydd y mater hwn yng nghyd-destun barddoniaeth y bedwaredd ganrif ar bymtheg gan fod cymaint o lenyddiaeth y cyfnod yn 'gyfyngedig ddefosiynol'.[130] Nid rhinwedd mo hyn yng ngolwg Bobi Jones, gan ei fod yn adlewyrchu '[p]ietistiaeth gwbl anfoddhaol a chul';[131] y mae, fodd bynnag, yn ffaith na ellir ei hosgoi. Mae Bobi Jones yn cydnabod ei fod yn adnabod ambell un 'sy'n arddel y label "pagan" sy'n medru ymateb i wefr barddonol emynau yn well na Christion profiadol',[132] ond gŵyr am eraill y mae eu rhagfarnau'n drech na hwy. Mae'n cydnabod hefyd fod perygl i Gristnogion ymateb yn gadarnhaol i ddarn o farddoniaeth am resymau anllenyddol:

> Un gallu y mae gofyn i'r beirniad o Gristion ei feithrin yw gwahaniaethu rhwng yr ias o ymhyfrydu mewn celfyddyd a'r ias (os caf ei grynhoi'n enghreifftiol fachog) o glywed enw'r 'Iesu'. I'r Cristion anhyfedr nid anodd yw cymysgu'r rhain.[133]

Ar ddiwedd yr erthygl, cyflwyna athrawiaeth Sofraniaeth y Sfferau sy'n barnu mai amhriodol yw trosglwyddo rheolau o un sffêr a'u defnyddio i feirniadu sffêr arall: 'nid priodol yw dwyn criteria gwleidyddol i feirniadu Mathemateg neu griteria eglwysig i feirniadu pêl-droed'.[134] Hynny yw, ni ddylai argyhoeddiadau crefyddol Bobi Jones ymyrryd yn ei waith fel beirniad llenyddol: 'Yn Galfinwyr neu beidio ein braint yw gallu ymateb yn gelfyddydol i grefft eiriol ac i ddelweddu effeithiol llenorion yn ôl safonau llenyddol perthnasol i'r oes.'[135] Dyma ddatganiad eironig braidd o ystyried ei ymryson â Dewi Z. Phillips gan ei fod yn ymylu ar hawlio didueddrwydd.

Ddau rifyn yn ddiweddarach daeth Hywel Teifi yn ôl i'r cylch ar 'gais *Barn*'.[136] Sylwer bod gwrthwynebydd i Bobi Jones yn cael gwahoddiad gan Robert Rhys i ymateb, a dylid cofio hefyd fod Hywel Teifi Edwards a Robert Rhys yn gydweithwyr yn Abertawe. Honna Hywel Teifi Edwards fod Bobi Jones yn gwrthod gweld yr hyn sy'n amlwg i bawb arall, sef mai 'propagandydd o Uchel-Galfin a roes fod i *Blodeugerdd Barddas o'r Bedwaredd Ganrif ar Bymtheg*'.[137] Wedyn â ati i drafod nifer o'r gwrthddadleuon a gynigiodd Bobi Jones.

Yn gyntaf, cyfeiria at honiad Bobi Jones iddo gynnwys yn agos i 100 y cant o'r anghredinwyr oedd yn barddoni yn y ganrif ddiwethaf a thua 1 y cant o'r Calfiniaid. Ymateb Hywel Teifi Edwards i hyn yw: 'A bwrw fod pob un o'r 1% honedig yn cynrychioli'r awen Galfinaidd ar ei gorau yn y ganrif ddiwethaf ni allaf ond diolch yn wresog iddo am ein gwaredu rhag awen y 99%.'[138] Gresyna fod 'llenor o faintioli R. M. Jones yn gwneud cymaint cam â'i chwaeth lenyddol trwy geisio cyfiawnhau'r hyn nad oes modd ei gyfiawnhau yn nhermau'r chwaeth honno'.[139]

Yna try at sylwadau Bobi Jones ynghylch Samuel Beckett a'r dyfyniadau o'i ddarlith 'Beth yw Pwrpas Llenydda?' Dywed Hywel Teifi Edwards iddo gael yr amddiffyniad hwn yn 'anodd i'w stumogi' a rhyfedda nad yw Bobi Jones yn sylweddoli pa 'mor ddiraddiol i Beckett yw'r sylwadau a ddyfynnir ganddo' o'u darllen 'yng nghyd-destun y ddarlith sydd mor sarhaus ei hymwrthod â'i weledigaeth a'i brofiad'.[140] Yn ei farn ef mae'r ddarlith 'Beth yw Pwrpas Llenydda?' yn enghraifft o 'babeiddio' ar draul llenyddiaeth. Dyma adlais eglur o feirniadaeth John Gwilym Jones ar *I'r Arch* gynt, a drafodwyd ym mhennod 1. Dywed ymhellach:

> Ni chafodd neb fwy o hwyl na R. M. Jones ar ladd ar babau eraill ers talwm – Syr John Morris-Jones, W. J. Gruffydd, I. C. Peate etc. Bellach y mae ef wedi'u disodli i gyd ac y mae ef am i ni gredu fod erlidwyr lawer am ei waed ef, druan gŵr.[141]

Gwrthwyneba'r darlun a beintia Bobi Jones o feirniaid anghrediniol fel pobl sy'n hallt eu beirniadaeth ac yn gul eu gorwelion lle bo llenyddiaeth Gristnogol yn y cwestiwn. Myth yw hyn yn ei olwg ef: 'Y mae'n creu ellyllon er mwyn bwydo'i angen.'[142] Myn Hywel Teifi Edwards nad 'y Gristnogaeth piau pennu pwrpas llên, ac nid Uchel-Galfiniaeth piau'r gair olaf ar ystyr y Gristnogaeth chwaith – diolch i Dduw'.[143] Mae'n gwrthod y syniad a gynigiodd Bobi Jones yn ei ddarlith mai Mawl yw hanfod llenyddiaeth. Dywed na fynnai 'ormesu' llenyddiaeth gyda'r 'un disgwyl na gorfod na chred'[144] – iddo ef, hanfod pob llenyddiaeth yw stori.

Ymhellach synia Hywel Teifi Edwards fod 'esboniad calendraidd' Bobi Jones dros absenoldeb Elfed o'r Flodeugerdd yn 'dra chloff'.[145]

> Fe ŵyr R. M. Jones cystal â minnau beth sy'n cyfrif am absenoldeb Elfed, ac fe ŵyr pawb arall sydd wedi cael achos i ymgroesi rhag chwerwder yr ysgrif honno 'Llofrudd yr Emyn?'[146]

Cyfeiria Hywel Teifi Edwards yn ogystal at yr 'ugain o wallau ffeithiol mewn dau dudalen' a nododd Bobi Jones. Dywed y byddai ef yn ystyried adolygydd a daenai wallau mor aml yn 'ymhonnwr asynnaidd'[147] ac awgryma mai felly y mae Bobi Jones yn ei gweld hi hefyd mewn gwirionedd. Bwria ati wedyn i geisio dangos nad gwallau ffeithiol oedd ei sylwadau mewn gwirionedd. Er enghraifft, noda'r ffaith i Bobi Jones gynnig bugeilgerdd fuddugol Taliesin Hiraethog yn Eisteddfod Genedlaethol Wrecsam yn ateb i'r cyhuddiad ynghylch absenoldeb bugeilgerddi a rhieingerddi eisteddfodol. Derbynia Hywel Teifi Edwards y pwynt, ond nid heb feirniadu'r fugeilgerdd honno o fod yn 'efelychiad digon cyffredin' ac felly '[y]n lle dim, darllener dim + ½'.[148] Dywed mai'r cyfan a wnaeth Bobi Jones wrth geisio ateb ei gyhuddiadau a llenwi'r bylchau a nododd 'oedd dangos pa mor rhwth ydynt mewn gwirionedd'.[149]

Cyn i Hywel Teifi gyhoeddi ail ran ei ymateb, mentrodd Bobi Jones gyhoeddi un ysgrif arall cyn 'ildio'r maes'.[150] Dywed fod y 'ddadl yn poethi'[151] a'i fod yn dymuno canoli'i sylw ar y rhan ohoni lle y mae'r 'bygylu ar ei fwyaf ffyrnig'.[152] Er mwyn gwneud hyn dywed ei fod am agor y drafodaeth yn lletach a thrafod egwyddor yn hytrach na chyfyngu ei sylw i'r 'tipyn dadl'[153] rhyngddo ef a Hywel Teifi Edwards yn unig. Y cwestiwn sylfaenol y cais ei ateb yn yr erthygl hon yw:

> A oes modd i'r sawl sy heb fod yn Gristion neu sy wedi mabwysiadu credo sy'n wahanol i'r Beibl ymateb yn aeddfed i emyn neu i gerdd Gristnogol a dirnad ei hanfodion mewn modd gweddol gyffelyb i'r awdur ei hun?[154]

Dyma gwestiwn a drafodir ganddo mewn sawl man arall, ac nid oes angen ailadrodd ei ddadleuon yn y fan hon. Eto, dylid sylwi ar agwedd Bobi Jones wrth iddo gyflwyno'r ddadl hon unwaith yn rhagor: 'Nid ymddiheuraf serch hynny os yw'r ddadl yn hela pobl yn grac. Felly y mae hi i fod, ysywaeth.'[155] Mae'n gwbl ymwybodol o'r effaith y mae'i ddamcaniaethau yn ei chael ar ei ddarllenwyr, ond nid yw'n barod i gyfaddawdu ei theorïau er gwaethaf hyn. Nid yw ychwaith yn anobeithio wrth feddwl am y genhedlaeth o feirniaid llenyddol sydd yn codi na fyddant wedi profi Gras Arbennig: 'Ystyfnigaf a gwrthodaf fod yn ddiobaith ar y mater hwn.'[156] Dywed ymhellach:

> Yr wyf yn gwbl argyhoeddedig y gall doniau beirniadol person a'i amgyffrediad ieithyddol fod yn gyfryw, er ei fod yn 'ddi-gred', fel y gall ymateb yn fwy byw ac yn fwy hydeiml hyd yn oed i farddoniaeth Gristnogol nag y gall ambell Gristion ei hun. Hynny yw, nid credo yw'r unig ffactor penderfynol yn yr achos hwn: y mae doniau naturiol a meithriniedig yn ganolog.[157]

Ond ar y llaw arall dywed fod cryn dipyn o lenyddiaeth Gymraeg sy'n gweithio orau *'o safbwynt y llenorion eu hun'*[158] ac felly mae gan y Cristion fantais yn hyn o beth.

Diwedda'r erthygl drwy gyfeirio unwaith yn rhagor at y pietist, ac â mor bell â galw rhai o effeithiau'r meddylfryd pietistaidd ar lenyddiaeth yn 'Satanaidd'.[159] Tybia fod Hywel Teifi Edwards yn credu bod modd dosbarthu argyhoeddiadau Calfinaidd Bobi Jones o fewn i'r categori hwn oherwydd ei sylwadau ynghylch rheidrwydd Mawl. Mae Bobi Jones yn addo dychwelyd i'r gad ar y mater hwn rywbryd yn y dyfodol 'ond nid – a gaf gysuro pawb – nid ar dudalennau *Barn*'.[160] Dyna ddiwedd ar y trafod o du Bobi Jones am y tro: 'Ymlusgaf o faes y gad ar hyn o bryd a'i adael â'r frwydr yn anorffen, a'm cynffon rhwng fy ngaflau.'[161]

Hywel Teifi Edwards biau'r gair olaf yn y ddadl hon felly. Esbonia y dylai fod wedi dweud yr 'ychydig'[162] sydd ganddo i'w ddweud o hyd am Bobi Jones a'i Flodeugerdd ers amser, a diolcha i olygydd *Barn* am fod mor amyneddgar wrtho. Noda fod Bobi Jones eisoes wedi ymateb drachefn i'w ymateb anghyflawn ef, ond ei fod yn hawlio bellach iddo gilio o faes y gad â'i gynffon rhwng ei aflau. Wfftia'r syniad ei bod yn bosibl i Bobi Jones ei lusgo'i hun o'r frwydr mewn modd mor llipa, ac ni ddylai'r darllenydd deimlo trueni drosto:

> Bobi Jones sy'n siarad, cofiwch! Charles Bronson ein beirniadaeth lenyddol. Sawl 'pencampwr' truan y mae'r hen glatshwr moelddwrn wedi'u darn ladd

yn ei ddydd? Ac nid yw hwnnw drosodd eto, o bell fordd, mae'n dda gen i ddweud. Y mae'n riteiro, fel y gwelwch, ychydig frawddegau ar ôl dod i'r casgliad fod ganddo achos i 'led dybied' fy mod i'n 'credu'n ddidwyll' fod ei argyhoeddiadau Calfinaidd yn cyfyngu ar ei safbwynt beirniadol, ac y gall fod hynny'n golygu – yn ôl fel y mae R. M. Jones yn gweld pethau – fy mod i'n ei ystyried yn feirniad Satanaidd ei fryd. Fel Bronson mewn ale dywyll y mae R. M. Jones yn gallu bwrw dyn dan ei ên a'i gicio yn ei gerrig yr un pryd. O bob karate, y karate Calfinaidd yw'r un marwol.[163]

Mae Hywel Teifi Edwards fel petai'n mawrygu Bobi Jones am ei barodrwydd i baffio mewn trafodaeth lenyddol. Er nad yw'n cytuno â'i safbwynt o bell ffordd, gwêl hyn yn rhinwedd am ei fod yn ychwanegu blas a lliw at drafodaethau llenyddol: 'Diolch i'w Galfiniaeth ef a Marcsiaeth Gareth Miles, y naill mor rhonc â'r llall, ni raid i neb ofni fod ein bywyd llenyddol yn ddiflas ddiberygl.'[164]

Yn yr ail ran hon o'i ymateb mae'n cyfeirio'n gyntaf at yr ail erthygl yng nghyfres driphlyg Bobi Jones, sef y drafodaeth am (ddiffyg) chwaeth lenyddol Hywel Teifi Edwards. Gwrthwyneba'r modd y dyfynnodd Bobi Jones ambell bennill disglair o emynau er mwyn cadarnhau ei safbwynt gan anwybyddu'r penillion hynny lle y mae'r mynegiant yn sych ac anniddorol. Dywed am Ann Griffiths, er enghraifft: 'Onid yw nifer o emynau Ann Griffiths yn gymysgfa o'r gwych a'r carbwl, y naill foment yn loyw annisgwyl ei dweud a'r llall yn ddiflas dreuliedig?'[165] Gwrthwyneba hefyd y modd y mae Bobi Jones yn dyfynnu 'barn glewion o bob rhyw yn garn cyfleus i'w resyndod', ond mae'n gysur iddo nad yw:

> R. M. Jones yn *gyson* barchus o farn y tystion y mae'n eu galw i'w gynnal yn llys yr emyn. A yw am imi ei atgoffa o rai o'r pethau y mae wedi eu dweud o bryd i'w gilydd am chwaeth trueiniaid fel John Morris-Jones, W. J. Gruffydd, T. H. Parry-Williams, Saunders Lewis 'et al'? Y mae ei amarch catholig wedi'n difyrru i gyd ers blynyddoedd. Hir y parhaed.[166]

Gorffen ei erthygl drwy ddweud mai cystal iddo dewi gan nad oes modd iddo argyhoeddi Bobi Jones, a phetai gofyn iddo ail-lunio'r Flodeugerdd wedi eu hymryson mae Hywel Teifi Edwards yn argyhoeddedig mai'r un gyfrol yn union a gaem: 'Ni allai lai nag ufuddhau i'w Galfiniaeth.'[167] Dywed hefyd fod yr ymateb a gafwyd gan Bobi Jones wedi gorffen yn yr union fan y disgwyliai, sef 'yng nghors ddiwinyddol Ni a Nhw'.[168] Nid yw Hywel Teifi Edwards yn derbyn y theori am Ras Arbennig, a dadleua y dylai llenyddiaeth fod yn gyfrwng i'n galluogi i gyfranogi o brofiadau pobl eraill ac i'n goleuo ynghylch safbwyntiau eraill:

A yw llenyddiaeth Gristnogol yn fwy o broblem yn hyn o beth na llenyddiaeth serch? Petai dyn heb erioed lawn ddeffro'n rhywiol a allai werthfawrogi rhai o gywyddau Dafydd ap Gwilym, dyweder, cystal â'r boi a fyddai'n gallu codi o'i brofiad at eu her?[169]

I Hywel Teifi Edwards ni ddylai fod lle i garfanu yn 'Ni a Nhw' yn nheyrnas llenyddiaeth. Y cyfan yw techneg o'r fath yn ei olwg ef yw 'heresi handi pan yw beirniad am amddiffyn rhagfarnau personol sy'n ei orfodi i weld gogoniannau llenyddol lle nad oes dim o'r fath yn bod'.[170] Tyn sylw at gyhuddiad Bobi Jones ei fod yn methu gwahaniaethu rhwng y pietist a'r Calfinydd a'i fod yn tadogi beiau pietistiaeth ar Galfiniaeth yn anghyfiawn, ond ei ymateb i'r cyhuddiad hwn yw'r sylw nodweddiadol o chwareus: 'Yn ôl tystiolaeth ei Flodeugerdd brawd tagu yw mogu.'[171]

Ymryson rhwng cloriau

Nid yw cynnal dadleuon ar ffurf erthyglau mor nodweddiadol o Bobi Jones yn ei gyfnod diweddar, fodd bynnag. Erbyn blynyddoedd olaf yr ugeinfed ganrif, y ffordd fwyaf cyffredin sydd ganddo o ymateb i'w adolygwyr yw drwy gynnig sylwadau uniongyrchol neu anuniongyrchol mewn cyhoeddiadau diweddarach. Ac nid ymateb i unigolion yn unig a wna yn ei gyhoeddiadau ychwaith. Gwelir ef, hwnt ac yma, yn ymateb i dueddiadau'i oes neu i fudiadau penodol. Pietistiaeth a Rhyddfrydiaeth ddiwinyddol oedd yr arch-elynion adeg cyhoeddi *Llên Cymru a Chrefydd* (1977), er enghraifft, ac Ôl-foderniaeth sy'n pryfocio ymateb ganddo adeg cyhoeddi'r drioleg *Mawl a'i Gyfeillion* (2000), *Mawl a Gelynion ei Elynion* (2002) a *Beirniadaeth Gyfansawdd* (2003). Daw'r arfer hon i'r amlwg hyd yn oed mewn cyfrol anacademaidd fel *O'r Bedd i'r Crud*: dywed yno mai rhan o'i ysgogiad dros lunio'r gyfrol oedd gwrthdystio yn erbyn yr anwybyddu a welodd ar Dafod ym maes dysgu iaith: 'Colli Tafod fu'r prif gymhelliad imi geisio llunio hyn o Hunangofiant Tafod. Protest Tafod yw'r nodiadau hyn oll.'[172]

Ond mae yna un ysgolhaig yr aeth Bobi Jones benben ag ef yn fwy na neb arall yn ystod y blynyddoedd diwethaf, sef ei gyn-gydweithiwr, John Rowlands. Nid yw'r gwrthdaro hwn wedi ei gyfyngu'n daclus i gyfres o lythyrau neu adolygiadau, fodd bynnag; yn hytrach cymer ffurf sylwadau ar wasgar yma ac acw mewn amryw gyhoeddiadau.

Nid yw'r gwrthdaro hwn yn annisgwyl ar sawl ystyr. Nid yw'n annisgwyl yn y lle cyntaf am fod y ddau feirniad hyn yn ymagweddu'n gwbl wahanol at Gristnogaeth, a'u rhagdybiau gwahanol ynghylch crefydd yn peri iddynt ddarllen testunau o gyfeiriadau gwahanol. Fel y nododd John Rowlands:

> Teimlaf fy hun fod Bobi Jones yn gorawenu gormod ynglŷn ag argyhoeddiadau crefyddol Daniel Owen wrth honni 'ei fod ei hun yn llefaru o'r tu fewn i brofiad cyflawn Cristion wedi'i atgenhedlu'. Darllenais innau'r nofelau drwy sbectol gwbl wahanol iddo ef, a chanfod ynddynt feirniadaeth oblygedig ar grefydd.[173]

Yn yr un adolygiad, sy'n trafod ymdriniaeth Robert Rhys â gwaith Daniel Owen, dywed John Rowlands: 'Mi dybiaf fod Robert Rhys yn rhannu'r un argyhoeddiadau â Bobi Jones, ond ceisia'i orau glas i bwyso a mesur gwahanol ddadleuon yn gytbwys.'[174] A'r awgrym felly yw bod Bobi Jones yn methu pwyso a mesur dadleuon yn gytbwys am fod ei argyhoeddiadau crefyddol yn ei rwystro. Dywed John Rowlands ymhellach am waith Robert Rhys: 'Mae'r bennod ar *Enoc Huws*, fodd bynnag, yn dangos dawn Robert Rhys i ddadansoddi testun heb i'w ragdybiadu syniadol fod yn gloffrwym arno'[175] – sylw sy'n awgrymu bod John Rowlands yn gweld rhagdybiau Calfinaidd neu efengylaidd yn fwy o gloffrwym na rhagdybiau eraill a bod y beirniad sy'n cyfranogi ohonynt yn llai tebyg o feirniadu'n 'niwtral'.

Nid yw'r gwrthdaro hwn yn annisgwyl ychwaith am fod John Rowlands yn ddrwgdybus o dueddiadau Strwythurol Bobi Jones. Dywed Robert Rhys wrth adolygu *Cnoi Cil ar Lenyddiaeth* John Rowlands:

> Nid yw'r math o wrthrychedd a gynigir gan feirniadaeth ffurfiolaidd yn dderbyniol chwaith – 'tuedd y math yna o feirniadaeth yn y pen draw yw estheteiddio llenyddiaeth, a'i gwneud yn degan i'w fwytho neu'n gêm wyddbwyll i'w chwarae.'[176]

Ystyrir John Rowlands gan Bobi Jones, ac eraill, yn un o gefnogwyr neu arloeswyr Ôl-foderniaeth yng Nghymru. Fel hyn y disgrifiodd Bobi Jones ef a'i gyfraniad i feirniadaeth lenyddol gyfoes yn *A Guide to Welsh literature c.1900–1996*: 'the central figure had been John Rowlands, whose positive attitude to the latest trends has fused a number of strands in contemporary ideas as seen in that stimulating collection, *Sglefrio ar Eiriau*'.[177] Ceir beirniadaeth awgrymog yn ymhlyg yn y disgrifiad hwn, sef bod John Rowlands yn plygu'n chwiwus i'r 'latest trends' ac yn cael ei arwain ar gyfeiliorn gan bob ffasiwn newydd.

Crynhoir nifer o wrthwynebiadau John Rowlands i feirniadaeth Bobi Jones mewn dau dudalen yn y rhagymadrodd i *Sglefrio ar Eiriau*. Yno mae'n disgrifio Bobi Jones fel 'ein beirniad cyfoes mwyaf gwreiddiol a chynhyrchiol',[178] ac yn yr un anadl mae'n annog pobl i fod yn fwy beirniadol o'i syniadau: 'Ond y parch goraf y gallwn ei dalu i'r beirniaid hyn yw gwyntyllu eu syniadau, a bod â'r gonestrwydd i fynegi'r farn eu bod yn cyfeiliorni os dyna a feddyliwn.'[179] A dyna'n union a wna ef ei hun. Wrth gyfeirio at y datblygiadau a welwyd ym maes beirniadaeth lenyddol yn ystod y blynyddoedd diwethaf, mae'n oedi i ddyfalu beth fyddai ymateb Bobi Jones iddynt: 'Fe fydd Bobi Jones yn tueddu i'w ystyried fel strancio llencynnaidd braidd yn erbyn awdurdod neu safon, ac fel amlygiad digon dealladwy o anufudd-dod cynhenid dyn.'[180] Cyfeiria hefyd at sylw a wnaed gan J. E. Caerwyn Williams (wrth adolygu *Cnoi Cil ar Lenyddiaeth* (1989) John Rowlands) am duedd Marcsiaeth i 'hawlio mai ganddi hi'n unig y mae'r allwedd i wir ac i ddilys feirniadaeth lenyddol'.[181] Beirniada Caerwyn Williams am beidio ag ymateb yr un mor chwyrn yn erbyn yr honiad 'cwbl ddigymrodedd'[182] a wna Bobi Jones ynghylch 'yr unig feirniadaeth lenyddol gyflawn' yn *Llên Cymru a Chrefydd*, er enghraifft. Gwrthwyneba ei sylwadau am gyflawnder drwy ddweud:

> Ni chlywais i Raymond Williams a'i debyg yn honni bod unrhyw ddull beirniadol yn gallu 'barnu'n derfynol foddhaol', ac yn sicr nid yw cyflwyno unrhyw gyfundrefn 'gyflawn' yn rhan o fwriad y gyfrol hon [sef *Sglefrio ar Eiriau*] o gwbl. Rhan o broses digon meidrol ddarfodedig – ond pwysig oerch hynny – yw beirniadaeth. Daw i fod o fewn terfynau amser, ac y mae'n ysglyfaeth anorfod i amser.[183]

Cafodd Bobi Jones gyfle i ymateb i rai o'r sylwadau hyn ac i *Sglefrio ar Eiriau* ar ei hyd mewn adolygiad ohoni a gyhoeddodd yn *Barn*. Ar y cyfan, mae'n werthfawrogol iawn o'r gyfrol ('Dyma lyfr wrth fodd fy nghalon . . . Cynhwysa rai o ysgrifau beirniadol gorau y blynyddoedd diwethaf'),[184] ond mae'n defnyddio'r adolygiad er mwyn ymateb i rai o sylwadau John Rowlands amdano. Mae'n ymateb yn y lle cyntaf i'r sylw amdano fel un a fyddai'n gwrthwynebu 'strancio llencynnaidd' y feirniadaeth newydd:

> Rhaid i mi fod yn ofalus. Mae John Rowlands yn ei ragymadrodd i'r gyfrol newydd hon, *Sglefrio ar Eiriau* yn awyddus imi wisgo mwgwd yr archdraddodiadwr.[185]

Dywed fod hon yn ddelwedd y mae John Rowlands yn hoff o'i thadogi arno: 'Yn wir, dychwelodd ef am y milfed tro at yr un ddelwedd y mis diwethaf yn *Barn*.'[186] Rhydd yr argraff nad yw hyn yn ei boeni o gwbl gan fod John Rowlands yn gwybod yn iawn nad yw'n wir:

Tynnu coes y mae John Rowlands. Gŵyr yn burion fy mod yn dadlau yn yr union fan yna mai'r hyn sy'n llunio traddodiad yw gwrthryfel.[187]

Mae'r awgrym hwn bod John Rowlands yn tynnu coes yn dwyn i gof y math o baffio pryfoclyd a fu rhwng Bobi Jones a Hywel Teifi Edwards. Manteisia Bobi Jones ar y ffaith bod John Rowlands wedi defnyddio'r ddelwedd hon er mwyn ymhelaethu ar ei safbwynt. Dywed:

> Heblaw bod John Rowlands wedi codi'r ddelwedd hon ohonof, dichon mai perthnasol i'r gyfrol i gyd fyddai dilyn y pwynt hwn ychydig bach ymhellach.[188]

A dyma Bobi Jones unwaith yn rhagor yn bachu ar y cyfle i draethu ei safbwynt ei hun, a hynny ar draul adolygu'r gyfrol dan sylw – arfer sy'n arwydd amlwg o'i yriant a'i genhadaeth. Dywed, fodd bynnag, nad oes modd iddo fanylu 'fel hyn ar bob un camddehongliad a wneir o'm gwaith'[189] er y caiff ddychwelyd at un arall gan John Rowlands yn y man.

Cyfeiria at sylw yn rhagymadrodd *Sglefrio ar Eiriau* lle y dywed John Rowlands na chlywodd Raymond Williams a'i debyg yn honni bod unrhyw ddull beirniadol yn gallu 'barnu'n derfynol foddhaol'.[190] Ymateb Bobi Jones yw:

> Naddo yn union; ond y cwestiwn yw hyn – nid a gafwyd, yn Saesneg, ffynhonnell i'r theori hon, nac a gyflyrwyd ni gan hynny; eithr a yw'n gywir?[191]

Y pwynt olaf mae Bobi Jones yn ei grybwyll yw'r ffaith bod John Rowlands yn feirniadol o'r hyn a ddywed am berthynas Cristnogaeth â'r cysyniad o Werth neu Ddiben mewn llenyddiaeth.[192] Nid yw'n ymhelaethu ar y pwynt hwn ac nid yw'n fater sy'n codi'n uniongyrchol o ragymadrodd *Sglefrio ar Eiriau*. Trafododd Robert Rhys ragdybiau John Rowlands ynghylch gwerth neu ddiffyg gwerth llenyddiaeth yn ei ymdriniaeth â *Cnoi Cil ar Lenyddiaeth*:

> Cenir un o hoff gytganau beirniadaeth ddiweddar, sef nad oes yna'r fath beth â gwerth, dim ond ystyr ac arwyddocâd ac ideoleg. (Âi'r dadadeiladydd 'pur' gam ymhellach a gwadu ystyrlonedd y termau hynny hefyd.) 'Fe ddylem sylweddoli'n syth' meddai'r awdur 'nad yw sôn am safonau beirniadol gwrthrychol, neu am werth llenyddol absoliwt ond yn ddull o daflu llwch i'n llygaid, ac i ysgaru llenyddiaeth oddi wrth weithgareddau llenyddol bob dydd.'[193]

Ymateb yn ennyn ymateb 239

Mae ymateb Robert Rhys i'r gosodiad hwn yn un y gellid ei ddychmygu o enau Bobi Jones ei hun:

> Ond arddelwyr y safbwynt hwn sy'n taflu llwch i'n llygaid mewn gwirionedd, oherwydd byddant yn amlach na heb yn gweithio o fewn y canon, ac yn trafod y testunau 'safonol' hynny y mae elfen gref o gytundeb ynglŷn â'u gwerth. Bydd ambell un hyd yn oed yn barod, gan ddioddef pangau cydwybod bid siŵr, i feirniadu cystadlaethau eisteddfodol ac i wahaniaethu rhwng gweithiau llenyddol a'i gilydd ar sail . . . beth? Pam trafod *Cymru Fydd* yn hytrach na *Lluest y Bwci* neu *Y Practis* neu gyffelyb ddifyrion?[194]

Gwelir Bobi Jones yn ymateb droeon i feirniadaethau John Rowlands yn *Beirniadaeth Gyfansawdd*. Cyfeirir ato'n benodol wrth ei enw weithiau, er nad yw'n nodi ble y gwnaeth John Rowlands y sylwadau dan sylw nac yn dyfynnu ei union eiriau – arfer nodweddiadol o *Beirniadaeth Gyfansawdd* fel y nodwyd eisoes:

> Yn awr, yn ôl un feirniadaeth feddylgar gan yr Athro John Rowlands am y tipyn safbwynt hwn y mae Beirniadaeth Gyfansawdd ar yr olwg gyntaf fel pe bai'n bychanu'r holl ysgolion eraill – y Marcsiaid a'r Ffeminyddion dyweder, am nad ŷnt ond yn ffitio'n dwt i mewn i ddwy gornel fechan o Feirniadaeth Gyfansawdd.[195]

Cyfeiria yma at sylw gan John Rowlands yn y rhagymadrodd i *Sglefrio ar Eiriau*: 'Gall ef ganiatáu corneli bach i feirniadaeth ffeministaidd neu hyd yn oed Farcsaidd o fewn patrwm mawreddog ei "Feirniadaeth Lenyddol Gyflawn".'[196]

Yr awgrym yw bod Bobi Jones yn sarhau'r ysgolion hyn drwy eu dosbarthu o dan is-adran 'Cyd-ddyn' ym maes Deunydd Tafod. Gall fod yn arwyddocaol bod John Rowlands yn feirniad a gysylltir ar dro â'r ysgol Farcsaidd, fel y sylwodd Robert Rhys yng nghyswllt *Cnoi Cil ar Lenyddiaeth*:

> Ni all fod unrhyw bosibilrwydd yn nogma John Rowlands fod yr ideoleg am 'salwch' dyn yn cyfateb i'r gwirionedd. Nid oes gwirionedd, dim ond ideoleg, a'r unig ideoleg dderbyniol yw honno sy'n cefnogi'r dadansoddiad Marcsaidd.[197]

Amddiffyn Bobi Jones ei hun drwy ddweud:

> Dim o'r fath beth. Fel arall, mewn gwirionedd. Oherwydd, ar ryw olwg, gan bob un o'r ysgolion eraill hyn y mae'r sylwedd. Ganddyn nhw y mae'r deunydd ymarferol.[198]

Dywed mewn man arall nad yw 'tanlinellu lleoliad is-weithredol thema o fewn fframwaith cyflawn Beirniadaeth Gyfansawdd ddim yn bychanu dim ar werth pob gwedd yn ei thro'.[199]

Dro arall cyfeiria at feirniadaeth a wnaethpwyd gan John Rowlands ond heb ei enwi. Mae hyd yn oed yn cynnwys dyfyniad manwl o ragymadrodd *Sglefrio ar Eiriau*,[200] heb nodi ei ffynhonnell:

> Mynegir peth syndod gan ambell un fy mod yn meddwl y fath beth. Rhoddir ebychnod wrth y fath gysyniad: 'â ef mor bell ag awgrymu bod gwrthryfel yn elfen ddigon cydymffurfiol mewn traddodiad!' Ond nid wyf yn dweud dim chwyldroadol iawn y fan yna. Siarad yn ffurfiol yr wyf, fel bob amser.[201]

Mewn man arall dywed:

> Mentrais gysylltu'r ansoddair 'unochrog' â Marcsaeth. Hoffwn helaethu ychydig ymhellach ar yr ansoddair hwnnw gan i un beirniad synied fod y sylw ei hun o anghenraid yn unochrog.[202]

Ond yn achos nifer o'r enghreifftiau hyn, chwilio am ddadl rhwng y llinellau yr ydys. Gresyn na welwyd John Rowlands a Bobi Jones yn ymroi i ddadl lythyrau neu gyfres o erthyglau fel y gwelwyd yn achos Dewi Z. Phillips a Hywel Teifi Edwards, oherwydd byddai honno'n sicr wedi bod yn ymryson a fyddai wedi denu torf i wylio'r paffwyr hyn yn ochrgamu ac yn dyrnio yn y cylch.

Wrth edrych yn ôl ar ei ddadl â Bobi Jones ymhen rhai blynyddoedd, dywedodd Hywel Teifi Edwards:

> Roedd hi'n drafodaeth hwyliog iawn, y ddau ohonon ni'n credu'n bendant yn ein hochrau ein hunain. Rwy'n credu mai un o gyfraniadau a rhinwedd mwya' Bobi Jones yw ei fod yn annog gwrthymateb. Mae e'n gwbl ddigymrodedd ac mae hynny'n beth braf iawn, iawn.[203]

Mae'r sylw hwn yn arwyddocaol iawn. Er nad yw Hywel Teifi Edwards yn cytuno â safbwynt Bobi Jones, gall werthfawrogi ei gyfraniad oherwydd y gwrthymateb y mae'n ei ysgogi. Efallai fod rhan o gyfraniad Bobi Jones yn gorwedd nid yn gymaint yng nghynnwys ei ddadleuon ef ag yn y modd y mae'n pryfocio ymateb a gwrthymateb gan eraill, a'r modd y mae, drwy ei bersonoliaeth 'ddigymrodedd', wedi creu bywyd a chodi twrw ym maes astudiaethau llenyddol yn y Gymraeg.

Nodiadau

1. Pennar Davies a Bobi Jones, 'Dadl Lythyrau rhwng Dau Fardd: Barn Pennar Davies a Bobi Jones am "Cerddi Cadwgan"', *Baner ac Amserau Cymru* (23 Rhagfyr 1953), t. 3.
2. Ibid. (3 Chwefror 1954), t. 5.
3. Bobi Jones, 'Beirniadaeth Lenyddol Bolemig – (2), *Y Faner* (8 Medi 1978), t. 15.
4. Am grynodeb o'i amryw ddadleuon academaidd gweler Karen Owen, 'Pwy, Beth yw Bobi Jones? – Dadl Bob Degawd', *Golwg* (13 Mawrth 1997), t. 19.
5. R. M. Jones, *Llên Cymru a Chrefydd* (Abertawe, 1977), t. 34.
6. Bobi Jones a Dewi Z. Phillips, 'Dadl: Beth yw Pwrpas Llenydda? Cwestiynau ymholwr i Bobi Jones, ynghyd ag atebion Calfinydd tlawd i Dewi Z. Phillips. Seiliedig ar y ddarlith lenyddol flynyddol yn Eisteddfod Bro Myrddin, 1974', *Y Traethodydd* (Ionawr 1975), t. 17.
7. Ibid., t. 44.
8. Ibid., t. 25
9. Ibid., t. 10.
10. Ibid.
11. Ibid., t. 11.
12. Ibid.
13. Ibid.
14. Ibid., t. 12.
15. Ibid.
16. Ibid., t. 14.
17. Ibid.
18. Ibid.
19. Ibid., t. 21.
20. Ibid., t. 19.
21. Ibid., t. 20.
22. Ibid., t. 21.
23. Ibid., t. 40.
24. Ibid., t. 41.
25. Ibid., t. 42.
26. Ibid.
27. Ibid.
28. Ibid., tt. 42–3.
29. Ibid., t. 43.
30. Ibid., t. 14.
31. Dewi Z. Phillips, 'Ai Bod yn Naïf yw Ceisio Bod yn Ddi-duedd?', *Y Traethodydd* (Hydref 1983), t. 199.
32. Ibid.
33. Ibid.
34. Ibid.
35. Ibid.
36. Ibid.
37. Ibid., t. 200.
38. Ibid.

[39] Ibid.
[40] Ibid.
[41] Ibid.
[42] Ibid., t. 201.
[43] Ibid.
[44] Ibid.
[45] Ibid., t. 202.
[46] Ibid.
[47] Ibid.
[48] Ibid.
[49] Ibid.
[50] Ibid., t. 203.
[51] Ibid.
[52] Ibid.
[53] Bobi Jones, 'Myth y Diduedd', *Y Traethodydd* (Ionawr 1984), t. 50.
[54] Ibid., t. 45.
[55] Ibid.
[56] Ibid.
[57] Ibid., t. 46.
[58] Ibid.
[59] Ibid.
[60] Ibid., t. 47.
[61] Ibid., t. 48.
[62] Ibid.
[63] Ibid.
[64] Ibid.
[65] Ibid., t. 49. Italeiddiwyd yn y gwreiddiol.
[66] Ibid.
[67] Ibid.
[68] Ibid.
[69] Ibid., t. 47.
[70] Ibid.
[71] Ibid.
[72] Ibid.
[73] Ibid.
[74] Ibid., t. 49.
[75] Ibid., t. 50.
[76] Bobi Jones, 'Dychwelyd at y Diduedd', *Y Traethodydd* (Ionawr 1985), t. 42.
[77] Ibid.
[78] Ibid.
[79] Ibid.
[80] Ibid.
[81] Ibid.
[82] Ibid.
[83] Ibid., t. 43.
[84] Ibid.
[85] Ibid., t. 44.

[86] Ibid., t. 42.
[87] Ibid., t. 47.
[88] Ibid., t. 45.
[89] Ibid.
[90] Ibid. Italeiddiwyd yn y gwreiddiol.
[91] Ibid.
[92] Bobi Jones a Dewi Z. Phillips, 'Dadl: Beth yw Pwrpas Llenydda?', t. 40.
[93] Hywel Teifi Edwards, 'Blodeugerdd y Cyfle a Gollwyd', *Barn*, 312 (Ionawr 1989), t. 38.
[94] Ibid., t. 39.
[95] Ibid., t. 38.
[96] Ibid., tt. 39–40.
[97] Ibid., t. 39.
[98] Gweler R. M. Jones, 'Elfed – Llofrudd yr Emyn?', *Barn*, 182 (Mawrth 1978), tt. 83–5, a greodd gryn ymateb yn y wasg ar y pryd.
[99] Hywel Teifi Edwards, 'Blodeugerdd y Cyfle a Gollwyd', t. 39.
[100] Ibid.
[101] Ibid.
[102] R. M. Jones, 'Ymateb i Adolygiad', *Barn*, 313 (Chwefror 1989), t. 44.
[103] Ibid.
[104] Ibid.
[105] Ibid.
[106] Bobi Jones, 'Barddoniaeth yr 19eg Ganrif – I', *Barn*, 316 (Mai 1989), t. 35.
[107] Ibid.
[108] Ibid.
[109] Ibid.
[110] Ibid., t. 36.
[111] Ibid.
[112] Ibid.
[113] Ibid.
[114] Ibid., t. 37.
[115] Ibid.
[116] Ibid.
[117] Ibid.
[118] Bobi Jones, 'Barddoniaeth yr 19eg Ganrif – II', *Barn*, 317 (Mehefin 1989), t. 33.
[119] Ibid.
[120] Ibid.
[121] Ibid.
[122] Ibid.
[123] Bobi Jones, 'Barddoniaeth yr 19eg Ganrif – III', *Barn*, 318–19 (Gorffennaf/Awst 1989), t. 33.
[124] Ibid.
[125] Ibid.
[126] Ibid.
[127] Ibid., t. 34.
[128] Ibid., t. 33.
[129] Ibid., t. 35.

[130] Ibid.
[131] Ibid.
[132] Ibid.
[133] Ibid.
[134] Ibid., t. 36.
[135] Ibid.
[136] Hywel Teifi Edwards, 'R. M. Jones a'i Flodeugerdd', *Barn*, 321 (Hydref 1989), t. 9.
[137] Ibid.
[138] Ibid. Italeiddiwyd yn y gwreiddiol.
[139] Ibid.
[140] Ibid.
[141] Ibid.
[142] Ibid.
[143] Ibid.
[144] Ibid., t. 10.
[145] Ibid.
[146] Ibid.
[147] Ibid.
[148] Ibid.
[149] Ibid.
[150] Bobi Jones, 'Cerddi a'r Ysbryd', *Barn*, 325 (Chwefror 1990), t. 6.
[151] Ibid.
[152] Ibid.
[153] Ibid.
[154] Ibid.
[155] Ibid., t. 7.
[156] Ibid., t. 8.
[157] Ibid.
[158] Ibid., t. 9.
[159] Ibid.
[160] Ibid.
[161] Ibid.
[162] Hywel Teifi Edwards, 'R. M. Jones a'i Flodeugerdd', *Barn*, 326 (Mawrth 1990), t. 35.
[163] Ibid.
[164] Ibid.
[165] Ibid.
[166] Ibid., t. 36.
[167] Ibid.
[168] Ibid.
[169] Ibid.
[170] Ibid.
[171] Ibid.
[172] Bobi Jones, *O'r Bedd i'r Crud: Hunangofiant Tafod* (Llandysul, 2000), t. 154.
[173] John Rowlands, 'Darllen Nofelau – Darllen Awdur', *Y Traethodydd* (Ionawr 2003), t. 42.
[174] Ibid.

175 Ibid., t. 44.
176 Robert Rhys, 'Troi'r Beirniad yn Bamffletîr?', adolygiad o John Rowlands, *Cnoi Cil ar Lenyddiaeth*, *Barn*, 323–4 (Rhagfyr 1989/Ionawr 1990), t. 44.
177 R. M. Jones, 'The Present Situation', *A Guide to Welsh literature c.1900–1996*, gol. Dafydd Johnston (Cardiff, 1998), t. 287.
178 John Rowlands (gol.), 'Rhagymadrodd', *Sglefrio ar Eiriau* (Llandysul, 1972), t. x.
179 Ibid.
180 Ibid.
181 J. E. Caerwyn Williams, 'Golygyddol', *Ysgrifau Beirniadol XVII* (Dinbych, 1990), t. 13.
182 John Rowlands, 'Rhagymadrodd', *Sglefrio ar Eiriau*, t. xi.
183 Ibid.
184 Bobi Jones, 'Sglefrio ar Radicaliaid', adolygiad o *Sglefrio ar Eiriau*, *Barn*, 353 (Mehefin 1992), t. 37.
185 Ibid., t. 36.
186 Ibid.
187 Ibid.
188 Ibid.
189 Ibid., t. 37.
190 John Rowlands, 'Rhagymadrodd', *Sglefrio ar Eiriau*, t. xi.
191 Bobi Jones, 'Sglefrio ar Radicaliaid', t. 38.
192 Ibid., t. 39.
193 Robert Rhys, 'Troi'r Beirniad yn Bamffletîr?', t. 45.
194 Ibid., tt. 45–6.
195 R. M. Jones, *Beirniadaeth Gyfansawdd: Fframwaith Cyflawn Beirniadaeth Lenyddol* (Cyhoeddiadau Barddas, 2003), t. 65.
196 John Rowlands, 'Rhagymadrodd', *Sglefrio ar Eiriau*, t. x.
197 Robert Rhys, 'Troi'r Beirniad yn Bamffletîr?', t. 46.
198 R. M. Jones, *Beirniadaeth Gyfansawdd*, t. 65.
199 Ibid., t. 35.
200 John Rowlands, 'Rhagymadrodd', *Sglefrio ar Eiriau*, t. x.
201 R. M. Jones, *Beirniadaeth Gyfansawdd*, t. 86.
202 Ibid., t. 107.
203 Dyfynnwyd yn Karen Owen, 'Pwy, Beth yw Bobi Jones? – Dadl Bob Degawd', t. 19.

9

Gosod y darn olaf

Yn y gyfrol hon ceisiwyd amlinellu hanfodion theori driphlyg Bobi Jones, trafod eu hoblygiadau wrth feirniadu llenyddiaeth ac olrhain datblygiad y cysyniad o Feirniadaeth Gyfansawdd. Rhoddwyd sylw yn ogystal i lenyddoldeb gweithiau beirniadol Bobi Jones, yr ymateb a fu iddynt a'r ddeialog a gododd yn eu sgil. Ceisiwyd tafoli a gwerthuso'r agweddau unigol hyn yn eu tro, a gwneud awgrymiadau hwnt ac yma ynghylch eu gwerth a'u cyfraniad. Ond gorchwyl y bennod olaf hon fydd rhoi sylw penodol i dafoli gwerth Beirniadaeth Gyfansawdd Bobi Jones a dod i gasgliadau ynghylch ei gyfraniad i ddisgwrs llenyddol Cymru a'r byd yn gyffredinol. Ystyrir y gwahanol weddau ar feirniadaeth lenyddol Bobi Jones a cheisio ateb y cwestiwn – a oes gwrthrych i'w addoli yn y drindod hon?

Drwy wneud Tafod yn ganolog i'w ysgrifeniadau beirniadol, cyflwynodd Bobi Jones syniadau ieithyddol Saussure a Guillaume i drafodaethau llenyddol Cymraeg. Gwnaeth gysyniad y wedd anweledig ar iaith yn hysbys i'r gynulleidfa Gymraeg. Dichon na ddywedodd ddim newydd am Dafod fel y cyfryw, ond trwy ei drafod tynnodd sylw at ei fodolaeth a gorfodi ei ddarllenwyr i'w ystyried. Y peth gwreiddiol a wnaeth Bobi Jones mewn perthynas â Thafod oedd ei ddefnyddio i oleuo meysydd dysgu iaith a llenyddiaeth, ac ni wyddys am yr un adolygiad neu sylwebydd a gwestiynodd ei gasgliadau yn y meysydd hyn. Ni chafwyd yr un brotest yn erbyn Tafod, gan fod y cysyniad hwn yn un gweddol annadleuol, fel y sylwodd Bobi Jones ei hun: 'Os yw hyn yn wir, ac ni welais yr un ddadl yn ei erbyn (na'i ddisgwyl chwaith)'.[1] Treuliodd Bobi Jones gyfran helaeth o'i yrfa yn amddiffyn Tafod, nid oherwydd bod dadlau yn ei gylch, ond am iddo gael ei anwybyddu. Drwy bwysleisio Tafod, pwysleisiodd Bobi Jones wedd ar lenyddiaeth a oedd ar goll o drafodaethau Cymraeg cyn hyn, sef cyn-arddulleg. Gellid synio mai ef a fu'n rhannol gyfrifol am boblogeiddio'r term hwn mewn trafodaethau theoretig Cymraeg diweddarach, er enghraifft yng ngwaith Tudur Hallam.² Gellid hefyd awgrymu, fodd bynnag, iddo syrffedu ei gynulleidfa drwy bwysleisio'r wedd hon ar lenyddiaeth dro ar ôl tro. Gwendid arall yn ei ymdriniaeth â Thafod yw ei fethiant i drafod Deunydd Tafod mewn unrhyw fanylder, fel y nodwyd ym mhennod dau.

Nodwyd eisoes fod bylchau yn ei ymdriniaeth â Mynegiant. Nid ymroddodd o gwbl i theoreiddio am faes Mynegiant, na manylu ar y systemau y gellid eu canfod ynddo. Mae diffyg cyfrol benodol ar Fynegiant yn gadael bwlch amlwg yn ei brosiect beirniadol ac yn peri anghydbwysedd, gan fod sawl cyfrol wedi ei neilltuo i drafod Tafod a Chymhelliad ill dau. Gellid tybio bod ei amharodrwydd i gyhoeddi'n benodol ar faes Mynegiant yn deillio'n rhannol o'i ddiffyg diddordeb ynddo, ac o bosibl yn adlewyrchu'r ffaith nad oedd dim newydd ganddo i'w ddweud am y maes yn benodol. Mae'r enghreifftiau o Feirniadaeth Fynegiant a geir ganddo – er yn ffres ac yn egnïol – yn dilyn confensiynau darllen clòs, yn gyffredinol. Y peth gwreiddiol a wnaeth yn achos Mynegiant, fel y sylwyd ym mhennod pedwar, oedd ei *leoli* fel cyrchfan dibennol ei Feirniadaeth Gyfansawdd a dysgu sut y mae Tafod a Chymhelliad yn effeithio arno yn eu tro.

Diau mai ymdriniaeth Bobi Jones â maes Cymhelliad yw'r wedd fwyaf diddorol a gwreiddiol ar ei Feirniadaeth Gyfansawdd, a'r un fwyaf dadleuol. Drwy ddefnyddio cyfuniad annisgwyl o syniadau Guillaume a dehongliad 'ysgol' o ddiwinyddion Calfinaidd o'r Iseldiroedd a Gogledd America, cyflwynodd Bobi Jones ddamcaniaeth newydd a heriol ynghylch ysgogiad dyn i lenydda a bod yn greadigol. 'Gwendid' anorfod y wedd hon ar theori Bobi Jones yw ei bod yn cyfyngu ar ei gynulleidfa yn ddramatig, ac yn dieithrio cyfran helaeth o ddarllenwyr Cymru. Yn gyffredinol, ni fydd gweddau damcaniaethol y cyfrolau hynny sy'n trafod Cymhelliad ond yn apelio at Gristnogion sy'n derbyn damcaniaethau Bobi Jones ynghylch Mawl, a'r modd y mae'n pwyso ar y Beibl fel prawf terfynol o eirwiredd ei theori. Y perygl yw y bydd darllenwyr yn gwrthod dehongliad triphlyg Bobi Jones o Feirniadaeth Gyfansawdd am na allant dderbyn y wedd hon, a hynny am resymau diwinyddol. Yn ychwanegol at hyn, rhan bwysig o drafodaethau Bobi Jones ym maes Cymhelliad yw'r sylwebaeth a gynigia ar Ôl-foderniaeth, fel y sylwyd eisoes. Gellid cyfrif y ffaith ei fod yn trafod y mudiad hwn yn gyfraniad pwysig ynddo'i hun, gan ei fod yn dwyn gwendidau Ôl-foderniaeth i sylw'r darllenydd Cymraeg ac yn codi ystyriaethau a gwrthddadleuon o gyfeiriadau ieithyddiaeth, Cristnogaeth a'r Gymraeg. Wedi dweud hynny, mae'r safbwynt pedantig a dogmatig a gynigir ganddo yn tanseilio'i gyfraniad, i raddau.

Sylwyd ym mhennod 4 fod Angharad Price – a Bobi Jones ei hun – yn ystyried ei dawelwch ynghylch methodoleg Beirniadaeth Gyfansawdd yn fwlch yn ei ymdriniaeth. Dyfarniad Angharad Price ar y mater oedd bod Bobi Jones yn osgoi'r cyfrifoldeb o roi ei theorïau ar waith. Cyfaddefodd Bobi Jones na cheisiodd feddwl yn drefnus ynghylch y modd y dylai'r beirniad cyfansawdd fwrw ati i feirniadu darn penodol o lenyddiaeth. Ceisiwyd dangos yn y bennod honno, fodd bynnag, fod Bobi Jones *yn* rhoi cyfarwyddyd ar sut i feirniadu llenyddiaeth yn ymarferol, ond y gwir yw nad oes llawer i wahaniaethu rhwng y beirniad cyfansawdd a'r 'Beirniad diymwybod rhamantaidd'[3] o ran methodoleg. Prin, os o gwbl, yw'r gwahaniaethau rhwng dulliau darllen Beirniadaeth Gyfansawdd a darllen clòs: yr ymwybyddiaeth gefndirol yn unig sy'n gwahaniaethu'r naill oddi wrth y llall.

Efallai ei bod yn annheg edliw i Bobi Jones y 'bwlch' hwn yn ei brosiect, fodd bynnag, gan nad yw theori lenyddol yn gyfystyr â dull darllen bob tro. Fel y nododd Ann Jefferson a David Robey: 'Literary theory can simply be a means of reflection on that practice without necessarily prescribing the forms it should take.'[4] Gwnaeth Bobi Jones hi'n hollol eglur mai 'tiriogaeth' beirniadaeth lenyddol yn hytrach na'i 'thechnegau' a aeth â'i fryd. Er mor ddeniadol o 'glyfar' ydyw mewn ffordd i chwilio am 'fylchau' ym mhrosiect Bobi Jones, rhaid cwestiynu dilysrwydd rhoi'r teitl 'bwlch' ar adran nad oedd erioed yn rhan o'r cylch gorchwyl a osododd Bobi Jones ar ei gyfer ei hun. Rhaid derbyn yn ogystal na chafodd Bobi Jones ryddid – am ei fod yn ddyn meidrol, wedi'r cyfan – i orffen pob rhan o'i brosiect fel y dymunai. Mae Bobi Jones yn wylaidd o realistig ynghylch yr hyn a gyflawnodd ym maes beirniadaeth lenyddol: dywed mai dim ond llwyddo i olrhain yr amlinelliad a wnaeth hyd yma:

> Gwaith cymharol elfennol a distadl, ar ryw olwg, fu hyn oll gennyf wrth ymdroi gyda beirniadaeth lenyddol o'r fath o gyfrol i gyfrol fel hyn. Ceisio olrhain y ffrâm yn unig yr oeddwn.[5]

Ym meddwl Bobi Jones mae'r holl agweddau hyn ar lenyddiaeth yn uno er mwyn cynnig paramedrau cyflawn i feirniadaeth lenyddol. Grwpiodd ei holl drafodaethau ym maes beirniadaeth lenyddol o dan ymbarél eang ei 'brosiect' llenyddol, ond cyn gwerthuso'r prosiect hwn fel cyfandod, rhaid cydnabod bod modd gwerthfawrogi'r amryw gorneli'n unigol. Gellid derbyn a gwerthfawrogi ymdriniaeth Bobi Jones â maes Tafod, er enghraifft, heb gymeradwyo'r hyn a gyflawnodd ym maes Cymhelliad. Mae modd gwirioni ar *Tafod y Llenor* a chasáu *Beirniadaeth Gyfansawdd* am eu bod yn trafod testunau gwahanol, yn perthyn i gyfnodau gwahanol ac am y pegwn â'i gilydd o ran arddull. A mabwysiadu termau Bobi Jones ei hun, gan fod cymaint o amrywiaeth o fewn undod y prosiect, gellid derbyn rhannau o theori lenyddol Bobi Jones heb dderbyn y darlun cyfan. Cyfunodd Bobi Jones amryw ddulliau gwahanol er mwyn cyflwyno'r darlun 'cyflawn' o lenyddiaeth y chwiliai amdano. Defnyddiodd ieithyddiaeth, diwinyddiaeth a darllen clòs, er enghraifft, er mwyn nesáu at lenyddiaeth. Yn wir, gellid awgrymu bod cymaint o amrywiaeth yn y prosiect hwn fel bod rhywbeth ynddo at ddant pawb.

Ond mae'r rhannau amrywiol hyn i gyd yn uno er mwyn creu cyfandod newydd yn ogystal. Daw'r holl agweddau hyn ar lenyddiaeth yn annatod glwm ym mhrosiect Bobi Jones, fel mai anodd yw eu trafod fel endidau ar wahân mewn gwirionedd. Gan fod Bobi Jones mor bendant y dylid ystyried y gwahanol weddau ar ei feirniadaeth yn un fenter feirniadol gyflawn, dylem ninnau eu hystyried felly hefyd. Yr ymgais hon i lunio prosiect neu fenter feirniadol yw'r wedd fwyaf cyffrous ar waith Bobi Jones yn ddiau ac mae'r modd y mae'n dynesu at y testun o sawl cyfeiriad gwahanol yn dwyn ffresni ac amrywiaeth i'r darlun. Yn wir, mae'r cyfuno hwn ar wahanol agweddau neu ddulliau beirniadol wedi ennyn edmygedd sawl beirniad. Dywed Robert Rhys y dengys:

> Bobi Jones (a wnaeth ymgais fwy llwyddiannus na'r un beirniad arall mewn unrhyw wlad i lunio prosbectws ar gyfer beirniadaeth gyfansawdd a haelfrydig) y dylid cynnwys cyd-destun diwinyddol yn ogystal â'r rhai mwy ffasiynol wleidyddol, a gofyn cwestiynau ynghylch agweddau at bwrpas ac ystyr a Duw.[6]

A soniodd Caerwyn Williams hefyd am y gwahanol gyfeiriadau yr ymchwiliodd Bobi Jones iddynt:

> Dywedodd mai ei fwriad fel beirniad llenyddol oedd estyn beirniadaeth i'r cyfeiriad a arloesodd J. Morris-Jones ar y naill law, a'i hestyn ar y llaw arall i'r cyfeiriad a arloesodd Saunders Lewis ac eraill. Nid oes un amheuaeth ei fod wedi llwyddo yn ei amcan; yn wir, fe ddywedwn mai ef yw'r damcaniaethwr llenyddol mwyaf a welodd llenyddiaeth Gymraeg.[7]

Mae'n amlwg bod y ddau feirniad hyn yn gweld ymgais Bobi Jones i lunio prosiect a chyfuno gwahanol ddulliau darllen ac ysgolion beirniadol o dan un faner yn rhinwedd. Teg nodi, fodd bynnag, nad yw pob beirniad yn unfryd ynghylch gwerth yr uchelgais hwn nac ymgais Bobi Jones i ganfod y darlun cyflawn. Mae Jerrry Hunter, er enghraifft, yn gwrthwynebu'n gryf honiadau Bobi Jones bod y fath beth yn bodoli:

Pa gyfanwaith? Drwy lygaid pwy y gwelir y cyfanrwydd hwn? Mentraf ateb mai cyfanwaith Bobi Jones ei hun sydd ganddo dan sylw, creadigaeth rethregol bersonol y mae'n ceisio ei dyrchafu'n wirionedd drosgynnol.[8]

Beirniada Bobi Jones am sylwadau a wna am y mudiadau ffeminyddol a Marcsaidd a'u hanallu i weld y goedwig gyfan am eu bod yn ffocysu'n ormodol ar goed unigol:

> Sut mae ef yn gallu gweld y goedwig gyfan? Beth yw'r hofrennydd beirniadol sy'n ei alluogi i godi uwchlaw'r ddaear ddamcaniaethol y mae beirniadaethau eraill wedi'u cyfyngu iddi?[9]

Amddiffyniad Bobi Jones yn erbyn beirniadaeth o'r fath yw hawlio mai gan y mudiadau unigol hyn y mae'r deunydd gwir gyffrous ac mai'r cyfan a wnaeth ef yw nodi'r amryw weddau ar feirniadaeth lenyddol – tasg nad yw'n ymddyrchafol, nac yn gofyn am fwy o ddawn na chrebwyll na'r beirniaid eraill, ond ei bod yn dasg wahanol i ysgrifennu beirniadaeth uniongyrchol. Eto, mae ei sylwadau (dirmygus, yn aml) ar y mudiadau eraill yn awgrymu uwchraddoldeb.

Oherwydd yr amrywiaeth a gynhwysir ym menter feirniadol Bobi Jones, mae'n anodd penderfynu i ba garfan o feirniaid neu ysgol feirniadol y mae'n perthyn. Galwodd J. E. Caerwyn Williams ef yn '[b]rif apostol strwythuraeth ieithyddol a llenyddol i'w gyd-Gymry'.[10] '[M]eddyliwr adeileddol'[11] ydyw yng ngolwg Simon Brooks yntau, teitl y mae Bobi Jones ei hun yn barod i'w dderbyn ar dro. Yn ei hunangofiant, dywed: 'Mewn ffordd, dod at y ffurfiolwyr a'r adeileddwyr llenyddol ar ôl dod yn adeileddwr ar fy mhen fy hun ym maes iaith, dyna a wneuthum, mewn anwybodaeth lenyddol ddwys.'[12] Yn ei ddarlith 'Tri Mewn Llenyddiaeth' mae bron yn ymffrostio yn y modd y mae'n ei gysylltu ei hun â'r ysgol strwythurol, ac yn nodi sut y mae'r ysgol honno'n cefnogi ei ragdybiau Calfinaidd ynghylch trefn yn y greadigaeth:

> Mae'r sawl sy'n astudio ffurfiau llenyddiaeth o'r safbwynt adeileddol, sef o'r safbwynt yr wyf i'n cyffwrdd ag ef yn ysgafn iawn yn y ddarlith hon, ac a fu'n weddol boblogaidd yn y saithdegau, yn gwneud un rhagdybiaeth. Y mae'n rhagdybio fod yna drefn ym mhobman.[13]

Ac eto, mewn erthygl yn *Barddas* mae'n hawlio nad yw'n strwythurwr: 'Ni bûm erioed yn adeileddwr (neu'n strwythurwr) yn yr ystyr honno [hynny yw strwythurwyr sy'n hawlio mai dyna'r unig ffordd ddilys o feirniadu]. Beirniad cyfansawdd wyf.'[14] Mewn man arall honna mai 'Adeileddwr anuniongred'[15] ydyw. Yn sicr, nid strwythurwr yn unig mo Bobi Jones; mae'n gweithio ar gynfas llawer ehangach. Dywed Bobi Jones am ei ddull adeg llunio *Seiliau Beirniadaeth*, er enghraifft: 'Nid ydys am haeru fod yr ymdriniaeth hon yn "adeileddol" yn yr ystyr gonfensiynol. Ceisiwyd priodi seico-mecaneg (Guillaumaidd) sy'n tarddu o'r traddodiad Aristotelaidd â'r traddodiad Cymraeg theoretig a rhethregol a dderbyniwyd gan Einion Offeiriad.'[16] Nid yw'n adeileddol yn yr ystyr gonfensiynol oherwydd yr holl ystyriaethau ychwanegol a rydd i'r darlun, gan gynnwys, er enghraifft, ystyriaethau diwinyddol. Yn wir, dywedodd yn *Barddas* mai'r ysyriaethau diwinyddol hyn fu'r prif rwystr iddo ddilyn dysgeidiaeth ysgol Guillaume i'r pen a throi'n athronydd adeileddol: 'yr oeddwn eisoes (fel Calfinydd) yn ymddiddori yng Nghymhelliad neu Ddiben llenyddiaeth.'[17] Yn baradocsaidd bron, mae Bobi Jones hefyd yn arddel nifer o nodweddion arddull a gysylltir yn draddodiadol â'r mudiad Ôl-strwythurol ond ni ellid hawlio ei fod yn perthyn i'r mudiad hwnnw o ran athroniaeth, er ei fod yn ymylu ar hynny weithiau fel y sylwodd Simon Brooks: 'Yng ngwaith R. M. Jones, mae'r agwedd at burdeb yn tanlinellu'r hollt yn ei waith rhwng y dylanwad strwythurol a'r dylanwad *quasi*-ôl-strwythurol sydd arno.'[18] A sylwodd Tudur Hallam fod y sylw a roddodd Bobi Jones i 'rôl weithredol y darllenydd' yn enghraifft arall o 'natur aneglur y ffin rhwng strwythuraeth ac ôl-strwythuraeth'.[19]

Soniwyd eisoes am bwyslais Bobi Jones ar ddarllen clòs, pwyslais sy'n mynd yn groes (ar yr wyneb, o leiaf) i flaenoriaethau beirniaid theoretig, ac yn enwedig i'r ysgol strwythurol glasurol fel y'i portreedir gan Ann Jefferson: 'A structuralist approach will dispense with these linchpins of traditional literary history and criticism in order to reveal the signifying systems at work in literature.'[20] Nid yw Bobi Jones yn feirniad hawdd ei garfanu felly. Yn sicr, mae dylanwad strwythurol arno o du Guillaume, a gwelir hynny ar ei ffurf fwyaf amlwg yn ei awydd i ddadlennu systemau a pharamedrau llenyddiaeth. Gwelir hefyd ddylanwad Ffurfiolwyr Rwsia arno, yn enwedig Jakobson, a hynny yn ei drafodaethau ar Ffurf. Ond camarweiniol fyddai synied amdano fel strwythurwr neu ffurfiolwr 'pur', er mai ef yw'r strwythurwr amlycaf o ddigon a welodd beirniadaeth lenyddol Gymraeg. Yn wir, byddai Bobi Jones yn honni nad yw'r un o'r dulliau beirniadol hyn yn ddigonol ohonynt eu hunain: 'Beirniad cul fyddai hwnnw a geisiai fonopoleiddio beirniadaeth o dan un dull cyfyngedig.'[21] Ychwanega at y seiliau strwythurol hyn fframwaith diwinyddol Calvin, dylanwad y traddodiad Cymraeg (a'r traddodiad Mawl a Cherdd Dafod yn arbennig), ynghyd â phwyslais amlwg ar y math o ddarllen clòs a arddelwyd gan y Beirniaid Newydd, fel Leavis *et al*. Dyma gyfuniad anghyffredin o ddiddordebau beirniadol sy'n ei osod ar ei ben ei hun fel beirniad.

Gellid synio bod Bobi Jones wedi gwneud cyfraniad pwysig i'r drafodaeth lenyddol yng Nghymru drwy ymroi i lunio theori lenyddol o gwbl. Mae cyfradd ei gyhoeddi yn y maes, fel mewn nifer o feysydd eraill, yn ffenomen ynddo'i hun, fel y sylwodd Goronwy P. Owen: 'Un o ryfeddodau llenyddol y Gymru gyfoes yw cynhaeaf toreithiog yr Athro Bobi Jones, boed yn llenyddiaeth bur, yn ysgolheictod manwl neu yn feirniadaeth lenyddol adeiladol.'[22] Drwy ysgrifennu am theori yn Gymraeg bu gwaith Bobi Jones yn gatalydd i'r drafodaeth theoretig yng Nghymru, nid lleiaf ymysg pobl a anghytunai'n chwyrn â'i ddeongliadau llenyddol, a bu hyn yn gyfraniad gwerthfawr i'n llenyddiaeth. Dan ei ddylanwad ef daeth termau fel 'Tafod' a 'Mynegiant' yn rhan o ddisgwrs llenyddol y bywyd academaidd Cymraeg, a gwnaeth lawer i gyflwyno gwaith theorïwyr eraill i brif ffrwd efrydiau llenyddol Cymraeg. Drwyddo ef daeth darllenwyr Cymru i wybod am waith Gustave Guillaume, fel y sylwodd J. E. Caerwyn Williams:

> Efallai mai'r cyflwyniad gorau i ieithyddiaeth Guillaume yn yr iaith Ffrangeg yw M. Wilmet, *Gustave Guillaume et son école linguistique* (1972), ond prin y bydd ar Gymro angen amgenach cyflwyniad na gwaith yr Athro R. M. Jones.[23]

Dywed ymhellach fod gwaith Bobi Jones yn gorfodi'r darllenydd i ailystyried sylfeini llenyddiaeth ac yn codi cwestiynau newydd ynghylch natur llenyddiaeth. Felly, hyd yn oed os na all y darllenydd gydsynio'n llwyr â holl syniadau beirniadol Bobi Jones, rhaid cydnabod iddo lwyddo i gyflwyno ystyriaethau amgen ac amrywiol i drafodaethau ar lenyddiaeth yng Nghymru.

Ond nid ysgrifennu am theori yn Gymraeg yn unig a wnaeth Bobi Jones, eithr ymroi i lunio theori oedd yn 'Gymraeg' neu'n 'Gymreig' yn ei hanfod. Yn *Beirniadaeth Gyfansawdd* mae'n dadlau na ddylai'r Cymry ochel rhag theori a'i hystyried yn ffasiwn estron; dylent yn hytrach ei meddiannu'n llawn a'i haddasu i gyd-destun Cymru a'r Gymraeg. Wrth drafod yr hyn a wêl fel y ddau ymateb ystrydebol i theori yng Nghymru, sef 'ofni' neu '[dd]ynwared', dywedodd:

> Yn fy marn i, sut bynnag, y mae'n bwysig fod hyn oll yn cael ei agor yn llawn ac yn annibynnol gan rywrai yn y Gymraeg. Dylid bod yn feirniadol, fel Cymry, o'r datblygiadau hyn a'u gweld drwy'n sbectol ein hun. Nid amlinelliad ail-law sydd ei angen.[24]

Dywed ymhellach yn *Meddwl y Gynghanedd* mai 'Eisiau hunanlywodraeth feirniadol sy arnom yn y wlad hon'.²⁵ Ac mae protest yn erbyn yr hyn a ystyriai yn drefedigaethrwydd beirniadol yn nodwedd ar ragymadrodd y gyfrol hon ar ei hyd.

Ystyriai Bobi Jones ei drafodaeth ar Ffurf yn un a oedd yn perthyn i'r traddodiad Cymraeg, yn fath o ddychwelyd at Ramadegau'r Penceirddiaid. Honnodd yn ogystal iddo lunio'i theorïau ynghylch Mawl drwy syllu'n ôl ar yr hyn a eilw'n '[D]raddodiad Cymraeg'.²⁶ Honnodd ei fod yn camu i mewn i etifeddiaeth Einion Offeiriad, a chysyllta'i ddull darllen ym maes Mynegiant â'r traddodiad esthetaidd a rhamantaidd o nesáu at y testun unigol.

Gwnaeth Simon Brooks sylwadau pwysig yn *O Dan Lygaid y Gestapo* o blaid cael theori lenyddol Gymreig. Yno ceir dadansoddiad treiddgar ganddo o'r canlyniadau difaol sydd i Gymru pan fodlonir ar dderbyn theorïau llenyddol o'r tu allan:

> Pan drosglwyddir *episteme* newydd i'r gwledydd Celtaidd, un sydd wedi ei ffurfio yng ngwledydd mawr y Cyfandir, mae'n anochel y digwydd hynny ar ôl i reolau'r *episteme* gael eu pennu gan drafodaeth genedlaethol gwlad arall. Nid yn unig gall natur yr *episteme* fod yn ddiystyrol o fuddiannau'r wlad ymylol, neu hyd yn oed yn wladychol, ond, ar ôl cyrraedd yn hwyr, bydd yr *episteme* a fewnforiwyd yn aros yn hwy nag a wna yn y wlad wladwriaethol, a chaiff ei ystyried maes o law gan y diwylliant gwladwriaethol yn nodwedd anachronistaidd ar y diwylliant ymylol. Golyga hynny fod *episteme* y wlad ymylol 'ar ei hôl hi' o hyd, a'i bod yn llai abl o ganlyniad i wrthsefyll y disgwrs llywodraethol nesaf pan anfonir hwnnw draw ymhen cenhedlaeth neu ddwy gan y byd Saesneg neu Ffrangeg.²⁷

Gwnaeth Bobi Jones fwy na neb i wrthweithio sefyllfa drefedigaethol o'r fath. Dywed J. E. Caerwyn Williams mai un o 'gymwynasau' mawr Bobi Jones â'r genedl oedd ei fod yn *Seiliau Beirniadaeth* yn 'trafod egwyddorion beirniadaeth lenyddol adeileddol yn gyfan gwbl yng nghyd-destun y Gymraeg a'i llenyddiaeth'.²⁸ Ac mae'n amlwg bod Jerry Hunter yn ystyried gwaith Bobi Jones yn gyfraniad pwysig i'r un cyfeiriad, oherwydd disgrifia ef fel 'un o'r theorïwyr pwysicaf a gafodd beirniadaeth lenyddol Gymreig yn yr ugeinfed ganrif',²⁹ gan ddweud bod *Ysbryd y Cwlwm* yn 'ffrwyth blynyddoedd o ddamcaniaethu sydd o'r pwys mwyaf i hanes theori lenyddol Gymreig'.³⁰ Drwy ymroi i lunio theori lenyddol a oedd wedi ei gwreiddio yn y traddodiad Cymraeg, a thrwy dynnu sylw ei ddarllenwyr yn gyson at natur Gymreig ei ddamcaniaethau, gwnaeth Bobi Jones gyfraniad at ddiarddel y rhagfarn y cyfeiriodd M. Wynn Thomas ati, sef bod theori nid yn unig yn 'un-Welsh' ond hefyd yn 'English'.³¹

Cymhellwyd Bobi Jones i lunio theori lenyddol Gymreig am ei fod yn awyddus i Gymru beidio â chael ei gadael ar ôl yn y pethau hyn. Teimlai gyfrifoldeb dros bobl Cymru a dymunai iddynt estyn eu meddyliau a chofleidio datblygiadau newydd ym maes beirniadaeth. Dyma ran o'i gymhelliad dros ei gyfyngu ei hun i gyhoeddi yn Gymraeg yn unig. Dywed yn *Seiliau Beirniadaeth*:

> Ac er bod datblygu beirniadaeth lenyddol i gyfeiriad newydd yn boenus i efrydwyr rhigolgar ac yn ymddangos yn fygythiad anweddus i ambell feirniad rhyddfrydig, y mae'r rhagosodiadau neu'r seiliau sy'n rhagflaenu unrhyw fyfyrdod difrif ynghylch natur a phosibiliadau llenyddiaeth, bellach yn dod yn fwyfwy gwyddonol; a thlawd fyddai'r wlad neu'r iaith honno lle yr ymfodlonid ar aros gyda dulliau ac amgyffrediad beirniadol chwarter canrif yn ôl, y dulliau ysgrifol, argraffiadol, goddrychol rhamantaidd. Fe fydd y datblygiad mewn theori yn miniogi ac yn atrefnu beirniadaeth ddisgrifiadol, er na bydd yn ei disodli.[32]

Ond ar y llaw arall mae Bobi Jones yn gwylltio pan fo'r Cymry Cymraeg yn dilyn yn slafaidd ffasiynau llenyddol sy'n ymddangos yn y byd Eingl-Americanaidd neu'r Cyfandir: 'Dylid nodi'r ymateb Cymraeg arall, yr un mor drefedigaethol, sef dynwared y "ffasiynol".'[33] Ceisiodd ddarganfod math o fan canol rhwng yr eithafion hyn drwy ei Feirniadaeth Gyfansawdd.

Mae'r pwyslais hwn ar Gymru, ei thraddodiad llenyddol a'i hiaith, sy'n rhedeg trwy waith Bobi Jones, yn codi'r cwestiwn i ba raddau y mae modd cymhwyso ei theorïau at lenyddiaethau gwledydd eraill. Yn wir, a oes modd cymhwyso'r theorïau hyn at unrhyw sefyllfa y tu allan i Gymru? A yw ymdriniaethau Bobi Jones â maes Tafod yn dal dŵr dim ond ym maes llenyddiaeth Gymraeg, sydd yn dyrchafu'r gynghanedd, er enghraifft? Neu a yw ei theorïau ynghylch Cymhelliad llenyddol ond yn argyhoeddi oherwydd y traddodiad canu mawl a fu yng Nghymru?

Gellid dadlau bod modd cymhwyso dehongliad cyffredinol Bobi Jones ynghylch paramedrau beirniadaeth lenyddol at bob llenyddiaeth yn y byd. Mae'r hyn a ddywed ynghylch adeiladwaith mewnol llenyddiaeth – Tafod, Cymhelliad a Mynegiant – yn ddigon eang a chyffredinol fel y gellid ei gymhwyso at bob cyd-destun. Mae'r drafodaeth benodol ar Fawl, neu nodweddion technegol y gynghanedd, yn fater arall, fodd bynnag. Ni fyddai pob cymdeithas lenyddol na diwylliant yn gallu uniaethu â'r trafodaethau ar Fawl neu Ffurf, er enghraifft. Yn wir, ni fyddai pawb o fewn y diwylliant Cymraeg yn gallu gwneud hynny, a chydnabu Bobi Jones fod y ffactorau hyn yn gallu eu hamlygu eu hunain yn wahanol

Gosod y darn olaf 255

mewn traddodiadau gwahanol. Dywed mewn ôl-nodyn i'w ddarlith 'Tri Mewn Llenyddiaeth', er enghraifft, sy'n trafod Ffurf llenyddiaeth:

> Mydryddiaeth Gymraeg yn unig sydd dan sylw yn y ddarlith hon, er bod y dull o weithio drwy ailadrodd a chyferbynnu yn aros yn gyffredinol wir . . . Ond nid wyf wedi taro wrth unrhyw gyfundrefn brydyddol lle nad yw'r un method dadansoddol hwn yn gwbl atebol, er y gall natur yr 'acenion' neu fewnwead corfan wahaniaethu.[34]

Ac wrth drafod Cymhelliad yn *Llên Cymru a Chrefydd* gwahaniaetha Bobi Jones rhwng llenyddiaethau 'gwledydd poblog' a 'llenyddiaethau amhoblog y byd, sydd dan berygl'.[35] Dywed fod yr ymchwil am bwrpas yn fwy amlwg yn yr ail ddosbarth, ac o'r herwydd bod mantais gennym yng Nghymru wrth ddeall natur Cymhelliad:

> Fe gredaf fod yr ymwybod yma o bwrpas yn rhwyddach i'w amgyffred mewn gwlad fel Cymru. Mae hi'n wlad fechan y gallwn ei hadnabod yn weddol yn ei chyfanrwydd. Mae hi hefyd yn genedl sy'n wynebu'r dewis rhwng bod ac anfod.[36]

Ni olyga hyn fod Cymru'n unigryw, fodd bynnag, ac na ellid cymhwyso theori Cymhelliad at lenyddiaethau eraill, yn enwedig llenyddiaethau 'amhoblog' eraill. Pan holwyd Bobi Jones yn benodol ynglŷn â hyn, dywedodd fod yr hyn a ddywed am Fawl yn wir ym mhob llenyddiaeth, ond ei bod yn amlycach i'r Cymry oherwydd y traddodiad canu mawl sydd yn y Gymraeg. Gall llenyddiaeth Gymraeg felly ddangos rhywbeth i lenyddiaethau gweddill y byd ynghylch natur Cymhelliad: 'Mae gan Gymru rywbeth i'w ddweud wrth lenyddiaethau eraill.'[37]

Yn ogystal â hyn cyfrannodd Bobi Jones at drafodaethau rhyngwladol ynghylch theori. Soniwyd yn y bennod ar Dafod am y derbyniad ffafriol a gafodd ei drafodaeth ar theori iaith plant ymysg ieithegwyr Québec yn bennaf, a sylwodd Simon Brooks ar y modd y cyfrannodd Bobi Jones at y drafodaeth am theori lenyddol yn Ffrainc yn ogystal:

> Ond cyfrannodd Jones ei hun at y drafodaeth fetropolitan am theori, a hynny yn Ffrainc. Gw., e.e., 'Theory of genre' yn *Grammaire generative transformationnelle et psychomecanique du langage*, Lille, 1973.[38]

Ni ddylem anghofio ychwaith am y cyfraniad deublyg a wnaeth Bobi Jones drwy ysgrifennu am y berthynas rhwng Calfiniaeth a llenyddiaeth. I ddechrau, cyflwynodd ddiwinyddiaeth Galfinaidd am lenyddiaeth o'r

Iseldiroedd i drafodaethau llenyddol yng Nghymru, gan adfywio traddodiad ysgrifennu Calfinaidd yng Nghymru:

> In Welsh, Calvinism is being rescued today from our apathetic Welsh Christianity by our scholarly writers, such as Bobi Jones and Dr R. Tudur Jones, not forgetting two young scribes, John Emyr and Dr Densil Morgan.[39]

Ac yn ail, cymhwysodd y theorïau Calfinaidd hyn at draddodiad llenyddol penodol. Honnodd R. Tudur Jones, fel y nodwyd ym mhennod 7, mai *Llên Cymru a Chrefydd* oedd:

> y cyfraniad mwyaf trawiadol er dyddiau John Calfin ei hun i'r ddealltwriaeth efengylaidd o'r berthynas rhwng y ffydd Gristnogol a gwaith diwylliannol dyn . . . Dyma'r tro cyntaf i lenyddiaeth unrhyw genedl gael ei thrafod ben bwy'i gilydd gan aelod o'r ysgol.[40]

Felly, yn ogystal â gwneud cyfraniad gwreiddiol i feirniadaeth lenyddol drwy ddefnyddio cynnyrch yr ysgol ddiwinyddol hon at ddibenion Cymreig, mae beirniadaeth lenyddol Gymraeg Bobi Jones hefyd yn gyfraniad pwysig i'r ysgol ei hun. Aeth ymhellach na neb arall o'i flaen wrth gymhwyso'r safbwynt Calfinaidd at theori lenyddol, hanes llenyddiaeth a'r traddodiad Cymraeg.

Un honiad a wnaed yn aml yng nghyd-destun gwaith Bobi Jones yw bod ei theorïau ynghylch llenyddiaeth yn rhai gwreiddiol. Bu Bobi Jones ei hun yn flaenllaw yn hyrwyddo'r syniad bod ei waith ym maes beirniadaeth lenyddol yn newydd ac yn arloesol. Mewn sawl man yn ei gyfrolau mae'n pwysleisio newydd-deb ei drafodaeth, yn enwedig yn achos maes Ffurf. Yn *Seiliau Beirniadaeth* dywed am ei gyhoeddiad cyntaf am Ffurf llenyddiaeth, *Tafod y Llenor*: 'Felly, ym 1974, yr oedd y dull hwn o drafod llenyddiaeth yn ymddangos yn bur ddieithr; a hawdd y gellid cydymdeimlo â beirniaid Cymraeg am eu dryswch a'u diffyg dealltwriaeth ar y pryd wrth orfod ymdopi â maes go bethma.'[41] Dywedodd eto yn 1992 wrth drafod perthynas Tafod a Mynegiant:

> Ond deinamig yw eu perthynas, nid llonydd; ac yn hyn o esboniad – am y berthynas – yr wyf yn wahanol wrth drin beirniadaeth i bob beirniad arall a fu o'm blaen (megis mewn esboniadau eraill, gwae fi, er enghraifft wrth drafod y cyferbynnu deuol a thriol sydd yn gorfod bod mewn Tafod.[42]

Gellid awgrymu mai sylwadau Bobi Jones ynghylch newydd-deb ei ddull a fu'n rhannol gyfrifol am ysgogi pobl megis John Emyr a Simon Brooks

Gosod y darn olaf 257

(ac awdur y gyfrol hon o ran hynny) i wneud sylwadau i'r un perwyl, neu o leiaf eu bod yn rhannol gyfrifol am hyrwyddo'r gymhariaeth rhwng *Tafod y Llenor* a gwaith Jonathan Culler a Robert Scholes.

> Mewn adolygiad damniol ar *Tafod y Llenor* (1974), *magnum opus* R. M. Jones ac astudiaeth arloesol o adeileddeg a ragflaenodd astudiaethau cyffelyb yn Saesneg, megis *Structuralism in Literature* (1974) Robert Scholes a *Structuralist Poetics* (1975) Jonathan Culler, fe roes Gwyn Thomas ei fys ar wrthwynebiad llawer yn y Gymru Gymraeg.[43]

Mae'r sylw hwn gan Simon Brooks, er enghraifft, yn dwyn i gof yr hyn a ddywed Bobi Jones ei hun yn *Seiliau Beirniadaeth*:

> Pan ymddangosodd fy nghyfrol gyntaf i ar adeileddeg llenyddiaeth, *Tafod y Llenor*, yn y flwyddyn 1974, nid oedd yna'r un gyfrol Saesneg, am wn i, ar adeileddeg lenyddol wedi ymddangos yn Lloegr; ac ni ddaeth y gyntaf, sef *Structuralist Poetics*, Jonathan Culler tan y flwyddyn wedyn, os iawn y'i cofiaf. Hyd yn oed yn America nid ymddangosodd yr un gyfrol yn y maes am rai wythnosau ar ôl y *Tafod*, sef *Structuralism in Literature*, Robert Scholes.[44]

Gellid synio mai Bobi Jones ei hun a fu'n gyfrifol am ddechrau'r gymhariaeth rhwng *Tafod y Llenor* a'r astudiaethau adeileddol eraill a gyhoeddwyd ar ei ôl.

Mae Bobi Jones yn gwneud sylwadau am wreiddioldeb ei ymdriniaeth â Ffurf a chan fod ei ragdybiau yn seiliedig ar gysyniad Guillaume ynghylch y berthynas ddeinamig rhwng Tafod a Mynegiant, gallwn gasglu bod yna wirionedd yn hyn. Dywed hefyd fod ei ymdriniaeth â Mawl yn newydd ac yn unigryw, ac nid anodd credu hyn o ystyried amlygrwydd y traddodiad canu mawl Cymraeg. Honna yn ogystal iddo wneud rhywbeth newydd drwy geisio mapio paramedrau cyflawn beirniadaeth lenyddol. Mae'n werth nodi, fodd bynnag, nad yw'n honni iddo wneud dim gwreiddiol ym maes Mynegiant ar wahân i'w leoli yn y darlun ehangach.

Mae'r theorïau a gyflwynir ganddo yn sicr yn wahanol i'r hyn a welir mewn llawlyfrau theori, oherwydd yr ymrwymiad wrth lenyddiaeth Cymru a'r Gymraeg a welir ynddynt. Mae ei ymrwymiad wrth ysgolheigion 'ymylol' megis Gustave Guillaume a diwinyddion Prifysgol Rydd Amsterdam hefyd yn gosod ei theorïau ar wahân. Diau fod y cyfuniad a welir ynddynt o Ffurfiolaeth, Strwythuraeth, diwinyddiaeth Galfinaidd a darllen clòs yn gyfuniad gwreiddiol. Ond fel y nodwyd eisoes, mae amharodrwydd Bobi Jones i gyhoeddi yn y Saesneg neu'r Ffrangeg yn golygu na fu modd cael ymateb rhyngwladol i 'newydd-deb' neu 'wreiddioldeb' ei ddamcaniaethau. Ac os yw'r syniadau hyn mor wreiddiol ac arloesol ag a honnir, wrth eu cyhoeddi yn y Gymraeg yn unig amddifadwyd y gymuned ryngwladol o gyfraniad unigryw Bobi Jones.[45]

Rhaid hefyd ystyried pa mor 'oesol' yw dehongliad Bobi Jones o natur llenyddiaeth. Dywed Malcom Bowie, er enghraifft: 'theories, even the most cherished, must be shown to be mutable or destructible lest further theories cease to be worth contriving'.[46] Mae theorïau yn eu hanfod yn bethau cyfnewidiol a thros dro, yn hytrach nag yn wironeddau absoliwt (fel y sylwodd Hirtle a Hewson): 'But since any scientific theory, however well founded is something to be developed, rectified and ultimately outstripped and left behind.'[47] Yr argraff a rydd Bobi Jones drosodd a thro yn ei weithiau beirniadol yw iddo ddarganfod theori hollgynhwysol, ddisyfl a thragwyddol. Mae'r modd yr ymroes i lunio *un* darlun cyfansawdd o natur beirniadaeth lenyddol drwy gydol ei yrfa yn drawiadol ynddo'i hun, fel y sylwodd Robert Rhys: 'Mae hyder a chysondeb unplyg y beirniad yn drawiadol mewn cyfnod pryd y bu'n rhaid diweddaru llawlyfrau ar theori beirniadaeth yn rheolaidd yn sgil y dulliau a'r chwiwiau newydd a godai'n barhaus.'[48] Ond onid yw theori Bobi Jones, fel pob theori arall, yn rhwym o ddyddio a chael ei thanseilio gan ddarganfyddiadau'r dyfodol?[49] Gellid dadlau bod theorïau Bobi Jones yn ddiogel rhag y dyddio hwn i ryw raddau am nad ydynt wedi eu seilio ar ddarganfyddiadau gwyddonol fel y cyfryw: nid yw'n damcaniaethu ynghylch lleoliad Tafod yn yr ymennydd, er enghraifft. Mae ei ddisgrifiadau'n ddigon cyffredinol ac anwyddonol fel na fyddant yn dyddio'n rhwydd. Gellid dadlau'n ogystal fod y ddiwinyddiaeth sy'n gefnlen i'w ddeongliadau yn golygu y byddant yn para yr un mor hir ag y bydd y ddiwinyddiaeth honno'n para. A gellid hyd yn oed awgrymu bod y cynnwys diwinyddol sydd ynddynt yn eu gwneud yn syniadau oesol neu'n 'wironeddau tragwyddol' o dderbyn y dull Calfinaidd o feddwl. Ar y llaw arall, gellid dadlau, o gymhwyso'r meddylfryd Calfiniadd at theorïau Bobi Jones, ei fod yn theoreiddio ar ôl y Cwymp a bod ei waith o'r herwydd, fel popeth arall yn y byd hwn, wedi ei dynghedu i fod yn amherffaith ac yn anghyflawn ac yn y pen draw i farw.

Wrth dafoli llwyddiant prosiect beirniadol Bobi Jones fel hyn, rhaid cydnabod hefyd fod diffyg llwyddiant, a meysydd lle y methodd Bobi Jones. Gellid synio y byddai prosiect Bobi Jones wedi bod yn fwy llwyddiannus oni bai am rai ffactorau. Soniwyd eisoes am y gynulleidfa gyfyng a oedd ganddo a'r ffaith nad oedd yr hinsawdd lenyddol Gymraeg yn barod ar ei gyfer. Roedd Bobi Jones o flaen ei amser yn ei ddiddordeb mewn theori ac o'r herwydd ni werthfawrogwyd ef yn llawn gan ei gyfoeswyr.

Mae Bobi Jones hefyd yn ysgrifennu'n faith a chymhleth, mewn modd sy'n gallu diflasu'r darllenydd. Ceir diffyg disgyblaeth yn ei arddull, fel y nodwyd ym mhennod 6, ac nid yw'n ddigon beirniadol o'i waith ei hun. Dylid cofio, fodd bynnag, fod ystyriaethau ymarferol yn tarddu o'i wendid corfforol yn y blynyddoedd diwethaf wedi effeithio'n andwyol ar y broses gyfansoddi a golygu.

Hefyd, mae Bobi Jones yn tueddu i ddweud ei farn heb flewyn ar ei dafod ac o'r herwydd fe lwyddodd i dramgwyddo a chodi gwrychyn ei gynulleidfa. Dyma fai y mae ef ei hun yn gwbl ymwybodol ohono:

> Un o'm prinderau mwyaf ffrwythlon fu'r hen arferiad annifyr o sathru ar ormod o gyrn yn ystod hyn o oes. Daeth i'm rhan gredu rhai pethau'n rhy agerog, dyna'r drafferth.[50]

Gwelir ef dro ar ôl tro yn ymateb yn ffyrnig yn erbyn unigolion neu dueddiadau 'ffasiynol'. Yn wir, gellid synio am gyfran helaeth o'i weithiau beirniadol fel nodiadau protest yn erbyn tueddiadau o'r fath, fel yr awgryma sylw yn *O'r Bedd i'r Crud*: 'Colli Tafod fu'r prif gymhelliad imi geisio llunio hyn o Hunangofiant Tafod. Protest Tafod yw'r nodiadau hyn oll.'[51] Ychwaneger at hyn duedd ei feirniaid i ganolbwyntio ar yr ymylol yn el waith yn hytrach na cheisio gwerthfawrogi'r hyn a geisiai a gwerthuso'i gyfraniad.[52] Cyfeiriodd Bobi Jones yn ei adolygiad ar *O Dan Lygaid y Gestapo* at y modd y tybiai i Simon Brooks anwybyddu canolbwynt ei ddadl, er enghraifft.[53] Dylid cofio yn ogystal ei bod yn aml yn cymryd amser i bobl ddod i werthfawrogi syniadau neu ddulliau newydd, a bod nifer wedi cael eu brawychu gan newydd-deb gwaith Bobi Jones: 'Y gwir ydi fod pobl yn dueddol o bigo ar y pethau sydd yn wahanol bob tro – yr un fath ag y gwnaethon nhw am fy mod i'n beirniadu llenyddiaeth mewn modd gwahanol.'[54]

Efallai mai'r mesur terfynol o 'lwyddiant' prosiect beirniadol Bobi Jones yw'r dylanwad a gafodd ar feirniaid ac ysgolheigion eraill. Ni chafodd erioed griw o ddilynwyr syniadol a fyddai'n pleidio ei ddamcaniaethau i'r pen, ond nid sefydlu ysgol feirniadol na dull darllen oedd ei fwriad ychwaith. Serch hynny, bu ei ddamcaniaethau'n ddylanwadol yn achos rhai unigolion, yn enwedig y beirniaid hynny sy'n perthyn i'r garfan efengylaidd, megis Robert Rhys a Tudur Hallam. A bu Bobi Jones hefyd yn ddylanwad ac yn ysbrydoliaeth bwysig i feirniaid ac ysgolheigion Cristnogol na fentrasant i faes theori lenyddol fel y cyfryw, megis John Emyr, E. Wyn James, Christine James a Rhiannon Ifans, ysgolheigion y bu'n eu dysgu yn Aberystwyth. Soniwyd eisoes am y dylanwad amlwg a gafodd Tafod a Mynegiant Bobi Jones ar draethawd ymchwil Tudur Hallam, er enghraifft, a sylwodd J. E. Caerwyn Williams ar ôl dylanwad Bobi Jones ar Robert Rhys yn ei gyfraniad i *Sglefrio ar Eiriau*: 'Yr un trywydd a ddilyna ag a ddilynodd yr Athro Bobi Jones, ond nid yw ef mor rhwymedig wrth un ysgol o ieithyddwyr â'r Athro.'[55] Yn yr erthygl honno, esbonia Robert Rhys y bylchau a wêl o gyfyngu i'r dull Ffurfiolaidd o ddarllen, a bod angen priodi'r dull hwn â dulliau darllen mwy traddodiadol er mwyn canfod 'Beirniadaeth Gyfansawdd'. Hawdd y gellid dychmygu Bobi Jones ei hun yn gwneud datganiadau o'r fath, ond y byddai ef yn pleidio ysgol ieithyddol Guillaume yn benodol:

> yr oeddwn am gyflwyno rhai o brif gysyniadau arddulleg am i mi eu cael yn ddylanwadau cyffrous ar y modd y darllenaf ac y cyflwynaf lenyddiaeth, ond wrth astudio testun gwelwyd mai darlleniad anghyflawn a geid o gyfyngu i'r agweddau ffurfiolaidd a bod beirniadaeth gyfansawdd yn rhwym o dalu sylw i gyd-destunau helaethach y testun.[56]

Diddorol nodi bod Robert Rhys yn defnyddio'r term 'beirniadaeth gyfansawdd' droeon yn ystod yr erthygl hon, fel mewn mannau eraill. Sylwn ar y darn isod o adolygiad ar *Cnoi Cil ar Lenyddiaeth*, er enghraifft:

> Mae angen herio confensiynau darllen traddodiadol ac mae'r gyfrol hon yn gwneud hynny gydag afiaith, ond er yr holl sôn am wrthrychedd ni chyflwynir arfogaeth feirniadol gyfansawdd a fyddai'n rhoi sylw i bob agwedd ar y broses gyfathrebol a elwir yn 'destun llenyddol' ac a fedrai ddisodli'r hen 'werthfawrogi' annelwig. O ystyried hynny mae'r sylwadau dilornus a wneir am feirniadaeth ffurfiolaidd yn anffodus iawn oherwydd er mor annigonol yw pwyslais unochrog ar y testun ei hun, mae iddo'i le yn yr arfogaeth gyflawn, yn benodol er mwyn gwrthbwyso'r goddrychedd a'r fympwyaeth y mae perygl i feirniadaeth 'wleidyddol' ei hybu.[57]

Mae dylanwad Bobi Jones i'w weld yn amlwg ar y dadleuon a gyflwynir yn y fan hon.

Beirniad arall sy'n arddel y term 'beirniadaeth gyfansawdd' yw Donald Evans. Dylid nodi y bu Donald Evans yn fyfyriwr ymchwil i Bobi Jones ym Mhrifysgol Cymru Llanbedr Pont Steffan yn ystod blynyddoedd ei ymddeoliad, a'u bod ill dau yn gyfranwyr cyson i *Barddas*. Mewn adolygiad ar *Sglefrio ar Eiriau* yn *Barddas* dywed Donald Evans ei fod yn gweld llawer sy'n ganmoladwy yn yr ysgolion beirniadol sy'n cael eu cynrychioli yn y gyfrol honno, ond ni fedr 'dderbyn syniadaeth yr un ohonynt yn llwyr ar ei phen ei hun fel dull digonol ar gyfer pwyso a mesur llenyddiaeth, hynny yw, fel athrawiaeth feirniadol gymharol gyflawn y gall dyn roi tipyn o ymddiriedaeth ynddi'.[58] Dywed ei fod yn gweld nifer ohonynt fel 'systemau pur unochrog, peirianyddol ac unbenaethol' gan eu bod 'yn dod at eu tasg ar eu termau haearnaidd hwy eu hunain'.[59] Dyma sylw eironig gan fod Donald Evans yntau'n dynesu at y dasg ar ei dermau haearnaidd ei hun, a Bobi Jones fyddai'r cyntaf i nodi'r rhadybiau hynny. Ac mae'n gwarafun y ffaith nad yw nifer o'r ysgolion hyn, yn ei farn ef, yn rhoi lle i 'berthynas wrthrychol bersonol rhwng y beirniad a'r awdur'.[60] Y rhesymau hyn sy'n arwain iddo bledio'r math o feirniadaeth lenyddol a gyflwynodd Bobi Jones:

> A dyna'r prif reswn pam 'rwy'n pledio'r feirniadaeth gyfansawdd a gynigiwyd gan Bobi Jones yn *Seiliau Beirniadaeth*: golygwedd a rydd ystyriaeth bendant, ystwyth a rhesymol i ffurf, deunydd a phwrpas pob testun llenyddol fel ei gilydd.[61]

Eto, prin y gellid disgrifio'r un o'r rhain fel olynydd uniongyrchol i Bobi Jones, er iddynt gydsynio â rhai o'i syniadau a chael eu dylanwadu ganddo. Ni cheisiodd yr un ohonynt barhau â'r prosiect nac ymestyn ei thiriogaeth, ac ni welwyd yr un ohonynt ychwaith yn adeiladu ar sylfeini strwythurol eu hathro, ac eithrio Robert Rhys yn ei ysgrif yn *Sglefrio ar Eiriau*, o bosibl. Gellid dadlau bod sylw a wnaed gan Simon Brooks am athrawon rhyddfrydol yn gymorth i ddeall y diffyg dilynwyr uniongyrchol hyn:

> Yn anad dim, fe ddywedir am ryddfrydwyr fel John Gwilym Jones a John Rowlands eu bod yn athrawon da. Fe ellid dadlau mai rhinwedd pennaf athrawon rhyddfrydol yw ei bod yn caniatáu i'w disgyblion arbrofi. Yn wahanol i empeiryddion fel Thomas Parry, nid yw eu gwaith yn dwyn trafodaeth i ben ond, yn hytrach, yn creu amheuaeth newydd lle gall y disgybl fentro. Efallai bod dylanwad y gwŷr hyn ar bobl eraill yn bwysicach na gwerth arhosol eu gwaith beirniadol eu hunain. Nid cyfeiriad at eu gallu yw hwn ond sylw am ryddfrydiaeth. Prif gyfraniad rhyddfrydiaeth Gymraeg i hanes deallusol yw ei bod yn caniatáu i foddau eraill o fynegiant fodoli.[62]

Ni ellir priodoli'r rhinwedd hon i Bobi Jones, oherwydd er mor awyddus ydyw i annog ei ddisgyblion i arbrofi, y mae ond yn caniatáu rhyddid iddynt wneud hynny *o fewn* paramedrau Beirniadaeth Gyfansawdd. Ac er i Bobi Jones greu 'amheuaeth newydd' mewn un ystyr, sef agor meysydd Beirniadaeth Gyfansawdd i'w olynwyr roi cnawd am esgyrn ei 'ddamcaniaeth foel', ceisiodd 'ddwyn trafodaeth i ben' drwy gael y gair olaf yn *Beirniadaeth Gyfansawdd*. Diau fod yr awydd hwn am *gestalt* yng ngwaith Bobi Jones, a'i ysfa i ddod i gasgliadau a chlymu popeth ynghyd yn gymen orffenedig, wedi cyfrannu at y ffaith na chododd neb ar ei ôl i barhau â'i waith hyd yma. Ac efallai fod y ffaith bod Bobi Jones yn dal yn fyw ac yn parhau i gyhoeddi yn y maes yn ei gwneud yn anodd i neb arall barhau â'i waith fel y cyfryw. Byddai'r sawl a wnâi yn gorfod wynebu derbyn ymateb ganddo, gwneud 'camgymeriadau' yn ei olwg a'r posibilrwydd o'i dramgwyddo. Ychwaneger at hynny y ffaith bod stamp personoliaeth Bobi Jones wedi ei argraffu mor glir ar ei 'Feirniadaeth Gyfansawdd' fel ei bod yn eiddo iddo, ac y byddai bron yn amhosibl i neb arall fabwysiadu'r prosiect a gosod ei farc ei hun arno.

Ni ellir ond dyfalu ynghylch pa ddatblygiadau fydd yn y maes hwn yn y dyfodol. Mae'n bosibl y bydd ei waith yn cael ei werthfawrogi mewn modd gwahanol gan genedlaethau diweddarach; y bydd pellter y blynyddoedd yn galluogi darllenwyr newydd i ystyried ei waith mewn modd mwy gwrthrychol, efallai. Gallai datblygiadau mewn gwyddoniaeth, ieithyddiaeth neu theori ategu neu danseilio paramedrau beirniadaeth lenyddol gyflawn Bobi Jones. Ac efallai y bydd rhywun, rywdro, yn gweld ffordd ymlaen i ddatblygu'r syniadau hyn wedi i Bobi Jones lacio'i afael ar yr awenau.

Nodiadau

[1] R. M. Jones, *Beirniadaeth Gyfansawdd: Fframwaith Cyflawn Beirniadaeth Lenyddol* (Cyhoeddiadau Barddas, 2003), tt. 106–7.
[2] Dylid nodi bod Tudur Hallam wedi ehangu ar ystyr gwreiddiol y termau hyn at ddibenion ei ddiddordeb personol yn theori ymateb y darllenydd. Mae'n sôn am '[F]ynegiant (darlleniadau)' a '[Th]afodau (ffyrdd o ddarllen)' yn Tudur Hallam, 'R. M. Jones a'r "Gelyn" Parchus', *Llên Cymru*, 29 (2006), t. 148, er enghraifft.
[3] R. M. Jones, *Beirniadaeth Gyfansawdd*, t. 214.
[4] Ann Jefferson a David Robey (goln), *Modern Literary Theory: A Comparative Introduction* (London, 1986), t. 21.
[5] R. M. Jones, *Mawl a Gelynion ei Elynion: Cyfrol 2: Amddiffyn Mawl* (Cyhoeddiadau Barddas, 2002), t. 23.
[6] Robert Rhys, 'Dysgu Darllen', yn John Rowlands (gol.), *Sglefrio ar Eiriau* (Llandysul, 1992), t. 169.
[7] J. E. Caerwyn Williams, 'Cyflwynair', *Ysgrifau Beirniadol XX* (Dinbych, 1995), t. 22.
[8] Jerry Hunter, 'Chwarae â Thafodau Tân', adolygiad o *O'r Bedd i'r Crud*, *Y Traethodydd* (Ebrill 2002), t. 81.
[9] Ibid., tt. 81–2.
[10] J. E. Caerwyn Williams, 'Golygyddol', *Ysgrifau Beirniadol XXI* (Dinbych, 1996), t. 11.

11 Simon Brooks, *O Dan Lygaid y Gestapo: Yr Oleuedigaeth Gymraeg a Theori Lenyddol yng Nghymru* (Caerdydd, 2004), t. 89.
12 Bobi Jones, *O'r Bedd i'r Crud: Hunangofiant Tafod* (Llandysul, 2000), t. 238.
13 R. M. Jones, 'Tri Mewn Llenyddiaeth', *Llên Cymru*, 14:1–2 (Ionor–Gorffennaf 1981–2), t. 108.
14 Bobi Jones, 'Theori a Diffyg Synwyrusrwydd', *Barddas*, 249 (Tachwedd/Rhagfyr 1998), t. 9.
15 Bobi Jones, 'Dadadeiladu a Bloom', *Barddas*, 253 (Gorffennaf/Awst 1999), t. 34.
16 R. M. Jones, *Seiliau Beirniadaeth: Cyfrol 1: Rhagarweiniad* (Aberystwyth, 1984), t. 50.
17 Bobi Jones, 'Beirniadaeth Fawreddog (iii)', *Barddas*, 248 (Medi/Hydref 1998), t. 2.
18 Simon Brooks, 'Agweddau ar Feirniadaeth Lenyddol Gymraeg Ddiweddar' (traethawd PhD anghyhoeddedig Prifysgol Cymru [Aberystwyth], 1998), t. 11.
19 Tudur Hallam, 'R. M. Jones a'r "Gelyn" Parchus', t. 143.
20 Ann Jefferson, 'Structuralism and Post-structuralism', *Modern Literary Theory: A Comparative Introduction*, goln Ann Jefferson a David Robey (London, 1986), t. 95
21 Bobi Jones, 'Theori a Diffyg Synwyrusrwydd', *Barddas*, 249 (Tachwedd/Rhagfyr 1998), t. 8.
22 Goronwy P. Owen, adolygiad o *Cyfriniaeth Gymraeg*, *Y Traethodydd*, 151 (1996), t. 252.
23 J. E. Caerwyn Williams, 'Cyfres Chwyldroadol', *Barddas*, 142 (Chwefror 1989), t. 14.
24 R. M. Jones, *Beirniadaeth Gyfansawdd*, t. 186.
25 R. M. Jones, *Meddwl y Gynghanedd* (Cyhoeddiadau Barddas, 2005), t. 20.
26 R. M. Jones, *Beirniadaeth Gyfansawdd*, t. 186.
27 Simon Brooks, *O Dan Lygaid y Gestapo*, t. 22.
28 J. E. Caerwyn Williams, 'Cyfres Chwyldroadol', t. 16.
29 Jerry Hunter, 'Y Trafod sy'n Gwneud Cenedl', *Taliesin*, 104 (Rhagfyr/Ionawr 1999), t. 137.
30 Ibid.
31 M. Wynn Thomas, adolygiad o Belinda Humphrey (gol.), *Fire Green as Grass: Studies of the Creative Impulse in Anglo-Welsh Poetry and Short Stories of the 20th Century*, *The New Welsh Review*, 8/9:29 (Haf 1995), t. 93.
32 R. M. Jones, *Seiliau Beirniadaeth: Cyfrol 1*, t. 11.
33 R. M. Jones, *Beirniadaeth Gyfansawdd*, t. 186.
34 R. M. Jones, 'Tri Mewn Llenyddiaeth', t. 109.
35 R. M. Jones, *Llên Cymru a Chrefydd: Diben y Llenor* (Abertawe, 1977), tt. 36–7.
36 Ibid., t. 37.
37 Bobi Jones mewn sgwrs bersonol â mi, 15 Mai 2005.
38 Troednodyn yn Simon Brooks, 'Agweddau ar Feirniadaeth Lenyddol Gymraeg Ddiweddar', t. 112.
39 D. Ben Rees, adolygiad o *Cyfriniaeth Gymraeg*, *The New Welsh Review*, 28 (Spring 1995), t. 96.
40 R. Tudur Jones, 'Adolygiad ar *Llên Cymru a Chrefydd*', *Bwletin Diwinyddol*, 2 (Awst 1978), tt. 19–20.

⁴¹ R. M. Jones, *Seiliau Beirniadaeth: Cyfrol 4: Cyfanweithiau Llenyddol* (Aberystwyth, 1988), t. 428.
⁴² Bobi Jones, 'Sglefrio ar Radicaliaid', adolygiad o *Sglefrio ar Eiriau*, *Barn*, 353 (Mehefin 1992), t. 38.
⁴³ Simon Brooks, *O Dan Lygaid y Gestapo*, t. 96.
⁴⁴ R. M. Jones, *Seiliau Beirniadaeth: Cyfrol 4*, tt. 427–8.
⁴⁵ Diddorol nodi i Tudur Hallam ddod i'r un casgliad ar ddiwedd astudiaeth gymharol o waith Bobi Jones a Wolfgang Iser. Cymhwysodd eiriau enwog Saunders Lewis at waith Bobi Jones: 'Ped ysgrifenasai mewn iaith arall fe'i rhoesid ymhlith meistri Ewrop.' Tudur Hallam, 'R. M. Jones a'r "Gelyn" Parchus', t. 164.
⁴⁶ Malcom Bowie, *Freud, Proust and Lacan: Theory as Fiction* (Cambridge, 1988), t. 167.
⁴⁷ Walter Hirtle a John Hewson (gol. a chyf.), *Gustave Guillaume: Foundations for a Science of Language*, Cyfres 'Current Issues in Linguistic Theory' (Amsterdam/ Philadelphia, 1984), t. xviii.
⁴⁸ Robert Rhys, 'Menter Feirniadol o Bwys', *Barddas*, 271 (Chwefror/Mawrth 2003), t. 44.
⁴⁹ Cf. Thomas Kuhn, *The Structure of Scientific Revolutions* (Chicago, 1970).
⁵⁰ Bobi Jones, *O'r Bedd i'r Crud*, t. 231.
⁵¹ Ibid., t. 154.
⁵² Mewn math o amddiffyniad yn erbyn y cyhuddiad hwn nododd Tudur Hallam: 'Yn achos awdur mor gynhyrchiol ag ef, anodd yn wir yw cyfannu'r cwbl ynghyd, hyd yn oed wrth drafod ambell thema'n unig.' Tudur Hallam, 'R. M. Jones a'r "Gelyn" Parchus', t. 159.
⁵³ Bobi Jones, 'Rhwng Seimon a Thimotheus', *Taliesin*, 125 (Haf 2005), t. 128.
⁵⁴ Karen Owen, 'Pwy, Beth yw Bobi Jones? – Dadl Bob Degawd', *Golwg* (13 Mawrth 1997), t. 18.
⁵⁵ J. E. Caerwyn Williams, 'Y Feirniadaeth Lenyddol Ddiweddar', *Y Traethodydd* (Hydref 1992), t. 179.
⁵⁶ Robert Rhys, 'Dysgu Darllen', *Sglefrio ar Eiriau*, t. 170.
⁵⁷ Robert Rhys, 'Troi'r Beirniad yn Bamffletîr?', adolygiad o John Rowlands, *Cnoi Cil ar Lenyddiaeth*, *Barn*, 323–4 (Rhagfyr 1989/Ionawr 1990), t. 47.
⁵⁸ Donald Evans, 'Nithio'r Holl Ddamcaniaethau', adolygiad o *Sglefrio ar Eiriau*, *Barddas*, 183–4 (Gorffennaf–Awst 1992), t. 41.
⁵⁹ Ibid.
⁶⁰ Ibid.
⁶¹ Ibid.
⁶² Simon Brooks, *O Dan Lygaid y Gestapo*, t. 70.

Mynegai

Aaron, R. I. 142–3
Aberystwyth 5, 10, 21, 55, 260
Academi Brydeinig 11
Academi Gymreig 8
Adeileddeg 13, 85, 142, 204, 251–2, 254, 258
Adeileddwyr Ffrainc 112
Adran Iaith a Llên y Bwrdd Celtaidd 6
'Ai bod yn naïf yw ymhonni bod yn ddiduedd?' (Phillips) 219–21
ail iaith 9, 21, 32, 37, 97–8, 102–3
Allchin, A. M. 170, 230
Amser Gweithredol 22, 42, 55
Ar Sicrwydd (Wittgenstein) 160
'Arddulleg Ffurfiolwyr Rwsia' (J. E. Caerwyn Williams) 39
Aristoteles 42, 78, 173, 252
Arloeswr, Yr 8
Arminius, Jacobus 223
'Article in Welsh, The' 26
'Astudiaeth destunol a chymarol o *Owein a Lunet*' 5
'Astudiaeth o ddatblygiad ieithyddol plentyn . . .' 9
Awdurdod Addysg Clwyd 180

Bancffosfelen 4
'Bardd a'r Brawd Llwyd, Y' (Dafydd ap Gwilym) 61–2
Barddas 15, 49, 109, 136, 177, 251, 252, 261
Barn 105, 226, 228, 232, 234, 238
Barry, Peter 174
Barth, Karl 184
Barthes, Roland 59, 200
Beardsley, M. C. 88
Beckett, Samuel 60, 67, 84, 229, 232

Beibl, y 59, 61, 63–4, 65, 68, 69, 73, 78, 79, 191, 223, 233, 248
Beirdd yr Uchelwyr 41
'Beirniadaeth ar Feirniadaeth' 15
Beirniadaeth Fynegiant 96, 105–6, 107, 113–16, 159
Beirniadaeth Gyfansawdd 45, 54, 71, 77, 88, 89, 96, 106, 107, 109–18, 130, 134, 137–40, 144–6, 241, 247, 248, 249–1, 255, 259, 261–3
Beirniadaeth Gyfansawdd 5, 12, 15, 16, 31–2, 35, 45, 48, 49, 54, 72, 74, 75, 76, 77, 78, 83–4, 89, 96, 99, 102, 103–4, 106, 108, 109–16, 117–8, 122, 132, 133, 135–40, 157, 158, 159–62, 163–6, 188–9, 196, 197, 236, 240, 249–50, 253, 262
Beirniadaeth Lenyddol Gyflawn 12, 45, 125–6, 127–8, 130–1, 216–17, 238, 240
Beirniadaeth Newydd, y 97, 112, 115, 142, 159, 174, 177, 238, 252
'Beth yw Pwrpas Llenydda?' 194, 214, 215–18, 226, 229, 232
Bevan, Hugh 107, 172, 173
Blodeugerdd Barddas o'r Bedwaredd Ganrif ar Bymtheg 193–5, 226–36
Bobi Jones (John Emyr) 198, 199–200
Bowen, Euros 64, 162, 191, 192, 213
Bowie, Malcolm 151–2, 259
Braslun o Hanes Llenyddiaeth Gymraeg (Saunders Lewis) 154
Brooks, Simon 12, 13, 27, 46, 48, 83, 157, 162–3, 165, 170–1, 172, 173, 176–7, 183, 191, 201–2,

203, 204, 251, 252, 254, 256, 257–8, 260, 262
Bwletin Diwinyddol, Y 192–3

Caerdydd 1, 14, 170
'Caerdydd' 2
Caerfyrddin 8, 215, 216
Cage, John 83
Caledfryn, *gw.* Williams, William
Calfiniaeth 4, 7, 15, 55, 56, 57, 59, 64–5, 66, 70–1, 85, 118, 141, 143, 144, 145, 189, 190, 191, 192, 193, 194–6, 197, 198, 199–200, 201, 204, 215, 217, 219, 220–1, 222–4, 226, 227, 228–9, 230–1, 233, 234–5, 236, 237, 248, 251, 252, 258, 259
Calvin, John 70, 223, 257
Calvinistic Concept of Culture, The (Van Til) 64–5
'Camfarnu neu Garfanu Beirniad Llenyddol' (Hallam) 174
Capel China Street (Llanidloes) 7
Carson, D. A. 84–5
Catholigiaeth 4, 184, 195
Cawrdaf, *gw.* Jones, William Ellis
Ceinion y Gân 229–30
Ceiriog, *gw.* Hughes, John Ceiriog
Cerdd Dafod 39–41, 89–90, 103, 252
Cerdd Dafod (John Morris-Jones) 200
Cerdd Fynegiant 39–41
Chandler, Daniel 145
Chapman, T. Robin 198
Charles, David 230
Charles, y Tywysog 10
Chomsky, Noam 25, 27, 28, 101
Clunderwen 5
Cnoi Cil ar Lenyddiaeth (Rowlands) 237, 238, 239, 240, 261
Cohen, Jean 158
Coleg Prifysgol Cymru, Abertawe 214, 228, 232
Coleg Prifysgol Cymru, Aberystwyth 8, 9, 10, 11, 21, 43, 105, 127, 194, 260; *gw. hefyd* Prifysgol Aberystwyth

Coleg Prifysgol Cymru, Caerdydd 3, 4
Coleg Prifysgol Gogledd Cymru, Bangor 180
Coleg y Drindod, Caerfyrddin 7
Cours de linguistique genérale (Saussure) 22, 24, 26
Creuddynfab, *gw.* Williams, William
Crist a Chenedlaetholdeb 48, 49, 136
Cromwell, Oliver 1
Crynhoad, Y 170
Culler, Jonathan 13, 258
Culpitt, D. H. 6
Cyfriniaeth Gymraeg 12, 48, 49, 126, 132, 136, 195–6
Cyngor Celfyddydau Cymru 8
Cyngres Ryngwladol Geltaidd 44
Cyhoeddiadau Barddas 158
Cylchgrawn Efengylaidd, Y 4, 196
Cymdeithas Dafydd ap Gwilym 219
Cymdeithas Gerdd Dafod 177
Cymdeithas yr Iaith Gymraeg 10
Cymhelliad 54–5, 57–90, 96, 98, 99, 100, 103, 104, 107, 108, 109, 110, 112, 113, 116, 118, 125, 129, 130–1, 132, 134, 135, 136, 161–2, 166, 248, 249, 252, 255, 256
Cymhelliad Mynegiant 77–8
Cymhelliad Tafod 78
'Cymhellion Llenydol' (T. J. Morgan) 77–8
Cymraeg 2–4, 7, 8, 9, 10, 11, 12, 13, 21, 31, 35, 37, 41, 45, 72, 104, 171, 173, 174, 176, 177, 178, 197, 203, 204, 227, 248, 253, 254; *a passim*
Cymraeg i Oedolion 97
Cymro, Y 185
Cyn-arddulleg 38, 126, 247
Cyn-Dafod 30, 81, 132
Cynfeirdd, y 41
Cynnwys 39, 46, 47, 100, 114, 132, 164–6

Dadadeileddeg 13, 83, 85, 86, 88, 110
Dadansoddi 14 (Gwyn Thomas) 180
Dafydd ap Gwilym 43, 61–2, 104, 160, 187, 236
Dafydd Llwyd o Fathafarn 187
Daniel, Iestyn 141, 184–5, 186, 187
Daniel, J. E. 184
Dante 153
Davies, Gaius 4
Davies, Gareth Alban 182, 199, 201
Davies, James Kitchener 198
Davies, Jason Walford 116
Davies, John (Taliesin Hiraethog) 233
Davies, Pennar 182, 213
Dawkins, Richard 197
Deddf 145, 146
Deialog '88 171
Derrida, Jacques 83, 84, 85–6, 188
Deunydd 45, 46–7, 48, 75, 100, 101, 103, 104, 107, 113, 127, 130, 132, 136
Deunydd Tafod 48, 49, 136, 240, 248
Diben 57, 66, 67–8, 75, 76, 78, 79–80, 81, 89, 110, 111, 112, 114, 115, 124, 131, 239, 252; *gw. hefyd* Pwrpas
discours 22
Dooyeweerd, Herman 56, 61
Drws y Society Profiad (Pantycelyn) 153
Dulyn 4, 5, 6
'Dychwelyd at y Diduedd' 224–6
dyneiddiaeth 175, 195
Dysgu Cyfansawdd 97

'Ddwy Alwedigaeth, Y' (Emrys ap Iwan) 64

Eben Fardd, *gw.* Thomas, Ebenezer
École Pratique des Haute Études (Paris) 9, 23
Edwards, Hywel Teifi 187, 193–4, 226–36, 239, 241

Edwards, Lewis 107
Eglwys Bedyddwyr Alfred Place (Aberystwyth) 55
Einion Offeiriad 72, 252, 254
Eisteddfod Genedlaethol Abertawe (1982) 219
Eisteddfod Genedlaethol Bro Myrddin (1974) 71, 194, 214
Eisteddfod Genedlaethol Caerffili (1950) 6
Eisteddfod Genedlaethol Aberystwyth (1952) 6, 10
Elfed, *gw.* Lewis, Howell Elvet
Elias, John 163
Eliot, T. S. 155–6
Elis, Islwyn Ffowc 13, 198
Emrys ap Iwan, *gw.* Jones, Robert Ambrose
Emyr, John 2, 5, 6, 7, 8, 9, 10, 14, 16, 104, 196, 198, 199–200, 257–8, 260
Enoc Huws (Daniel Owen) 237
Eryron Gwyllt Gwalia, *gw.* Owen, Robert
Ethall, Huw 3
Evans, Donald 174, 261–2
Evans, Glyn 175

Faner, Y 179, 191, 213
Francis, Grandpa 1
Freud, Sigmund 152
Freud, Proust and Lacan: Theory as Fiction (Bowie) 151–2

ffeminyddiaeth 110, 188, 240, 251
Fflam, Y 5
Ffurf 38, 39, 40, 44, 45, 46–7, 74, 75, 99, 100, 101, 103, 104, 107, 110, 113, 114–15, 124, 127, 128, 130, 132, 135, 136, 157–64, 252, 254, 255, 256, 257, 258
Ffurf Mynegiant 110
Ffurf Tafod 47
Ffurfiolaeth 38–9, 251, 258, 261
Ffurfiolwyr Rwsia 38–9, 112, 151, 200, 202, 252

Mynegai 269

Gagging of God, The (Carson) 84
Gân Gyntaf, Y 6, 7–8
Geiriadur Prifysgol Cymru 6
Gelfyddyd Lenyddol yng Nghymru, Y (Huw Morris-Jones) 156
Geller, Ernest 82
Gibbard, Noel 192
'Gogynghanedd y Gogynfeirdd' 103
Golwg 137
Gorchymyn Cenhadol 65, 73
Gorchymyn Diwinyddol 73
Gorchymyn Diwylliannol 63–5, 73
Gororau'r Iaith (Jason Walford Davies) 116
Gramadeg 86–7
Gramadegau'r Penceirddiaid 72, 254
Gras Arbennig 65–6, 67, 68, 126, 223, 231, 234, 235
Gras Cyffredinol 64–5, 67, 78, 79, 126, 223, 231
Griffiths, Ann 230, 235
Griffiths, Bruce 198
Gruffudd ab yr Ynad Coch 187
Gruffudd, Robat 176
Gruffydd, R. Geraint 154, 164, 184, 200–1
Gruffydd, W. J. 6, 154, 155, 170, 232, 235
Guide to Welsh Literature c.1900–1996, A 237
Guillaume, Gustave 9–10, 21–7, 28–30, 31, 32, 33, 34, 35, 36, 37, 39, 40–1, 42, 54–5, 71, 125, 141, 157, 166, 204, 247, 248, 252, 253, 258, 261
'Guillaume and the Guilaumeans' 24–5
Gustave Guillaume: Foundations for a Science of Language (Hirtle a Hewson) 23
Gustave Guillaume et son école linguistique (Wilmet) 253
Gwahuniaeth 86
Gwenallt, *gw.* Jones, D. Gwenallt
Gwerth 75, 76, 78–9, 80–1, 82, 84, 85, 110, 111–12, 114, 115, 131, 239–40
Gwydderig, *gw.* Williams, Richard
Gwynn, Harri 6

Hallam, Tudur 59, 66, 145, 155, 163, 174, 177, 178, 187–8, 189, 197, 202–3, 204, 248, 252, 260, 261
Handbook of Linguistics, The (Aronoff a Rees-Miller) 23
Hanes Llenyddiaeth Gymraeg (Parry) 153
Harris, Howel 1
Hewson, John 21–2, 23, 24, 36, 37, 259
Highlights in Welsh Literature 105
'Hil, Yr' (Brooks) 177
Hirtle, Walter 9, 21–2, 23, 24, 259
Hollwyddoreg Fer Westminster 73
Hughes, John Ceiriog (Ceiriog) 230
Hunllef Arthur 11, 14, 190, 195
Hunter, Jerry 83, 84, 163, 165, 170, 186–7, 188, 195, 201, 202–3, 250–1, 254
Husserl, Edmund 226

iaith plant 9, 32–7, 41, 55, 85, 102, 256
Ieuan Gwynedd, *gw.* Jones, Evan
Ifans, Rhiannon 260
'Intentional Fallacy, The' (Wimsatt a Beardsley) 88
I'r Arch 8, 96, 136, 232

Jakobson, Roman 252
James, Anne Elizabeth, *gw.* Jones, Anne Elizabeth
James, Christine 260
James, E. Wyn 152, 193, 260
James, Eleri Hedd 257–8
Jarman, A. O. H. 4
Jefferson, Ann 249, 252
Jenkins, Cecil 192
Johnston, Dafydd 161, 198, 199
Jones, Anne Elizabeth (Beti) 5, 6, 7, 8, 33, 135

Jones, Bedwyr Lewis 154, 180, 181
Jones, D. Gwenallt (Gwenallt) 10,
   37, 48, 62, 105
Jones, Dewi Stephen 5, 10–11, 13
Jones, Evan (Ieuan Gwynedd) 230
Jones, Iorwerth 170
Jones, John (Talhaiarn) 227
Jones, John Gwilym 8, 107, 142,
   154–5, 172, 232, 262
Jones, Keith 1
Jones, Lowri 8, 9, 32, 33
Jones, M. Edith 1
Jones, Peter (Pedr Fardd) 230
Jones, R. Gerallt 174, 175
Jones, R. M. (Bobi):
   bywyd cynnar 1–8, 96, 97
   a chenedlaetholdeb 27, 48–9, 184,
      187, 192, 201
   a chrefydd 4, 7, 15, 49, 55–71, 72,
      73, 85, 90, 118, 127, 141, 143–6,
      184, 190–8, 199–200, 201, 214,
      215, 217–18, 222–3, 226, 227–9,
      230–2, 233–6, 237, 239, 252,
      256–7
   a Chymru 2–3, 21, 60, 141, 201,
      255, 256
   a Ffurfiolwyr Rwsia 38–9
   a Gustave Guillaume 9–10, 21,
      22, 24, 25, 26–7, 28–30, 31, 32,
      33, 35, 36, 37, 125, 141, 157,
      166, 204, 205, 253, 258, 261
   a'r Gymraeg 2–4, 7, 9, 10, 12, 13,
      21, 157, 166, 174, 182, 184, 185,
      189, 204, 253, 254, 255, 258,
      259
   a'r teulu 1, 5, 6, 8, 9; a *passim*
Jones, R. Tudur 70, 163, 184, 192–3,
   257
Jones, Robert Ambrose (Emrys ap
   Iwan) 64, 153
Jones, Robert Owen 199–200
Jones, Rhodri 8, 33
Jones, Sydney V. 1
Jones, T. Gwynn 60
Jones, Tegwyn 227
Jones, William Ellis (Cawrdaf) 230

Kant, Immanuel 226
Klein, Yves 83
Kuyper, Abraham 56–7, 64, 192,
   196, 225

Lacan, Jacques 151–2
langage 22, 37
langue 22–3, 25, 29, 141
Leavis, F. R. 97, 106, 107, 113, 252
Leibniz, Gottfried 181
Lewis, Howell Elvet (Elfed) 159,
   227, 229, 233
Lewis, Saunders 4, 66, 153, 154,
   155, 163, 164, 184, 187, 198,
   230, 235, 250
Lewis, Thomas 230
Lloyd, D. Myrddin 155
Lol 176

Llangefni 7
Llanidloes 6, 7, 97
Llên Cymru 193
Llên Cymru a Chrefydd 48, 49, 57–71,
   72, 73, 75, 78, 89, 124–6, 127,
   128, 130–1, 132, 136, 143, 162,
   189, 191, 192–3, 194, 213, 214,
   217, 236, 238, 256, 257
Llenor, Y 154
Llenyddiaeth Gymraeg 1902–1936
   104, 108, 132, 158–9, 196
Llenyddiaeth Gymraeg 1936–1972 15,
   104–5, 108, 117, 132, 187
Llenyddiaeth mewn Theori
   (cynhadledd)
Llenyddiaeth Mewn Theori (Owen
   Thomas) 176, 203
'Llofrudd yr Emyn' 233
Lluosedd 83, 84, 166, 219
Llwyd, Alan 8, 10, 12, 13–14, 152,
   155, 172, 174, 175, 176, 177,
   178
Llwyd, Morgan 153
Llyfr y Tri Aderyn (Morgan Llwyd)
   153
Llyfrgell Cathays 1–2
Llywelyn, Robin 171, 175, 178,
   183

Mackey, William Francis 21, 36
Marcsiaeth 1, 110, 161, 174, 175,
    185, 186, 187, 188, 189, 195,
    219, 220, 221, 235, 238, 240,
    241, 251
Mawl 72–80, 88, 89, 104, 129, 131–4,
    233, 234, 248, 252, 254, 255,
    256, 258
Mawl a Gelynion ei Elynion 15, 48,
    49, 72, 73, 75, 79–80, 89, 99,
    104, 122, 124, 129, 132, 133–5,
    136, 141, 192, 197, 236
Mawl a'i Gyfeillion 15, 32, 48, 49, 71,
    72, 74, 75, 76, 78, 79–80, 89,
    104, 122, 129, 130, 131–4, 135,
    136, 197, 236
Meddwl y Gynghanedd 15, 89, 135,
    254
Meillet, Antoine 21, 25, 159
Meistri'r Canrifoedd 154
Miles, Gareth 185–6, 187, 189, 235
Millward, E. G. 3
Milton, John 153
Moderniaeth 32, 60, 69, 85
Morgan, D. Densil 184, 257
Morgan, Derec Llwyd 104, 187,
    194, 195
Morgan, Mihangel 171
Morgan, T. J. 4, 6, 77–8
Morris-Jones, Huw 156
Morris-Jones, John 40, 159, 173–4,
    181, 232, 235, 250
Morys, Twm 10
Mudiad Efengylaidd Cymru 190,
    195, 196
Mynegiant 7, 22, 29, 30, 31, 32, 33,
    39–40, 42, 45, 54–5, 75, 77, 79,
    80, 81, 88, 89, 96–118, 126, 130,
    131, 132, 134, 135, 136, 161,
    166, 248, 253, 254, 255, 257,
    258, 2601
Mynegiant Beirniadaeth 110
Myth 47–9, 126
'Myth y Diduedd' 221–4

Neuadd Pantycelyn (Aberystwyth)
    171

Nid yw Dŵr yn Plygu 8
Nihiliaeth 83, 85, 165
'Nodyn ar y Soned' 44
'Nodyn yngylch Diwinyddiaeth'
    (Saunders Lewis) 153

O Dan Lygaid y Gestapo (Brooks)
    201, 254, 260
Ôl-foderniaeth 13, 71, 77, 80–8, 106,
    131, 134, 138, 151, 152, 159,
    161–2, 165, 171–2, 188, 236,
    237, 248
Ôl-strwythuraeth 29, 83, 106, 145,
    172, 252
O'r Bedd i'r Crud 1, 123, 133, 134,
    141, 166, 188, 236, 260
Owen, Daniel 8, 237
Owen, Goronwy P. 253
Owen, Robert (Eryron Gwyllt
    Gwalia) 230

Pascal, Blaise 153
Pantycelyn, gw. Williams, William
parole 22, 29, 141
Parry, Thomas 40, 153, 172, 230,
    262
Parry-Williams, T. H. 5–6, 60, 170,
    235
'Patrwm myfyrio
    gwerthfawrogiad' 110
Peate, I. C. 159, 232
Pedr Fardd, gw. Jones, Peter
Pedwar Emynydd 136
Phillips, Dewi Z. 125, 214–26, 232,
    241
pietistiaeth 56, 57, 189, 231, 234, 236
Piwritaniaeth 145
Platon 122
Plotinus 142
Pollock, Jackson 83
Price, Angharad 83, 84, 109–10, 117,
    118, 162, 175, 176, 178, 188–9,
    196, 202, 227, 249
Prifysgol Aberystwyth 128
Prifysgol Cymru 11, 24, 153
Prifysgol Cymru Llanbedr Pont
    Steffan 203, 261

Prifysgol Laval (Québec) 9, 21, 23, 101
Prifysgol Rydd Amsterdam 56, 58, 61, 64, 192, 248, 256–7, 258
Prifysgol Rydd Barcelona 159
Problème de l'article et sa solution dans la langue française, La (Guillaume) 22, 26
Prosser, Alwyn 3
Protestaniaeth 4
Proust, Marcel 152
Pwrpas 79–80, 81–2, 85, 131; *gw. hefyd* Diben

Québec 9, 10, 21, 23, 27, 30, 32, 35–6, 37, 55, 97, 101, 256

Racine, Jean 153
Rees, D. Ben 195–6
Relatifrwydd 80, 81, 83, 87
Richards, I. A. 97, 106
Robert ap Gwilym Ddu, *gw.* Williams, Robert
Robert, Gruffydd 160
Robey, David 249
Robson, W. W. 156
Rookmaaker, H. R. 56, 156
Rowlands, John 83, 155, 170, 171–2, 193, 203, 236–41, 262
Ruddock, Gilbert 3

Rhamantiaeth 100, 109, 153–4, 166, 215, 255
Rhannau Ymadrodd Traethiadol 34, 41, 42
Rhyddfrydiaeth 57, 145, 172, 174–5, 187, 189, 191, 236, 262
Rhys, Robert 12, 14, 185, 197, 228, 232, 234, 237, 239–40, 250, 259, 260, 261, 262

'Safonau beirniadaeth lenyddol' (Saunders Lewis) 154
Sampson, Geoffrey 23
Saussure, Ferdinand de 21, 24, 25–6, 28–9, 39, 42, 85–6, 202, 247
Schaeffer, Francis 66–7, 225
Scholes, Robert 13, 258
Schools of Linguistics (Sampson) 23
seico-fecaneg 22, 32, 33, 35, 37, 39, 43, 46, 180, 204, 252
Seiliau Beirniadaeth 10, 14, 15, 31, 43–7, 105, 116, 127–9, 130–1, 132, 141, 142, 157, 159, 161, 172, 174, 181, 183, 200, 202, 203–4, 252, 254, 255, 257, 258, 262
Selfish Gene, The (Dawkins) 197
sgeptigiaeth 83, 87, 219, 220
Sglefrio ar Eiriau 171, 172, 177, 203, 237–9, 240, 241, 261, 262
Sklovskij, Viktor 38, 39
Sofraniaeth y Sfferau 61–2, 223, 232
Sorbonne, y 23, 27
Stevens, Wallace 215
Structural Poetics (Culler) 13, 258
Structuralism in Literature (Scholes) 13, 258
Strwythuraeth 13, 29, 38, 83, 145, 171, 172, 175, 204, 237, 251–2, 258
Studia Celtica 26
Sturrock, John 145
Swyddogaeth Beirniadaeth (John Gwilym Jones) 142
System in Child Language 9, 15, 29, 31, 32–7, 41, 157, 202, 204

Tafod 1, 7, 9, 10, 21, 22, 28, 29–35, 37–49, 54–5, 72, 75, 77, 78, 81, 86, 87, 89, 96, 97, 98–9, 100, 101–3, 104, 105, 107, 108, 109, 110, 111, 112, 113, 114, 115, 116, 118, 122–3, 130, 131, 132, 135, 136, 161, 166, 197, 236, 247–8, 249, 253, 255, 256, 258, 259, 260, 261
Tafod y Llenor 10, 13, 15, 25, 29, 30, 31, 37–44, 45, 46, 57, 71, 101–2, 104, 122–5, 126, 127, 128–9, 131, 132, 136, 141–2, 157–8, 159, 164, 165, 178, 179–81, 202, 204, 216, 249–50, 257, 258

Mynegai 273

Tair Rhamant Arthuraidd 15, 44, 116–17, 118, 129–30, 132, 137
Talhaiarn, *gw.* Jones, John
Taliesin 171, 203
Taliesin Hiraethog, *gw.* Davies, John
Temps et Verbe (Guillaume) 26
'Theory of Genre' 256
Theory of Literature (Wellek a Warren) 151
Thomas, Ebenezer (Eben Fardd) 230
Thomas, Geoff 55–6, 57, 195
Thomas, Gwyn 179–81, 183, 195, 258
Thomas, Iola 57, 195
Thomas, M. Wynn 198, 254
Thomas, Owen 176, 203
Thomas, R. S. 187
Thomas, W. C. Elvet 2–3
Traddodiad Cymraeg, y 38, 44, 57, 64, 67, 68, 70, 71, 72–3, 76, 90, 143, 152–3, 154, 172–3, 174–5, 187, 204, 252, 254, 255, 256, 257, 258
Traethodydd, Y 105, 125, 141, 184, 214, 219, 221, 224
Trefn 55, 76, 77, 78, 79, 80, 81, 82, 85, 89, 110, 111, 112, 131, 144–5, 146
'Tri Mewn Llenyddiaeth' 251, 256
Trindod 15, 41, 56, 144, 223
Tröedigaeth 4, 7, 55, 58, 220, 222, 231
Tu Chwith 171, 177
'Tympau'r Modd Mynegol' 26
Tyst, Y 6

Ugain o Gerddi (Parry-Williams) 5–6

Valin, Roch 9, 21, 23–4, 30
Van Til, Cornelius 56, 61, 225
Van Til, Henry R. 56, 58, 59, 64–5, 69, 142, 143

Warfield, B. B. 196
Warren, Austin 151
Wellek, René 81, 113, 151
Westminster Theological Seminary (Philadelphia) 55
Wiliams, Gerwyn 109, 153–4, 155, 181
Williams, Griffith John 3, 4, 6
Williams, Gruffudd Aled 190, 196
Williams, Gwynn 192
Williams, Ioan 127, 183
Williams, J. E. Caerwyn 11, 13, 16, 23, 26, 27, 28, 35, 39, 153, 174, 182, 183, 190, 200–1, 202, 203, 214, 238, 250, 253, 254, 261
Williams, Jac L. 8, 21
Williams, Raymond 238, 239
Williams, Richard (Gwydderig) 227
Williams, Robert (Robert ap Gwilym Ddu) 230
Williams, Waldo 8, 105
Williams, William (Caledfryn) 107, 227
Williams, William (Creuddynfab) 107
Williams, William (Pantycelyn) 153, 190, 201
Williams Pantycelyn (Saunders Lewis) 4, 66
Wilmet, M. 253
Wimsatt, W. K. 88
Wittgenstein, Ludwig 27, 160, 221
'Writers of Wales' 198
'Wylan, Yr' 43

Ymlaen 3, 96
Ysbryd y Cwlwm 15, 47, 48, 49, 126, 129, 132, 136, 159, 163, 170, 173, 184–7, 254
ysgol *Gestalt* 140–1, 142–3
Ysgol Uwchradd Cathays 1–2, 3, 96
Ysgol Uwchradd Llanidloes 6
Ysgrifau Beirniadol 35